探究真谛

上海广播电视论文选

第十二辑

上海市广播电视协会　编

文汇出版社

封面题词	龚学平
主　　编	林罗华
执行主编	肖林云
编　　委 （按姓氏笔画排序）	王克耀　许志伟　张骏德　吴　林 肖林云　林罗华　赵复铭

坚持守正创新
坚定融合发展

一年一辑,第 12 辑《探究真谛——上海广播电视论文选》又如期与大家见面了。

今年是中华人民共和国成立 75 周年,上海的广电事业伴随着新中国的发展壮大,一路走来历经了不同时期。当前传播技术加速演进,舆论生态深刻变革,面对这些,我们要提高政治站位,深化思想认识,把握传播规律,在顺应变革变化中切实引领时代潮流,壮大主流思想舆论。可喜的是入选新一辑论文选的 55 篇论文前瞻研究传播方式、媒体格局、舆论生态,把握数字化转型机遇,体现了广电人在时代洪流中积极进取、勤于思考、结合自身实践进行理论探索的成果。

值得一提的是,从今年开始,上海广播电视奖评选中,增设了广播电视论文的评选,以此鼓励业内同仁积极开展针对性的业务研究,提高专业理论水平。首次评选,15 件获奖作品中有 8 篇出自第 11 辑《探究真谛——上海广播电视论文选》。相信在明年的上海广电奖论文评选中,本辑收入的优秀作品也会脱颖而出。

在本辑论文选出版之际,我谨代表论文选编委会向致力于广电事业改革发展并辛勤耕耘的同行们表示崇高的敬意！对论文选的全体作者和参与论文收集选编的全体工作人员表示衷心感谢！

中央提出"媒体融合"至今已十年,我们必须牢记高质量是新时代发展的硬道理,而发展新质生产力是推动高质量发展的内在要求和重要着力点,广电行业也要在媒体融合中不断创新,追寻高质量发展。我们要认真学习贯彻习近平文化思想特别是习近平总书记关于做好新闻舆论和广电工作的重要论述,把牢正确政治方向,坚守人民情怀,坚持守正创新,坚定融合发展,持续巩固壮大主流价值、主流舆论、主流文化,为上海建设习近平文化思想最佳实践地展现新担当、作出新贡献！

上海市广播电视协会会长　林罗华

2024 年 6 月

目　录

视听传播篇

新 媒 探 究 篇

融 媒 建 设 篇

综合专题篇

视 听 传 播 篇

新时代以来理论节目的形态嬗变及传播特征刍议
——以上海广播电视台为例

刘卫华

提　要： 新时代主流媒体高度重视理论节目的创制，通过不断创新内容、形式和传播方式，及时回答时代之问、历史之问、世界之问，彰显独特的"定音鼓""风向标"和"压舱石"作用。本文以上海广播电视台为例，考察新时代理论节目在舆论生态、媒体格局、传播方式深刻变化背景下勃兴的原因，梳理理论节目从常态理论专栏到不同形态理论专题节目、融媒体理论专题节目的嬗变，总结归纳理论节目的传播特征，为进一步提高理论节目影响力提供有价值的参照与启迪。

关键词： 理论节目　舆论生态　媒体格局　节目形态嬗变　传播特征

引　言

新时代一大批广播电视及新媒体理论节目在全国范围内脱颖而出，在社会公众和互联网舆论场产生较大影响，不少节目出圈破圈成为爆款或网红节目，有力地提升了主流媒体的舆论引导能力，壮大了主流舆论的声量。上海广播电视台（以下简称上海台）作为中国广电媒体行业的领军者之一，紧扣时代命题，坚持守正创新，始终致力于理论节目的创制、创优、创新，与时俱进推出了以《道·理》《这就是中国》《思想的田野》《思想耀江山》《"二十大"精神二十人讲》《给90后讲讲马克思》《诞生地》等为代表的引发广泛关注的理论节目，走出一条颇具上海特色的理论节目创优新路。本文以上海台为例，梳理新时代理论节目勃兴的历史背景,考察理论节目的形态嬗变,分析归纳理论节目的传播特征,为进一步提升理论节目影响力提供可以借鉴的参照。

一、理论节目勃兴背景分析

媒体是时代思想的传播者和引导者。随着全媒体的快速发展,媒体的引导作用在营造公众舆论、推动社会变革方面起到了极其重要的作用。习近平总书记在 2019 年"1·25"讲话中指出:"全媒体不断发展,出现了全程媒体、全息媒体、全员媒体、全效媒体,信息无处不在、无所不及、无人不用,导致舆论生态、媒体格局、传播方式发生深刻变化,新闻舆论工作面临新的挑战。"总书记提到的"舆论生态、媒体格局、传播方式"发生的深刻变化,恰恰是新时代催生理论节目并使之不断勃兴的历史背景和生存空间。

1. 舆论生态的巨大变化

从传播学角度而言,舆论生态(public opinion ecology)是指各种舆论形成的人际环境和促进舆论有序发展的多种因素相互作用的状态。新时代社会意识纷繁复杂,思想观念多样杂陈,境内外各种角色竞相发声,错误思潮、不当价值观和违反公序良俗的内容信息反复滋生,舆论环境十分复杂。有学者指出,随着舆论环境的变化以及网络媒体的发展,当前舆论生态主要呈现出多元化、迅捷化、复杂化的局面。人人都是自媒体成为一种普遍现象。舆论生产者和消费者的界限不再分明,一部分舆论的消费者逐渐转变为舆论的生产者。网络大 V、微信大号甚至普通网民都成为舆论生产者。这些自媒体主动参与新闻生产传播以及新闻议程设置,在越来越多的热点舆情中发挥作用,在网络社会中的角色地位越来越重要,对舆论生态产生了巨大的影响。面对网络这个大杂烩般的舆论场,网上网下的场域交织更使舆论环境复杂化,对网络舆论生态的运行带来了严峻挑战。新时代正是承载着拨乱反正的历史使命,由主流媒体创制的各种形态的理论节目不断诞生,以主流思想和理论思维对冲、净化或引领复杂的舆论生态,掌握话语权。可以说舆论生态的巨大变化,是催生主流媒体理论节目成长的肥沃土壤。

2. 媒体格局的深入演变

据中国互联网络信息中心(CNNIC)最新报告显示,截至 2023 年 12 月,我国网络视听用户规模达 10.74 亿人,网民使用率 98.3%,网络视听"第一大互联网应用"地位愈加稳固。随着互联网的快速发展,新媒体在中国媒体格局中的地位不断提升,极大地改变了传统媒体的原有格局,广播电视报纸杂志已经不再是人们获取信息的主要渠道。微信、微博、抖音等社交媒体平台成了人们获取新闻和信息的重要渠道之一。习近平总书记指出,"读者在哪里,受众在哪里,宣传报道的触角就要伸向哪里,宣传思想工作的着力点和落脚点就要放在哪里。"响应总书记的号召,建设新型主流媒体以应对日趋复杂的媒体格局,正成为新时代时不我待的迫切要求。在新型主流媒体的建设过程中,创制理论节目也正成为一种应对挑战的手段之一,被高度重视。在众声喧哗的媒体格局下,全社会都需要"定音鼓""风向标""压舱石"。与新闻资讯、综艺娱乐和影视剧相比,理论节目恰恰能够彰显"定音鼓""风向标"和"压舱石"的独特作用。因此,媒体格局的深入演变,是理论节目行稳致远且日益受到青睐的必然选择。

3. 传播方式的颠覆变革

众所周知,随着互联网的普及、自媒体的兴起,传播格局在新时代发生了翻天覆地的变革。通过互联网、社交媒体、移动应用等新媒体平台,个人或小团体可以随时随地获取新闻和信息,实现了传播的即时性和互动性。而大数据技术的运用,通过对用户行为、兴趣和偏好的分析画像,媒体可以更加精准地推送内容,极大地提高传播效果和用户体验。传播方式的颠覆性革命,既为主流媒体带来了巨大挑战,也带来更多机遇。挑战之一是迫使主流能够及时提供更多元更权威更准确的信息和思想产品;机遇之一就是主流媒体可以充分利用这种颠覆式的变革,为我所用。正是基于这样的挑战和机遇,由主流媒体创制的理论节目在全媒体传播的加持下,如虎添翼,"飞入寻常百姓家",并不断破圈出圈成为爆款或网红产品。

二、理论节目形态嬗变创新

上海台的理论节目发轫于 2012 年,正好与融媒体新时代同步。随着媒体融合的不断推进,理论节目从广播电视向全媒体平台拓展,节目形态从理论专栏节目向专题理论节目、融媒体理论节目、广播理论节目不断嬗变,形成样态整齐的理论节目矩阵,使上海台成为全国广电系统理论节目创新制作的重镇之一。

1. 专栏理论节目之迭代发展

常态理论专栏是最能体现广电媒体实力和水平的一个节目样式。20 世纪90 年代中期,上海台就在全国率先创办周播理论专栏节目《时代》以及《发展》《东方大讲坛》和《道理》4 个专栏节目。由于时代局限,这些节目摆脱不了居高临下、枯燥高冷、曲高和寡的窘境,很快就停办了。

进入新时代,专栏理论节目开始迭代发展,日益受到受众欢迎。2012 年 7 月,上海台在《道理》基础上创办周播理论专栏节目《道·理》。全片由短片、主持人叙事、嘉宾访谈三个组成部分。主要有两大特色:一是专家与主持人对话访谈单刀直入,锐利睿智,摆脱说教味;二是充分吸收当时先进的电视制作手段,采用多机位、多画面分割、快速切换的方式,加快节奏,加强表现力。这在一定程度上改变了以往节目收视不佳局面。该节目共播出 150 多期,至 2018 年底停播。2019 年 1 月 7 日起,东方卫视推出《这就是中国》,由张维为教授担任主讲人,何婕担任主持人,邀请国内国际各个领域的知名专家学者参与,首次以"专家脱口秀+现场观众互动+圆桌会"形式展开,善于通过有热度的事实、有温度的故事、有深度的思想,进行全方位的国内国际比较,给观众带来国际化的视野和犀利有力的思想,在不同舆论场引起强烈反响,目前这档节目依旧红火。《这就是中国》实现了上海台常态理论专栏节目的迭代升级,也标志着上海台的常态理论节目的制作能力和制作水准,走在全国前列。

2. 专题理论节目之质量蜕变

专题理论节目是广电媒体的重武器,一般是围绕重大节点集结专门队伍,在特定时间精心策划打造并播出。党的十八大以来,上海台每逢重大节点,都策划制作不同类型的电视理论专题节目。主要包括:专题片《大道同行》《面向世界的中国共产党》《奋楫者先》《初心如磐》《思想的田野——上海篇》《思想耀江山——上海篇》《思想耀征程——上海篇》,大型理论时评专题《领航中国》,大型浸入式理论谈话节目《不负新时代——十九大精神讲习》《百年初心 薪火相传》,大型理论文献纪录片《诞生地》等。这些专题理论节目逐步摆脱过去的品种单一、形式四平八稳的电视专题片模式,呈现出理论专题、理论时评、理论访谈、理论文献纪录片等百花齐放、齐头并进的态势,每一部作品在当时均取得不俗的表现,实现电视理论专题节目从形态到质量的蜕变,体现了上海台的整体高水准。在这个颇为整齐的阵容里,以广电总局牵头的三部"思想"系列理论专题片和大型理论文献专题片《诞生地》为其中的代表作。

大型理论节目《思想耀征程》是国家广电总局"创新理论传播工程"重点项目,2023 年 11 月在东方卫视推出。该片着力打造学习贯彻习近平新时代中国特色社会主义思想世界观和方法论的"全媒体读本",共分六集,每集时长 50 分钟。有"典耀新征程""闪耀开放麦""闪耀学习说""思想共振场"四大版块,在大小屏端同时掀起舆论热潮和持续关注。根据国家广电总局收视大数据显示,在东方卫视周一至周五播出期间,每集 50 分钟的《思想耀征程》收视位列同期省级卫视专题节目第一,累计收看观众超 3 000 万人次。为配合播出,节目还在看看新闻 Knews 首屏首页推出"思想耀征程"专题页面,陆续开展 6 场直播,推送 60 余条短视频、全网分发近千条,总访问量达 5 284 万。大型理论文献专题片《诞生地》专门为庆祝建党 100 周年而拍摄理论文献片,除了收获观众的赞誉外,还荣获了中国新闻奖一等奖。

3. 广播理论节目的破圈出圈

在新时代上海台理论节目的阵容里,广播理论节目引人瞩目。作为一种新的理论节目形态,广播理论节目充分发挥媒体融合优势,以系列理论党课为代表,实现广播理论节目的出圈破圈。从 2017 年到 2022 年,为配合重大主题宣传,先后推出 4 部全媒体党课,包括《"十九大"精神十九人讲》音频系列党课、《从"心"出发——"不忘初心牢记使命"》全媒体党课、《百年大党正青春》全媒体党课、2022 年的《"二十大"精神二十人讲》全媒体党课。这四部全媒体党课借助融媒体手段,形式新颖、内容丰富、贴近性强,通过电波的广泛传播,再加以新媒体的互动形式,线上线下共振,取得了良好的传播效果。如《"十九大"精神十九人讲》音频系列党课甫一推出就引发社会各界反响热烈,短时间内就有超过 1 000 万人次收听宣讲,成了名副其实的"网红党课"。而《百年大党正青春》全媒体党课从"理想信念""永葆初心""群众路线"等 12 个维度来解码中国共产党不断走向胜利的秘密。通过互联网各大平台及调频广播等全网分发,联动全国 47 家广播电台及新媒体,覆盖 6 亿人口,微博话题破 5 000 万阅读量,1 万多条讨论。《"二十大"精神二十人讲》全媒体党课触达受众过亿。在新媒体端,系列专题、多形式视频等形成传播矩阵,总点击量超过千万;党课还与 B 站深度合作,不仅同步直播,还将视频课程集结成专题,放入特别推荐版块。B 站将系列党课作为该站 UP 主集体学习"二十大"精神的教材。

4. 融媒体理论节目的滥觞

随着媒体融合的不断深入,以短视频形式出现的融媒体理论节目,以其短小精悍、易于传播而受到青睐,成为理论宣传的轻骑兵。为纪念马克思诞辰两百周年,2018 年 4 月上海人民广播电台、阿基米德在广播平台、阿基米德以及微信公众号推出 19 期短音频系列党课《给 90 后讲讲马克思》,全国 24 省市广播电台同步播出,累计收听 3 亿人次,阿基米德社区点击量达到 3 000 万人次,先后得到中宣部、广电总局、中央网信办的专题表扬。在媒体融合的大背景下,除短视频之外,长视频理论节目与专题理论节目已经融为一体,如《面向世界的中国共产党》"思想"系列理论专题片、广播系列理论党课均通过各类新媒体平台进行广泛传播,为理论节目的逐步走红打下坚实基础。

三、理论节目传播特征探讨

德国著名思想家、作家歌德有句传世名言:"理论是灰色的,而生命之树常青。"如何将灰色的理论变得多姿多彩,让理论之树常青?通过对上海台理论节目产生、勃兴的背景分析以及其形态嬗变过程梳理,理论节目在传播过程中呈现出的时代性、权威性、融合性、互动性等特征,是新时代理论节目受到受众欢迎的主要原因。

1. 时代性

习近平总书记曾对做好新形势下文化文艺工作、哲学社会科学工作提出了四点要求,其中第一点要求就是"希望大家坚持与时代同步伐。古人讲:'文章合为时而著,歌诗合为事而作。'所谓'为时''为事',就是要发时代之先声,在时代发展中有所作为。"总书记的要求为主流媒体创制理论节目指明了方向。上海台的理论节目在内容聚焦、话语表达、传播渠道及传播效果方面与时代同步伐,充分体现时代性。无论是《大道同行》《领航中国》还是《不负新时代——十九大精神讲习》,内容始终紧贴不同阶段的重大主题,努力回答人民之问、时代之问、世界之问,引导公众舆论,传播主流思想。十分可贵的是,这些理论节目都注重将政治话语、理论话语和学术话语转化为老百姓听得懂、愿意听、真接受的大众话语,把深奥的道理说浅显、把晦涩的理论讲通俗,使节目与受众站到同一维度。摈弃"口号式宣讲""填鸭式灌输"的刻板说教,摘掉"枯燥艰深""理论灌输"的标签。在传播方面都十分善于通过网络、社交媒体等新媒体渠道进行传播,使得理论节目能够更加广泛更加精准地触达受众,实现跨地域、跨时空的传播,实现信息的快速传播和共享,打通理论宣传的"最后一公里"。

2. 权威性

理论节目的权威性是指其在传播过程中所具有的使人信服的力量和可信度。理论节目是主流媒体的专属产品,这是自媒体和其他媒体或机构无法攀比的。从内容层面来看,这些节目通常由一些知名学者、专家或权威人士主持或参与制作,他们在相关领域具有丰富的知识和经验,能够提供权威的理论观点和分析,确保了节目的专业性和可信度。这些节目的内容经过严格的策划和准备,用理论思维去解疑释惑,凝聚共识,形成最大公约数和同心圆,确保了其在传播过程中的专业性和权威性。例如广播系列全媒体党课与中共上海市委党校合作,专家全部来自市委党校教授;《走向世界的中国共产党》与中共中央通联部合作,

"思想"系列理论专题由国家广电总局牵头。在节目的背后,已经不是单一的一家媒体机构了。在其传播渠道的选择上,节目通常选择权威的媒体平台推出,如中央电视台、东方卫视、上海新闻广播、人民网等。这些媒体平台具有广泛的影响力和公信力,能够为节目提供更广泛的传播渠道和更高的曝光度,从而增强了节目的权威性。在其传播方式和形式上,这些节目通常采用较为正式和严肃的语言和形式,如理论文献片《诞生地》注重理性和逻辑的表达,避免夸大和夸张的言辞。这些因素共同作用,使得理论节目在传播过程中具有较高的权威性和可信度。

3. 融合性

考察新时代的理论节目,节目内容、形式和传播方式上呈现出多元化和综合性,形成了大融合的特性。首先,内容上融合了多种学科和理论。传统的理论节目主要以哲学、社会学、经济学等学科为基础,但随着社会的发展和观众需求的变化,新时代的理论节目开始融合更多的学科,《这就是中国》的话题内容已经进入政治学、文化学、传媒学、考古学、军事学等领域,以满足观众对网络时代多元知识的需求。其次,在形式上融合了多种媒体元素。传统的理论节目主要以讲座、讨论等形式呈现,新时代的理论节目开始融合更多的媒体元素,广播系列全媒体党课、短音频系列党课《给 90 后讲讲马克思》就充分利用视频、音频、图像等元素,以增加节目的趣味性和吸引力。再次,在传播方式上实现了融合传播。不再是通过电视、广播等传统媒体进行单一传播,而是通过网络平台、移动应用等新媒体进行传播,大大扩大节目的受众群体和影响力。总之,理论节目的融合性体现了传播和媒体融合的发展大趋势,大大满足了观众对知识、思想和理论思维的需求。

4. 互动性

理论节目的互动性是指在节目中主持人和嘉宾之间以及观众之间进行互动交流的特点。《这就是中国》以"专家脱口秀＋现场观众互动＋圆桌会"形式展开,就充分体现了互动性特点。这种互动性首先体现在主持人和嘉宾之间的互动交流上。主持人何婕在节目中扮演着引导和组织的角色,她时而与嘉宾进行对话和讨论,时而引导嘉宾表达观点和思想,这种互动交流使观众更好地理解和接受节目内容。其次,互动性还体现在观众参与的程度上。节目现场观众可以提出问题、发表意见或者分享自己的经验,与主持人和嘉宾直接进行互动交流。节目播出中或播出后,观众可以通过电话、短信、微博等方式与节目进行互动。这种观众参与的互动性能够增加观众的参与感和归属感,使他们更加积极地关注和参与到节目中来,这也是《这就是中国》深受欢迎的一个原因之一。 总之,理论节目的互动性增加了节目的吸引力和参与度,使观众更加积极地参与到节目中来,促进了节目的传播效果,提高了观众对节目的认同感和满意度。

结　论

习近平总书记指出:"一个民族要走在时代前列,就一刻不能没有理论思维,一刻不能没有正确思想指引。"理论节目作为传播"理论思维"和"正确思想"的重要载体,始终受到全国主流媒体的高度重视。新时代的上海台充分发挥主流媒体的作用,不断创新理论节目的形态,不断探索理论节目传播的新方式、新载体,让有深度、有温度、有力量的"理论思维"和"正确思想",抢占新形势下宣传思想工作的制高点,取得了值得业界同行赞誉和观众认可的显著成效。

创新永无止境,探索还在继续。理论节目如何让党的创新理论宣传不断往深里走、往实里走、往心里走,让群众听得懂、能领会、可落实,从而坚定道路自信、理论自信、制度自信、文化自信,始终是作为党的主流媒体的一项重大课题。可以坚信,随着 5G、大数据、云计算、物联网、人工智能等技术不断发展,移动媒体进入加速发展新阶段,新型主流媒体建设不断取得突破性的新进展,理论节目从形态到传播必将呈现出全新的格局和前景。

参考文献:

[1] 习近平:《加快推动媒体融合发展 构建全媒体传播格局》[J],2019 年《求是》第 6 期。

[2] 童兵、陈绚:《新闻传播学大辞典》[M],中国大百科全书出版社 2014 年版。

[3] 耿磊:《推动媒体融合向纵深发展,从三大方面看舆论生态变化》,来源:研究事儿(ID:rmrbyjb)。

[4] 第十一届中国网络视听大会发布:《中国网络视听发展研究报告(2024)》[R]。

[5]《习近平 2015 年 12 月 25 日视察解放军报社并发表重要讲话》[N],新华社北京 2015 年 12 月 25 日电。

[6]《上海广播电视志(1958—2008)》[M],新世界出版社 2008 年 12 月第 1 版。

[7]《上海广播电视志(2008—2013)》[M],学林出版社 2014 年 5 月第 1 版。

[8] 习近平:《一个国家、一个民族不能没有灵魂》[J],2019 年《求是》第 9 期。

[9]《习近平总书记 2022 年 1 月 11 日在省部级主要领导干部学习贯彻党的十九届六中全会精神专题研讨班开班式上的重要讲话》[N],新华社北京 2022 年 1 月 11 日电。

作者简介:

刘卫华,上海广播电视台总编室副主任。

融媒体时代电视理论节目的创新表达路径探析

——以上海广播电视台《思想耀征程》为例

李　丹

摘　要： 主流新闻媒体是党的理论、党的思想和党的主张的传播主阵地，在媒体融合日益向纵深发展的背景下，适应传媒变局、推动党的创新理论传播是时代赋予主流媒体的使命与责任。本文以大型融媒体理论节目《思想耀征程》为例，探析融媒体时代的理论节目，如何在理论阐释、内容表达、传播手段等方面推陈出新，以期为提升理论节目的传播度和认可度，拓宽创新边界提供新的探索。

关键词：《思想耀征程》电视理论节目　融合传播　创新表达

引　言

理论创新每前进一步，理论武装就要跟进一步。习近平总书记在党的二十大报告中指出，"用党的创新理论武装全党是党的思想建设的根本任务"，强调"健全用党的创新理论武装全党、教育人民、指导实践工作体系"。这一论断深刻揭示了理论武装与思想建设的关系，对于推进全党用科学理论武装头脑、指导实践、推动工作具有重要指导意义，也对媒体在创新理论研究阐释和宣传宣讲等机制上提出了更高要求。

随着媒介融合趋势不断发展，媒体如何对党的创新理论进行解读和有效传播，使电视理论节目通俗化、大众化、时代化，成为亟待解决的重要课题。这不仅是时代发展、传播环境改变及受众需求发展到一定阶段的迫切需要，也是理论节目适应时代的自我革新。

在国家广电总局的指导下,上海广播电视台推出六集大型融媒体理论节目《思想耀征程》,从习近平新时代中国特色社会主义思想主要内容出发,在中国发展新的历史方位和世界百年未有之大变局的宏大背景下,阐释这一伟大思想"为何生""从何来""解何题""如何用"等关键问题。在系统阐释其时代性和科学性的同时,尝试采用年轻化的表达方式,类综艺的表现手法,用"小切口"解析"大主题","多视角"讲好"新思想"。

一、理论阐释:在系统性与通俗化中实现平衡

习近平新时代中国特色社会主义思想是一个系统全面、逻辑严密、内涵丰富、内在统一的科学理论体系。推进党的创新理论体系化学理化,要把这一重要思想的核心要义、精神实质、丰富内涵、实践要求和原创性贡献等研究深、阐释透,用富有中国特色的概念、范畴、话语、表述讲清楚这一重要思想的原理性理论成果及其相互之间的内在联系,讲清楚其中的道理学理哲理,推动党的创新理论深入人心。

《思想耀征程》共分为六集,立意框架源自党的二十大报告提出并阐释的"六个必须坚持"。"六个必须坚持"是习近平新时代中国特色社会主义思想立场观点方法的重要体现,是这一重要思想的精髓要义所在,是准确理解新思想、指导新实践的"总钥匙",为推进党的创新理论体系化学理化提供了科学的世界观和方法论指引。

马克思在《〈黑格尔法哲学批判〉导言》中曾经指出:"理论一经掌握群众,也会变成物质力量。理论只要说服人,就能掌握群众;而理论只要彻底,就能说服人。"列宁指出:"最高限度的马克思主义=最高限度的通俗化和简单明了。"

为了将"六个必须坚持"这把"总钥匙"具象化、形象化,节目首先从分集标题上"破题",每集围绕一个"必须坚持",把理论用语转化成一句通俗的话,将深刻的理论变成普通人也能理解的直白表达。如,用"幸福路上一个不能少"阐释"坚持人民至上";用"复兴路上我们一定行"阐释"坚持自信自立";用"创新路上根基不动摇"阐释"坚持守正创新";用"改革路上奔着问题去"阐释"坚持问题导向";用"发展路上下好一盘棋"阐释"坚持系统观念";以"大变局中与世界共命运"阐释"坚持胸怀天下"。这六句话既直白易懂,又高度凝练,贴合主题,为节目定下了系统性阐释和通俗化表达的总基调。

节目还在开篇设置"'典'耀新征程"版块,向历史经典求解,以中国典故为引,由表演艺术家通过讲故事的方式借古喻今,再引述习近平总书记在重要讲话

中对这个典故的运用,将历史与现代结合起来,与"六个必须坚持"逐一对应,用通俗易懂的方式,解读党的创新理论。

如《复兴路上我们一定行》开篇,讲解"邯郸学步"后"匍匐而行"的典故,分析其中蕴含的"学习要兼收并蓄,不能生搬硬套"的道理,进而引述习近平总书记的谆谆告诫,"冷战之后,不少发展中国家被迫采纳西方模式,结果党争纷起、社会动荡,我们千万不能'邯郸学步,失其故行'"。以史明理,阐释我们只有坚持中国特色社会主义道路,才能在中国式现代化的征途上笃定前行。通过"中华优秀传统文化"和"中国具体实际"两条线,共同完成对党的创新理论阐释的"两结合",提纲挈领,揭示主旨。

二、模式探索:形式创新与表达创新的有机融合

理论节目的创作难点在于如何把枯燥和抽象的理论形象化地表达出来,以引发观众的思考和共鸣。如何以一个崭新的"壳"去包裹原汁原味的"理论大餐",将"有意义"的内容转化为"有意思"的信息,使观众便于理解、易于接受,是理论节目迫切需要解决的主要问题。

1. 话语平权的表达体系

理论表达具有概念化、抽象化、系统化的特点。要让党的创新理论"飞入寻常百姓家",就要根据受众的特点,实现政治话语向大众话语的转化、理论话语向生活话语的转化。

《思想耀征程》主体内容创新性地引入"开放麦"这一青年人喜爱的脱口秀表达方式,让人耳目一新。每期节目中,拍摄团队带着印有"闪耀开放麦"标志的实物麦克风,到祖国大地一个个实景"舞台",以兼具"颗粒感"和"品质感"的强烈视觉符号,在习近平新时代中国特色社会主义思想产生发源地、践行样板地等思想地标上,设置一个个流动的"秀场",鼓励每一个创造着、感受着中国发展实践的普通人站在麦克风前,大胆表达,说出自己的故事与感受。

与注重娱乐性、有演绎成分的脱口秀不同,这场"闪耀开放麦"反向引入纪实手法,坚持新闻的真实性,展现出发生在这些地方最真实的故事和最真实的情感。从革命圣地延安到农村改革典型的安徽凤阳小岗村,从改革前沿上海、浙江义乌,到刚刚跟上发展步伐的大西南深山沟,从柬埔寨到乌兹别克斯坦等"一带一路"共建国家……成百上千讲述者的心声被精心提炼、高度浓缩,辅以极富节奏感的剪辑,让节目主旨和寓意在"润物细无声"中直击受众内心,打开了理论的人民维度和实践维度。

在"村 BA"篮球赛事发源地的贵州台盘村,老人孩子们穿着虽旧但标准的篮球服,述说着对篮球的热爱;上海张江高科园区食堂里,科研人员吃着最普通的饭菜,聊的却是大模型、量子、生物医学等前沿科学;大西南山沟里,以前在外地养猪,现在回到家乡当电商客服的彝族小伙,掩饰不住对家乡的自豪。以"众口"说出人民的感悟与心声,折射出"话语平权"的进步,满足大众实现自我表达的需求与热爱。

2. 主题并置的叙事结构

一个完整的叙事故事往往由一个或多个不同的叙事元素根据某种逻辑顺序或规律串联整合起来,这种逻辑顺序即叙事结构。叙事结构的选择直接影响着叙事意义的表达,不同的叙事结构会引导故事朝向不同的方向发展,并直接影响整体叙事的效果。主题并置指的是构成文本的所有故事或情节线索都围绕着一个确定的主题或观念展开。这些故事或情节线索之间既没有特定的因果关联,也没有明确的时间顺序。《思想耀征程》在节目结构的编排上,就善于采用这种主题并置策略,每集内容不是由一个故事贯穿全篇,而是由若干个看似相互独立、实则紧密相关的故事连接,在故事与故事的相互融合和碰撞中共同完成对"六个必须坚持"的主题阐释。这样的表达形式高度契合当下受众的接受需求,同时又能更为完整、全面地实现对于节目内容的阐释。

例如《发展路上下好一盘棋》一集,就选取了福建鼓浪屿、湖北宜昌和上海张江的三个案例:鼓浪屿从昔日的喧闹"烧烤岛"到入选世界文化遗产目录,体现管理者如何平衡居民、游客、商家的不同利益诉求,让景区、社区和遗产地和谐共生;湖北宜昌从"化工围江"到"江豚逐浪",体现长江岸线治理背后的"破"与"立";上海在超导产业提前布局,通过无数科研人员的艰苦创业和自主创新,历时 18 年打造全球最全高温超导产业链。这三个案例分别阐释了系统观念中加强前瞻性思考、全局性谋划和整体性推进等三个方面的重要性,相互补充又层层递进,共同完成了对"必须坚持系统观念"的具体阐释,形成环绕"发展路上下好一盘棋"这一主题的闭合式格局。

3. 多元互动 彰显理论认同

交互性叙事是现代媒体中的重要叙事策略,它强调不同叙事主体之间的互动和对话,创造一个多维度、多视角的叙事环境。理论节目通过融合不同的叙事主体,如实践者、理论家、普通观众等,使理论内容更加生动和贴近实际,同时增强交互性和思辨性,以多维展现同频,以争鸣展现共振。

《思想耀征程》节目中,从"闪耀开放麦"里脱颖而出的"最有故事的人",从全国各地走进演播室,成为践行新思想的"闪耀宣讲人"。多种身份、多元视角、多重维度的宣讲人以第一人称口述的方式讲述亲身经历的故事,与理论专家、学科专家,以及来自全国高校的青年学生对话、碰撞,打造出一个真诚倾听、平等交流的"全民学习说",形成一个学思用贯通,知信行统一的"思想共振场"。

"闪耀宣讲人"以其朴实无华的语言风格,不假修饰的表达方式,以及偶尔显现的地域特色乡音,营造出一种生动真实的叙述氛围,类似于朋友间的亲切对话。例如在鼓浪屿的案例中,宣讲者是一位政府保护部门的公务员,谈到鼓浪屿被人叫作"烧烤岛"时的难受,说到做规划、减少上岛人数时的那种纠结,再到鼓浪屿重焕光彩时,赋诗一首的真情流露,都让聆听者心情跟着起伏动荡,切身体会到小到一件事、大到一个国家,用系统思维处理问题、引领发展的重要性。

再比如"创新路上根基不动摇"中的讲述者,四川凉山布拖换电站的 00 后员工次尔杜吉,他形容西电东输效率的时候会说,"0.007 秒,也就是 7 毫秒,一个人眨眼最快的时间是 0.2 秒,也就是说,在一眨眼的工夫,这个电流从大凉山深处送到东部的沿海城市,可以穿梭 14 个来回",贴切的形容让人能深切感受到这个土生土长的藏族小伙,对自己所从事工作的自豪,他说"很庆幸自己当初的选择跟上了这个时代"时的真情流露自然真实动人,也让受众真实感受到东西部协调发展战略下,不发达地区经历的"一步千年"的变化。主讲人通过一个个可亲可感的故事,折射和探究背后的理论支撑,这种"低姿态"的叙事方式,将时代大势聚焦在个体经历中,切实拉近了与受众的距离,收获了观众的情感共鸣。

节目还邀请到来自北京大学、复旦大学等一众高校的青年学子组成"闪耀观察团",针对宣讲人的内容发表自己的观点、提出问题、参与互动,带出更多故事的细节和思考。这样的设置为渴望"发声"的青年群体提供了更为平等、开放的公共话语空间,使得节目从单一、硬性的单向"输出"转为双向、软性的开放式"引导",让理论教育在问答与思辨的过程中潜入人心,也契合了以青年群体为代表的观众乐于自由思辨、善于自主思考的内在文化需求。

现场两位专家则鞭辟入里,在具象事件的基础上进行抽象解读,以"高站位"的升华扣准每期节目的主题立意。在这个过程当中,理论专家的归纳解读引导观众了解方法论的重要性和实践价值,学科专家则在解剖案例、透析原理的基础上,将思想指引实践的空间拓展到改革发展稳定、经济民生文化等更加广阔的领域,进而突出方法论对继续推进理论创新的指导意义。宣讲人、青年观察团和专家等三个主体各司其职又相互配合,共同完成了对习近平新时代中国特色社会主义思想的理论认同和价值升华。

4. 多重意象的视听符号建构

作为电视媒体意义呈现和功能实现的载体,运用视听符号来搭建场景、传达信息是电视叙事最基本的传输手段,视听符号的运用技巧也直接影响着传播效果。

从视觉符号看,《思想耀征程》主色调的选择和意象符号的展示带给受众直观的视觉冲击,为创新理论讲解营造了氛围。演播室内,形如"一条大路"的通道贯穿舞台前后,寓意着进入新时代,迈步新征程;横向纵向叠加的屏幕,配以精心设计的图片或影像画面,同步配合宣讲人演讲内容及话语,营造出沉浸式场景。

从听觉符号看,在以演讲和对话为主要交流方式的节目中,多种听觉符号在优化受众的感官体验方面发挥了重要作用。《思想耀征程》节目在录制过程中,就引用键盘手现场配乐,根据宣讲人的讲述内容,音乐或激昂、或舒缓、或轻快,营造了浓厚的情感氛围,也充分调动起观众情绪。片尾部分巧妙地引入主持人唱响的 MV,辅以节目拍摄花絮和精彩瞬间,将田野之外的真实、生动与舞台之上的内容表达进行了融合,使节目拥有理论节目难得的呼吸感与张弛度。

三、破圈传播:大小屏联动 多渠道协同发力

在全媒体时代下,对电视节目的评价已不仅局限于内容品质的单一维度,还包括其在多元化传播平台上的广泛传播和影响力。这要求电视节目创作不仅要关注内容的深度和质量,同时也需要重视节目的融合传播策略。

随着大数据、5G、云计算、人工智能等技术的发展,传播平台呈现多元共生的趋势,电视作为传统视频传播平台的优势明显受到中小屏冲击。第 52 次《中国互联网络发展状况统计报告》显示,截至 2023 年 6 月,我国网民规模达 10.79 亿,互联网普及率达 76.4%。网络视频、短视频用户规模分别为 10.44 亿人和 10.26 亿人,用户使用率达 96.8% 和 95.2%。大小屏共同成为视频传播平台,因此电视理论节目要充分发挥各平台优势,重视电视作为大屏接收端在视频播放平台的作用,同时,还要重视小屏在移动性、互动性中的优势,以及其所承载的社交功能。

在传播策略上,《思想耀征程》节目早在电视大屏端口播出之前,就在新媒体平台上率先发力,将节目中的新闻亮点、传播热点分拆出来,配以具有网感的标题,制作成单独的短视频产品,以每天 2~5 条的频率在上海广播电视台自办App 看看新闻、抖音、快手和视频号等全媒体密集推送,让节目在小屏上先火起来。电视大屏主体内容播出结束后,短视频仍推送近一周,持续让话题发酵,打

造长尾效应。通过长时间密集式的宣传推广,使得节目最大化曝光于各种媒体平台的受众面前,为理论节目的全媒体传播做了有益探索。

值得一提的是,在本文开头所述的"'典'耀新征程"版块,节目利用 XR 技术打造出一个虚构的中国传统山水场景,不仅让讲述者有机融入其中,场景细节也与讲述内容高度契合,仿佛把观众瞬间拉回到对应的历史时期。用酷炫科技为内容赋能,让这档理论节目以更加具有创新性、科技感的方式出现在大众视野,实现了形式与内容 1+1>2 的效果。这一版块也以其言简意赅、凝练节制的"微表达",适应碎片化的观看需求,增强了节目在互联场域传播的灵活性,真正打造出一卷习近平新时代中国特色社会主义思想世界观方法论的"全媒体读本"。

结　语

从高屋建瓴、指导新征程的党的创新理论,到极致的实践案例、普通民众发自肺腑的心声,《思想耀征程》把握融媒体时代的传播特点,通过精准把握理论主线和内在逻辑做实理论内容,巧妙融入文化综艺节目等策划要素创新节目形态,积极运用融媒策略进行叠加传播,极大促进了节目效果的快速扩散和节目热度的持续发酵,为电视理论传播品牌建设再添新力。媒体融合的到来,既给电视理论传播带来了冲击和挑战,也提供了全新的平台和发展机遇。因此,电视媒体必须以创新思维为引领,顺应媒体融合时代的发展步伐,进一步丰富、完善和创新理论节目内容和形式,充分利用好互联网新平台,实现理论节目传播质量的全面提升。期待未来有更多理论融媒体产品"出圈""破界",让党的理论、思想和声音传得更开更广更深入。

参考文献:
[1]杜飞进.不断推进党的创新理论体系化学理化[N].人民日报 2023.12.05.
[2]焦俊波,于振懿.结构·视角·符号:电视理论节目的多维叙事研究——以《中国共产党为什么能》为例[J].未来传播,2022,29(05):20-26.
[3]龙迪勇.空间叙事学[M].北京:生活·读书·新知三联书店,2015:176.
[4]靳旭鹏.新时代电视理论节目产品运营策略研究[J].现代视听,2022(08):45-49.
[5]薛璐瑶.电视理论节目的叙事特征探析——以《思想耀江山》为例[J].视听,2023(12):68-72.

作者简介:
李丹,上海广播电视台融媒体中心卫视编播部副主任。

对时政新闻融合转型探索实践的思考

——从时政新媒体专栏"快看上海"说起

诸培璋　沈姝艳

提　要：媒体融合转型发展是主流媒体必须回答的时代命题，也是当今传统媒体生存发展的现实要求。在习近平总书记亲自擘画推动下，媒体融合从"相加"阶段逐步迈向"相融"阶段，大批主力军进入主战场，一批新型主流媒体正在加快建设中，新的全媒体传播体系正全速推进。本文以上海广播电视台融媒体中心的时政新闻新媒体专栏"快看上海"打造为例，管窥电视时政报道主力军双线作战，进入互联网"主战场"的转型实践；总结重大时政活动新媒体短视频创作和传播路径，并从电视时政新闻融合转型说开去，展望未来媒体融合向纵深推进发展的努力方向。

关键词：媒体融合发展　时政新闻"快看上海"　转型探索思考

引　言

2014 年 8 月 18 日，习近平总书记主持召开中央全面深化改革领导小组第四次会议，会议审议通过的《关于推动传统媒体和新兴媒体融合发展的指导意见》提出，要通过媒体融合发展，"着力打造一批形态多样、手段先进、具有竞争力的新型主流媒体，建成几家拥有强大实力和传播力、公信力、影响力的新型媒体集团，形成立体多样、融合发展的现代传播体系"。习近平总书记的战略性指引，让当时面对新兴媒体全方位碾压的传统主流媒体找到了转型发展方向。近十年来，从中央到地方，从电视到报刊，全国各级各类主流媒体在习近平总书记不断丰富的媒体融合战略指引下，大胆运用新技术、新机制、新模式，创新内容、打造平台、加快融合发展步伐。上海广播电视台融媒体中心时政报道部正是在这样的宏观大背景下，于 2019 年 9 月，精心准备、全新推出一档聚焦上海市委主要领导中心工作的时政新媒体专栏——"快看上海"。

四年多来，"快看上海"以短视频、时政 Vlog、时政新闻述评等全新语态和传播方式，突出时政新闻的现场表达，梳理上海市委重要活动、重大会议背后的核心脉络，围绕上海中心工作大局，讲述和解读市民最为关心的上海发展大政方针，不断提升时政报道的传播力、影响力和公信力。截至目前，"快看上海"已形成一个以微信视频号、抖音为主要发布平台的新媒体矩阵，粉丝总量近 40 万。那么"快看上海"当初为何在地方电视媒体中最早选择了时政新闻这个赛道进行新媒体转型的创新尝试？时政报道，尤其是地方主要领导活动的新闻全面融合转型，有何特殊的意义？他们的探索实践对进一步推进媒体深度融合发展又有哪些启示？本文以"快看上海"为案例，就上述问题做一专论。

一、"快看上海"的推出，标志着上海电视媒体的核心主力军全面进入主阵地

从事电视新闻生产的媒体人都知道，时政新闻报道的记者、摄像、编辑历来都是最强配置、最精组合。同时，因为领导活动的性质要求，时政报道的人员从来都是最精简的。"快看上海"以融媒体中心时政报道部作为班底，进行采访、拍摄、剪辑、制作的全流程运营，全部人员只有 8 名。人员虽少，但工作量大：一是大屏小屏双线作战，原来的电视新闻每天平均两到三条只多不少，同时根据新媒体特点制作短视频；二是要求高，领导活动报道画面要求规整、时效性强、必须一次过，而且版面安排基本上是主要新闻栏目的头条，所以每天都是"火上烤"；三是审核层级高，来不得半点差错。

时政报道部"快看上海"的编辑记者人数少，为何这支过硬的小分队也要积极向新媒体转型，从传统电视进入移动互联网？根本的原因是移动互联网已经成为信息传播的主渠道、主阵地。正如习近平总书记所强调的："互联网是当前宣传思想工作的主阵地。这个阵地我们不去占领，人家就会去占领。"以上海电视台新闻综合频道主要新闻栏目《新闻报道》为例，平均收视率从 2007 年的超过 9.5％下降到目前的 4％，跌幅超过 50％，仅剩的收视群体还是 50 岁以上的中老年人群居多。习近平总书记 2019 年 1 月 25 日在主持中共十九届中央政治局第十二次集体学习时的讲话中强调："我多次说过，人在哪儿，宣传思想工作的重点

就在哪儿,网络空间已经成为人们生产生活的新空间,那就也应该成为我们党凝聚共识的新空间。移动互联网已经成为信息传播主渠道。随着 5G、大数据、云计算、物联网、人工智能等技术不断发展,移动媒体将进入加速发展新阶段。要坚持移动优先策略,建设好自己的移动传播平台,管好用好商业化、社会化的互联网平台,让主流媒体借助移动传播,牢牢占据舆论引导、思想引领、文化传承、服务人民的传播制高点。""快看上海"的勇敢转型,正是沿着总书记指引的战略方向,自我加压,奋力挺进宣传思想工作主战场、主阵地。实际上,上海广播电视台电视新闻中心 2016 年 6 月转型更名为融媒体中心后,迅速推出了看看新闻Knews、新闻坊、ShanghaiEye 等一大批新媒体产品,并且均在业界取得领先优势。2019 年"快看上海"上线运营,时政报道部进军新媒体,电视媒体的核心主力军进入主阵地。至此,上海电视新闻所有从业人员或转型做新媒体产品的生产和运营,或大屏小屏双线作战,基本实现了主力军全面挺进主战场、主阵地。

"快看上海"敢于突破,还与当时融媒体中心的积极倡导和推进有关。上海市的主要领导活动、重要会议的报道工作不仅是调研、考察、讲话等程序性报道,更不是新闻价值不高的会议消息,而是值得深挖的新闻富矿。因为领导活动、重要会议内容绝大部分都与全市的经济社会发展、社情民意相关。用新媒体尤其是短视频的方式报道领导活动以及与此相关的重大时政活动,也是改变过去这一类报道程式化、套路化的难得机遇。关键是要按照新媒体产品的生产和传播规律,做到内容创新、技术创新、传播创新,使传播效果覆盖面更广、更有针对性。

二、创新是"快看上海"探索实践提高影响力的不二法门

"快看上海"是新媒体产品,主要反映领导活动、重要会议以及从中挖掘出的与社情民意相关的亮点新闻。这类新闻产品信息权威、时效性强,粉丝关注度高。如何吸引粉丝,满足受众的观看需求?短视频是更新、更短、更快的新闻产品,更适合互联网的传播方式。新媒体短视频比原来领导排排坐,从大到小、从上到下、面面俱到的长新闻更受欢迎。所以,"快看上海"用短视频方式,以最快速度、准确推送当天上海市委主要领导参加的重要政务活动,这种方式传播效果明显。虽然这类新闻每年仅占整体发片量的 20% 左右,但点击量、点赞量占到年数据总量的一半以上。2021 年 6 月 6 日,时任上海市委书记李强专程赴内蒙古登门看望都贵玛老人(注:都贵玛曾在 20 世纪 60 年代初主动养育 28 名上海孤儿,先后获"全国三八红旗手""人民楷模"等称号),"快看上海"在李强看望都贵玛的第一时间制作发布相关短视频,全网浏览量突破 400 万,仅视频号的点击量就达 134 万。传统媒体中被大多数人看作乏味、程式化的领导活动新闻,用新

媒体短视频方式创新制作发布，就能取得如此效果，难能可贵。即使在抖音这类市民休闲娱乐的平台，这类短视频也有较好的传播效果。2021 年 9 月时任上海市委书记李强调研苏州河两岸公共空间提升情况，"快看上海"第一时间在微信视频号发布横版新闻，流量很好；在抖音平台发布竖屏版本，流量 270 多万，点赞 2.5 万。2023 年时政报道新媒体共发片 289 条，全网总浏览量 6 995 万，其中报道上海市委主要领导政务活动单条最高浏览量 640.1 万。2023 年"七一"前夕，上海市委主要领导前往大型居民社区、楼宇党群站点，专题调研基层党建工作，看望基层一线党员代表。"快看上海"同步推出《你知道吗？上海基层党建还有这么多好方法》，将党建主题报道规范表述转化为直观的现场影像，让观众跟着镜头走进党群服务中心，了解其功能和丰富多彩的活动，听取党员群众的意见和建议。将主题报道、领导调研"硬"话题做"柔"、做"活"，传播效果明显高于传统大屏电视。

"快看上海"不仅领导活动新闻短视频让人耳目一新，上海两会、全国两会、上海市委全会等各类上海乃至全国的重大时政活动也大胆创新启用短视频制作传播。从 2019 年全国两会开始，"快看上海"率先探索全国两会的时政新媒体报道，在全国地方媒体中勇开先河，四年来先后诞生了"驻会日记""全国两会工作间""走街串巷说两会"等系列新媒体产品。每年上海两会和全国两会期间，相关新媒体报道都能为"快看上海"新媒体账号贡献超过百万的点击量，2024 年全国两会"快看上海"新媒体总流量 684 万，单片最高流量达 420 万。特别是 2022 年，"快看上海"紧紧抓住时政大年机遇，除了上海和全国两会外，还在上海市第十二次党代会和党的二十大期间集中发力。时政报道部围绕大会热点、亮点、焦点，用短视频、现场同期声等形式推出了一大批短视频新媒体产品，其中《二十大代表刘仕英哽咽讲述撤侨经历 除夕夜异国感受祖国强大》在抖音平台的流量突破千万，点赞量达 14.8 万。

Vlog 是年轻人创作、展示日常生活经历，具有强烈个人风格特点的视频形式，深受年轻受众喜爱。时政新媒体可否拿来并创新运用到新闻中？"快看上海"的 95 后、00 后们勇敢探索，第一时间深入重要活动现场，用年轻人的视角来呈现和讲述时政新闻，赋予这类过去严肃的硬核新闻个性化色彩和活泼生动的叙事语态。看似简单自然的自拍式时政 Vlog，好比要把高深的理论讲得通俗易懂、深入浅出，背后功夫是深挖主题，将宏大的主题民生化、具体化，把上海市委中心工作与民生百态相结合，用年轻人听得懂、听得进的语言，用新媒体平台流行的方式来表达，并尝试与受众互动，通过点赞、分享、线下活动等方式与受众进行交流，形成更加个性化、更加紧密联系观众、双向互动的传播，改变了传统媒体你播我看，单向传播的方式。两位小编制作了一批新媒体 Vlog，不少作品点击量较高,传播效果明显好于传统方式制作播出的时政新闻。比如 2020 年刊发的新媒体"百年里弄迎旧改,半年告别拎马桶",就是将以往不受网民关注、相对比较枯燥的时政新闻,转化成了网民津津乐道的爆款小视频,既有生动鲜活的现场细节,又有深入浅出的理论分析,一经推出,立即引起强烈反响,并获 2020 年度上海广播电视奖媒体融合一等奖、第 30 届上海新闻奖三等奖。2021 年刊发的新媒体"李强书记点赞这段苏州河岸线 先睹为快"视频号平台点击量 56.8 万,点赞 1.5 万,转发 3.7 万,网友留言超过百条。2023 年刊发的新媒体"2023 年上海空间信息大会今天开幕 我们一起去源头'追星'"中,记者以上海市领导参加空间信息大会为由头,深入上海航天研究院采访,生动讲述航天人追星逐梦的故事,当天视频号流量突破近 3 万,转发上千。

在今天看来,时政 Vlog 并不新鲜,但倒推 4 年,"快看上海"能将记者主观视角与严肃高深的时政新闻相结合,一方面解构了时政新闻严肃的叙事模式,尝试了时政新闻年轻化、人格化的表达;另一方面,将碎片化场景进行主体性呈现,"形散神不散",力求让网友轻松看时政新闻,喜欢时政话题。在这方面,"快看上海"可以说是地方电视媒体中"第一个吃螃蟹的人",通过 4 年多"摸爬滚打",创作了一大批具有独特风格和一定辨识度的时政 Vlog,受到业内同行好评。

三、对"快看上海"新媒体转型探索的再思考

从"快看上海"的探索实践可以看出,即使是最硬核的、最严肃的时政新闻也要自我突破、转型加入新媒体平台;即使是时政新闻记者,传统电视新闻中的最强主力,也要自我加压、双线开打,主动进入主阵地。这说明,媒体融合发展已成为传统媒体的共同认识,再也没有人问要不要、做不做的问题。无论是全国还是地方媒体,传统纸质媒体还是广播电视,都像"快看上海"一样,积极运用新技术,创新发掘内容,推动传统媒体和新兴媒体在内容、渠道、经营、组织流程再造等方面深度融合,以"大象也要学跳街舞"的精神风貌拥抱互联网,打造全媒体产品,使互联网这个"最大变量"成为"最大增量"。在顶层设计的不断推动下,这项工作不断向纵深推进,但客观地说,融合转型还有很长的路要走。习近平总书记 2019 年 1 月 25 日在主持中共十九届中央政治局第十二次集体学习时强调:"从目前情况看,我国媒体融合发展整体优势还没有充分发挥出来。要坚持一体化发展方向,加快从相加阶段迈向相融阶段,通过流程优化、平台再造,实现各种媒介资源、生产要素有效整合,实现信息内容、技术应用、平台终端、管理手段共融共通,催化融合质变,放大一体效能,打造一批具有强大影响力、竞争力的新型主流媒体。"未来的深度融合之路怎么走,习近平总书记为我们指明了方向。"快看

上海"的探索实践,也给予了我们许多有益的启示和思考:

一是紧紧拥抱互联网,千方百计进入强平台。随着 5G、AI、移动互联网、ChatGPT 等新兴技术的快速发展和不断迭代,媒体生态和竞争格局发生了根本变化,移动互联网成为主渠道、主阵地,抖音、B 站、小红书、微博、微信等商业平台成为人们停留的大平台、强平台。媒体想要不被边缘化,必须紧跟时代步伐,紧紧拥抱互联网。如果还是以所谓的强者自居,抱残守缺,必然被时代所抛弃,被受众所厌弃,那么你所做的一切,无论如何努力,什么 5+2、白+黑,都是自娱自乐式的卡拉 OK,关门自赏罢了。最近"快看上海"有一条《上海市委书记不打招呼暗访 发现问题现场要求整改》的短视频,就很能说明问题。该短视频在别的强平台上流量点赞均超 10 万,而在自己的微信账号上流量仅 3.4 万,点赞121。所以,如果目前无力自建大平台,就要千方百计进入强平台,将内容在多个平台上传播,扩大内容的覆盖范围,提高影响力。融合不是关起门来造车,而是要以开放的心态,尽一切可能整合多方资源为我所用,为受众创造更多价值。

二是优化内容生产流程,培养全能型人才。传统媒体经过长期的磨合分工,形成了分工明确各司其职的生产流程,通常有独立的采访部门、编辑部门、制作部门、技术部门等。据不完全统计,传统电视新闻,一条新闻从策划、拍摄、撰写、编辑、三审……需要经过 20 多道工序。而媒体融合转型需要打破这种分工隔离,尽最大可能实现内容生产的协同和高效。"快看上海"的探索实践,并且在省市电视时政新闻行业里崭露头角,关键是该时政报道部人员精干,小编不仅是小编,而且还能拍、能写、能剪、能出镜。新兴媒体干得出色的人,首先是全能型的能人,在传统技能的基础上,能够熟练使用数字化工具和技术。其次是勤奋的人,因为新媒体不是固定栏目,没有规定播出时间,而是 24 小时全天候更新,全网关注,全民互动。不把自己的全部时间挂在网上的人,注定是做不好新媒体产品的。"快看上海"团队不仅拉得出打得响,而且还特别勤奋,全年无休。2024年农历除夕、正月初一,他们都跟随领导忙碌在采访一线,从该时政报道部获得的各层级荣誉称号也可见一斑。当然,有一点,传统媒体和新媒体的要求是一致的,那就是高质量产品,能够满足受众需求的优质产品。要生产出高质量的新闻产品,必须有上接天线、下接地气的高端人才。于"快看上海"来说,骨干人员既要对上海的发展大计、领导所思所想了然于胸,也要深知市民、社会所需、所愿,这样才能制作播出人民满意的新闻作品。"快看上海"在这方面正积极努力,推出的解读时政新闻的尝试,把上海市委主要领导关心的大事,以及重大时政新闻背后的故事,进行接地气的解读,用"说新闻"的方式把时政报道背后的意义说清楚、讲明白。比如从上海市委书记新年开工第一天去哪里调研作为切入点,关注这一年市委的中心工作是什么;又比如上海市委书记去上海交大给年轻人讲课,提到网络热词"躺平",关注当代年轻人的理想、成长和教育等,这类解读式新闻,虽然画面不一定生动,却从记者的独特视角解读以往程式化报道里看不到、听不到的内容,满足了一批看门道观众的需要。这类解读式的短视频,在微信视频号的点击量稳定破万,最高达到过 2.4 万。这类解读式短视频对记者要求极高,目前还有较大的进步空间,相信经过不断的积累磨炼,"快看上海"时政新闻解读会越来越多、越来越好。

三是强化用户互动,用好数据驱动策略。新媒体和传统媒体传播过程中最大的不同是新媒体用户是清晰可见的,能够双向互动的。媒体融合转型要十分重视数据的收集和分析,通过数据分析,了解用户的需求和行为,清晰用户画像,明确栏目的定位,优化内容的制作和传播策略。目前"快看上海"用户究竟是谁,哪一个群体最为关心这类新闻,需要进一步认真分析研判。确定用户画像后,要有定力、全心全意满足特定观众需求,不被一时流量牵引而失去忠实受众,不被雷人雷语所诱惑,改变自己的话语风格和语言习惯。在明确观众的基础上,要进一步强化用户互动,收集用户的意见和反馈,提高个性化的内容推荐、分享和定制化服务。通过与用户充分互动,增加用户活跃度,提高用户忠诚度。

四是"舍得"轻装上阵,有舍才有得。这是最后一点,也是最重要的一点。电视台许多融合转型产品和栏目,目前绝大多数还是双线作战,"快看上海"是这样,"新闻坊""看看新闻 Knews"等也都是这样运作的。短期坚持没有问题,长期为之必将疲于奔命,力竭而衰。这些年,报业的转型之所以相对电视走得较深较远,除了自身努力外,关键是两个字"舍得",有舍才有得。因为报业受互联网冲击较早,传统报业舍弃较彻底。而电视目前还是大小屏共振,人员双线开打。但随着互联网新媒体的不断崛起,大屏电视观众逐步减少是不可逆转的大势所趋。电视台要有壮士断腕的勇气,坚决关停没有收视、没有经济效益和社会效益的栏目甚至电视频道,像报业一样轻装上阵,全力投入媒体深度融合发展中去,融合强台。

结　语

习近平总书记在 2022 年 10 月召开的党的二十大报告中明确提出:"加强全媒体传播体系建设,塑造主流舆论新格局。"媒体融合发展不断向纵深推进是新时代的重要政治任务,要确保实现这项目标任务,就必须坚持一体化发展,坚持移动优先,党的十九届四中全会审议通过的《中共中央关于坚持和完善中国特色社会主义制度、推进国家治理体系和治理能力现代化若干重大问题的决定》指出:"建立以内容建设为根本、先进技术为支撑、创新管理为保障的全媒体传播体系。"以习近平同志为核心的党中央为媒体深度融合发展明确了战略指引和努力方向。作为新时代媒体人,面对全新的环境,根本的改变,唯有紧跟时代步伐,彻底转变观念,热情拥抱新技术,努力提升专业能力和人文情怀,才能在融合转型的重塑过程中,充分发挥从业人员主动性和创造性,用漂亮完美的转身,完成党和人民交付的使命任务,实现主流媒体人的时代价值。

参考文献:

［1］《习近平关于全面建成小康社会论述摘编》,中央文献出版社 2016 年版,第 118 页。

［2］《习近平谈治国理政》第二卷,外文出版社 2017 年 11 月第 1 版,第 325 页。

［3］《习近平谈治国理政》第三卷,外文出版社 2020 年 6 月第 1 版,第 318 页。

［4］中央广播电视总台副台长胡劲军:《在湖南长沙 2023 年中国新媒体大会开幕式暨主论坛上的发言》,2023 年 7 月 12 日。

［5］《习近平谈治国理政》第三卷,外文出版社 2020 年 6 月第 1 版,第 317 页。

［6］习近平:《高举中国特色社会主义伟大旗帜为全面建设社会主义现代化国家而团结奋斗——在中国共产党第二十次全国代表大会上的报告》,人民出版社 2022 年 10 月第 1 版,第 44 页。

［7］《中共中央关于坚持和完善中国特色社会主义制度、推进国家治理体系和治理能力现代化若干重大问题的决定》,2019 年 10 月 31 日。

作者简介:

诸培璋,上海广播电视台融媒体中心总编审。

沈姝艳,上海广播电视台融媒体中心时政报道部新媒体主管、"快看上海"栏目主创之一。

民生新闻也要有大视野

——关于《新闻坊》大民生新闻的探索

王卫东

提　要： 随着社会发展以及新闻事业改革不断走向深化，民生新闻在各类新闻媒体中的地位日趋显著。在民生新闻蓬勃发展的同时，如何进一步改进民生新闻的报道内容，避免平庸化、琐碎化、市井化、娱乐化、同质化倾向，是继续提高民生新闻品质的关键。本文以上海电视台新闻综合频道《新闻坊》节目为样本，从多个角度剖析《新闻坊》打造"大民生新闻"的创新探索与实践路径，探寻民生新闻节目从"小民生"向"大民生"拓展的转型、进化之路。

关键词：《新闻坊》　大民生新闻　探索实践

引　言

20 世纪 90 年代以来，以地方化、本土化为特色的民生新闻，迅速走红各地方新闻媒体。这是因为，随着社会转型发展，人们越来越关注自己的生活环境、生活质量以及社会公正等问题。而各个媒体在激烈的市场竞争中，也开始寻找新的报道角度和报道形式。中央也提出了新闻宣传工作要做到"贴近实际、贴近生活、贴近群众"的要求，于是关注民情、民意，聚焦社会热点、难点，真实反映百姓喜怒哀乐，与市民生活同频共振的民生新闻逐渐兴起，一些地方电视台纷纷推出立足本地的电视民生新闻栏目。

然而，随着时间的推移，民生新闻的报道也产生了一些隐忧，需要引起业界关注和思考——民生新闻不仅要关注百姓身边的柴米油盐、家长里短、鸡毛蒜皮等小事,更要聚焦社会的发展、兼顾"国计"与"民生",让国家大政方针、国之大计有效地与民众生活、与日常工作结合,为民众释疑解惑、拾遗补阙,这就要求民生新闻节目实现由"小民生"向"大民生"理念的转变。本文试就笔者亲身经历的《新闻坊》"大民生新闻"的创新实践,作较深入探讨与思考。

一、平民视角的民生新闻:探寻新闻创新改革的突破口

20 世纪 90 年代,我国新闻事业改革走向深化,媒体逐步走上了市场化的发展轨道。为了赢得受众、占据市场,一大批具有代表性的民生新闻栏目如雨后春笋般出现。其中,江苏电视台的《南京零距离》、安徽电视台的《第一时间》、湖南经视的《都市时间》都是其中的佼佼者。一时间,民生新闻已经俨然是新闻创新的代名词,成为我国新闻事业改革的突破口。

2002 年 1 月,《新闻坊》应运而生。有别于上海电视台老牌新闻节目——《新闻报道》严肃、庄重的播报形式,《新闻坊》采用了三个主播聊天的方式,强调亲和力、突出拉家常式的家人般的感觉。这一别开生面的播报方式,迅速吸引了沪上观众尤其是老年观众的注意。为了彰显节目独有的海派个性与品质,体现电视可视、可听的特长,同年 6 月《新闻坊》进行了改版,组织全市 19 个区(因行政区划调整,目前是 16 个区)的有线电视中心的力量,以"镜头对准社区、话筒指向百姓"的采编要求,突出平民视角、民生内容和民本取向,强化具有上海石库门氛围的"弄堂口 说新闻"的聊天式的播报风格,改变了观众熟悉的"你播我听"的、宣传告知式的传播方式。改版后的《新闻坊》以其活泼、亲民的节目形态,顿时风靡大街小巷,节目的收视率、市场份额迅速超过了《新闻报道》,年广告额也大幅攀升,取得了社会效益与市场效益的双赢。《新闻坊》也因此先后获得了中国广播电视新闻十佳栏目、中国新闻奖优秀栏目、上海新闻奖名专栏等多个奖项。

二、民生新闻需要升级:"鸡零狗碎"不是民生新闻的代名词

什么是"民生新闻"?如果仅仅将其理解为与老百姓日常生活和切身利益相关的新闻,是有失偏颇的。从广义上说,为了民众和民众关心的新闻,都可算是民生新闻。因此,应该把民生新闻看作是所有和百姓民生有关的新闻的集合。然而,随着民生新闻越来越受到公众关注,各地的民生新闻节目越办越多,出现了模式化、单一化、碎片化等令人担忧的现象,不仅影响了民生节目的品牌形象,更影响了节目的生存和发展。

1. 民生新闻概念的误读。 民生新闻既是一种新闻题材，更是一种传播理念，它更多地体现为以民为本的价值取向，它是在执政为民的大的社会政治背景下，对曾经长期占据主导地位的官本位新闻、启蒙教化新闻的反叛，是站在民众的立场反映民众的生活，关心民生的疾苦。这种对民生的反映，应该是全面的、全方位的。

从现在播出的某些民生新闻节目中，可以看到"民生"的概念往往被理解成是一些"家长里短"式的生活琐事，如邻里纠纷、水管破裂、交通事故等等。同一民生新闻节目报道题材狭窄且重复较多，容易使受众产生模式化影响，弱化了受众的收视期待。而且由于并没有为受众提供更深层次的、全方位的新闻信息服务，使得随着类似报道次数越来越多，新闻价值反而越来越弱了。

2. 民生新闻报道的浅薄化。 正是因为对民生新闻的狭隘理解，有时一味追求内容的全面包容，忽视了思想的深邃，使民生新闻的叙述浅薄化、报道形式粗糙化、过分追求轰动效应和眼球效应。随着受众审美情趣、媒介素养的不断提高和公民意识的不断觉醒，公众已不满足于这种浅层次、表面化的报道，需要的是有深度、广度、参与度、令人回味的民生资讯。由此也要求民生新闻的立意不仅是站在市井新闻之中，而应该站在市井新闻之上；从关心一家一户一人一事，到关注一批人、一类事，从小民生新闻向大民生新闻的进化。大民生新闻不仅是对市民的生活的报道、民意民情的表达，还包括百姓精神层面的诉求和展示，是对传统民生新闻的一种"扬弃"。

3. 民生新闻报道的失衡。 区别于时政新闻，民生新闻弱化了领导的角色，而是更多地从普通百姓的视角出发，关注他们的日常生活和利益，致力于展示平凡生活的真实和温度。但由于一些民生新闻着重强调"小民生"，而忽视、舍弃了国计、民生的"大民生"，从而导致了民生新闻在重大、主题报道上的失衡，无法全面、深入、准确地反映我们生活的全部。

如果说，民生新闻之前的成功是得益于报道内容和方式脱离了原有固态化的新闻报道模式，而一旦民生新闻又形成了另一种固态的报道模式，那么也就违背了民生新闻来源民生百态且应有不拘一格的内容和形式的宗旨。民生新闻节目到了亟须进行全面升级的时候。

三、关于《新闻坊》打造"大民生新闻"的探索

关于民生新闻的定义，不完全统计已有30多种。大体是以民本思想为基点，以平民视角和人文叙事手法关注和反映普通老百姓的生活、生存、生计、命运，要求与愿望等内容的一种表现形式。

从题材上看，民生新闻的题材，既包括"小民生"，也包括"大民生"。所谓小民生，可以看作是狭义的民生新闻，即关乎百姓衣食住行、柴米油盐、吃喝拉撒睡等方面的新闻，为百姓提供资讯和服务；所谓大民生，则是指广义上的民生新闻，即从百姓生活的角度反映国家的方针政策、建设成就和其他重要新闻事件。

相对而言，小民生是初级形态的民生新闻，偏重于展示平凡生活的"原生态"。在普通人生老病死、悲欢离合、酸甜苦辣的经历和境遇中挖掘戏剧性、趣味性和娱乐性；大民生则是在时代背景下，通过设置公共议题，由感性的生存体验深入民众的精神生活领域，由解决一家一户所面临的具体的生活困境，升华为改善社会大众的生存状态，由解决一家一户的具体纠纷，升华为化解社会群体之间的矛盾。

如果说小民生强调的是新闻内涵的话，那么大民生则强调的是新闻的视角。民生新闻既要以小民生为基础，突出实用性和服务性，又要以大民生为突破口和发展出路，更充分地发挥大众传媒监视环境、守望社会的社会功能。

正是基于这样的考虑，2016 年 1 月，《新闻坊》再次改版，节目时长从二十五分钟扩展到了五十五分钟。体量的扩展，并不是简单增加报道条目和时长，而是重新架设节目的版块结构，如《城事晚高峰》《坊间热议》《市民议事厅》《我的朋友圈》，在继续关注社区、关注民生的同时，拓展民生新闻的题材视角，做强调查监督类报道的品质，迈出了向大民生新闻发展的步伐。

1. 以"大民生"定位，拓宽选题视角

一个社会的发展不能仅仅关注吃喝拉撒。国家的大政方针特别是一些惠民政策如住房、养老、医疗等方面的新举措，与百姓息息相关。民生新闻如不反映这些内容，也就失去了"半壁江山"。因此，大民生新闻在题材选取上要避免选小不选大，涉民不涉政的倾向。

《新闻坊》定位在民生类节目，在体现"大民生"主题上，注重弘扬新闻传播主旋律，尤其突出的是用新角度、新事实宣传国家战略。《从一张床到一套房异乡追梦扎根城市》的报道就是关注那些参与上海城市建设的外来人员在上海的生活、居住情况，这也是总书记关注的一个重点。报道从总书记 2023 年 11 月 28、29 日在上海进行调研的点位开始采访，将视野拓展到多个上海保租房项目，聚焦了三位租住在一张床、一间房、一套房里的典型奋斗者，构建了青年外来建设者与上海这座城市共赴梦想的群像。这样的大民生新闻在表现手法、表现风格上改变了民生新闻的固有模式，即将时政新闻以"民生新闻"的特点加以展现，从民生角度深刻解读政府决策，将以往民生新闻"绕着走"的政治、经济、科学、文化等题材，做得好看、管用，又具有生活赋予的厚度。

2. 精心策划，深入挖掘，打好组合拳

"人民城市人民建，人民城市为人民"是总书记视察上海时提出的重要理念。宣传好人民城市的理念是主流媒体义不容辞的责任。2022年9月，《新闻坊》联合16个区融媒体中心，共同打造《人民之城》的系列报道。与以往重大主题报道由骨干记者单打独斗的模式不同，《人民之城》主打"组合拳"，采访由16个区融、近百位采编人员共同承担，《新闻坊》团队与区融紧密合作，16个区围绕同一个主题，精心策划、充分开掘人物、事件、背景、评论等优质选题资源，由此提炼各区特色、人物特点、案例细节，通过组合报道、板块效应来体现节目的厚度、深度。

16场直播，衍生出172条短视频、48张海报，通过在大屏、小屏、新媒体客户端等多渠道的传播，总浏览量达5 700万。用户不仅频发"比心""点赞""美！"等表情、短文字互动，还有大批网友留言："你们在账号里发的每一个地方我都要去逛一逛""这张照片可以看到我之前在上海住过的地方""哦！我想哭，我太想念这座神奇的城市了！"……大民生新闻打出了漂亮的"组合拳"，让受众充分体会到了上海的"世界影响力""社会主义现代化特征""国际大都市风范"的感受。

可以说《人民之城》是大民生新闻报道的一次创新，从身边事着眼、从细微处着手，以细腻有温度的镜头语言，全景式呈现上海人民城市建设生动实践，彰显上海踏上新征程的奋斗脉搏、奋进步点和幸福底色，既有民生新闻的广度，又有主题报道的深度。众望所归，节目获得了上海新闻奖一等奖、中国广播电视大奖。

3. 做强舆论报道，推进社会治理

民生新闻之所以受到老百姓的欢迎，一个重要原因是它的舆论监督功能。民生类节目的播报内容离不开百姓生活遇到的需要解决的问题。舆论监督的目的既是替百姓说话，也是为政府提供准确的信息，最终还是要以解决问题、构建和谐社会为目的。

改版之前，《新闻坊》的舆论监督，局限于帮助一个人、解决一件事的个案式报道。改版之后的舆论监督报道，更关注于社会热点、公共议题，注重于选题的延伸、扩展，深入挖掘问题背后隐藏的不合理之处。《坊间大调研：深夜跨江，订单缘"何"而来？》就是反映了一名快递小哥遇到的烦恼：浦西小哥接到了浦东客户的点单，轮渡夜间停航怎么办？报道跳出了简单批评外卖小哥"上桥入隧"的违法行为，基于客户、小哥、平台、轮渡公司、交通管理、交警等各方都是照章办事，将看似"无解"的话题，引向当今外卖社会中的一个公共热点，将个性的矛盾引申到社会管理的共性话题，从而在各个媒体上引发热议，受众不仅为小哥叫

屈,更为各管理方支招,最终促使平台修改了发单的规则。扎实的调查报道,不仅帮了一个人,做成了一件事,更是推进了一类问题的解决。聚焦社会热点,促进社会治理机制的提升,民生新闻大有可为。

4. 提升舆论引导力,搭建公共话题平台

主流媒体应该有自己的观点立场,评论作为新闻报道的点睛之笔,直接体现了媒体的影响力和公信力。如何通过评论来加强媒体的社会责任感和舆论引导力?《新闻坊》推出了"小坊说",运用评论的方式,以平民角度和平民化的叙事方式来展现观点、解读新闻、引导受众。比如,《地下车库养了 10 只猫,可以吗?》针对"自家购买的车位能否收养流浪猫"这个热点话题,在业主、邻居充分表达各自的观点后,编辑通过"小坊说",来阐述产权车位不适合改变用途、流浪猫的聚集涉嫌侵犯相邻权,以及善待动物有更好的爱心表达方式的思考。这种多维度、多视角、多层次的剖析方式,入情入理,达到了入耳入心的效果。这个话题也成了当天的热搜,上千条的留言,有不同观点的碰撞,但更多的是赞同"小坊说"的意见:爱心的表达需要有理性的方式。

如果说"小坊说"体现了主流媒体的意见,在媒体融合的环境中,也需要有个性化的意见表达。《新闻坊》在视频号上开设了"小坊碎碎念",由记者将个人在采访中所听、所看、所感等更多的支脉信息,以小视频碎碎念的形式与受众交流分享。尽管"碎碎念"的观念并不全面,但它出自一线采访记者的实际感受,或许少了一份理性,多了几份感性,而这恰好符合新媒体传播的要求。《充电飞线如蛛网 老大难如何解?》是从电瓶车不能上楼入户、还要被"请"出非机动车库的话题展开:为了消防安全,在非机动车库改造完成前,电瓶车无法在非机动车库内充电、停放。采访中,记者也发现:把电瓶车赶出非机动车库,车主如何充电?停放在小区外的电瓶车失窃风险、雨天维护怎么办?小区消防隐患排除了,业主的心头隐患怎么办?如此带有强烈个人色彩的议论,在《新闻坊》视频号以"小坊碎碎念"播发后,引发了受众的共鸣,圈粉众多。在理解消防安全重要性的同时,坊友们也列举了各种"奇葩"的管理方式,期待在守住家门口安全的同时,能更多考虑业主的实际需求。

原创的、有个性的评论能真实地传达记者的独立思考判断、把握舆论导向、提升舆论引导的能力,也有助于《新闻坊》形成有独特个性的节目风格,更能增加节目的温度,对于此类大民生新闻具有画龙点睛的作用。

5. 强化观众互动,拉长民生新闻的产品线

民生新闻不能只是单纯地展示与迎合,尤其是在媒体融合的环境中,更要在

激发受众潜能上做文章。《新闻坊》在做强大民生新闻的同时,还注重拓展新媒体平台,拉长民生新闻的产品线。针对平台的不同调性,用足、用好新闻素材,量身定制有个性的民生新闻产品。

《小区灭火器,谨防"救星"变"灾星"!》本身是一条揭露假冒伪劣消防器材的调查类报道,记者通过翔实的调查采访,不仅为《新闻坊》提供了扎实的监督类报道,新闻坊官微、官博、视频号各自截取了不同的片段予以分发,相关话题立刻成为热搜,热度持续72小时,网友留言评论总量超过173万条,《新闻坊》视频号的总播放量超过199万人次。众多网友受众,也因此开始重视家门口的灭火防线,纷纷开启了自查模式。

观众的留言互动,不仅延长了民生新闻的产品线,更是为民生新闻提供源源不断、鲜活的素材库。《就要排她的队!医院"明星挂号员"人气高》就是网友"悠然入孟"在《新闻坊》微信号的推文下留言,希望实名表扬医院的挂号员。记者也是将信将疑地去医院"暗访"。在医患关系紧张的环境下,这样一则简单朴实而感人至深的新闻起到了"扭转局面"的效果。在《新闻坊》推文和视频下,评论区上千条留言可谓暖流涌动,充满了正能量,提升了医疗系统服务窗口的形象,也唤起了人们对于一线劳动者的敬重,展现了城市细节之处的人间温暖。

这样的互动是传统电视媒体所无法实现的,也是全媒融合的意义所在,更是《新闻坊》大民生新闻需要继续深化探索的方向之一。

美国著名报人普利策曾说过:"倘若一个国家是一条航行在大海上的船,新闻记者就是船头的瞭望者。他需要在一望无际的海面上观察一切,审视海上的不测风雨和浅海暗礁,及时发出警报。"作为以民生新闻为报道主体的《新闻坊》,也应是社会的瞭望者。从实践来看,《新闻坊》尽管在"大民生新闻"上做了一些探索,也取得了一些成绩,但还远远不够,还需要不断地探索与创新。

结　语

一个社会的发展不只是需要关注吃喝拉撒,就像德国哲学家、评论家黑格尔说的那样:一个民族有一些关注天空的人,他们才有希望;一个民族只是关心脚下的事情,那是没有未来的。所以,千万不要只沉湎于日常的琐碎鸡毛蒜皮之中,民生新闻真正的核心价值取向应该集中在关注百姓的人情冷暖这一生存状态的层面,而不是只停留在百姓生活的重复堆砌上。民生新闻既要以小民生为基础,突出实用性和服务性,又要以大民生为突破口和发展出路,更充分地发挥新闻守望环境、进行舆论监督的社会功能。这才是媒体更重要的职责所在。让我们牢记职责使命,笃行不息!

参考文献：

［1］张蕊：《民生新闻生存的社会语境》[J]，《新闻爱好者》，2008(4).

［2］李建秋：《民生电视新闻传播误区浅析》[J]，《当代传播》，2005(6).

［3］赵明：《对民生新闻的发展现状及对策的思考》[J]，《新闻传播》，2012(6).

［4］张国良：《传播学原理》(第三版)[M]，复旦大学出版社，2023 年 11 月版.

［5］周俊杰：《论舆论监督的价值特征及价值取向》[J].《声屏世界》，2002(11).

作者简介：

王卫东，上海广播电视台融媒体中心通联新闻部副主任。

论主题宣传报道实践中的听觉叙事构建与运用

——以《党旗下的回响》为例

陈　凯

提　要：在侧重于视觉呈现的媒介技术和形态逐步占据中心地位的传播语境下，主流媒体推出了一批优秀的视频、图文、动漫游戏类主题宣传报道精品。在为这些视觉叙事作品鼓掌的同时，也不应忽略听觉叙事在营造群体性、主体优先性以及激发感性思考等方面的独特优势。本文以上海人民广播电台制作播出的音频类红色文化传播系列作品《党旗下的回响》为例，分析以营造音景、树立声像、引导聆听与思考为主要方式的听觉叙事构建方法，阐述听觉叙事的重要作用，进而说明：合理构建和运用听觉叙事，可以更好助力主题宣传报道的创新创优工作。

关键词：主题宣传报道　听觉叙事　视觉叙事　创新创优

引　言

在媒介技术和大众审美不断更新迭代的当下，主流媒体的主题类宣传报道越来越多地呈现出"叙事化"倾向。2021年，中国共产党迎来百年华诞之际，全国各大主流媒体的新闻工作者们围绕重大主题、发挥融合优势，贡献了一批优秀的主题宣传类传播作品，如新华社推出的 H5 图文动画类融媒体产品《送你一张船票》，用一艘红船串联起建党百年间的大事，精致流畅的动画效果为读者带来沉浸式体验；再如解放日报社推出的《寻找张人亚》，以《解放日报》1951年3月24日刊登的一则父亲寻找儿子的启事为由头，用沙画短视频的方式，阐释了上海这座城市如何担当起初心之地的深厚魅力。这些作品主要是围绕"讲好一个红色故事"这一创作思路展开的,而"讲故事"即为叙事。有趣的是,"讲故事"无论从字面理解还是从词源追溯,都是一个诉诸听觉的过程,但上述作品的叙事方式多为"视觉叙事"——它们以视觉感知为主要表达方式。媒体融合发展成为国家战略以来,视觉叙事作品成为主流媒体主题宣传报道的主攻方向,这也符合数字化时代受众主要通过屏幕获取内容的趋势,但这一趋势不应掩盖听觉叙事在主题宣传作品中的重要地位和作用。本文就以听觉叙事的构建与运用作一专论,以求教于方家,并引起业内重视。

一、听觉叙事在主题宣传报道中的作用和优势

第一,听觉叙事作品善于营造和触发群体感。人类学家罗宾·邓巴认为,正是因为讲述故事才"创造出一种群体感,是这种感觉把有着共同世界观的人编织到了同一个社会网络之中"。"讲故事"的人类学起源要追溯到洞穴时代,人类祖先在夜幕下的漆黑洞穴中需要一个用声音讲述的故事维系起共同的价值观,让每个成员感受到自己与身边人同属一个群体。听觉叙事营造群体感的功能在视觉传播实践中仍然发挥重要作用,甚至可以说其他叙事方式也没有摆脱对听觉叙事的凝聚和感召功能的模仿,否则我们很难解释为何许多视觉叙事作品中常常用到"话说""在下""看官"这些明显来源街头说书场景中的词汇,而说书正是典型的听觉叙事场景。从叙事学角度来看,现代国家的概念也是一个叙事概念,人们通过在经济、教育、法律、军事、传媒、社会生活等等领域累积的个体经历,形成对国家的群体认同,而这种认同,即便在茫茫人海、纷繁喧闹中,也会被一个声音迅速唤起。一个中国人在国外看到一个黑头发、黄皮肤、黑眼睛的人,并不敢确认此人就是同胞,但哪怕远远地听到一声"你好",乡音也能迅速拉近彼此的距离。当前,构建中国话语体系,"讲好中国故事"成为主流媒体的共同责任和追求,利用好听觉叙事,用美好的中国故事凝聚和鼓舞人心,正是主题宣传报道的题中之义。

第二,听觉叙事作品更具主体优先性。人类的视觉可以在一瞬间完成对画面元素的聚焦、透视和分割,于是视觉叙事的受众客体往往在"看到"的同时就已经完成了对内容的选择,最终只有"想要了解"的内容继续留存,而许多视觉叙事内容的传播主体也利用这一特性,在智能算法的助推下,将受众逐渐关进"信息茧房"——让他们只能看到"想要接收"的内容。"信息茧房"的形成与部分视觉叙事传播主体利用和迎合人性弱点密不可分,但主题宣传报道却不能走入迎合人性弱点的歧路,它提供的内容更偏向于受众"应该接收"的,而这恰恰是听觉叙

事的长处。相比视觉内容,一个声音一旦发出,如果不被仔细聆听,就转瞬即逝。受众客体在接受处理听觉信息时,需要保持更专注的"聆察"状态,即聆听与思考状态,这就使得听觉叙事主题宣传作品更具主体优先性,更容易向受众传达好主题宣传的核心要义。

第三,听觉叙事作品更易触发感性想象。美国学者艾米丽·汤普森认为,声音景观,与人类文明而不是与自然界更相关。一个视觉"图景"的"观察"者可以看到明确的、具体的、独一无二的"形象",而听觉"音景"的"聆察"者却需要根据自身的生活经验对听到的"声像"进行想象和揣摩,进而获得一种基于个体独特经历的感性认知。感性想象让听觉叙事作品在"意义"之外,提供了更多"意味",而"意味"又会引导受众进一步追寻"意义"。著名传播学者麦克卢汉在《理解媒介:论人的延伸》中提到:"广播有力量将心灵和社会变成合二为一的共鸣箱。"今天看来,这个共鸣箱的钥匙也许正是感性想象和认知,它指向的是"洗耳恭听"之后得到的心灵共振,这进一步增强了群体的认同感和凝聚力。听觉叙事的这一特点,无疑是主题宣传报道需要积极去运用的。

基于以上的听觉叙事重要作用,本文引入由传播学者傅修延在听觉叙事研究中提出的"音景"(对应图景)、"声像"(对应形象)、"聆察"(对应观察)等概念,以上海人民广播电台制作播出的音频类红色文化传播系列作品《党旗下的回响》为例,从笔者作为《党旗下的回响》系列作品主创和配音人员的实践经历出发,分析研讨听觉叙事在主题宣传报道中的构建和运用。

二、基于营造音景、树立声像、引导聆听思考的听觉叙事建构方法——以《党旗下的回响》为例

红色是中国共产党、中华人民共和国最鲜亮的底色。习近平总书记指出:要讲好党的故事、革命的故事、根据地的故事、英雄和烈士的故事,加强革命传统教育、爱国主义教育、青少年思想道德教育,把红色基因传承好,确保红色江山永不变色。上海作为党的诞生地和初心始发地,拥有大量珍贵的红色文化资源,讲好红色故事是新时代上海主流媒体的重要职责。2015年起,上海人民广播电台推出系列音频类红色文化品牌栏目《党旗下的回响》,在广播端和移动音频平台同步播出。栏目采取季播制,每一季将宣传重点和上海的红色文化资源结合,诠释不同的分主题。

第一,产生了新创作思路,创新听觉表现形式。

在第五个烈士纪念日到来前夕,主创团队参观了上海龙华烈士纪念馆,这里珍藏着许多革命烈士的珍贵遗物和动人事迹。在听取讲解时,主创人员产生了新的创作思路:传统的英烈事迹报道往往强调英雄人物英勇伟岸、大义凛然的

姿态,这当然是对的,但是否还可以通过听觉叙事,更多展现英烈"来自普通人"的一面?毕竟,从平凡中诞生的伟大似乎更具情感冲击力。随后推出的《党旗下的回响·穿越时空的对话》就创新听觉表现形式:栏目没有专业的播音员主持人诵读旁白,而是采取龙华烈士纪念馆讲解员与革命年代在龙华牺牲的烈士"隔空对话"的形式展开内容,"烈士"的话语部分由配音演员进行演绎。这一表现形式最大的难点在于,如何让身处现实空间的讲解员与身处虚拟"历史空间"的"烈士"在自然、可信的语境下进行对话。

第二,不用采访型对话,采用"聊家常"的平实对话。

主创人员确立了对话的基调:不是采访型对话,而是以"聊家常"般的平实对话切入。促成这一对话的介质就是馆藏烈士遗物,用这些遗物所能发出的声音作为营造声音景观(音景)的先导,用今人与革命先辈平等自然的对话树立烈士"真实平和"的声音形象(声像),进而引导受众通过聆听体察到烈士平凡而伟大的气概和深厚的家国情怀(聆察),如此完成对宣传主题的听觉叙事构建。

第三,如何构建起引起受众聆听与思考的听觉叙事过程。

下面通过对《党旗下的回响·穿越时空的对话》之郭纲琳篇的内容文本进行分析,进而阐释这一听觉叙事构建过程。

【音效:铜板摩擦墙壁的声音】

【讲解员】我是龙华烈士纪念馆讲解员费璐怡。您现在听到的是摩擦铜板的声音。时间长了,这些铜板可以被摩擦成各种形状,还能在上面刻字。在我们纪念馆的展厅里,就有两枚磨成爱心形状的铜板,其中一枚刻着"永是勇士",也就是"永远是勇士"的意思;另一枚则刻着"健美"两个字。

作品开头直接用摩擦铜板的声音加上深邃而幽冥的配乐为听众营造极具悬念感的声音景观,这也体现了听觉叙事中营造"音景"的一个重要作用:快速建立悬念、吸引注意力,并持续留存这种注意力,让受众产生极大的感性想象空间。如果不用这种听觉元素开头,接下来的文本也可以把故事推进下去,但作品触达人心的能力会大打折扣。正如乐府经典《木兰诗》,如果不是以"唧唧复唧唧……唯闻女叹息"这样的听觉描写开头,恐怕会平淡和直白很多。

有了"铜板"这个听觉介质的引领,接下来讲解员揭开故事主人公身份悬念的过程就更加立体,让人们听到了一个女英雄"侠骨柔情"的一面:

【讲解员】不过,这些可不是出自什么工匠和手艺人,而是一名女共产党员被关押在阴森恐怖的地牢里时,巧手制作,赠送给狱友,来鼓舞大家的斗志。这位共产党员就是时任共青团闸北区委书记的郭纲琳。

郭纲琳曾经连续三次参加上海学生为抗日救国赴南京请愿示威的斗争,在上海美亚绸厂开办女工夜校,领导和组织 4 500 名丝厂工人为争取权益而进行为期 50 天的大罢工。1934 年 1 月因叛徒告密不幸被捕,被关押在监狱。

接下来就要进入作品的核心主体部分:对话。讲解员如何发起一次穿越时空的对话,才不显得突兀?第一句提问就从日常工作中的细节入手:

【讲解员】不少细心的观众从纪念馆的文字介绍中发现,郭纲琳老家在江苏,出生于名门望族。他们好奇的是,郭纲琳,当你的家人想方设法营救你,也有能力把你救出去时,当时只有 24 岁的你,为什么要拒绝?难道你不想重获自由,与家人团聚吗?

"郭纲琳"会如何回答?这个问题关乎主人公的"声像"如何建立。首先,在"郭纲琳"开口前,配乐转换为舒缓而充满朝气的风格。配音演员选择了与郭纲琳被捕时年龄相仿的音色特质,以第一人称进行演绎。配音技巧和情感运用在树立"声像"的过程中也十分重要,此处演员没有套用影视作品配音中的声音表演技巧,也没有运用舞台剧表演中的冲突和张力,而是将对象感限定在"身旁的友人"这一范围,以讲述和倾诉的口吻推进内容。讲到郭纲琳在狱中除了磨铜板,还用食物中的砂石、稗子等制作枕头送给狱友等情节时,配音演员的语气是轻松中带着乐观的,没有咬牙切齿的"恨",没有壮志凌云的"决",轻描淡写中透露着对革命的乐观和对敌人的蔑视。应该说,经过这一段的声音演绎,"郭纲琳"的声像已经非常生动立体,其精神力量也足够令人信服,以至于后续段落中讲解员以后来人的口吻告诉天国中的郭纲琳,狱友是如何纪念她时,这一虚拟的对话空间已经浑然天成,几乎没有了时空隔阂感:

【郭纲琳(配音演员)】我当然想,但我有原则。国民党利用我家里人救我心切,威逼利诱,要我在他们拟好的悔过书上签字。我不能屈服在一个无罪而加上有罪的名义下获得释放。敌人枪杀我们的身体是无法抵抗的,但决不允许枪杀我们的灵魂!

我不是一个合格的女儿,不能孝顺父母,承欢膝下了……希望家人不要怪我。

……

【郭纲琳(配音演员)】牢狱生活是非人的。敌人的目的就是要摧毁我们的意志。但我是个不服输的人,越是艰苦越要活得像个人样。看到每天吃的烂菜霉谷,我就把里面的砂石、稗子什么拣出来弄干净晾干,存起来做了一个枕头芯。当时我对狱友说,如果能活着出去,一定将这个枕头送到革命纪念馆,让我们的同志和后代看到敌人的滔天罪行。

……

【讲解员】对身边的狱友来说,你是他们的精神支柱,你的铜心和枕头就像黑暗中的烛光。狱友李丰平为永远纪念你,还将她的两个女儿分别取名为大纲和大琳。

英雄人物的伟岸之力,往往在生命的最后时刻开出绚烂之花。主创团队经过对史料的考证和对相关人员的走访,在史实基础上,通过国际歌旋律压混、讲解员问题设计和配音演员准确演绎,再次营造出一个"壮烈而不悲伤"的刑场音景,引导受众聆察到一个向死而生、英勇无畏的革命先辈的声像。此时无论听者有何种身份背景和人生经历,都很容易产生这样的心灵共鸣:郭纲琳是为了中国人民的革命胜利而牺牲,中国人民永远不能忘记她。这也是听觉叙事在营造和触发群体感、认同感方面发挥的作用:

【国际歌音乐压混】

【讲解员】1937 年 7 月,一个寂静的凌晨,敌人把你押往刑场。你却高唱着《国际歌》,一路高昂着头,放声大笑。法官不解地问道:"你快要死了,还高兴什么?"

【郭纲琳(配音演员)】你们整整关了我四年,花了不少心机,却什么也没有得着,可见你们是失败了。我凭了真理,凭了对人民的忠贞,凭了党给我的教育,我将你们费了不少狗气力想出来的一切阴谋诡计打得粉碎,可见我是胜利了。胜利者是应当欢喜的,是应当高声大笑的!你们一定会被消灭,中国人民的革命一定要胜利!

【讲解员】牺牲时,郭纲琳年仅 27 岁。大半个世纪后,一批又一批的参观者在这一对由铜板磨成的铜心前,听我讲述你的故事时,仿佛还能听见你爽朗的笑声。

……

郭纲琳最后留下的那句"中国人民的革命一定要胜利!"无论在情感渲染上还是在精神升华上,都把整个作品推向了高潮。如果把这句话作为结尾,也并无不妥。但《党旗下的回响》从标题到内容,都贯彻着完整的听觉叙事理念,所以在结尾处,主创继续编排了头尾呼应的听觉元素。讲解员讲述:今天的参观者似乎仍然能听到当年郭纲琳打磨铜板的声音,和她临刑前那爽朗的笑声。至此,整期栏目借由一对铜板所能发出的声音,构建起了跨越时空的听觉叙事场域,让英雄人物平凡而伟大的人生更加深入人心。

实践表明,这一听觉叙事构建过程要从安排音响,交代重大事件与人物背景,设计对话与情节过程,直至推向情节高潮与结尾余音不断、令人启迪等,精心策析,升华重大主题。

结　语

　　2015 年上海人民广播电台推出系列音频类红色文化品牌栏目《党旗下的回响》以来，从不同角度、用不同的呈现方式集中讲述了数十位革命先烈为共产主义信仰而英勇斗争直至牺牲的感人事迹。除了"穿越时空的对话"，还制作了将英烈生前书信进行听觉叙事呈现的"烈士书信"系列栏目，以及集中整理烈士后人口述历史实况的系列音频产品。这些产品在表现形式上各有不同，但不变的是对听觉叙事方法的合理建构和运用，并以此推动故事发展、彰显人物性格、阐明叙事主旨。《党旗下的回响》系列栏目曾多次获得上海新闻奖、上海广播电视奖，并荣获广电总局年度创新创优广播节目称号。《党旗下的回响·穿越时空的对话》还获得了中宣部和上海市委宣传部新闻阅评的专题表扬，成为主流媒体创新主题宣传报道的生动案例。主创团队在构建和运用听觉叙事方面的经验，可供更多媒体同行或主题类宣传报道从业者及研究者参考。

　　需要特别指出的是，尽管本文着力分析了听觉叙事在主题宣传报道中的重要作用和独特优势，但并不认为听觉叙事优于视觉叙事，也无意呼吁建立所谓"听觉中心主义"。实际上，即便是上文提到的麦克卢汉等学界先贤所批判的也并非视觉本身，而是现代人对视觉的过度倚重，以及对听觉和其他感觉的淡漠。视听关系并非此消彼长、二元对立，只有兼容并重，协同发展，才能取得更好的叙事效果。

参考文献：

［1］［英］罗宾·邓巴：《人类的演化》[M]，余彬译，上海文艺出版社，2016 年版。

［2］［加］麦克卢汉：《理解媒介：论人的延伸》[M]，何道宽译，商务印书馆，2000 年版。

［3］傅修延：听觉叙事研究的缘起、话语创新与范式转换[J]，《中国文学批评》，2021 年12 月。

［4］陈梦珂：浅析麦克卢汉理论视阈下的"听觉人"与"视觉人"[J]，《新闻研究导刊》，2017 年 3 月。

［5］刘亚律：论建设中国叙事学的学术路径问题——以傅修延"听觉叙事研究"为例[J]，《文学跨学科研究》，2021 年第 3 期。

［6］张聪：走出视觉霸权，洗耳恭听世界[J]，《现代哲学》，2017 年第 6 期。

［7］［美］艾米丽·汤普森：《现代性的声音风景》[M]，麻省理工学院出版社，2004 年版。

作者简介：

陈凯，上海广播电视台东方广播中心高级资深主持人，主任播音员。

融媒体时代重大题材报道记者如何做好观察

冷　炜

提　要： 随着社会不断发展，特别是融媒体时代的到来，让传统媒体尤其视频类媒体的传播呈现出更加多元的态势。在媒体技术不断革新的时代，记者需要掌握的不再只是一些传统的出镜报道技巧，更需要具备面对新媒体时代的新技术和新形式的应对能力，才能更好地完成记者的任务。本文将重点探讨在新时代融媒体环境下，重大题材报道记者如何做好观察，以及出镜报道方式的转型等。

关键词： 重大主题类报道　记者观察　虚拟数字技术

引　言

2023 年全国两会期间，上海广播电视台融媒体中心以"技术＋、系统＋、AI＋"为发力点和突破口，通过全虚拟演播室技术和三维动画系统，实现 SMG 虚拟新闻主播申苏雅与前方资深特派记者"跨次元"联动，在东方卫视《东方新闻》"两会观察"系列报道、看看新闻 Knews、东方番茄酱等新媒体平台推出的"两会全知'苏'"系列短视频中，梳理两会热点，分享两会观察。

所谓的"跨次元"联动，简单来说就是通过虚拟技术，将虚拟主播与前方跑会记者通过联合出镜观察的方式在大屏幕上呈现，同时制作成 Vlog 短视频在各大新媒体平台分发。

值得一提的是，连续第二年与前方跑会记者进行隔空合作的申苏雅，其三维写实数字人形象经过了进一步升级优化，让面部表情、口型、动作都更加自然，播报形体和语言风格上也更为成熟，提升了两会报道的科技感、趣味感，让重大时政、主题类报道的表现形式更多元，形成多样态产品交互变奏的融合传播"破圈"增效和"表达"增量。"跨次元"两会观察系列获得了包括中宣部、国家广电总局等在内的多个主管机构"阅评快报"两会专报的表扬。

事实上，同屏交互的实践不仅只是技术创新的突破，本质上也是新时代融媒体传播方式下，对主题类记者观察报道手法的探索。

一、传统出镜报道：现场观察简析

在中国传媒大学教授宋晓阳的《出镜记者现场报道指南》中，对出镜记者的定义如下：在新闻现场、在镜头中，从事信息传达、人物采访、事件评论的电视记者和新闻节目主持人（新闻主播）的总称。

传统出镜报道是指记者在现场对事件、现象或人物的采访和观察，并通过镜头把采访结果反映给观众。记者需要具备良好的沟通技巧、采访技巧以及判断力。一名优秀的记者需要能够快速定位事件核心，通过针对性的采访和观察来挖掘事件的更多内容。记者还要有广泛的知识面和深入的思考能力，能够从各个角度去解读和分析事件，做出更有深度的报道。同时，记者还要有一定的危机处理能力，遇到突发事件时要能够及时应对。

传统出镜报道的重点是在现场采访和观察，让观众能够亲身感受事件的真实情况。出镜记者一般扮演着宣传者的角色，客观真实、不带个人色彩是传统出镜报道的基本准则。尽管在当今环境下，传统出镜报道仍是媒体赖以生存的经典基石，在现代社会中仍然有着重要的作用，但是在全媒体时代，传统出镜报道习惯一般性地介绍"五 W"：即事实要素时间、地点、人物、事情、原因等，其作用逐渐被淡化，观众对传统的新闻报道已经逐渐产生了疲劳感。

二、倡导深度专题式观察："专家型"观察

深度专题式观察是在传统出镜报道的基础上，对事件、现象或人物进行深入的研究和关注。与传统的新闻出镜相比，深度专题式观察更加注重对事件的分析和解读。它不仅要尽可能地搜集事件的各种信息和数据，还需从历史、经济、文化等各个角度对事件进行深入的专业性的探讨和解析。因此，深度专题式观察，又称"专家型"观察。

在深度专题式观察中，记者需要具备更深入的研究能力和思考能力。他们需要通过对事件的全面分析和解读，对事件背后的问题进行深入挖掘。而对于

某一特定的现象,记者需要了解它的历史渊源、背后的文化原因、社会背景等方面的内容,不断地追问事件的细节,挖掘事件的背后意义,这就需要记者拥有长期深耕相关领域的经验。

以笔者 2019 年获得上海新闻奖二等奖的《江苏响水一化工企业发生爆炸现场不断有伤员被救出》为例,2019 年 3 月 21 日 14 时 48 分,江苏省盐城市响水县生态化工园区的天嘉宜化工有限公司发生特别重大爆炸事故,造成 78 人死亡、76 人重伤、640 人住院治疗,直接经济损失 19 亿元左右。

事故发生后,笔者作为第一批进入事故最核心现场的电视媒体记者,通宵达旦记录了现场灭火救灾的过程,凭借多年现场报道经验,近三分钟的成片通过记者全程出镜串场,分析救灾形势、及时答疑解惑,针对受众较为关心的现场火情持续数小时不灭、是否已造成疑似危险品泄漏等问题,记者结合现场救援实况及个人感受,以及之前从事类似报道的经验分享,现身说法,消除顾虑,起到了正面舆论引导作用。这种"直播态"式的报道,不仅有效解决现场采访的客观限制,更是对深度观察的一种尝试和探索。

在新媒体时代,深度专题式观察具有更加重要的作用,因为它可以摆脱短视频"碎片化"的冲击,让观众更加全面地了解事件背后的深层次因素。而具备专业经验的记者,可信度与受欢迎度也与日俱增。以 2023 年 5 月在西安举办的首届中国—中亚峰会为例,作为 2023 年中国首个主场外交峰会,也是与中亚 5 国建交 31 年后首次元首线下活动,峰会受关注度可想而知。在中外媒体广泛聚焦的时候,如何做出符合自身平台的表达,传递有温度、有见解的声音,也考验着与会报道记者的功力。

峰会期间,笔者先后完成了近八档东方卫视新闻观察、14 条记者观察 Vlog,对峰会的规格、影响、意义进行深入观察报道,充分发挥多年来参与各大重大报道活动积累的经验,取得了数据与口碑双丰收。其中在 2023 年 5 月 17 日下午进行的长达 6 个多小时的"直击中国—中亚峰会各国元首接机现场"的特别融媒体报道中,笔者在西安咸阳国际机场停机坪直播各国元首抵达的动态同时,也详细梳理了参加峰会的中亚五国国情风貌及与中国的合作渊源等内容,该场直播在看看新闻 Knews、东方番茄酱视频号等新媒体平台收看人次突破 1 000 万,获得了良好的传播效果,也是对融媒时代如何借助自身特点进行传播进行了有效的尝试。

此外,这些年在各大自媒体平台中,特别像 B 站、微博、视频号等平台,带有深度专题式观察的 Vlog 视频主往往拥有更广泛的影响力,这进一步说明了深度解读的长视频依然会受到追捧,其中也不乏尝试转型的传统媒体记者。

三、传统平台记者观察的优劣势简析

以上提到的传统报道式观察与深度专题式观察,目前仍被广泛运用于传统主流平台传播,其优劣势也一样明显,简析如下:

(一)作为从事新闻工作的记者,在主流平台做好记者观察的优势,包括:

1. 专业知识和技能:行业内记者借助多年"跑条线"或深耕相关领域的经验积累,具有丰富的新闻知识和技能,能够更好地判断和分析事件背后的意义和影响。

2. 权威性和可信度:传统平台的记者在媒体和公众中具有较高的权威性和可信度,可以为事件的传播和解析提供很大助力。

(二)新闻行业记者在主流平台做记者观察也有一些缺点,包括:

1. 时间压力:主流平台的新闻报道节奏快,时间紧,要求记者快速地观察和报道,这可能会导致记者的报道不够深入、准确。

2. 竞争压力:与众多自媒体竞争,一些自媒体已经与传统媒体不相上下,能够做出一流的报道和观察,这对于传统媒体的记者带来了竞争压力。

3. 多角度观察不足:在主流平台上,记者往往只能从自己的专业视角出发观察和报道事件,可能会忽略其他重要的角度和因素。

(三)如何弥补这些缺点?

个人建议新闻工作者可以通过以下几个方面提升与完善:

1. 增强自己的专业知识和技能。不断学习和提高自己的观察和分析能力;特别要注意观察细节,在记者观察中,细节决定品质;要有耐心、细心、全面地去观察,捕捉事件背后的细节,寻找人物的生动之处,用真实的素材创作优秀的新闻报道。

2. 多角度观察和分析事件。结合不同的专业领域和视角,更加全面地展现事件的本质和意义;同时打造自己的特色,制定独特的报道策略和视角,增强自己在主流平台上的竞争力。

3. 多进行自我反思。在写作过程中反思自己的观察方式、方法和结论是否准确,避免个人偏见对事实的干扰;对于未知领域或者不确定的情况,应该多问几个问题,多方求证,确保报道的真实性和可信度。

4. 掌握多媒体工具。新媒体时代,记者需要掌握各种多媒体工具,如照片、视频、音频等,以及相关软件的应用;通过多媒体手段将事件呈现给读者,让读者更加全面地了解事件的真相。

5. 加强与自媒体的合作。借助自媒体的优势和渠道,将自己的观察和报道传播到更多的人群中；自媒体观察更具有创新性和灵活性，可以更快地反映事件，但相对缺乏深度和广度；而主流媒体可以通过更加深入的报道和更广泛的渠道，提供更多的背景和分析；因此可以通过与自媒体观察形成优势互补，将两者的优点结合起来，提供更加全面和深入的观察与报道。

四、新时代融媒体传播的创新：虚拟技术融合式记者观察

针对上面改进意见的第四、五点，近些年笔者所在的上海广播电视台融媒体中心就以"虚拟人＋真记者"同屏交互的"跨次元"方式推出联合报道，探索重大主题报道创新实践。

虚拟技术融合是指虚拟现实、增强现实、人工智能等新技术的应用，让观众能够更加多元化地亲身感受事件的真实情况。通过虚拟技术，我们可以把事件中特定的场景或环境呈现给观众，使得观众似乎置身于真实事件中，感受到事件的真实性和刺激性。

"虚拟人＋真记者"的"跨次元"报道始于 2022 年全国两会，当时出于疫情防控工作需要，两会部长通道、代表通道、委员通道以及各部委发布会大多采用云上模式。对此，"申苏雅"就发挥出了虚拟主播不受时空条件限制的鲜明优势，"空降"两会现场，以更为灵活的报道方式和独特视角，从两会现场持续发回"苏雅看两会"系列短视频，形式新颖、语态鲜活，赋予重大主题宣传报道更多传播途径。

而与前方两会记者共同联手的"两会观察"，通过大众喜闻乐见的 Vlog 形式，两人同框播报两会热点、分享两会观察，联合推出《跨次元联手：细数两会金句》《跨次元联手：细说两会"大白话"》等叙事风格相对轻松活泼的观察，让两会"硬"新闻多了更多年轻化表达和数字化互动，也有力提升了两会报道新鲜感和互动体验，获得广大互联网年轻用户的积极关注和广泛欢迎。

事实上，这样的"跨次元"对记者而言同样也是种前所未有的挑战。除了要求记者需要具备更广泛的知识面和技术应用能力外，还需身兼数职，在内容制作方面衍生出"分身"，打造出符合"申苏雅"性格、定位的播报内容，相当于一人分饰二角，既是编剧也是演员，这也同步激发记者在大屏小屏融合传播内容"破圈"和传播"破圈"的双重创新活力。

连续两年的"跨次元"记者观察系列，共推出电视新闻报道 10 条、新媒体短视频 15 条，全网传播量超 3 000 万，实现两会融合传播的"破圈"增效，也多次获得中宣部"阅评快报"表扬。

笔者留意到，不光是"申苏雅"，在今年全国两会期间，各大媒体新闻报道纷

纷出现了不同寻常的"新面孔",虚拟技术融合后形成的虚拟主播＋真人嘉宾＋真实场景＋虚拟场景,虚实之间,形成了一道亮丽的风景,呈现的方式也愈加巧妙。

例如中央广播电视总台今年推出超仿真主播"AI 王冠"再次与"本尊"携手,在央视频推出的《"冠"察两会》中,用全新方式对话报道中国式现代化、乡村振兴、科技创新等全国两会的热点话题。中国日报探"元"工作室推出数字员工"元曦"特别节目《元曦跑两会》,令人印象深刻的是与全国人大代表、中国社会科学院考古研究所研究员、安阳工作站副站长何毓灵深入讨论文化探源意义的视频中,借助虚实结合的展现方式,通过数字技术赋能考古工作,让散落世界各地的甲骨文物团聚,获得多方好评。此外,包括江苏、浙江、湖南、四川等省级媒体也纷纷推出类似的虚拟技术融合观察,打破了传统出镜报道的局限,让观众有更加全面的体验。

五、策略简析：融媒体时代记者观察如何转型?

当前,媒体融合的不断发展、各种移动终端不断涌现,都在倒逼记者在呈现方式上应时而变,制定个性化的传播策略、打造视角独特的传播视角。针对转型策略方面,笔者简单梳理归纳出了三点:

1. 突破传统出镜壁垒、体现"人格化"特色

建议记者在融媒体时代,不仅重视台前幕后的报道效果,更要积极建立"人设",特别在新媒体平台中的记者观察,可多从台前幕后的花絮或者容易引人关注的细节案例入手,让受众感受新闻记者鲜活、立体的一面,增强受众黏度。

2. 适时调整节目定位、转变思维模式,适应融媒时代发展

鉴于长期的思维定式,想要让传统型记者转变思维模式不能一蹴而就,但现实自媒体短视频的崛起,也要求更多出镜记者不断学习互联网知识、建立起适应融媒体时代的用户思维,了解各类移动终端的用户使用习惯与需求,贴合用户偏好;其次,新闻媒体要适时调整节目定位,积极适应新的传播方向,在节目主题与内容制作上精耕细作,努力将受众转为用户。

3. 始终坚持"内容为王"

美国马里兰大学菲利普·玛瑞新闻学院讲师莉莉·霍夫曼(Lily Ciric Hoffmann)提出:"新闻报道中始终是故事最重要,受众的注意力一旦被太多的

互动环节分散,观看体验就会受到破坏。"由此延伸出来也可以理解为,从出镜记者层面来讲,以优质内容为核心,始终坚持内容为王,势必是媒体传播的"流量密码"。

如何坚持"内容为王"? 一方面需要传播者特别是记者继续做好自身修养,继续保持对社会百态的新鲜感和好奇心,继续加强业务能力的修养,建立和塑造个人风格,在为受众提供权威、专业、多元化内容的同时,多学习、多积累,学会变化角度,在保证制作出优质内容的基础上,运用好多媒体技术载体与工具,让好的内容通过多元的形式更好地传播。这方面经验感悟,业内行家多有论述,这里不再详述。

结　语

综上所述,记者在新时代融媒体环境下要做出更高质量的记者观察,需要具备传统出镜报道、深度专题观察和虚拟技术融合等多种技能。只有掌握了这些技能,记者才能更好地完成工作任务,更好地实现媒体的传播角色,在创新与实践中迈向更高台阶。与此同时,力争用多元化的方式推动广播电视和网络视听高质量发展,推动构建现代化大视听发展格局,努力谱写新时代新征程广电事业新篇章,为全面建设社会主义现代化国家开好局起好步,做出新时代广电事业应有的贡献。

参考文献:

[1]上海广播电视台融媒体中心:《全媒体联动矩阵推进 融媒体中心唱响 2023 全国两会"好声音"》,2023 年 3 月 13 日。

[2]宋晓阳:《出镜记者现场报道指南》,中国传媒大学出版社,2008 年 1 月版。

[3]东方卫视:《看东方》,2019 年 3 月 22 日。

[4]广电独家:《广电系统如何让两会报道"潮"起来? 广电总局宣传司召开经验分享会》,2023 年 3 月 21 日。

[5]中国记协、广电实战:《两会新闻"新面孔"登场! AI 主播、AI 绘画齐上阵,带来两会最新报道》,2023 年 3 月。

[6]白佳冰、李姗:《融媒体时代传统记者出镜报道转型策略探析》,浙江传媒学院学刊,2023 年 3 月。

作者简介:

冷炜,上海广播电视台融媒体中心国内新闻部副主任。

试论纪年类纪录片创作的厚重与灵动

——以纪录片《1921 点亮中国》为例

刘晓清

提　要：如今重要纪念活动每逢五逢十即会出现，主要承担宣传任务的纪年类纪录片，如何既能体现主流价值观，又能不落窠臼，赋予传统主题新的内涵，是个值得探讨的话题。本文以上海广播电视台创作的纪录片《1921 点亮中国》为例，分析梳理重大历史脉络的叙事手法；历史落点的呈现与现实语境相符合；如何选取人物和讲述故事，使得宏大叙事和个体叙事之间的关联纲举目张；纪年类纪录片如何在横向的历史厚重和纵向的今夕灵动间寻求平衡。

关键词：纪年类纪录片　叙事手法　现实语境　厚重与灵动

引　言

如何做好纪年类纪录片？在重大时间节点和纪念日，往往会有一些纪年类纪录片推出，如庆祝建党、中华人民共和国成立、重要事件、重大成就几十周年乃至百周年等。为了庆祝建党 90 周年、100 周年，电视屏幕上就出现过《祖国至上》《国之大器》《忠诚》《旗帜》《奠基新中国》《理想照耀中国》《诞生地》《1921 点亮中国》等上百部建党纪年类纪录片。这样的节目往往承担着宣传党的方针政策、展现历史发展成就、激励鼓舞民心等任务，往往以宏大主题、精良制作为特征。不过，在现在传播生态发生巨大变化的环境下，无论是传播技术、媒介形态，还是传播内容、观众构成，都使得这样的纪年类纪录片面临着现实的挑战：如何达到最佳的传播效果？

纪年类纪录片绝大部分的内容都偏向于政治类，即学界和业界通常所谓的"主旋律"，是专事意识形态工作的纪录片，它是政治和纪录片两个范畴相互影响、共同作用、交集形成的一种纪录片类型。政治固有的宣传性是广泛存在的，而纪录片在通常意义上则意味着真实。

这类纪录片在本质上实现了在"真实"基础上的超越，它是意识形态的政治表达工具。纪录片本体意义上的"真实"只是赋予了政治一个具有宣传性的外壳，它自身的传播效果则更受到关注。

在近年来的创作实践中，依托纪年类纪录片而宣传"主旋律"的外延已经得到了较大的扩展，不仅是宣传先进人物和先进事迹，只要是根植于中国的历史和现实，价值观和精神取向积极向上，传递正能量、鼓舞民心的纪录片作品，都可以归入此类。

实际上，这就是如何讲好过去数十年，甚至百余年的中国历史故事。落实到操作层面，也就是：如何摆脱旧有的宣传灌输模式，根据纪录片创作的规律，使得观众易于接受？

本文选取了上海广播电视台 2021 年播出的纪录片《1921 点亮中国》作为典型个案进行分析，并结合创作的实际经验，试图对以上问题做出回答。

纪录片《1921 点亮中国》由中共中央党史研究室、中共上海市委宣传部、中共上海市委党史研究室、上海广播电视台联合摄制。本片以上海的城市特质为切入点，详细讲述了中国共产党的诞生历程，解读了英雄城市上海的历史基因。本片共分 5 集，总计 150 分钟，讲述了 1919 年到 1921 年间，在中国社会风云变幻之下，中国共产党如何创立于上海的那段艰辛历程。在真实展现历史发展脉络的同时，该片突破了传统的党史叙事模式，在时代大背景下，从政治、经济、文化、社会等多学科的角度，重新审视和解读中国共产党的发展历程，具有强烈的现实观照，因此拥有电视节目体系中难得的理性思辨，显示出全面而真实的广度与深度。除了国际化视野和冷静的思辨之外，本片还讲究影像表达，凭借娴熟的叙事传播技巧，使纪录片在讲述庞大宏观话题的同时，拥有较强的可看性。本片在业界获得颇多首肯，获得上海新闻奖等各类奖项。

一、史海钩沉：怎样切入历史断面？

纪年类纪录片创作的第一个重大挑战来自主题的诠释。中国共产党成立以来，带领中国人民建国兴邦，特别是自改革开放以来，取得的巨大成就，被世人称呼为"中国奇迹"。无论是 GDP 的巨幅增长，还是城市地标建筑、国际性的赛事展会、上天入海科技成就,抑或人均收入提高、生活改善,都不负盛名。但是,改革正在进入深水区,涉及既有利益格局的调整,公众对深化改革充满了期待。在这样的社会氛围和情绪之下,只是单一地图解政绩、颂扬成就,很容易使纪录片片面化,也使得受众接受度降低。

《1921点亮中国》以中国共产党成立一百周年为主题,但并非一百年成就展。党成立之前的历史背景为何,成立之初的追求为何,当时中国的政治思想图景为何,在上海成立的历史必然性为何。从成片看,追问聚焦在5个关系上——体现在分集,是"清末到辛亥的国际国内时局""上海的城市基因""各思想流派、学术方法的激荡""共产国际的革命鼓动与催化""共产党上海发起组与一大召开";内在的推进则是风起、潮动、选择、曙光、星火,展现了共产党成立的历史逻辑。

一百年的历史浩如烟海,从哪个断面切入,选择何种角度来阐述,《1921点亮中国》将目光聚焦在了1919年到1921年的短短两年间。从清末到辛亥到一战到五四,这一时期的中国,经历了被史学家称为"三千年未有之大变局",变法维新、八国联军、科举废、宪政亡,每一个中国人的生活都充满了动荡。

本片开头,即选取了北京中山公园南门的"保卫和平坊",这座石牌坊有着复杂的前史,从义和团时期的"科林德碑"到一战结束后的"公理战胜"坊,经历了两场战争,贯穿了三个时代,成为大时代变迁的最佳注脚。

这一段落片中引述了原中国史学会会长金冲及、复旦大学历史系主任章清、美国加州大学圣地亚哥分校历史系教授周锡瑞的三段采访,将时局的动荡,与知识分子的觉醒联系了起来,体现出此时的中国人在意识形态领域受到的重大冲击,开始向民主方向产生变化。变革的大时代,带来了无数的可能。

世界上没有脱离政治的生活,同样没有脱离生活的政治。长期以来,我国纪录片存在的一大问题就是,自觉不自觉地把生活与政治相剥离,使政治变成生活的标签,习惯于宏观地,抽象地,观念化地去表现社会生活。只愿意追求声势和气派,节目越搞越长,哲理越讲越深,而细致的材料,实际的探讨则有意无意地回避了。这种靠解说词支撑的,靠议论出来的道理,其结果是丰富的社会内容被简化,僵化甚至狭隘化了。

《1921点亮中国》试图将政治时局与彼时中国人的具体生活和行为紧紧联系起来,展示真实的图景。以普通北京市民走上街头庆祝一战胜利的照片,上海外滩耸立的和平女神雕像,反映彼时中国国民对于参与建立国际新秩序的希望,将陈独秀散发《北京市民宣言》入狱和上海报业抨击北京当局"文字狱",反映国民对于《凡尔赛条约》的强烈不满,为之后"五四"运动的风起云涌做了合理的注解。

在讲述从"五四"到"六三"的罢工罢市风潮时,本片还采访了著名语言学家,时年 106 岁的周有光老先生,让他不是作为专家,而是作为事件的亲历者,讲述自己真实的经历:"我记得很清楚,老师带了我出去宣传五四,宣传爱国运动。爱国两个字在当时是新字眼,我们小孩子不懂,每个人拿一个旗子,纸头做的,上面写了几个字。到了茶馆里面,我那个时候个子很小,很多人看不见我,一个客人把我一抱站在桌子上面讲。"这样的讲述,拉近了遥远历史与现实的距离,让观众真切感受到了一百年前的中国,和一百年前的中国人。

二、千人千面:如何使历史人物和故事去熟悉化?

任何一部电视纪实作品都不能称为"真实的生活再现"。因为既为"作品",就会有创作者个性、思想、情感、价值判断、创作目的等诸多个人印记的存在,所以它不可能做到绝对的真实再现。

纪录片的"真实性"、纪实主义中的"纪实美"都是相对客观世界而言的艺术表现意义上的"真实"。从主题的倾向性选择、人物的选择、时机的选择、拍摄角度、摄录内容甚至拍摄中色彩影调的选择,以至到剪辑、撰稿、制作等一次次地选择与创作,都不可能完全真实地再现生活原生态。什么样的叙事手法能让如今公元每逢五逢十就会出现的一些题材解读出新意,如何使得一些著名的历史人物"去熟悉化",避免使作品像一本平淡无味的"流水账"。这里的"去熟悉化",实质是去除程式化、概念化、一般化。

《1921 点亮中国》在历史人物的影像叙事方面全面采用了大事件、小切口,人物关系网的话题切入和转换手法。第一集《风起》在讲到梁启超发表《少年中国说》的 1900 年,就横向穿起了三个重要的历史人物:

"《少年中国说》发表的时候,安庆才子陈独秀 21 岁,前一年因反清言论被书院开除,正准备赴日留学出门看一看世界。当时,李大钊 11 岁,在河北乐亭私塾读书,毛泽东只有 7 岁。"

第四集《星火》开头,引出共产国际的"中国使者"——荷兰人马林时,没有用传统建党叙事中,对马林的固化描述,而是以 2011 年在荷兰的一场祭奠活动开始。

"4 月的荷兰,郁金香已经开始绽放。离阿姆斯特丹 20 公里远的韦斯特维德公墓,一场纪念仪式正在举行。

"在这里,安葬着 1942 年死于纳粹屠杀的荷兰反抗战士,其中有一位是亨德立克斯·斯内夫利特。每年四月,鲜花初开的时候,他的后人们会在这里聚会,朗诵诗歌,纪念他。

"在中国,斯内夫利特更为人熟知的名字,是马林。这位荷兰共产党人,1921年初从莫斯科动身,辗转前往中国,为苏维埃俄国和共产国际寻找远东的合作伙伴。6月,马林在重重监控下登陆上海,推动并参与了中国共产党第一次全国代表大会的召开。"

这样的描述,赋予传统党建片中的人物故事"去熟悉化"的效果,使得观众对历史人物有了全新的认识,不再是一个个程式化的名字,不再是一个个遥远而面目模糊的身份。

纪录片以人为本,纪录片的主题趋向于更为深层更为永恒的内容。它从看似平常处取材,以原始形态的素材来结构影片,表现一些个人化的生活内容,达到一种蕴含着人类具有通感的生存意识和生命感悟——生与死、爱与恨、善与恶、同情与反感、生存与抗争、美的追求等等,强调人文内涵、文化品质。

为了解决历史人物资料稀缺的难题,《1921 点亮中国》资料采集团队前往俄罗斯,发掘了一批珍贵历史资料,比如陈独秀的早年历史影像就是在国内首次披露。而列宁、孙中山原声录音,李大钊、马林、罗素、杜威等人物影像也增加了本片的表现力和感染力。另外,摄制组在日本拍摄中,专程到李大钊早年留学的早稻田大学取材,不仅搜集了早稻田大学 20 世纪早期的珍贵图片,还拍摄了李大钊入学时的学籍簿真品。

赋予纪年类纪录片人文色彩,片子的主题依然是人,是人的本质力量和生存状态、人的生存方式和文化积淀、人的性格和命运、人与自然的关系以及人对宇宙和世界的思维。这样的纪录片往往能通过对人的命运的关注,呈现出丰厚文化底蕴。

三、今夕灵动:历史厚重感如何以现实语境表达?

纪录片最大的影像价值在于其记录了真实的历史,它的最大魅力在于经过纪实的逼真。"今夕灵动",意指用今天的镜头语言和场景描述,去灵动地表现昔年发生的历史事件或历史场景。《1921 点亮中国》运用现实语境叙述全片,从具体可感的"现在"入手展开叙事,为原本印象模糊的历史事件增添了可以触摸到的质感。在第三集《选择》中,这样描述李大钊等留日学生当年的报国情怀:

"春末初夏的日本,樱花渐次绽放又凋落。风过之处,落樱瓣瓣如雨,短暂而热烈。在鲁迅笔下,日本的樱花曾经和中国留日学生,构成了奇特的景致。

"东京早稻田大学至今还完好地保存着 1906—1908 年中国留学生的毕业纪念册《鸿迹帖》。七册《鸿迹帖》里的娟秀字体,记载了这些中国青年对日本的种种印象,也透露着他们报效国家的决心。

"在书籍封面上，仍然能看到'李守常先生'的字样，守常，就是李大钊的字。当年，李大钊就是在这些书籍里读到了安部矶雄、河上肇等社会主义学者的文章，从而建立了对社会主义理论的最初印象。"

这样的今夕灵动既简洁明了又真实可信、生动感人。因此，用"现在"说明"历史"的创作手法，使作品更具故事性和亲和力，也为片子注入了些许质朴的审美气质。

在第二集《潮动》片尾讲到陈望道翻译《共产党宣言》的段落后，将该书与后世上百年中国的诸多翻译版本进行了巧妙的闪回，灵动地展示了历史的厚重：

上海图书馆收藏着这本中国最早的《共产党宣言》中文译本。这本 56 页的小册子用 5 号铅字竖排，封面印有马克思半身像和"马格斯"三字，由于排版错误，书名被印成了《共党产宣言》，成了这一译本独一无二的印记。封底印有"定价大洋一角""印刷及发行者社会主义研究社"等。初版 1 000 册即刻销售一空，再版又印了 1 000 册也很快售罄。在那个各种思潮涌动的历史年代，这本小册子代表着又一种引人瞩目的思想和主义。

历史翻过了一百年，《共产党宣言》也经历了无数的译本更迭，再版印刷。而那最初透过方块铅字，从欧洲来到中国的"怪物"，却并未随着书页的破旧泛黄而遁去。墨香也许不再，思想却已成为"常识"，走入了普通中国人的生活之中。

从一百年前的潮涌思想，变为了一百年后的普通生活，《1921 点亮中国》兼顾历史厚重和今夕灵动两个角度，双维度交叉完成对历史的叙述和阐释，保证了作品叙述视角的多元与丰富，也使宏大的叙事更加立体丰满。

结语：纪年类纪录片的创作趋势

综上所述，近年来我国重大题材纪年类纪录片，都试图找到国家意志与市场需求的结合点，变单纯的宣教为受众喜闻乐见基础之上对内容的体悟和接受。好的题材并不能保证是一部优秀的作品，另类的视角、独特的创意、别具一格的叙事结构以及错落有致的节奏和生动的表现力，都会让一部选题恰当的作品锦上添花，获得更大的成功。如果说题材的好坏关系作品的内容问题，那创作方式的巧妙与否则涉及作品的形式问题，它直接关系好的内容能否充分而又准确无误地传达到广大观众那里。只有实现内容与形式的有机统一，才谈得上是一部优秀的纪录片。

纪录片创作步入新世纪，中国文化乃至世界文化均呈现出多元化发展的态势。纪录片作为社会文化的一面镜子，尤其在创作手法上，也会由于文化的多元化发展表现为百花齐放的景观。纵观国内外优秀纪录片创作，在艺术表现上，一方面写实与表意共存。写实,重画面语言,造型艺术,构图精湛,剪辑考究,学院气浓重;写意,取前辈众家之长,将文化、历史、社会变迁的理解通过各种技术艺术手段表达出来。另一方面多时空交错,创作类型多元化。《1921点亮中国》将国家意志和个体命运很好地进行了平衡,使片子既有历史的纵深感,又有现实的可看性。

《1921点亮中国》仅是一个例子,从业务实践上来看,纪年类纪录片正呈现出这样的发展趋势:

在历史选取上,范围将不局限于党史和共和国历史上的重要事件和人物,扩展到现实生活,乃至物质和非物质文化遗产和文明传统。

在人物表现上,将不限于单纯地阐发主流意识形态,而是以人文、人本的取向,丰富和充实主流价值观。

在创作手法上,将更多地借鉴纪录片故事讲述、纪实手法等多种艺术形式,在历史的厚重和今夕灵动之间寻求平衡,探寻应有的深度。

参考文献:

[1] 何苏六:《纪录片的责任与影响力》[J],《现代传播》2005年第1期。

[2] 周根红:《政治性电视纪录片创作理念的回归与超越》[J],《中国电视(纪录)》2011年第5期。

[3] 沈庆斌:《论政治纪录片的真实性》[J],《中国电视》2011年第6期。

[4] 施喆:《论主旋律纪录片的开掘与创作》[J],《新闻记者》《新闻论文选》第18辑。

[5] 李灵革:《纪录片下的中国:二十世纪中国纪录片的发展与社会变迁》[M],清华大学出版社2008年6月版。

[6] 聂欣如:《纪录片研究》[M],复旦大学出版社2010年1月版。

[7] 陈一:《在政治、经济与美学的视野中:中国电视纪录片的生产与再现》[M],中国书籍出版社2011年9月版。

作者简介:

刘晓清,上海广播电视台融媒体中心高级项目总监。

中国式现代化主题下的纪实影像表达策略

——以沪黔合拍系列纪录片《万桥飞架——山水间的人类奇迹》为例

敖 雪

提 要：党的二十大擘画了新时代新征程中国共产党的使命任务，明确提出要以中国式现代化全面推进中华民族伟大复兴。中国式现代化的时代命题内涵丰富，博大精深，囊括了中国当代社会发展的多元主题，为新闻从业者提供了丰富的素材来源。纪录片发挥纪实影像风格优势，在阐述、传播中国式现代化这个时代命题过程中发挥了重要作用。本文以沪黔合拍系列纪录片《万桥飞架——山水间的人类奇迹》为例，剖析中国式现代化主题下纪实影像的创制思路，执行路径以及传播策略，为日后同类主题纪录片的创制提供有益的经验参考。

关键词：中国式现代化 纪实影像表达 跨省域合作合拍

引 言

2021 年，习近平总书记在庆祝中国共产党成立 100 周年大会上提出了"中国式现代化"的重要论断。党的二十大报告中也提出，中国式现代化是对新时代十年中国社会各方面发展的概括，也是对新中国成立以来中国现代化经验与中国道路的总结。中国式现代化是中国共产党领导的社会主义现代化，既有各国现代化的共同特征，更有基于自己国情的中国特色。中国式现代化的主旨和含义，大众传播的意义重大。而在此方面，纪录片凭借纪实影像化的表达方式，在记录、阐释、传播中国式现代化主题方面，有着得天独厚的优势。

为庆祝新中国成立 74 周年，以及"乡村振兴战略"提出 6 周年，在国家广播电视总局、中共上海市委宣传部、中共贵州省委宣传部、上海市广播电视局、贵州省广播电视局的指导和支持下，上海广播电视台纪录片中心携手贵州广播电视台贵州卫视联合制作四集纪录片《万桥飞架——山水间的人类奇迹》，该片被列入 2023 年度国家广电总局"记录新时代"纪录片精品项目。节目通过"天工开物""万桥飞架""天堑通途""联通世界"四个主题，以桥为点、以路为线、带动全局，构筑起山水间的人类工程奇迹，也勾勒出一个西部省份大踏步前进的奋斗印迹，映照出中国式现代化的奋进缩影。笔者作为系列纪录片总导演，全程参与了纪录片的策划、拍摄、文稿撰写等工作。通过该部纪录片，笔者就中国式现代化这个时代命题下纪实影像创作路径有了更深层次的思考。

一、中国式现代化主题下纪实影像创制策略

中国式现代化的时代内涵为中国纪录片产业提供了鲜活的内容载体，在给纪录片的创制提出时代要求的同时，更提供了发展机遇。纪录片以纪实影像风格为主，具有书写国家历史、构建集体记忆的文化功能，以视觉符号与影像为主要叙事语言，对世界范围内不同区域的文化语境兼容性较高，能在很大程度上减少文化折扣，较容易被受众广泛接受。当纪实影像创制与中国式现代化主题相结合时，必须把时代主题的深度与纪实影像的特点相契合，主要把握以下原则：

原则一：全面、深刻把握中国式现代化主题内涵

在纪录片创制之初，对选题的准确把控是最为重要的前提条件。这需要主创团队对"中国式现代化"这个时代命题有深入的研究和理解。当把主题主旨明确后，才能在大的目标指引下，从系列纪录片的整体高度去破题，划分分集框架，选择最具代表性的案例加以解读。这一系列前期工作是基石，决定了整部作品的高度和立意，考验的则是导演团队的经验和功力。

习近平总书记曾高度评价贵州近年来的发展，称其是中国式现代化发展的缩影。为了进一步突出这一理念，在策划《万桥飞架——山水间的人类奇迹》时，我们确定了与以往纪录片单主题创作不同的模式，而是采取了双主线、双主题设计：一条主线是以桥梁为抓手，侧重讲述贵州桥梁建设上创造的工程奇迹，另一条主线则是展现现代交通体系给贵州人民带来的命运改变，通过人物故事和具体案例讲述人类减贫发展的奇迹。

为了更深入地展现主题，沪黔联合摄制组历时 7 个月走遍贵州 9 个市州，走进 30 个县市区进行采访和拍摄。第一集"天工开物"侧重工程奇迹，聚焦贵州交通人克服艰难险阻、打通群山阻隔，架起一座座刷新世界纪录的桥梁；第二集"万桥飞架"以历史为纵轴，讲述过去 30 年来特别是党的十八大以来的贵州交通跨越式发展历程；第三集"天堑通途"侧重发展奇迹，通过"县县通高速"的历史性跨越，展现贵州人民走上乡村振兴道路，闯出一片幸福新天地；第四集"联通世界"着眼未来，讲述贵州打造世界级旅游目的地，发展大数据产业和数字经济，探索高质量发展之路。在中国进入高质量发展的今天，贵州凭借现代交通体系的建立和完善，区域交通枢纽地位得到历史性提升，发展格局进行了历史性重塑，综合经济实力实现历史性跨越。贵州桥，不仅是一座座地标，更是迈向中国式现代化进程的一个个响亮音符。

通过四集架构，层层深入，彼此联系，互为补充，将时代主题融入分集故事中去剖析与解释，让观众的体验感更为直接。

原则二：发挥纪实影像真实性特点，还原本真

纪实影像强调通过真实的记录，达成与受众的共情传播。所谓共情传播是指"共同或相似情绪、情感的形成和传递、扩散过程"。纪录片最大的特点在于纪实性，即运用影像语言真实记录人物和事件，通过纪实影像的叙事能更真诚地打动人心，与观众产生共情。从人物情感的角度出发，可以最大限度地消除区域、文化间的隔阂，将纪录片宏大主题主旨更深入人心。

节目选取了多个感人至深的人物故事。当年，为了走出莽莽大山，赫章县石板河村村民史洪情的丈夫带领村民们用锤子凿、用炸药炸，硬是从大山的岩壁间掏出了一条通往山外的路。然而谁也没想到，在修路过程中的一次意外，夺走了史洪情丈夫的生命。然而，史洪情没有因此而消沉，而是继续工作，带领村民完成了丈夫的遗愿。摄制组采访了史洪情，听她回忆那段"无路可走"的艰辛岁月。2018 年后，政府将这条挂壁公路拓宽硬化并与村头的赫章大桥相连。从此，村里人走出大山的梦想不再遥不可及。

桥梁工程师阮有力出身桥梁建设世家，是造桥二代。他在片中拿出了父亲当年的图纸和工具。过去，只用尺、笔和一双巧手就能画就连接山河的大桥。但画图过程不能出一点错，否则就要全部重画。今天，造桥技术和方式越来越现代，手画图纸也早已成了过去。但见字如面，父亲留给阮有力的除了图纸，还有一种精益求精，迎难而上的造桥精神。他在采访时也深情地说，我们赶上了一个好时代，一个交通运输业大发展的好时代。通过人物故事，我们将个人成就与时代发展紧密结合。这是两代人的心声，更是新时代发展的号角。

纪录片《万桥飞架——山水间的人类奇迹》全片共拍摄了 27 座正在使用和还在建设的桥梁，采访了桥梁建设者、专家、历史研究者、当地人民等近 60 人，选取生动感人的故事，展现几代桥梁建设者现代愚公移山的精神，全方位地向观众介绍了贵州交通发展对区域经济的贡献，从中折射出了中国奋斗的时代主题。

原则三：跨省域合作彰显中国式现代化制度优势

中国式现代化的五大内涵之一是要实现全体人民的共同富裕，这是我们社会主义制度优越性的最好体现。要展现出共同发展的命题，需要我们不断地拓展创作思路，从整体大局出发，从制度创新中挖掘生动案例。

在纪录片《万桥飞架——山水间的人类奇迹》中，节目组采访拍摄了多个上海与贵州东西协作，山海共奋进的生动故事。如上海同济大学助力贵州桥梁设计；上海电视购物频道推广"黔货出山"；"东数西算"工程疏解东部大数据计算压力；上海籍作家叶辛与贵州近半个世纪的不解情缘等。展现以上海为代表的全国省份积极参与贵州桥梁建设，助力贵州乡村振兴事业发展。

除了在内容上展现东西协作，《万桥飞架——山水间的人类奇迹》项目本身也是一项跨省域合作的尝试。在广电资源、创制能力等方面，西部省份与东部省份有一定的差距，却可以互相补充，取长补短。此次，在国家广电总局的协调下，上海广播电视台和贵州广播电视台采取联合出品的模式，双方发挥自身优势，在短时间内集中优势力量创制精品。上海广播电视台从纪录片宏观主题出发，把握总体结构和故事框架。贵州广播电视台则发挥本土优势，深入挖掘人物故事，多渠道、多角度呈现丰富内涵。实践证明，上海看贵州，似乎有着一种熟悉的"陌生感"。借助这种"陌生感"延伸的外部视角，催化出主题展现的独特视角。而贵州台则可根据上海台的规划和需求整合本土资源，快速联络响应。东西部两个团队集合主力编导，不仅创新了纪实影像的表现手法，更开拓了省域间合作合拍的可能性。在中国式现代化的进程中，全国一盘棋的大局意识，更充分体现了中国的制度优势。

二、中国式现代化主题下纪实影像执行路径——微创新

无论是央媒还是地方媒体，中国式现代化主题下主旋律纪录片的创制要求高，时间周期紧，试错成本高。但这并不妨碍纪录片创制者在某些环节进行微创新。在展现宏观主题主旨的前提下，在创制过程、结构、技术手段等方面都可以探索微创新的路径。在视频制作技术突飞猛进的今天，我们完全可以利用最新的技术手段与纪实影像风格结合，不仅可以打破常规模式化的纪录片创制方式，

更可增强主旋律纪录片的可看性和前瞻性。

1. 丰富内容模式，实现纪录片结构微创新

主旋律纪录片往往会讲求固定的体式，我们一般称为三段法。开头直击主题、中间辅助以故事案例，结尾升华主题，展望未来。这种三体式的结构井然整齐，犹如一个个抽屉，虽然放入的内容不同，但总体机构保持不变。这样的好处是制作效率快，不容易出错，缺点是会造成审美疲劳，降低纪录片的悬念和可看性。

在纪录片《万桥飞架——山水间的人类奇迹》中，创作者跳出以桥说桥，就事论事的固有思维。在案例选择上选取了时效性强，关注热度高的热门事件和话题，如贵州村 BA、村超、东数西算、桥旅融合、少数民族特色产业等故事。这些故事并不是平铺直叙的讲述，而是穿插在正片当中，丰富了节目的内容，也打破了固体的体式和节奏，提升了纪录片的可看性。

2. 因地制宜，因题而异，实现影像技术微创新

随着时代的发展，技术的更新，纪实影像的叙事模式开始向跨媒体与跨文化转变，数字技术的发展改变了纪录片的美学外观，互联网思维改变了其文化表达。这些变化使得媒介形态、话语表达方式、制作主体、媒体传播渠道多元化。随着央视第一部人工智能动画片的出现以及美国 Sora AI 视频成片的出炉，我们进入了一个技术升级迭代的时代。在这个时代里，只有拥抱新技术、新革命、新产业，传统广电行业才能立于不败之地。

在《万桥飞架——山水间的人类奇迹》项目中，我们创新性地运用了辅助特效，通过动画形式分解桥梁建设过程中枯燥的建筑学知识。此次拍摄，选取了索尼 FX9 作为主摄影机，佳能 R5 作为游机辅助，航拍采用大疆御 3pro。摄影师没有刻意地去追求各项指标的完美，而是巧用现有设备和器材，实现最好的拍摄质量。

贵州由于地理特点和气候条件，阴天多，晴天少。因此，节目并没有刻意强求好天气，而是调整画面基调适应当地环境。无论是空镜的拍摄，还是人物故事叙事，都在镜头语言上体现了贵州的气候及地理特色。对于拍摄主体桥梁的画面处理，多以中焦或长焦为主。前景设水、小村落、乡间小路、农田等，突出桥梁的视觉震撼。以拍摄的桥梁为地平线，尽量做到画面内构图以高地平线为主，使单机画面和航拍画面形成反差。

展现实体桥梁的同时，节目组还结合不同桥梁的技术特点，运用三维建模动画的方式，再现了桥梁建设时的亮点与难点。创新的视觉表达让枯燥的建筑术

语变得更易于理解。本次拍摄采用了 4K 超高清和 LOG 模式也给调色带来了更清晰的画质和更大的色彩空间,调色时使用规范的制作流程,才能保留好原始素材的分辨率和宽容度。全片由多种机型记录,为了保证多种机型的视觉适配,调色力求做好画面色彩的统一,包括不同机型颜色的衔接,以及实拍素材和资料画面的匹配,颜色的协调统一让片子在视觉上更流畅,也更具有完整性和可看性。

在色彩风格上以自然真实为主,明快通透。保证桥梁固有颜色的准确还原,加强植被的绿色和天空蓝色的表现,不丢失色彩,不过分艳俗,突出人物、桥梁、山脉和天空等各元素的层次和质感,通过色彩展现大自然的美,辅助片子内容的提升。

《万桥飞架——山水间的人类奇迹》发挥上海广播电视台与贵州广播电视台两台核心优势,精心配置了核心剪辑和动画制作人员参与项目,确保节目品质。事实证明,重要的题材需要与优秀的视觉呈现互为加持,缺一不可。而技术的创新一定要结合主题,因地制宜,因题而异地设置技术创新的边界。

三、中国式现代化主题下纪实影像跨屏传播策略

跨省域的联合制作保证了双平台落地播出,节目在贵州卫视和东方卫视播出期间,分列全国同时段收视率第一。由国家广电总局协调,节目在北京卫视、湖南卫视、浙江卫视、江苏卫视等主流省级卫视黄金时间播出。英文国际版在 2024 年全国两会期间通过 CGTN 向全球播出。

网络平台方面,纪录片《万桥飞架——山水间的人类奇迹》也实现了跨屏融媒体传播的创新。节目在优酷、腾讯视频上线,在主页进行推荐,收获了观众的热烈反响。在腾讯视频,观看量迅速冲上科学纪录片板块热播榜榜首,进入优酷纪录片新榜前 10。除了两台视频公号、微博账号直推,节目还联合抖音、快手、小红书等网络平台进行短视频分发,在"＃万桥飞架看中国奋斗"的主题下开展网络热议。据后台数据显示,纪录片相关视频、图文和话题等在全网总传播量突破 5 亿次。据纪录中国×美兰德传播咨询发布的数据榜单统计,该纪录片位列 9 月热播电视纪录片榜第一,以及热播纪录片融合传播指数榜第一。

结　语

中国式现代化是一个时代命题,它内涵丰富、意义深远,是中国共产党带领全国人民建设小康社会的行动指南,也为我们纪录片工作者提供了丰富而鲜活

的创作题材。记录、阐释、传播中国式现代化的主题内涵是当代纪录片工作者的奋斗目标。《万桥飞架——山水间的人类奇迹》是对中国式现代化主题阐释的一次尝试。节目播出后,获得了多个专业纪录片奖项的青睐。节目先后获得了2023 年度中国影响力十大纪录片提名作品奖、2023 年 TV 地标年度影响力纪录片大奖、纪录中国×美兰德传媒咨询 2023 年融合传播影响力优秀纪录片大奖、国家广电总局 2023 年度第三季度优秀国产纪录片。

以纪录片《万桥飞架——山水间的人类奇迹》为例,我们可以得出结论:对于主旋律纪录片的把控需要对话题有深刻的理解和研究,切口无须大而全,但须精而专;创制模式应以内容主题相契合,在技术革新的时代背景下进行微创新,增强节目可看性;在跨平台、跨媒介的传播方案上多方联动,主动设置议题与路径,多方面整合资源才能让宏大的中国式现代化这个时代主题深入人心。

参考文献:

[1] 习近平:《高举中国特色社会主义伟大旗帜为全面建设社会主义现代化国家而团结奋斗——在中国共产党第二十次全国代表大会上的报告》,人民出版社 2022 年版.

[2] 孙蕾蕾:《纪实影像国际传播的作用与路径浅析》,《国际传播》2023 年 6 月,第 22 页—27 页.

[3] 赵建国:《论共情传播》,载《现代传播》,2021 年第 6 期。

[4] 罗圣寅:《近五年中国纪录片发展与创新领域研究现状》,《名作欣赏》2024 年 1 月 18 日,第 93 页-95 页.

作者简介:

敖雪,上海广播电视台纪录片中心工作室负责人。

论重大主题宣传为"Z世代"表达

——以东方财经·浦东频道网络主旋律为例

张　平

摘　要：重大主题的作品通过有效宣传，才能动员受众积极响应，转化为行动自觉。"Z世代"接收信息以兴趣爱好为导向，这对宣传成效提出了挑战。东方财经·浦东频道在重大题材创作中，紧扣时代变迁，充分调动青年一代视觉、听觉、感觉偏好，致力于信息传递及思想引领入脑、入心、入魂。本文结合频道创新网络文艺制作与传播，分析MV（音乐短片）、情景剧、微电影、H5（第五代编程语言、新的网页形式）、小程序游戏、电子海报、TED（指技术、娱乐与设计）、City Walk（"漫步城市"）等媒介形态在为"Z世代"宣传服务过程中所展现的特色与价值。

关键词：Z世代　重大主题　主旋律　网络文艺　创新

引　言

"一个有远见的政党，总是把青年看作推动历史发展和社会前进的重要力量。"习近平总书记在党的二十大报告中指出："当代中国青年生逢其时，施展才干的舞台无比广阔，实现梦想的前景无比光明。"东方财经·浦东频道为"放大浦东声音"而开办，承担着聚焦浦东开发开放、自贸区建设及引领区建设等重大题材的宣传任务。当前，"Z世代"已经长成为社会的新生力量，他们个性鲜明、强调自我感觉，注重互联网社交。这就对重大主题宣传为"Z世代"表达提出了新课题：如何提高他们的认知和理解，如何促进他们的接受和支持，如何激发他们的情感认同和行动响应。人民日报海外版"学习小组"总结的"时代之问，总书记这样回答"创作经验,令笔者颇受启发——"让总书记讲话金句清晰透彻,使阅读过程变成思想之旅""易懂好看,让读者像'追剧'一样催更""融合传播,扩大全媒体矩阵声势"。东方财经·浦东频道这些年来也探索创新的表达路径:为"Z 世代"定制、与"Z 世代"共情、同"Z 世代"群化,实现重大主题宣传"破圈""扩圈"。

一、为"Z 世代"画像

"Z 世代",意指 1995 年之后伴随互联网发展而长大的青年一代。他们一出生就与网络信息时代无缝对接,受数字信息技术、即时通信工具、智能手机产品等影响比较大,又被称为"网生代""互联网世代""二次元世代""数媒原住民"等。联合国经济和社会事务部 2020 年发布的数据显示,全球"Z 世代"在 2019 年达到 24 亿,占世界总人口的 32%,是世界人口中占比最大的一代群体。当前,中国"Z 世代"接近 3 亿人。

数字化、全球化、个性化是"Z 世代"成长过程中的时代背景,自然形成了他们特有的生活方式、思维方式和价值观念。可从这 5 个视角给他们画像:他们是完全的移动设备用户,离开数字虚拟世界就会缺乏安全感;他们的大脑"运行"速度惊人,习惯于处理大量视觉信息;他们还热衷使用抖音、小红书、B 站等参与社交,发表自己的看法;他们喜欢个性独特,活出自我,渴求在群体中得到支持和理解;他们也只跟自己认同的品牌结盟,并成为该品牌的忠实拥趸。

基于画像,"Z 世代"参与信息交互也形成了印记鲜明的特征:

1. 移动化:"Z 世代"在日常生活中高度依赖移动设备,如手机、平板电脑等。他们在任何时间、任何地点获取信息和服务,这使得他们的生活更加便利和高效。

2. 碎片化:"Z 世代"生活节奏快,他们的时间常常被分割成小块,如上下班途中、午休时间、课间休息等。他们更倾向于利用这些短暂的时间段获取信息,而不是花大量时间阅读长篇报道或观看长视频。

3. 强视觉:视觉元素在"Z 世代"的媒介消费中占据了重要地位。他们更喜欢通过图片、短视频、直播等形式获取信息,这些形式可以提供更直观、更生动的视觉记忆。

4. 重互动:"Z 世代"非常重视在接收信息时的互动体验。他们更倾向于参与信息的创作和传播过程,比如他们喜欢通过弹幕、评论等与志同道合的"同好"互动。

5. 圈层传播:他们在网络平台上通过共同兴趣爱好聚集,分享经验体会,形成牢不可破的兴趣圈层,圈层中的网络达人对于圈层内部成员的言行影响很大。

中国青年报的社会调查《中国大学生网络空间新表达》还显示,"Z 世代"既有互联网"主人翁"的意识,也善于表达"家国情",他们一方面喊着"拒绝加班",同时也追看主旋律作品,为《觉醒年代》和《山海情》点赞。调查认为,在需要为中国发声时,"Z 世代"也不会落后。

二、探讨主旋律为"Z 世代"表达

尊重互联网的传播规律,尊重"Z 世代"的信息交互偏好,是重大主题宣传为新生代服务的基本原则。具体展开,我们需要用数字媒介激活青年的积极力量,用网络文艺激发"Z 世代"的兴趣认同,用他们听得懂听得清的话语来传播主旋律、正能量。当然,青年化表达不是简单的网言网语,也不是炫酷和耍帅,而是要把主流和主线连接起来。东方财经·浦东频道落实党的全国代表大会精神,为国庆献礼,中央赋予浦东新的任务的推进等等,构成了频道每年例行的重大主题宣传周期。实践中,频道为"Z 世代"宣传,基本确定了这样的操作手法:定制化生产是方向、共情化表达是手法、社群化传播是策略,最终实现分众化引领的目标。

(一)为"Z 世代"定制化生产

1. 找出共性联结关系。主流媒体先要做到对主题主线深刻把握,把握精神内涵,掌握核心要义,再把青年放进去,看主题主线报道和青年之间有怎样的利害关系和责任关系。这个过程中要注意提炼共性,抓住"Z 世代"共同的关注点。2018 年,东方财经·浦东频道制作了 MV《爱上浦东的理由》献礼中国改革开放 40 周年、浦东开发开放 28 周年。MV 的主角是一位在浦东生活、学习、创业的纽约小伙"爱文",他用上海话 RAP 唱出"爱上浦东的理由"。同样的年龄、同样的爱好、同样的求学求职经历,是"爱文"与"Z 世代"共同的标签。沪语的亲切感、RAP 的节奏感、时空穿越的奇幻感,与"Z 世代"的视觉和听觉"共振"。中国改革开放的奇迹潜移默化映入"Z 世代"的心脑。

2. 运用网络文艺手法。投身、创作、传播网络文艺,是"Z 世代"感知世间烟火、担当时代责任、赶赴世界聚变的新赛道。宣传动员"Z 世代",应该聚焦网络化赋能、文艺化表达,传播青年一代喜闻乐见的文艺精品,让文艺正能量产生团结奋斗的大能量。东方财经·浦东频道常年运营"望江驿",赋予其文化功能。"望江驿"是坐落于浦东滨江的多个市民休闲驿站。每个周末的"望江驿"都在上演"情景剧",网络同步直播。情景剧演绎社区党建引领、市民办事"一窗通"、美丽村镇新面貌等等人民群众的身边事。年轻人编导、年轻人表演、年轻人观看。2020 年 5 月,结合"四史"学习,频道邀请上海沪东重机有限公司团员青年出演了一场20分钟的微党课情景剧"我的重机,我的爱"。剧中人物的思想与情感变化与"Z世代"产生了强烈共鸣,网络直播点击量瞬时超过200万。

3. 讲好"Z世代"语言。"Z世代"认为,"只有懂我的'梗',才能懂我的心"。通过修辞造"梗",正成为年轻人在网络上表达自嘲、疏解尴尬情绪或营造氛围的一种方式,也是他们重要的社交工具。所以,正能量要用年轻人喜欢的方式创作,用他们听得懂的话传播。在主旋律报道中,东方财经·浦东频道曾用这样的"网络梗"鼓励年轻人树立坚韧不拔、不屈不挠的精神——"即使第n次跌倒,也要第n次站起来";在鼓励年轻人勇敢追求梦想的时候,频道也会转用"Z语言"——"小鸟虽小,可它玩的却是整个天空";当需要与企业一线青年共同对话的时候,我们也用"心灵鸡汤"感受他们对重复工序的感受——"厌倦,就是一个人吃完盘子里的食物后对盘子的感情"。对媒体而言,读懂"Z世代"特有的"语言密码",快速走进他们的传播场景,理解他们所思所想,是提升宣传引导成效的重要环节。

(二)为"Z世代"共情化表达

共情,不仅是一种信息的传播,更是一种情绪的传播。作为主流媒体必须理解和体验青年人的情感和感受,青年人才会感到被理解和尊重,从而建立起信任关系。这种信任关系有助于有效的交流和互动,青年人才愿意接受主流媒体的信息传导和价值引领。

1. 代入,是一种"共情"的表达。即让"Z世代"融入主旋律的情景之中,与其产生与"主人翁"同样境遇的情绪感受。2020年,频道摄制了动画微电影《你的模样》在网络传开,这是为浦东开发开放30周年的特别呈献。该片描写了父子两代人在浦东的梦想之路,也正是这座城市30年来的奋进历程。微电影采用三维动画形式,以父子情映射浦东的时代变迁,致敬30年来为浦东建设奉献青春的每一位劳动者。影片中"儿子"的形象就是"Z世代"的代表,让那些与"儿子"同龄的年轻人透过"儿子"的视角,体验父辈们为改革开放所付出的艰辛。

2. 体验,是一种"共情"的路径。用传统手艺设计艺术"潮玩"、以创意焕彩老物件,体验中华传统文化再造,是主旋律与"Z世代"共情的快捷路径。东方财经·浦东频道2021年制作了"浮生六味"(浦东非遗美食)系列短视频。编导把握住"传承"这个关键词,以传承人手把手传教年轻人为主线,以年轻人的动手体验为表达,详细介绍了高桥松饼、三林酱瓜、龙潭酒酿等非遗美食繁复而又精致的制作过程。节目组还赋予体验者"创新"的许可,一个个既蕴含历史印记又洋溢时代气息的新非遗美食跃然而出。爱玩,是"Z世代"的特性。让他们融入历史,参与历史,他们能感受到中华优秀传统文化的滋养与召唤。

3. 互动,是一种"共情"的手法。互动一般通过语言或文字交流,交换信息表达观点。东方财经·浦东频道曾使用"变脸小程序"让网友加入小游戏,以达到很好的互动效果。"变脸小程序"是一种基于人工智能技术的面部变换应用,可以通过人脸识别、图像处理等技术实现用户面部特征的提取和变换。2022年,学习贯彻党的二十大精神,频道利用交互式 H5 技术生成 9 大地标场景 18 张专属纪念照,任何男女生只要上传一张面部照片,即可"变身"为穿着民族服饰的 56 个民族一员,如果说出一句"对党要说的心里话",小程序还能实现体验者在画面中载歌载舞。

(三)为"Z 世代"圈层化传播

"Z 世代"的圈层化特征尤为明显。这个新生代形成了以兴趣、爱好、利益和价值观等为纽带的网络社群连接。这就需要主流媒体透过圈层化现象把握网络空间的圈层传播,加强主流媒体和自媒体合作,基于价值共创引导青年,在舆论场上形成更大的声量。

1. "我喜欢,我传播"。"Z 世代"重视觉感受,希望通过独特的视觉效果来表达个性和风格。东方财经·浦东频道近年来格外重视电子海报的设计创作。庆祝建党一百周年的"致敬我们的 100"、落实党的二十大精神的"一图看懂浦东工作任务"、回眸引领区建设一周年的"见证引领区"等以别致的构图,强有力的视觉感受,首先就在青年群中传开,经过层级传播最终产生了"网红"爆款效应。据数据分析,"致敬我们的 100"的点击率中,64.4%来自微信朋友圈分享,26.7%来自微信群分享,还有 8.9%来自个人"点对点"的传播。

2. "我表达,我传播"。"Z 世代"渴望被认可和接受,他们通过自我表达并宣传自己来展示能力和个性,获得认可和尊重。频道《创赢未来》节目就使用 TED 演讲方式提供年轻创业者展示自我的舞台,争取赢得风投人士的青睐。2021年,这一手法沿用到频道承办的"党课开讲啦——月月讲"第一讲活动上。因其广为流传的传播效果,后续其他地区承办第二期第三期活动也采用了这种方式。

3. "我参与,我传播"。如今,"打卡"成为网络热词。年轻人通过实地参与来彰显不脱节于潮流的归属感,这也是他们参与社交的最热络的话题选项。结合 City Walk(漫步城市),频道在建党一百周年之际,推出了"巴士党课"宣讲项目。一辆红色巴士从中共一大会址驶往浦东开发开放 30 周年展览馆,一路途经中共二大旧址、渔阳里、五卅纪念碑、陆家嘴金融区,采用边行走、边讲解、边互动方式宣传党的光辉历史。宣讲员向全社会青年招募,全市各级党团组织纷纷报名参与听讲。年轻人在车上慷慨激昂演讲的视频、在各处红色地标留影的照片在他们的朋友圈里展示,也放大了这个项目的影响力、号召力。

三、为"Z世代"表达的更多思考

(一)组建超级项目团队

创新网络文艺对"Z世代"宣传,本质要求就是贯通各种数字媒介的灵活运用。这不是仅仅依靠具有深度文字功底、高超摄影摄像技术的采编人员就能实现的。相关团队还需具备视觉设计、交互设计、用户体验等方面的知识和技能。为此,东方财经·浦东频道特别组建了"文化传播部",旨在搭建一支符合融媒体时代要求的项目团队。近年来,频道吸收新成员也倾向于具备绘画技能、熟练掌握图形设计软件以及具有戏剧编导经历的人才。这类人才比例目前已占该部门的60%。当然,他们还要接受传播学、新闻学以及马克思主义新闻观的培训。事实上,这个"超级"团队本身就是"Z世代"。频道的目的就是让"Z世代"面对"Z世代"、"Z世代"宣传"Z世代"、"Z世代"影响"Z世代"。

(二)把握小切口大主题

新闻采编"由小切口切入大主题"同样适用于为"Z世代"服务的网络文艺创作。小切口易实现"代入""共情"效果,从而吸引受众进而深度挖掘主题、增强表现,辅以创新性和多样化表达,更好满足"Z世代"的需求和口味。东方财经·浦东频道制作的短视频《用脚丈量浦东》,以地图为主题,以一位普通的市民为主角,切入其每天行走数万步,走遍浦东大街小巷,绘制浦东地图的故事,从而拉近观众与新浦东新面貌的距离。平实的镜头,朴素的语言,真实的记录,以及故事化的手法表达,激发起观众的情感共鸣,揭示主流价值观,即"人民城市人民建,人民城市为人民"的宏大主题。

(三)借圈外平台"破圈"

当前,主流媒体也开发了自有的App、公众号或视频号,这并不妨碍与B站、抖音、快手、斗鱼等的"破圈"合作。公开数据显示,这类平台的用户群均以年轻人为主,其中90后和00后是主要消费者,占比超过80%,具有更强劲的用户黏性和活跃度。MV《爱上浦东的理由》之所以累计获得了近一亿的点击量,与B

站、梨视频的"破圈"传播不无关系。当年这个作品分别在新华网、人民网、东方网、上海发布、澎湃新闻、B站、梨视频、腾讯、新浪等发布,其中在B站上获得的流量和互动量就占到了13%和17%。当然,中国好故事也要向全球发布。《爱上浦东的理由》还通过"一财全球"被推往"推特"和"脸书"。香港《南华早报》由"推特"转载,并将作品名翻译成"Meet the American making waves by rapping in Shanghainese"。

(四)请网红大V推广引流

主旋律网络文艺也需要营销,网红大V是很有力的推手。频道的H5《厉害了,我的浦东!》为党的十九大创作。这个H5以主持人的"微信朋友圈"为载体,通过时间延续、空间转换、虚实交互,实现移步换景;内容上,由点及面,让浦东的改革者、建设者"晒成就""说幸福""谈愿景",生动展现由上海自贸改革引领的时代新气象。当晚,H5由党的十九大代表、SMG著名主持人印海蓉在北京驻地向众多党代表转发,并发布于其个人朋友圈,24小时内点击量刷破700万,点赞量超300万。网红大V是某个领域的领袖或行业达人,拥有话语权和权威性,受价值观的引导,对"Z世代"极具吸引力和号召力。当然,在选择网红大V时必须对他们的道德品质和价值观取向等充分甄别。

(五)应对持续更迭的数字媒介

数字技术不断更迭数字媒介。虚拟现实头盔、虚拟现实眼镜具有更浓厚的沉浸体验,更立体的视觉效果,更逼真的场景感受,已在文化、体育、旅游、电竞、购物和数字人领域试点应用。随着内容生产技术跟进,虚拟现实产品完全可能成为新型主流数字媒介。今后,受众可以实现到新闻现场虚拟实景体验,感受新闻事实发生的过程。目前虚拟现实技术尚处于开发试用阶段,技术成本较高。运用这个技术还需要专业的内容创作能力和技术设计水平。新闻宣传要赶上时代,赢得"Z世代",相关的准备时不我待。

结　语

习近平总书记指出,"适应分众化、差异化传播趋势","读者在哪里,受众在哪里,宣传报道的触角就要伸向哪里,宣传思想工作的着力点和落脚点就要放在哪里。"

　　面对越来越多元思想观念的"Z 世代",只有适应分众化、差异化的传播方式,才能满足多样化的受众需求,使主流声音占领更多舆论阵地。面对青年,有共情表达,才会有共鸣声音。新闻宣传要"引领青年",也要"青年引领"。这种传递当如哲学家雅尔贝斯所言,是由"一棵树摇动另一棵树,一朵云追逐另一朵云,一个灵魂唤醒另一个灵魂。"

参考文献:

［1］人民日报海外版"学习小组":《让重大主题报道产生"追剧"一样的传播效果》[J],《新闻战线》2022.1.28.

［2］田丽:《新媒体时代的重大主题宣传探析》[J],《青年记者》2020(04).

［3］赵云泽:《跨媒体传播基础教程》[M],中国人民大学出版社 2011.9.

［4］高山冰:《深度融合发展,激发媒体内生力》[N],《光明日报》2020.7.7 (2).

［5］王云帆:《虚拟现实技术在媒体艺术中的应用研究》[J],《电影艺术研究》2020.7.

作者简介:

张平,上海广播电视台东方财经·浦东频道董事、总经理。

论电视纪录片"声音叙事"的表现形式及实操技巧

徐　庆　原晨瑜

提　要：电视纪录片"声""画"关系如何相辅相成相得益彰,一直是电视纪录片创作者热议的话题。作为视听结合的艺术,电视纪录片中的解说配音、现场同期声、背景音乐、环境音效等几种声音符号,在叙事表意方面都有着独到的作用,它们在电视纪录片中与画面互相依存,为画面增光添彩。本文就电视纪录片中声音叙事的表现形式及实操技巧,进行深入探讨。

关键词：电视纪录片　声音叙事　实操技巧

引　言

电视纪录片最早出现于电影,是电影的不断发展过程中陆续地分化出来的一支。在电视进入广大家庭后,纪录片获得空前的发展。很久以来,电视纪录片在创作的过程中,常会出现力求画面完美而忽略声音的问题。事实上,声音在电视纪录片中有着自己独特的艺术张力,主要分为解说、同期声、音乐、效果音响等。纪录片所展现的是时空片段,是经过前期拍摄,后期加工出来的影像组合,并非事物的全部,所以只有善于利用声音叙事,才能使纪录片的整体效果更加真实生动。可以说,当下凡是经典的纪录片,无不是声画配合恰到好处、相辅相成、相得益彰的视听艺术精品。

一、领悟:"声音叙事"之重

当前,在电视纪录片创作实践中,仍然还存在着诸多不重视声音叙事的现象。笔者通过梳理发现大体为以下三类：一是"主画说"言论，认为声音语言只应该是类似"解说、解释、说明"等的附属功能，只有画面才是电视纪录片中的重头戏。利用一个简单的画面就能将表达效果直接凸显，直接明了，省去增加声音符号给受众增设的思考路径，通过单一的画面呈现"一切尽在不言中"的意境。二是"注意力"经济论，一些心理学家认为，"人类通过画面获得的信息量是听觉系统的 30 倍"。在受众注意力有限的情况下，谁能争取到稀缺的注意力资源，谁就是研究者应该重点关注的方向。动态的画面，无疑是最吸引眼球的元素。三是"认知功能"缺失论。有研究者认为，声音符号的接收和理解，需要受众有一定的听觉认知与文字认知能力，对受众的素养具有一定的门槛要求，而画面只需要直接的欣赏，通过一套完备健康的视觉器官接收即可。

笔者曾去中央电视台财经频道学习。在央视高强度、高质量电视作品的创作中，深刻领悟了声音符号的重要性，开始巧妙利用声音符号为电视纪录片增添光彩。2015 年创作的系列电视纪录短片《金山嘴渔村吃喝玩》，就全程通过探访者出镜解说、现场实况声以及欢快的背景音乐等声音符号，介绍了金山嘴渔村的饮食游玩指南。在上海电视台播出后，吸引了大量市民根据视频按图索骥地慕名前往金山嘴渔村实地打卡体验。这充分说明声音叙事在这组电视纪录片里，达到了较好的传播效果。

二、实操："声音叙事"的表现形式

（一）解说配音：电视纪录片画面的主叙述者

解说词是纪录片中的主要叙事因素。它在纪录片中起到衔接画面、丰富画面和深化主题的作用。以往电视纪录片的解说词大多具有浓郁的文学色彩，而现代的电视纪录片还会恰到好处地控制好解说节奏，适当留出一点时间给观众回味。德籍美国学者爱因汉姆从声音与画面呈现空间的比较角度，认为"声音产生了一个实际的空间幻觉，而画面实际上是没有这个深度的，声音是有着巨大的空间表现力的"。

1. 表达的解说词能衔接画面

好的纪录片是解说词、画面及其他要素有机结合的产物。在剪辑电视纪录片时经常遇到的问题之一就是转场。要想尽可能把完整的纪录片画面串联起来，让它看起来顺畅轻松，运用简洁的解说词来衔接画面，不失为一个好方法。

在笔者制作的电视纪录片《智遇》上集中，一开头就进行了解说词的背景铺陈,通过人工智能、生物智能、自动驾驶等工业革命 4.0 时代的产物,点明中国"智造"对民族企业带来了发展机遇。"越来越多的梦想家,希望在世界工业智能大舞台贡献中国智慧。"在短暂动画的衔接后,进入主人公的解说词衔接介绍:"一位是投身生命科学的中国科学院院士,一位是执着且富有冒险精神的企业家,一位是专业过硬的技工男。他们相聚到一起,会碰撞出什么样的智慧火花,又成就了怎样的智能佳话?《智遇》带您遇见生命科学和工业智能跨界融合的三位开拓者。"通过解说词有力点出了核心内容与方向,将三个领域的业界智能专家黏合在一起,两次转场为进一步推进内容展开做出了铺垫。紧接着,镜头转向上海市金山区金山工业区沃迪智能总部的智能化项目讨论现场,中科院院士邓子新在会上的交流发言后,解说词通过简洁的表达进一步转场,引出院士的人物介绍。"邓院士担任了上海交大生命科学技术学院院长一职,也是沃迪智能公司院士工作站的驻站院士之一。"沿着语言逻辑形成叙述脉络,层层剥丝抽茧,使得叙事一气呵成自然流畅。

2. 抒情的解说词增强感染力

好的解说词还具备抒情与感染力。在笔者参与创作的纪录片《母女画家乡》中,刚刚因绘画理念不同而发生争执,却没过多久就和好如初的母女二人重新开始交流创作,解说词含蓄地表达了她们的心路历程:"吵归吵,母女毕竟是母女,只要有一方主动低头,她们会马上和好如初,两人都明白,女儿走妈妈的老路并不可取。"这句言简意赅的解说,直接把观众拉入日常因代际差异而产生的争执情景中,为女儿进一步继承母亲的农民画事业的心路过程提供了情感基础和事实依据。

无独有偶,在纪录片《格拉丹东儿女》中,同样表达母爱的这段解说词,也感染了无数观众:"炉火还在不停跳跃,这位母亲的心被温暖着……一些辛苦,一些慈爱,就好似这炉火一般,时时刻刻温暖着这个家。"创作者通过对主人公的内心刻画,将草原牧民的勤劳勇敢、一位母亲的朴素奉献全都真情展现,打动了观众。

3. 设置疑问的解说词引发思考

电视纪录片通常会采用设置疑问的方式来弥补呈现有限的短板,赋予观众真正的意义。

纪录片《人间世》的解说词中设置了大量疑问句。这些疑问句大多出现在某一集的片头、片尾或某个小节的结尾处,不仅起到了总结或引出剧情的作用,还起到了抒发情感,升华主题的作用。"如果你是医生,再让你冒一次险,你会犹豫吗?"在前一位病人手术失败后,又出现了相同病症的病人,此时是否应该坚持同样的手术方案? 解说词在设置悬念的同时,也向观众发问,把观众带入医生的角色进行思考,使其更好地理解医护工作。同时,这句疑问句也引出了后面的剧情,紧跟其后的是病人家属表达急切的心情,医生做出回应,表示决定给病人做手术的镜头。"半个月前,做出捐赠决定的老父母,你们还好吗?"这句解说词出自纪录片的第三集,记录的是一个关于器官捐献的故事。这句解说词仅仅是单纯的发问,后面未接任何回应的镜头。实际上,这是在有意地引导观众的"视线",激发观众情感,呼吁社会关注,因为疑问句设置的悬念需要观众自己在现实中去寻找答案。从另一层面看,这也是对本集主题的一种升华。

(二)现场同期声:电视纪录片的真实性推手

纪录片的现场同期声指拍摄现场各种客观声音,包括与画面同步产生的拍摄对象的讲话、主创者的现场访谈、评论、各种表演和各种自然声(环境声和人的说笑声等)。在纪录片中谈话、现场声与画面共同提供信息、共同显示形象,是视听形象的"半边天"。纪录片讲究原汁原味,强调写实性、完整性,没有同期声的作品不能叫真实、完整。

1. 现场同期声再现时空画面的现场感

为了增加电视纪录片的真实客观性,打破单一用播音员来"讲述"的叙事逻辑是大势所趋。在与历史与现实的关系中,同期声的高频使用也成为关键语言,它从根本上改变了单一形式,这更有利于观众了解他们的体验,感受他们的情感,建立更有说服力的传播与受众关系。

在纪录片《母女画家乡》的一开头,母亲曹秀文一句:"在我脑子里的家乡是最美的,我想把她一个一个地画下来。"紧接着女儿陆卓彦一句同期声:"我从小看着妈妈画画,我小时候也喜欢涂涂画画,继承妈妈对金山农民画事业的延续,我觉得也未尝不可呀。"母女同期声的切换,内容言简意赅,寥寥数语让观众身临其境感受到了母女对于画画的热爱,也交代了整个片子的主题与核心。同样,对于现场感强的电视纪录片,同期声更不能缺位。科索沃危机时,央视驻南斯拉夫记者顾玉龙对一群遭受北约轰炸后,仍决定在村里广场欣赏音乐会的年轻人进行了记录报道,同期声中年轻人谈论着日常和音乐。在这种冲突有张力的背景下,电视纪录片中的同期声具有了无可比拟的感染力,使观众直接置身于事件之中形成"沉浸式体验"。

2. 现场同期声还原记录事实的真实面貌

纪录片的同期声运用,能很好掀开第三方叙述的"面纱",还原阐述事实的

"原貌"。我们创作者在策划与拍摄时,尽可能不去干扰拍摄对象,让他们在自己本身的意愿与习惯下呈现生活常态,或许能得到意想不到的效果。

《母女画家乡》的开头部分,母亲曹秀文与女儿等一家人一起,边吃午饭边聊创作想法。"今年是新中国成立七十周年,我想我们母女两个创造一幅画,母女可以合作的,女儿你如果有另外的创作也可以。"女儿陆卓彦回应:"我自己也有一幅作品,构思了很久了,一直想创作但一直都没有下笔,今年这个机会很好,我想作为自己创作的一种动力。"通过一顿普通的午饭,巧妙运用了同期声来陈述和渲染,这样有效的使用,能使观看者产生共鸣,从而达到一定的传播效果。

3. 现场同期声弥补画面表现手法的不足

在创作过程中,很多画面客观上被制约无法呈现,为了填补缺失的画面,同期声就派上用场甚至占据主导地位。同时,同期声还能打破抽象感,包括一些抽象的心理活动。比如想让新闻作品脉络更清晰,可以请"在场"的当事人进行回溯。

中央电视台《新闻调查》曾播出一则湖南一教师为全县教师追讨工资而被杀的案件,记者就连续运用多名教师同期声来阐述一个问题,再加上数名乡镇干部的采访,形成采访的一个个群落。借他人之口言纪录片之意,增加整个片子的直观性和真实性。还值得一提的是在暗访中,人物同期声更是至关重要。笔者曾经帮湖南台去吉林长春暗采关于上市公司——通海高科诈骗募集资金 16.88 亿人民币的个案,在没办法保证画面质量的前提下,笔者力求声音的完整。不出所料,这段同期声因为透露出第一手信息,在制作播出后得到了受众的肯定。

(三)背景音乐:电视纪录片流动的画面

一般而言,我们认为纪录片中大致可分为主观音乐和客观音乐。客观音乐是为了匹配画面自身的音乐;主观音乐则是我们为了纪录片的节奏而重新塑造的音乐节奏。高质量的纪录片必然少不了音乐的恰当选取、剪辑、组合以及与画面的适时配合,这会为纪录片画龙点睛。

1. 音乐参与叙事,产生流动节奏

用音乐的韵律来给纪录片增加节奏,为片子撰写"注脚"的案例数不胜数。音乐在我们创作的纪录片《母女画家乡》中是一个重要的要素。主要基调是金山农民画相关的民歌,来搭配流动的农民画作和整齐美丽的新农村画面;当体现曹秀文心情起伏的时候,用跳跃的音乐节奏配乐,让观众跟着心情紧张又舒展;当

曹秀文灵感迸发,构想清晰时音乐会恰到好处地给出……有了音乐的叙事,片子逐渐鲜活起来,同时框架结构也越发的明晰、稳重。

其实在纪录片运用一些歌曲的时候,我们是可以取巧创新的。纪录片《四季》中有一段就创新使用了中国台湾歌手张宇的《雨一直下》和中国香港歌手张学友的《天气那么热》,创作者用歌词来代替解说词,更形象地表明了季节特征。值得注意的是纪录片运用音乐,不能选取过于熟悉的乐曲,太熟的音乐会使人产生反感直接降低片子的可看性。

2. 音乐烘托气氛,渲染画面情绪

纪录片中用不用音乐,有很多不同的看法。笔者认为,应该视题材内容而定,不可否认音乐在纪录片中的功用,特别是其在渲染气氛、抒发情感、塑造形象、激起联想等方面,能起到一定作用。

就像中央电视台《经济半小时》栏目中,经常有反映农村致富典型的节目。《小城故事多》中就叙述了五个脱贫致富的典型事迹,其中福建省苏板乡龙门镇种柑橘致富的故事在结尾处画面使用了许多柑橘林枝头挂满累累硕果的中近景镜头,恰如其分地运用了欢快的音乐。而在龙岩市委书记讲话的时候,又加进了民歌,更是增加了几分农村气息和欢乐的气氛。音乐带着观众一起感受欢快与轻松,在这里音乐起到了一个感染观众的作用。所以在一些煽情的细节里,适当运用一些音乐会使纪录片和观众达成共识产生情感的升华。在时下的纪录片里,一些以歌颂为主题的就有很多是运用类似"红梅赞"的乐曲。激扬的旋律再加上一些磅礴气势的画面,让人一接触就融入这种意境中,从而增加了电视纪录片的厚重度。

3. 音乐组接画面,过渡提示段落

在纪录片中,音乐能够提示段落的独到功用也值得一提。片中的不同段落,内容、情绪、气氛、人物等必然是不同的,其所配用的音乐自然不一样。例如《雕塑家刘焕章》片子的第一段是介绍刘焕章的概况,这一段的音乐是从故事片《沙鸥》那里借来的,主要表现刘焕章的拼搏精神,直至刘焕章妻子的油画像,镜头缓缓推上的时候,音乐换成了一段柔和明亮、向上开朗的曲子,情绪气氛全变,音乐的变化给观众明确提示,画面内容已到另一段落。这种用音乐来提示段落的手法直截了当,但需要注意的是,在用音乐来转换段落的同时,要考虑画面内容配合,转换的感觉是否自然。在最近的纪录片中,一些人看到了音乐不可避免的审美主观性。但是没有人能否认音乐的巨大表现力,尤其是情感刻画和描述心理活动的时候。所以也不必"闻乐色变",巧妙运用得当最为重要。

（四）环境音效：电视纪录片画面的润滑剂

环境音效是指生活环境中自然存在的事物因为运动而产生的音响。比如：鸟叫虫鸣、打雷下雨、波涛翻滚、树枝断裂、马蹄飞驰、车轮摩擦等等。环境音效是用来丰富电视纪录片画面和推进纪录片剧情的一种重要元素。例如在一些战争题材的纪录片中子弹射出枪膛的声音，手榴弹爆炸的声音等，这是画面和解说都达不到的一种效果。

好的环境音效能烘托画面，锻造出一种来自"声音的景深"。《母女画家乡》中间部分，在一开始女儿并没有深入理解母亲的愿望——想要自己的女儿来继承农民画"衣钵"这一段时，曹秀文边画画边喊女儿，画面是母亲的近景，而音响中还有母亲的问话、狗吠的声音、画笔触纸沙沙的声音等。立体维度，层次的明暗对比让观众身临其境，仿佛置身于家常之中。纪录片的感人就在于情感，它是纪录片主题内容与艺术表现结合熔为一炉，引发观众共鸣的表现，也标志着纪录片的成功。

再有《东方时空》中的《时空报道》栏目，曾报道我国返回式科学实验卫星回收的情况：画面表现为一颗卫星从太空返回大气层，张开巨大降落伞的卫星落在一山区，赶来的群众欢声笑语，直升机随后盘旋而来，科研人员和记者察看抚摩发热的卫星，直升机悬吊着卫星离去……这些都非常真实地反映了当时当地发生的情景，给人以身临其境的感觉。这真实的画面和真实的现场声音，具有强烈的客观性。纪录片由于保留了环境音响，形成一种逼近真实的感觉。

结　语

综上所述，电视纪录片的声音叙事是一个复杂而多元的领域，有着相对独立又有机协作的表现形式。这些声音符号不仅大大加强了纪录片的真实感人力量，而且丰富和拓展了电视纪录片的艺术魅力。当下 AI 技术的日渐兴起，对电视纪录片声音叙事增添了新的发展空间，进一步提示在电视纪录片实际创作工程中，应注重声音叙事与画面叙事的有机结合，让声音成为画面的有力补充和延伸，只有善于通过多种声音符号的综合运用打好"组合拳"，才能下好电视纪录片视听效果"一盘棋"。

参考文献：

［1］韩飞、成亚生：现代性视阈下中国纪录片的历史演进与融合实践［J］，当代电视，2023(08)：4－11.DOI：10.16531/j.cnki.1000－8977.2023.08.018.

［2］孙小童：纪录片中同期声与解说的功能探析［D］，福建师范大学，2022.DOI：10.27019/d.cnki.gfjsu.2021.001328.

［3］黄匡宇：电视新闻：用语言叙述，用画面证实［J］，现代传播-北京广播学院学报，1997，(04)：46－50.DOI：10.19997/j.cnki.xdcb.1997.04.013.

［4］朱阿强、胡敏：画面语言在电视新闻中的主导地位［J］，新闻爱好者，1995,(04)：34－35.DOI：10.16017/j.cnki.xwahz.1995.04.018.

［5］曾志华：让声音发出声音——纪录片解说的价值审视与回归诉求［J］，中国广播电视学刊，2020(10)：74－76.

［6］辛颖：纪录片《退伍兵的"战役"》创作阐述［D］，南昌航空大学，2023.DOI：10.27233/d.cnki.gnchc.2020.000461.

［7］吴斯：谈纪录片创作如何运用声音元素——以《KJ音乐人生》和《舌尖上的中国》为例［J］.当代电视，2015(10)：28－30.DOI：10.16531/j.cnki.1000－8977.2015.10.010.

作者简介：

徐庆，上海市金山区融媒体中心新闻采集中心主任。

原晨瑜，上海市金山区融媒体中心新闻采集中心记者。

接受美学视野下中国网生纪录片的创新
——以 B 站为研究对象

许盈盈

提　要：作为中国年轻人高度聚集的文化社区和视频平台，B 站（全称：哔哩哔哩）已成为中国最大的网络纪录片出品方之一，近些年佳作频出。本文主要运用接受美学理论，以 B 站自制的网生纪录片为研究对象，从接受美学理论与纪录片的关系、期待视野下的视听语言、召唤结构下的叙事策略三方面，浅析媒体融合背景下网生纪录片的创新之举，试图为当下主流媒体纪录片的生产与传播以及用年轻化呈现方式讲好中国故事提供思路。

关键词：接受美学　期待视野　召唤结构

引　言

　　信息时代汹涌而来，中国互联网蓬勃发展，网民规模达 10.79 亿人。自 2017 年开始，B 站自制的"网生纪录片"就自成一派，先后诞生了《人生一串》《历史那些事》《但是还有书籍》等现象级爆款纪录片。据统计，截至 2023 年初 B 站已累计出品纪录片 122 部，播出纪录片剧集 4 718 部。仅 2022 年一年内，约有 1.6 亿用户在 B 站看纪录片，累计观影时长达 1.88 亿小时。不知不觉间，B 站已成为"网生纪录片"的重镇，也让纪录片逐渐摆脱"小众"传播，走入大众视野。本文将从接受美学视角出发考察与探究，以 B 站为代表的网生纪录片如何用年轻化呈现方式讲好中国故事，推动纪录片的媒体融合发展。

一、接受美学与纪录片

"接受美学"于 20 世纪 60 年代由德国文艺理论家姚斯首次提出,他将研究焦点从"作者"转向"读者",认为:作品的教育功能和娱乐功能要在读者阅读中实现,而实现过程即作品获得生命力和最后完成的过程。读者并非单纯、被动的接受者,而是阐释者与创造者。另一位美学家伊瑟尔紧随其后,发表《文本的召唤结构》,提出"召唤结构"的概念。此二人为代表的康斯坦茨学派建立了以期待视野、召唤结构、走向读者等为主的一整套概念体系,促使文学研究发生范式转移。

纪录片与文学都是一种艺术形式。"纪录片教父"约翰·格里尔逊把纪录片定义为"对现实的创造性处理",即以真实生活为创作素材,以真人真事为表现对象,但非单纯复刻,而是发挥创作者的创造力对其进行艺术加工。在互联网浪潮下,纪录片创作者开始从受众的喜好和感受角度出发,不仅用作品表达创作者的审美取向,更关注受众如何去理解作品的意象,实时与之互动,让受众成为艺术生产的动力。这种以"受众为中心"的创作思维,与"接受美学"的观点不谋而合。

作为国内最大的纪录片观看平台,B 站认为纪录片是知识领域的头部内容,将其视为终身事业。他们对自己的用户有精准画像,所谓"用户画像"指的是依靠大数据对目标受众的喜好、习惯、行为方式等做标签化细分,从而达到精准营销的目的。调研显示 B 站的用户主体被称为"Z 世代",这群年轻人普遍接受过良好的教育,有优越的物质条件。总编辑朱贤亮如是描述:"月均活跃用户 86％在 35 岁以下,50％在一二线城市。他们注重精神世界,愿意为优质内容付费,这与纪录片主流消费人群高学历、高阶层、高收入的画像高度契合。"基于对目标受众充分了解,将其视为"潜在读者",以创意和个性为魂,为受众提供有别于之前的审美体验。

二、"期待视野"下的视听语言

"期待视野"是接受美学的核心,姚斯将其解释为"对文学的期待、记忆和预设所组成的、生发意义的视野之总和。"简单来说,观众在看纪录片时,带着以往鉴赏中获得并积淀下来的审美经验,同时根据自身的经验、知识和文化背景来建立对作品的期待,从而构成了审美期待的心理基础。"如果作品的意味超出观众的感受和期待,这种新体验将会使观众振奋丰富和拓展新的期待视野。反之,则感到索然寡味。"

纪录片是声画的艺术,观众对于纪录片中出现的图像、声音、色彩等元素,会自然而然地出现联想和想象,这就是期待视野中的意象期待。在视觉文化浪潮中浸润的网生一代,他们的期待阈值建立在已有的海内外优秀影视作品基础上,对视听语言的新奇性和品质感有极致追求,故而制作者需要调动各种表现手法和新型技术手段,创造出既陌生又有独创性的视觉奇观,方能刺激受众的联想,不断修正与拓宽他们的"期待视野"。

1. 拍摄手法的创新

2018 年 B 站推出破圈之作《人生一串》,一举斩获 1 个亿播放量,荣登美食纪录片的新任扛把子。美食纪录片素来是兵家必争之地,从 2012 年《舌尖上的中国》横空出世,到后来《风味人间》走红,在拍摄手法上可谓花样百出,也提升了受众"期待视野"的层次和品味。尤其是《风味人间》:航拍上天、水下摄影、显微摄影将视角缩小到"分子级",力求每一帧画面美轮美奂,堪称美学的视听盛宴。在赛道竞争日趋激烈之下,《人生一串》如何脱颖而出?

《人生一串》的拍摄手法强调的是烟火气。他们采用轻便小机器上阵,甚至用手机,不追求镜头的工整性、唯美感,以抓拍为主,尽可能保留原本环境的质朴感,有时镜头会直接贴在食客们大快朵颐的嘴上,烧烤地摊的杂乱也毫不回避,所有的采访对象都很随意,但情感真挚不做作。如果说此前《舌尖上的中国》《风味人间》等美食纪录片,将观众的"期待视野"升到了广告级的精致高度,那么《人生一串》可谓另辟蹊径,创造出触手可及的真实感和一股粗犷的原始风味。同时,他们也会设计一些新奇趣味的角度,比如采用 Insta360 全景相机,让每个烧烤摊老板手持相机来段自述,全新设备加持,拍出不拘一格的圆形构图,激发起年轻人对陌生化的好奇,也成为片中形式感的标志。

继《人生一串》后,B 站深耕美食垂直领域,孵化了一系列 IP:讲米粉的《我粉你》、早餐《第一餐》、聚焦地方风味的《小城夜食记》等,这些纪录片在拍摄手法上也有自己的独到之处。探针摄影得益于镜头设备的升级,在《第一餐》中,影片一开始就利用探针摄影将各种食材无限放大,犹如穿梭于蔬菜森林之中,同时结合手绘动画,将主人公的个人故事与食物巧妙结合,营造了一个充满童趣的食物世界;《我粉你》拍摄十几种风格迥异、味道不同的米粉,影像上打破传统的构图方式,采用横向构图拍摄米粉从空中坠入碗中,这种新鲜又灵动的视角,很受年轻人追捧;《小城夜食记》每集以一组高速摄影开场,营造出小城独有的慢节奏,让都市人从潮流的洪荒中瞬间安静下来,感悟小城小店里的人情味,弹幕中网友赞其为电影式格调。

2. 语态的创新

语态构建了纪录片最基本的形态。结合"潜在读者"的精神文化需求,B站纪录片在语态上呈现出明显的青春化、俏皮感,极大地契合网络的传播环境,其中最具代表性的莫过于被网友誉为百万文案的《人生一串》。

"今晚,你又来了,关于烧烤,咱们还能聊点什么? 这一年我们又天南海北地走街串巷逛了一圈,有的是奇葩烤法说不尽,刁钻口味道不明。想要再次开启黑夜之门走进美味的故事,还是要先听懂那句霓虹深处的暗号,您几位啊?"这是《人生一串》第二季的开场,简洁幽默,寥寥数笔勾勒出烧烤摊的场景,同时以第二人称袒露肺腑之言,这种打破次元壁的互动,无形中拉近了与观众的距离。人们过去印象中的优秀解说词,往往如"舌尖体",华丽的辞藻充满仪式感和文化价值评述,而《人生一串》则以实实在在的江湖气息,突破了约定俗成的审美期待。讲述黑暗料理蚕蛹时,他说"东北人幽默,但是对蚕蛹来说,一生都要被他们烤,一点也不幽默"。形容鸡架时,他说"烤鸡架是重工业金属精神的长子,而炼钢用的焦炭则是熏烤入味的关键"。融合了互联网的热点,又有地域文化的调侃,让人不由莞尔一笑。而每集结尾,亦不乏硬核鸡汤:"没了烟火气,人生就是一段孤独的旅程。"这种治愈系的温情传递人间朴素的情感,观众会自然而然地陷入思考,引发共鸣,从纪录片中寻找人生的意义和价值,满足意蕴期待。

另一部以文案出圈的是讲述景德镇瓷器的文化纪录片《我是你的瓷儿》。该片采取第一人称拟人化自述,赋予瓷器生命和情感:"一千年,我被杀死、被埋葬、被遗忘……矛盾如我,最脆弱、最坚硬;纠结如我,最漫长、最短暂。我是瓷,生于泥土,绽放在瞬间,绽放在你的心田。"解说词突破了印象中"上帝之声"的全知视角,让观众有身临其境的体验感。文化类纪录片往往具有传播知识的属性,较之过去严谨、专业、准确的解说词,《我是你的瓷儿》更像一首浪漫的诗篇,没有晦涩难懂的学术词汇,字句优美、押韵,情感磅礴,金句频出。值得一提的是该片在制作之初并非如此,当时制片人认为它在影像上缺乏创意,故而提出在语态上下功夫,重新撰写解说词,这才抓住年轻人的审美,让传统文化有了"国潮"的时尚感。

3. 风格化创新

风格是艺术作品的因于内而符于外的风貌,能透露创作者固定的理念、认知思考或是审美。姚斯指出"新颖性"是一个重要的评价标准,它构成了"期待视野"的基本内涵。网生纪录片大浪淘沙,想要吸引潜在读者,不能止步于对受众"期待视野"的迎合和满足,而要动用一切创新元素,树立自己鲜明的风格特征。

2019年B站的人文类纪录片《但是还有书籍》获得了极高口碑,斩获第30

届中国电视金鹰奖最佳纪录片。该片聚焦的是晦涩的古籍、二手书、严肃文学，从选题上看略显冷门。主创团队想到了邀请人气演员胡歌参与纪录片配音，他们认为，用富有个人色彩的声音，增添内容产品的"人格化"属性，是当下纪录片创作领域的一大趋势。胡歌的配音一改陈旧厚重的"播音腔"，他的语气时缓时急、轻松平和，仿佛是一位老友在娓娓道来。明星配音成了《但是还有书籍》的独特风格，整合跨界资源，流量加持实现了纪录片的破圈。此外，在表现手法上也百无禁忌，创造性采用漫画演绎的形式来还原过去场景，B 站核心用户多为二次元爱好者，这种动漫设计备受青睐，能够引导和培养年轻人对中国文学、文化的热爱。

说到风格化，不得不提 2018 年出品的爆款纪录片《历史那些事》，B 站自评"传统纪录片配合创意中插"。这些创意中插以一个个短小精悍的剧场形式呈现，打破历史纪录片长篇大论的惯性思维，增加了节目的趣味性和可看性。其中大量运用"戏仿"这一艺术手法，戏仿是指在自己的作品中对其他作品进行借用，以达到调侃、嘲讽、游戏甚至致敬的目的。姚斯认为戏仿能唤醒与颠覆原有的"期待视野"，带来一种出乎意料的喜剧效应。比如第一集《苏东坡，一个吃货》中两个中插分别模仿致敬日剧《孤独美食家》和热门短视频《日食记》的拍法，让严肃的历史题材有了诙谐、幽默的效果，不由让人会心一笑。此外，团队根据 B 站用户喜好在文案中设计了大量网络流行语，比如第二集描述溥仪时说"作为 00 后的溥仪，不想在家当死宅"，随后又引用现象级番剧《进击的巨人》主题曲歌词，这些都是只有 B 站用户才深谙的欢乐；团队甚至用苏东坡的诗文写了一首脍炙人口的 Rap，唱尽他的一生，彻底颠覆了传统纪录片配乐大气磅礴的风格。

无论是拍摄手法、语态还是风格化设计，以 B 站为代表的网生纪录片都以迎合年轻人主流审美为目标，这有利于纪录片推陈出新，也为未来的创作与发展拓宽了边界。

三、"召唤结构"下的叙事策略

伊瑟尔指出，"作品的未定性和意义空白促使读者去寻找作品的意义，从而赋予他参与作品意义构成的权利"，这种"意义空白与未定性"构成的就是"召唤结构"，可以召唤观众将作品中的空白、空缺和习惯否定与自身经验联系起来，激发想象，进行填补，从而让他们发挥主动性，更深入地参与到作品的再创作中，收获审美体验和享受。

作为弹幕文化的大本营，B 站讲究让用户获得参与感和陪伴感，每个受众都可以发送弹幕即时发声、参与互动，进而对原作二次创作，弹幕形成了一个独特的"意见市场"。在创作纪录片时,导演采用何种叙事策略来呈现故事,都会充分顾及这个"意见市场"的风向,为受众留下丰富、待补充的空间,召唤他们结合个人经历或趣味对其进行填补,当受众以想象的方式参与作品的再创造时,也使作品获得更丰富的意义。

1. "空白"中的回味

"空白"指的是制作者有意识地在作品中留下一些未被填补的空间。这些空间可能是人物身世的未知部分、故事情节的不连贯、场景的模糊等等。伊瑟尔认为"文学作品有两极,我们可以称之为艺术极和审美极。艺术极是作品的本文,审美极是由读者完成的对本文的实现。"在 B 站出品的纪录片中经常会恰到好处地出现大段音乐、写意镜头,有意让观众自行揣测、思考,产生出大量的联想和想象,进而增强观众的主动参与感。

音乐作为抽象性的艺术表达符号,能传递创作者丰富的情感,成为暗示主题的窗口。2023 年,《人生一串》原班人马拍摄了聚焦淘宝小商品卖家的纪录片《这货哪来的》。第一集《美学大卖场》中讲到曲阳老三用心做他的不锈钢鹿时,用了一段周云蓬的歌曲,没有任何旁白解说,也没有一句同期声,音乐配合升格摄影下的一组空镜,却是此时无声胜有声,营造出诉说匠人精神的独特意境。这种处理构成了情绪留白,使观众通过音乐对故事产生联想,看到普通人身上人性的光辉,进一步激发共情。在"空白"的感召下,网友们大量发送弹幕交流:"看到人民的力量""泪点""真正的艺术"等。

同年上映的历史纪录片《惟有香如故》采用"情景再现"手法拍摄,由演员扮演或搬演的方式,把无法捕捉到的历史场景还原出来。这一手段在历史文化题材纪录片中并不鲜见,但《惟有香如故》与传统再现不同,不追求对完整剧情惟妙惟肖的演绎,它更像是舞台戏剧,只展现几场关键性的独幕片段,留给受众无尽的想象空间。比如第一集《雨霖铃》中,表现贺怀智对杨贵妃的爱慕与怀念时,没有拍摄细节故事,而是用一个漫长的写意镜头,越过他的头顶抵达身后的古琴,再慢慢移回他失落的脸庞,产生了一种言有尽而意无穷的韵味,没有"情景再现"的留白让受众自己去推测。而后导演穿越其中,担当讲述人的角色,侃侃而谈他对于片中人和事的见地,与观众跨屏交心,这种引导式召唤,会激发人们对历史的好奇与深入思考,带动弹幕的互动讨论。

2. "习惯否定"叙事上的跌宕

"习惯否定"是指通过打破常规、颠覆传统的方式来引导观众思考。接受美学流派认为,受众在观看纪录片之初总会被先有的规范制度所束缚,而在观看过程中既有认知被打破，即"否定"，这种"否定"会激发他们的观看欲望。B站的创作者善用非线性叙事、断层式叙述、多重时间线、碎片化结构等手法，将故事的不同部分交织、穿插、闪回。这种反常的手法能引起观众的注意和兴趣，从而增强对作品的探索欲望。

《惟有香如故》采用的就是"断层式叙述"，通过打乱时间和空间等元素，刻意隐藏一部分内容，创造悬念和意外感。第一集《雨霖铃》开篇便是高力士到马嵬驿为杨贵妃挖坟迁墓，但诡异的是，坟里几乎什么都没了，只有杨贵妃佩戴的香囊。这"香"从何而来？贵妃之死的真相何在？一连串的疑问设下悬念。这时导演亲自出镜，以香为引开始推理，甚至做化学实验分析，层层剥茧。第二幕中乐师贺怀智献香，勾起李隆基对贵妃的思念，又留下新的悬念：贺怀智为何会有同款香？时间线闪回到贵妃生前，讲述贺怀智对她的仰慕，导演穿越至片中与角色对话得出结论，贺怀智献香目的在于查清贵妃死因。话锋一转，借助高力士的回忆揭示了贵妃死亡之谜。结尾重返贺怀智献香场景，原来马嵬驿之后，他一路寻香，在文莱才找到这款奇香的产地。正是这样不断的"否定"，让观众沉浸在导演的叙事中流连忘返。

由SMG纪录片中心和B站联合出品的纪录片《人生第一次》采用的是"多重时间线"，将出生、求学、上班、告别等12个人生断面作为分集方式，以生命线为时间轴，每个人生断面拥有不同的主角，在各自的时间线上展开叙事，普通人个体境遇是时代的注脚，见微知著，汇聚成万千中国人的"人生图鉴"。而这12个人生断面，纵向连接起来又恰恰是一个人生老病死的完整一生，由此召唤观众的自我代入感。

《历史那些事》采用的是"碎片化结构"，将故事情节和主题分解成多个碎片或片段，不求结构的完整性和连贯性，更注重故事元素之间的关联性和互动性。第二季第一集《从头开始》，完全不按历史时间线性叙事，而是围绕现代人关心的"脱发"话题展开，发散性思维，打破时空局限，选取古今中外遭遇过头发问题困扰的历史名人趣事，聚集一处互相比较。看似散乱无章，实则"形散神不散"，始终保持话题的趣味性，造成受众对历史文化纪录片的习惯否定。这种碎片化结构，把更多解读机会留给受众，召唤弹幕，完成纪录片与观众间的良性互动，从而通过多元维度掌握历史文化。

结　语

在万物互联的媒体融合时代，纪录片正面临全新的挑战。过去数年，B站凭借对网络自制纪录片的大力支持，打造出一批视听语言贴合融媒体时代传播特点、适合年轻受众群审美需求的作品。这种立足于"接受美学"理论的创新之举，为中国纪录片发展提供了思路。在未来创作中，尝试以受众为中心，巧妙构思，召唤观众嵌入，激发他们的想象与再创造，不断拓宽观众的期待阈值，形成观众与创作者的互动、碰撞。当然，B站自身仍处于摸索阶段，还需丰富主题类型，技术与艺术双驱动，加强对年轻受众的引导，真正做到用年轻语言讲好中国故事，助力纪录片走向大众化、国际化。

参考文献：

［1］张星若：纪录片的新市场在哪儿？B站给出了一份答案［J］，中国广播影视，2023，（10）：53－55.

［2］张同铸：论接受美学与后结构主义"读者观"的异同［J］，湖南科技大学学报：社会科学版，2015（06）：142－145.

［3］姚斯：接受美学与接受理论［M］，辽宁人民出版社，1987.

［4］姚斯：审美经验与文学解释学［M］，麦纳苏泰大学出版社，1982.

［5］姚文放：重审接受美学：生产性批评范式的凝练［J］，社会科学战线，2020（05）：156－167.

作者简介：

许盈盈，上海广播电视台纪录片中心导演。

当一部纪录片不用解说

——浅谈纪实观察类纪录片的故事化叙事技巧

韩　蕾

提　要: 为什么现在有越来越多的纪录片通片不用解说? 不同的叙事风格,不仅代表着创作者对纪录片本质的理解、对表现方式主观性与客观性的选择,同时在如何"讲故事"等创作理念和表现手法上也存在着诸多差异。不加解说的纪实影像,可以更大限度地保留现实题材的客观性和多义性,给观众更多的独立思考空间;然而客观记录有时很难表现人物的内心活动和故事背后的深层内涵,如何单凭纪实影像出色地完成无解说纪录片的故事化叙事? 本文尝试从叙事方式和叙事风格的角度,对纪实观察类纪录片的故事化叙事技巧做一些粗浅的分析。

关键词: 纪录片　纪实观察类　无解说　故事化叙事　纪录电影

引　言

早年,中国纪录片没有解说是不可想象的,解说词是可以脱离纪录片影像单独阅读甚至辑录出书的;前期拍摄可以先写好解说词再去拍画面,后期剪辑可以先录好解说再去"贴"画面,画面是解说词的图解,是为解说服务的。而今,通片不加解说的纪录片渐趋增多,有些纪录片在宣推时会特别强调其特色之一为"无解说";还有一部分纪录片,即使有解说也不会占很大篇幅,如果脱离画面单独去阅读,会发现多是些逻辑不完整的"只言片语",很难再单凭解说词了解全片概貌。

除诗意纪录片及其他实验性纪录片以外,能够运用纪实影像和现场同期声构成的"镜头语言"、完全不依赖解说来"讲故事"的类型,非长期纪实跟拍的"纪实观察类纪录片"(不限于"纯观察式纪录片")莫属。对纪录片来说,不同的叙事方式,不仅代表着创作者对纪录片本质的理解、对表现方式主观性与客观性的选择,同时在如何"讲故事"等创作理念和表现手法上也存在着诸多差异。

一、纪实观察类纪录片的客观叙事方式

为什么现在有越来越多的纪录片不用解说?这首先是纪录片国际化带来的一种趋势,20 世纪 90 年代起,一批在国际电影节获奖及入选的中国纪录片,大多没有解说。参评国际电影节的纪录片基本是"纪录电影",而电影几乎都是没有解说的。

其二,不加解说,是对"画面为解说服务"的主观宣导和说教模式的反叛,让画面独立于解说而存在,同时强调现场同期声的重要地位(早期的专题片多用解说和音乐取代现场同期声)。

其三,不加解说,可以让纪录片呈现出"客观叙事"的表现风格,同时赋予故事题材多义性,给观众更大的独立思考空间。

(一)叙事方式不同,决定了"讲故事"的风格不同

纪录片包罗了非虚构的各种体裁、风格和形态,本文从主体叙事方式的角度将其分为三类:

1. 主观叙事方式

通常指以传播信息或探讨问题为主的"专题片",其注重信息、事实和说理,明确表达创作者的立场、观点和结论,强调纪录片的社会功能;题材多为时事、科技、自然、历史、文化、风物等;在表现手法上,解说与采访占相当大的比重,以对事实进行大量"结论性"的综述、评论甚至抒情,具有很强的主观性。

2. 客观叙事方式

通常指通过客观记录的纪实手法、故事化呈现真实过程的"纪实观察类纪录片"。其注重事件过程、个体命运和内心情感的艺术呈现及感染力,强调创作者对社会生活的深入观察、独立思考和个性表达;在表现手法上,多采用观察式的长期纪实跟拍,很少甚至不用解说,而解说词也多采用"白描"的方式,不掺杂创

作者的主观情绪,不发表主观的分析和评论,其叙事方式是偏客观性的。

本文所述"纪实观察类纪录片",并不限于"纯观察式"的"直接电影",所以用"纪实观察类纪录片"加以区别。

3. 主客观结合的叙事方式

即"夹叙夹议"(包含新闻调查类纪录片),客观纪实段落与主观概述交替呈现。这种叙事方式虽然也有人物故事、有客观表现手法,但客观叙事部分往往是为主观结论提供佐证,所以仍然被看作总体叙事风格是偏主观性的。

采用客观叙事的方式,并不代表该纪录片就是客观的。虽然创作者尽可能地避免使用主观表现手法,但实际上是用客观手段表达创作者的主观看法和情感,只不过在叙事方式上把主观性隐藏了,这一点已是纪录片界的共识。

无论采用主观叙事还是客观叙事的方式,纪录片都是兼具新闻性与艺术性的,而艺术表达是千变万化的,一部纪录片采用哪种叙事方式,是由多种因素决定的。比如历史题材纪录片,不仅要清晰地呈现史实与发现,还要表达创作者的史观,主观叙事方式和解说都是不可或缺的。同样,解说对于不同种类的纪录片作用不同,我们在探讨"纪实观察类纪录片"无解说的叙事方法时,并不是要完全排斥纪录片的解说。

(二)无解说的纪实观察类纪录片:保留现实多义性和独立思考空间

叙事方式的主观与客观,在对纪录片本质的理解、创作理念和表现手法上都存在着很大差异,甚至截然不同,二者的区别正是专题片与纪实观察类纪录片的"分水岭"。实际上,我们在纪录片创作中遇到的很多困惑,往往是将这两种不同的叙事方式混为一谈造成的。

纪实观察类纪录片是基于"真实电影"和"直接电影"的结合,采用长期跟拍的客观纪实方式,记录一段事实或心态的变化过程,并以"故事化叙事"进行呈现,来反映某种社会现实以及创作者对这种社会现实的观察与思考。

纪实观察类纪录片在拍摄中依然要坚持以冷静的"旁观者"和"平视"的"个人视角"去关注"个体命运",在长期的观察和纪实拍摄中,尽量不人为干预事件发展的自然过程,不引导拍摄对象——坚守"纪实精神";但同时与纯观察式的"直接电影"又不完全相同:在不违反纪录片真实性原则的前提下,不执拗于"绝对不干预",不忌讳画面的视觉冲击力和表现力,谨慎克制地使用音乐,也不避讳拍摄者的存在——比如以"反射式"的方式(有时甚至会直接入镜),在不干扰和打断正在进行的事件过程的情况下（通常是在事件结束或纪实拍摄完成之后），适当进行采访、追问，以更深入地挖掘人物的内心变化和故事背后的深层含义（当然不能采用"引导式""逼供式"的提问）。事实上，对人物内心世界的探寻、对故事背后社会内涵的挖掘，与"人为干预"并不应同日而语。

同时，纪实观察类纪录片所追求的一个重要理念：就是要让观众通过客观呈现的纪实影像和个体故事，进行独立的审视、判断和思考，从而得出自己的结论，而不是由片中"上帝的声音"（解说），把大量罗列的数据、抽象的概括和主观的结论直接"加"给观众。"直接电影"大师怀斯曼在一次访谈中曾说："纪录片不应把事件简单化，如果加了旁白，就好像在向观众作解释。但是，你拍摄的事情或者人物是非常复杂的，不可能只用一个解释便展示其整体。"来自现实生活的纪实影像本身是具有多义性的，不同观众的不同感受和解读往往超越创作者的想象，这也是此类纪录片不用解说的一大原因——给观众更大的独立思考空间。有一句话："1 000 个读者有 1 000 个哈姆雷特。"当你用解说词对哈姆雷特进行概括介绍时，就只有一个哈姆雷特；而当你把解说拿掉，只讲哈姆雷特的故事，那么 1 000 个观众就会有 1 000 个哈姆雷特。

二、纪录片"故事化叙事"的原则和底线

纪实观察类纪录片的"故事化叙事"是有边界的——必须在不违反纪录片真实性原则的前提之下，同时遵循纪录片的人文理念。

（一）纪实观察类纪录片的"故事化叙事"与电影叙事的关系

纪录片伴随电影而生，并被公认是一种艺术电影。从标志电影诞生的第一部影片——卢米埃尔的《工厂大门》（1895），到"纪录片之父"弗拉哈迪的《北方的纳努克》（1922）、格里尔逊的《漂网渔船》（1929）、罗伯特·德鲁的直接电影《党内初选》（1960），再到让·鲁什的真实电影《夏日纪事》（1961）……他们始终是在"电影"的领域拍摄纪录片，他们采用的叙事方式都带有电影叙事的基因——即要有"主要人物"和"故事线"的艺术呈现。"直接电影"和"真实电影"都是纪录片类型，却依然被称为"电影"；参评国际电影节的纪实观察类纪录片也被称为"纪录电影"——这种采用故事化叙事的纪录片与电影有着天然的、无法剥离的内在联系。

这种内在联系，并不是指外化的情景再现（包括纪录剧情片），或者预设、引导和摆拍等方式，以及人为制造戏剧性，而是关于人物和故事的某些叙事技巧与

电影不谋而合——当然是要基于纪实拍摄的原始素材和现实生活的本质真实，同时体现纪录片的社会内涵与人文理念。

不言而喻，纪实观察类纪录片的"故事化叙事"与电影叙事有很大差别。首先，在前期策划（包括田野调查）阶段，同样是"故事化叙述"的纪实观察类纪录片，是不能像剧情片那样事先写好"剧本"再去实拍的，而是要去发现和挖掘真实存在的人和故事以及故事背后的社会内涵，是对人物（可能有多个）的背景、生活现状、人物关系、内心状态、未来计划及其阻碍等等的深入了解，同时对该片的主题和社会价值进行"方向性"的分析与预判，是在未来的实际拍摄中将被不断验证和修正的"大纲"（一些专题片及"纪实真人秀"是可以事先写好"剧本"再去拍的，因为是"结论先行"，可以预设内容，客观叙事是为主观阐述提供佐证）。

其次，在前期拍摄阶段，除"情景再现"等一些特殊拍摄之外，不能像剧情片那样以预设摆拍为主，而是要以冷静的态度、平视的视角进行客观纪实拍摄。

（二）纪实观察类纪录片并不追求"高度故事化"，同时反对"过度戏剧化"

纪录片姓"纪"不姓"剧"，真实、客观、冷静、人文是其与生俱来的本性与品格。纪实观察类纪录片对很多艺术表现手段的运用，如音乐、特效等，都是非常克制的；讲故事要有悬念，但不能人为"制造"悬念；要避免直白的抒情——要拍出人情味，但不是煽情。

纪录片非常忌讳人为地去制造戏剧化效果。有一部纪录片，在表现主要人物去找离家出走的妻子时，用晃动的路灯、树影，配上警车的警笛声……像一部悬疑片，最后却什么事都没有——这种故弄玄虚的所谓"戏剧化"，是纪录片非常忌讳的。

并不是说，只要是真实的，就可以毫无顾忌地去表现各种矛盾冲突，从而达到戏剧化效果。有一部纪录片，用很多篇幅去展示家族内部的各种矛盾冲突，甚至是隐私，确实是"高度故事化"了，但这并不是纪录片所追求的。这种过度戏剧化不仅喧宾夺主地冲淡了该片真正的主题，而且犯了纪录片的大忌：主人公心中多年的积怨没有对家人说过，却对你说了，是信任你，你把这些"悄悄话"播出去，他的家庭矛盾就更深了，甚至会导致家庭破裂。纪录片是遵循人文理念的，要保护被拍摄者的隐私。

纪录片的故事化叙事，不是为了博眼球、提高收视率或点击率，而是为了让纪实影像的表达更清晰、更生动、更深刻、更真实。

三、纪实观察类纪录片的故事化叙事技巧

不依赖解说的介绍（背景关系）、讲述（来龙去脉）、揭示（内心情感）、概括（主题意义）、补充（未拍到或无法表现的内容）、过渡（时间和空间）和衔接（结构）等多重作用，单凭纪实影像和同期声把复杂的脉络和关系、深层的心理和内涵表达清楚，确实是一项高难度的挑战；而衡量一位纪录片导演（及剪辑师）的影像叙事功力，完成"无解说的故事叙事"也是一道不应忽略的"大题"。

（一）"无解说叙事"的"门槛"

并不是所有纪录片类型和拍摄方式都可以采用"无解说叙事"的，需要具备一定的条件：

1. 要有相当长时间的跟踪纪实拍摄和足够庞大的素材积累

通常情况下，只有纪实风格的现实题材纪录片才有可能不用解说，其故事化叙事需要相对完整的过程和关系以及各种细节的交代和刻画，而所有这些叙事表现元素几乎都要来自原始素材。这就需要前期在一个相当长的时间跨度内分阶段进行多次跟拍，有的纪录片甚至需要多年的跨度。

2. 要有高超的纪实影像故事化叙事技巧

客观记录式的纪实拍摄，有时很难表现人物的心理活动，如何不依赖解说而把故事的前因后果来龙去脉、人物之间的微妙关系、各自心态和复杂情感等等，不动声色地交代清楚？不少多年从事纪实观察类纪录片创作的导演都有同感——其叙事手法与剧情片的一些叙事技巧不谋而合，可以借鉴剧情片的一些表现方法，将"电影思维"融入纪录片的"故事化叙事"之中。英国导演柯文思说："你做纪录片时，想象一下它是一部剧情片，你在以剧情片的形式讲述一个（纪录片的）故事。"他希望纪录片导演们多去电影院看电影。

3. 具备编剧思维的剪辑师

无解说纪录片实际上是"纪录片里的故事片"，它的剪辑既不同于有解说的纪录片（尤其是专题片），也不同于剧情片。它既没有解说词来介绍故事背景、推进情节发展、表现人物内心，也没有剧本来结构故事脉络、建立人物关系、形成矛盾冲突，而是单凭一次性纪实抓拍的影像素材来架构故事线，揭示人物的命运、

性格和内心世界,并要艺术地表达深刻的社会内涵——这是世界上难度最大的剪辑,要兼"编剧"和"剪辑"于一身,有非常好的影像叙事能力和艺术表达的感觉。

(二)要有"主要人物"和相对完整的"故事线"

大部分专题片并不是围绕主要人物与核心事件去讲述一个相对完整的个体故事,而是天南海北五湖四海放在一起进行"综述",上一个镜头是海洋、下一个镜头可能是沙漠,画面的衔接逻辑是基于对解说词的图解,没有一条比较完整的"故事线"。

很多"夹叙夹议"(专题片与纪实观察类纪录片两种风格混搭)的纪录片,虽然也有"个体故事"(常常是几个没有直接关联的小故事),但往往只是一个横截面,没有一个变化的"过程",也缺少相对完整的"故事线"。

而纪实观察类纪录片必须有一个(或几个)主要人物,围绕一个主题或者一个核心事件,跟拍一个变化的过程,展开一条(或多条)相对完整的"故事线",就像一部剧情片电影一样。

在选择主要人物和故事时需要注意:

1. 尽量避免完全陌生或遥不可及

你要找到"有故事的人"——有强烈的愿望、有独特的想法、有特别的经历、有特殊的处境、有个性……以上至少占其中之一;同时很重要的一点是,他有心愿希望达成,或有计划要去实施,或有事情将要发生或正在发生。这需要大量的、深入的田野调查,所以要尽量选择你感兴趣的、熟悉的(至少有机会去深入了解的),你可以设身处地去体会人物内心感受的,而且深有感触、想更深入地去探寻和思考的人和事。

2. 要具有一定的社会典型意义

什么是人物和故事背后的"纪录片内涵"?并不是"猎奇"就能成为纪录片题材。人物的个体故事与他所处的时代息息相关,他的生活变化、内心渴望和人生选择,代表了一群人甚至是一代人的生存状态与命运。要拉出更大的时代背景和社会"景深",挖掘人物和故事背后的社会内涵,纪录片才会有更深远的社会价值。

3. 真正的"主角"

有时候真正的"主角"可能并不是你一开始最感兴趣的那个人,或者是整个事件的把控者。最打动人、最具有社会典型意义才是。

4. 故事线和主要人物不要过多

尤其对于目标是国际发行或国际参评的纪录片,通常情况下以一条主线为最佳,最多不要超过三条,而且尽量不采用"群像"的设定。

(三)戏剧张力——矛盾、冲突和人物关系

纪实观察类纪录片的故事化叙事要有"戏剧张力"——即矛盾、冲突;而"一个巴掌拍不响",戏剧张力、矛盾冲突,都是在"人物关系"中产生的。

"冲突"有三种,它决定了纪录片深度的三个层次:

1. 外部冲突——与外界、与他人的矛盾——该片是一个戏剧化的好故事。

2. 内心冲突——内心情感与选择——该片走进了人物的内心世界,能打动观众,产生共情。

3. 灵魂冲突——触及灵魂深处的人生观、世界观、价值观——该片具有更深刻的社会内涵。

我们的镜头要真正走进人物的内心世界,这是纪录片成功的重要砝码。那些不太成功的纪录片,会给人一种镜头与人物之间总是隔着一层"膜"的感觉,即使被拍摄者并没有拒绝你,你的镜头还是"深入"不进去——说明你还没有真正了解他、表达他。

(四)核心故事与情感

纪实观察类纪录片的故事化叙事与剧情电影相似,除了要有主要人物和相对完整的故事线以外,故事线上要有核心故事,我们可以从以下几点去寻找:

愿望与计划——故事的驱动;

矛盾与冲突——戏剧张力;

情感与选择——引发共情和共鸣;

命运与结果——纪录片能够始终抓住观众的就是这两个字:"命运"。

(五)纪录片故事化叙事中的"电影思维"和"文学思维"

不依赖解说这一外部叙事手段,完全凭借纪实影像撑起一个清晰、生动、深刻的"真实故事",尤其是面对日复一日平淡琐碎的日常生活或不善表现的普通

人，无解说纪录片需要借用两个重要"神器"——电影思维和文学思维。

纪录片故事化叙事中的"电影思维"，并不是指"摆拍"或"重演"，或用预设、表演等方式人为制造某些桥段或效果（主观世界的意向表达除外），而是将"电影思维"融入纪录片的真实叙事之中。除了上述的主要人物与故事线、核心故事与矛盾冲突等"电影思维"之外，从开篇、人物出场、个性塑造、背景交代、气氛营造、悬念伏笔、脉络架构、节奏张弛、内心表达、意象呈现……到结尾的呼应升华，都可以用"电影思维"去进行艺术化处理，只不过这种创作是基于所拍到的原始素材及对素材在"纪录片真实性原则"下的艺术发挥——拓展有限素材的无限表达空间（纪录片剪辑的最高境界）。

比如开头，不要从大段大段的背景介绍开始（从前有座山，山里有个庙……），要在几秒之内就能抓住观众，直接把观众"带入"到事态进展之中，即"故事化开头"——用某段故事中最精彩或最激烈的"高潮戏"，或用具有"悬念"的细节来开头，然后再娓娓道来故事的来龙去脉。如果在开篇用大段的背景介绍（有时几分钟都不见主人公出场），不仅会消耗掉观众最初的好奇和期待，而且一马平川一目了然毫无悬念，观众几乎可以猜到后续会发生什么，吊不起胃口。背景交代可以在故事发展过程中分段层层"剥笋"，既可以一层层揭示主人公所作所为的动机，又可以让观众一步步走进主人公的内心。

再比如人物出场，首先要让观众看清人物的脸庞，同时对此人的"特点"印象深刻——如选取最能体现人物个性或观点的对话或表述以及故事片段。在人物身份和人际关系的交代方面，剧情片（除一些历史题材）很少用"人名条字幕"，观众是如何知道他的姓名、身份、性格以及与他人的关系的呢？——这种不动声色的"交代"技巧值得纪录片的故事化叙事悉心借鉴。

如果无解说纪录片采用了双线（或以上）的叙事结构，那么自然会运用电影的"平行蒙太奇"手法。

纪录片故事化叙事中的"文学思维"，并不是指解说词撰写的妙笔生花，而是将文学的修辞及其他表现手法转化为影像表达。文学创作中的各种叙事手法——顺叙、倒叙、插叙、平叙、补叙……各种修辞手段——比喻、象征、对比、反衬、烘托、反复……各种结构方式——起承转合、欲扬先抑、埋下伏笔、遥相呼应……各种意境的营造——此处无声胜有声、余音绕梁、意犹未尽、只可意会不可言传……还有"小说三要素"——典型人物、典型环境、典型事件，以及故事情节的开端、发展、高潮、结局、人物性格的刻画、内心的映射、细节的捕捉、矛盾冲突的揭示、高潮的铺垫、主题的升华等等文学技巧，都可以运用到影像叙事之中，使日常的琐碎变得扣人心弦、耐人寻味。

比如"象征"和"反复"——某个与人物、故事或主题相关的具体事物，在每个章节的固定位置反复出现,贯穿全片,首尾呼应,来暗示某种心境变化、进程发展或意象表达;这种手法可以把抽象的主题、复杂的情感具象化,表达更深层的寓意,同时在全片结构上起到划分段落和承上启下的作用,并使结尾升华,意蕴深远、余韵不绝。比如反复出现的一盆几乎枯死的花草,在每段故事的开头,主人公都在重复浇水的动作(始终没有放弃),到最后,枯枝上终于绽出了嫩芽,预示着事态、心境或命运终于出现了转机。

无解说的纪实观察类纪录片与其他类型的纪录片,在创作方法上有很大区别,但在创作实践中往往被混淆或偷换,造成不少"困惑"。比如纪录片要讲故事,这个"讲"字怎么讲?——用解说词来"讲"?用大量的采访来"口述现实"?还是用纪实影像和现场同期声来"呈现"?是讲几个没有直接关联的小片段、小插曲,还是讲一个有来龙去脉的变化"过程"?拍纪录片可以事先写好"剧本"吗?等等,如果将不同的叙事风格加以区分,很多问题都会迎刃而解。

结　语

纪实观察类纪录片最重要的特点,是采用客观叙事方式,通过长期纪实跟拍,故事化地呈现真实的过程(人物的命运、事件发展的脉络),而不加解说可以更大限度地保留现实题材的客观性和多义性,让观众通过独立的审视、判断和思考得出自己的结论,这也是国际观众易于接受的叙事方式和通用的"国际语言"。

客观记录并不是对现实生活的照搬和复制,散落在日常生活中的"故事",需要一双慧眼去发现、挖掘和提炼,去进行艺术呈现。平铺直叙、缓慢冗长,不知所云……并不是纪实观察类纪录片的"特征"和"特权",而是缺乏影像叙事功力的表现;在不违反纪录片真实性原则的前提下,适当引入一些电影和文学的思维方式及表现手法,进行巧妙的故事化叙事,可以让观众更深入地理解人物的内心世界,更深刻地思考纪录片的社会内涵,让纪录片更接近"本质真实"。

参考文献:
［1］中国纪录片研究中心公众号 2023 年 3 月 27 日《"观察"之外:中国观察式纪录片的实践转向与创新发展》。
［2］引用自 2023 年 6 月 20 日"新时代·新影像"中外联合创作计划工作坊在线授课内容。

作者简介:
韩蕾,上海广播电视台纪实人文频道"MIDA 纪录片导演计划"制片人、艺术监制、剪辑指导。

浅论财经垂类媒体如何做好科技视频报道

——以第一财经科技视频报道实践为例

陆熠欣

提　要： 科技驱动作用日益凸显的经济发展新趋势，以及媒体融合走向纵深的行业发展新动向，决定了财经垂类媒体应当做好科技视频报道。在实践中，财经垂类媒体应立足于自身专业背景，通过各种新途径新方式，有效地进行科技传播。本文以第一财经科技视频报道的实践为案例，对其进行梳理分析后认为，建立"科技"与"产业"的深度连接、深入挖掘所在区域科技创新特色、探索融媒体呈现手段、拓展受众接收场景等方式，同时避免非理性表达等若干误区，是财经垂类媒体做好科技视频报道的要义所在。

关键词： 科技视频　财经专业媒体

引　言

随着我国进入高质量发展的新阶段，科技对经济社会发展的作用日益凸显，尤其在当前国际局势趋于复杂、国际竞争愈加激烈的情况下，实现科技自主创新，对提升我国国际影响力、进一步满足人民群众对美好生活的追求和中华民族伟大复兴等目标，都会产生根本性的作用。

在此背景下，做好科技报道，及时准确地向公众传递全球尤其是我国科技发展的新动向，介绍科技新知，让科技更好地为中华民族复兴和人类社会发展服务，具有十分重要的意义。2022年，中共中央办公厅、国务院办公厅印发的《关于新时代进一步加强科学技术普及工作的意见》指出，"各类媒体要发挥传播渠道重要作用。广播、电视、报刊、网络等各类媒体要加大科技宣传力度，主流媒体要发挥示范引领作用"，进一步明确了科技报道的重要性。

为了做好科技报道，各类媒体通过各种方式进行了探索。本文拟以第一财经科技视频报道的实践为例，浅析财经垂类媒体如何立足于自身专业背景，通过各种新途径新方式，有效地进行科技传播。

一、新时代背景下，财经垂类媒体做好科技视频报道的必要性

在新时代背景下，财经垂类媒体应当也必须做好科技视频报道，这是由当前财经媒体报道对象以及媒体行业发展的新趋向决定的。从报道对象的发展趋向看，财经媒体聚焦经济发展，以宣传和普及经济知识、传播财经信息和提供财经服务为主要内容生产方向。而今天，经济与科技的联系前所未有地紧密，甚至可以说，经济的持续发展主要依靠科技创新驱动。关注科技的新趋势新动向，从某种意义上说是以一个源头的视角来把握经济的流向，其重要性可见一斑。同时，科技创新的成果会不断发展壮大，形成令人瞩目的产业，而产业更是财经媒体本就应当关注的领域。由此可见，科技驱动的经济发展模式，是财经媒体做好科技报道的必然要求。

而科技报道本身因其专业性强，在过往常常给人"高冷"的印象，通过视频等方式进行可视化传播，是科技报道面目变得相对通俗易懂的有效方式。这种可视化的努力方向，与当前媒体行业发展的新动向恰好不谋而合。近年来，随着移动互联技术的发展、智能终端设备的普及，受众的阅读习惯正在发生显著变化，年轻人越来越倾向于观看画面而非阅读文字。根据互联网研究机构皮尤中心的调查，在线视频的重度用户都很年轻，他们同时也是数字新闻视频最主要的消费者。在 18 至 29 岁人群中，有 90% 观看在线视频。一方面受众更愿意接受视频，而另一方面，视频制作的门槛也在降低。在这样的一个融媒体大发展的时代，使用视频直播、短视频、动漫等方式，进行多终端输出，已成为传统媒体转型的"基本操作"。从这一角度观察，财经媒体有必要在视频"赛道"上，强化发展科技题材内容生产，"充分重视、积极生产视频产品，将视频作为可视化的'重器'来打造"。

二、财经垂类媒体如何立足专业优势，做出科技视频特色

当前财经视频报道的主体相对较为丰富，既包括科技领域的专业媒体，也包括综合类媒体类的科技内容生产部门；近年来，科研机构、科研人员或是具有科

技背景的自媒体从业者也利用各类平台,进行科技视频内容生产。那么,财经垂类媒体如何在这种多主体、多样态、多平台的生态中,走出自己的专业特色呢?近年来,科技视频报道逐渐成为第一财经视频生产的重要内容之一,经过多轮尝试,第一财经在做好这一领域的报道方面探索出了如下几条具有启示意义的路径。

1. 依托专业能力,在"科技"与"产业"间建立深度连接

将"科技"和"产业"紧密结合,是财经媒体的一种特色鲜明的差异化选择。以第一财经与东方财经·浦东频道联合策划制作的《创时代》为例,这档以介绍浦东科创成果为主的季播电视专题节目,首先是在节目的选题上体现科技与产业的连接。节目将报道主题聚焦于浦东科创极具特色、同时又对经济发展具有重大影响甚至会产生引领推动的产业。围绕这些产业,节目展开策划。例如 2019 年,该节目就是围绕"中国芯""蓝天梦""创新药""未来车""智能造""数据港"这六个高科技产业的核心关键词,策划制作了一整季 30 期节目。

其次是在节目嘉宾的选择上体现连接。每期节目邀请进入演播室访谈的嘉宾,都至少有一位权威科技代表和一位企业领军人物,让科技和产业在演播室的对谈中碰撞出火花。本着这样的原则,节目先后邀请了数十位两院院士和科创企业的领军人物参与节目,营造了良好的科技创新讨论氛围。

此外,节目还从外拍探访内容上进行科技与产业的连接,既探访光源中心、超算中心、中科院上海药物研究所等科学装置和科研机构,又探访中国商飞、中芯国际、上海微电子等大批知名科创企业。

在策划中突出呈现科技和产业的深度融合,这样既能让科技视频报道权威生动,同时也集中体现了财经媒体的专业优势。

2. 把握前沿动向,深入挖掘所在区域科技创新特色

党的二十大报告提出:"必须坚持科技是第一生产力"。这深刻体现了我们党对科技推动生产力发展的规律性认识,也成为各地规划推动自身发展的共识。近年来,科技创新已经成为中国一线、新一线和部分二线城市非常重视的内在发展动力。充分把握这一动向,从而挖掘所在区域的科创特色,也是财经垂类媒体做好科技视频报道的一条有效的实践路径。

第一财经是立足于上海的财经媒体,其科技视频报道,总体上就紧密围绕上海这座城市的科创特色展开。仍以第一财经科创专题栏目《创时代》为例,至2022 年末,该节目共完成四季 120 期节目,其中超过 50% 的节目关注或涉及了

集成电路、人工智能、生物医药三大领域,而这正是体现上海科创特色的三大先导产业;另有超过 20% 的节目关注或涉及了上海在基础科学研究和制度规划设计方面的创新。这近 80% 比例的节目,较为完整地勾勒了上海这座城市的科技创新发展特色。

该节目甚至还进一步对区域进行细分。2022 年该节目的第四季,就以浦东不同地区的科创特色为抓手展开主题策划,例如,"临港篇"突出这一地区在新能源、新材料领域的特色;"张江篇"系统梳理生物医药产业的发展脉络;而"陆家嘴篇"侧重介绍金融与科技结合的成果。这些主题都生长于所在区域的独特科创土壤,从而很自然地形成了鲜明的特色。

从上海出发,第一财经科技视频报道将视野不断向外拓展。2021 年—2023 年,策划制作城市科创观察系列视频《科创源动力》,一系列视频报道所展示的城市科技创新,既有共性,又有不同城市根据自身积淀和禀赋而进行的独特实践。例如,长沙立足于本地原有优势传统产业,寻找科技创新的突破方向,南京则利用科教底蕴深厚的优势,把重心放在推动科技成果转化上。对这些城市的科创特色进行挖掘、讨论和梳理总结,进而通过这一视角观察整个中国的经济发展,对财经媒体来说,是一件非常有意义的实践。

3. 创新表达方式,探索实践融媒体呈现手段

近年来,篇幅精简、社交互动属性强、"符合移动端'读屏习惯'的短视频逐渐成为广受欢迎的大众传播形态之一"。第 50 次《中国互联网络发展状况统计报告》显示,截至 2022 年 6 月,我国网络短视频用户达 9.62 亿,较 2021 年 12 月增长 2 805 万,占网民整体的 91.5%。媒介生态的变化,也对财经垂类媒体的科技视频报道提出了新的要求。科技视频报道也必须重视基于移动互联网的、以短视频和网络直播为代表的新型传播方式。

"科技组的姐姐们"就是一款第一财经基于移动端策划的科技主题短视频产品,它以人物化、故事化的风格,将艰深的科技话题,用实证、简明、轻松的方式呈现,通过短视频手段,向公众介绍科技大事和前沿科技应用,其内容主要在抖音、快手、百视 TV 等新媒体平台进行发布。

"科技组的姐姐们"自 2021 年上线,共发布 300 余条短视频,内容涉及航空航天、交通、制造、通信、健康、农业等领域,在这些短视频中,"科技组的姐姐们"既保持了专业财经媒体的客观严谨,也发挥了短视频平台人设鲜明、有趣,表达真实、直接等特点,让账号形成了独有的符号特征,多条视频播放量超过百万。在"科技组的姐姐们"开设的直播间里,还会邀请各细分领域的科研工作者,就热点科技事件与话题进行直播连线,也产生了良好的反响。

4. 结合媒体特色，拓展丰富科技题材视频的受众接收场景

财经媒体的众多报道活动来自一些重要会议、重大活动。这些会议与活动之于财经媒体来说，也有拓展科技视频应用场景的巨大空间。

例如，自2020年开始，在上海举办世界人工智能大会期间，第一财经连续多年打造"世界人工智能大会第一财经全程大放送"的云上直播间，每年的整体规模都相当于打造了一个为期三至四天的直播流频道，成为大会主会场的延伸场景。第一财经组织跨部门团队，用专业策划与执行，邀请近百位来自科技界的专业嘉宾在三至四天中密集地走进演播室，清晰而生动地解读人工智能这个相对高冷的话题，以电视制作标准提升观赏体验，以网络互动方式增强社交属性，由此不断诞生独家内容，在聚集人气、赢得口碑等各方面都取得了良好表现。

此外，财经媒体的科技视频创意制作能力，还可以为重要科技会议、科普公益活动等场景赋能。例如，第一财经科技视频团队近年来先后作为主创，策划制作浦江创新论坛女科学家峰会主题短片《每一个她，都是一棵参天大树》以及《他们的呼唤，在新时代回响》等科技题材公益创意短片，在科技领域的专业观众中树立良好口碑。

在重要会议和活动中的亮相，既是对财经媒体在科技领域资源积累、专业素养和集体攻关等各方面硬核能力的集中检阅，同时也大幅拓展了科技视频报道的品类和受众接收场景。

三、科技视频策划制作应避免的误区

如前文所言，近年来，科技视频报道日益受到重视，报道平台、主体和篇幅都大幅上升。大规模扩张难免带来良莠不齐、泥沙俱下的局面，"即使在相对纯净的科技界，也产生了不少因利益牵扯而言不由衷的事和人。而与商业相关的一些技术、研究，其中的利益因素更加复杂。"作为财经媒体，应在相对复杂的生态中笃实守正，不被带偏。具体来说，有几个主要的误区，应当着力避免。

1. 捕风捉影、脱离实际的非理性表达

个别媒体为了博眼球、赢取流量，在进行科技报道时，或是渲染中外差距，制造焦虑；或是夸大成果，强调某项技术让外国"震惊""后悔"；或是道听途说，捕风捉影，将不同信息的片段强行嫁接，变成一个子虚乌有的谣言。

这些做法实不可取。"以客观、理性的态度来对待报道对象，无论对人还是对事，往大里说是坚持科学精神，往小里说是实事求是，对读者负责，确保记者的

诚信与公正以及媒体的公信力"。财经媒体在进行科技视频策划报道时,要做到真实、客观、准确、全面。一方面要对我国科技充满信心,加油鼓劲;同时,也要对我国科技事业发展现状保持正确认识,既不妄自尊大,也不妄自菲薄。在具体操作中,不应为过度追求生动形象而牺牲真实;不应只宣扬优点、回避短板;更不能夸大差距,耸人听闻。

2. 对涉及科技伦理和学术争论的问题随意发表意见

科技的发展难免带来一些伦理争议,不同的出发点和研究路径也难免带来一些科研领域的学术争议,尤其当背后涉及商业利益时,其表现就更加复杂。对财经媒体来说,在进行科技视频报道时,也需格外注意甄别。对于违反科技伦理的行为,要坚决批驳反对,对中西方存在认知差异的科技伦理问题,要理性引导;对处于起步阶段、未来发展有可能对科技伦理造成挑战的研究,要客观谨慎;而对学术争论和争议性科学研究,也要注重反映不同方面的意见,防止偏激或一边倒,引导公众理性对待。

3. 有意无意泄露核心敏感地点、技术和相关秘密

近年来,国际局势趋于复杂、国际竞争愈加激烈,科技领域也涉入其中,并已经成为一个"隐形战场"。因此,在进行科技视频报道时,要格外注意保密问题。对于可能泄露国家秘密、危害国家安全的信息,报道要格外慎重;对于一些核心敏感技术,在报道时不宜过细地讨论细节,尤其是一些高科技研究、高科技企业的具体项目和具体位置、数据等信息,在报道中不应透露。

4. 使用未经核实确认的外来资料素材

互联网为科技报道收集资料素材等工作提供了便捷,但来源于互联网的资料许多并不准确,甚至是错误的。如果贸然从网上使用未经核实确认的素材,极易造成报道差错,不仅贻笑大方,也会严重影响到科技视频报道的真实性。此外,直接使用互联网上的文字、图片、声音、视频等素材,还存在版权隐患。因此,财经媒体在进行科技视频报道时,不应使用未经核实确认的外来资料素材。

结　语

综上所述,不难看出,科技驱动作用日益凸显的经济发展新趋势,以及媒体融合走向纵深的行业发展新动向,是当下财经垂类媒体做好科技视频报道的必然要求。在今天的中国,财经垂类媒体通过产业和城市这两个抓手建立起科技

和经济的连接,既是其本身的使命和责任,也是获得了一个可谓取之不尽、用之不竭的报道资源宝藏。与此同时,财经媒体还应着力探索融媒体呈现手段、拓展受众接收场景,更有效地进行科技传播。需要注意的是,在传播过程中,也应当避免非理性表达等若干误区。唯其如此,财经垂类媒体才能更加及时准确地向公众传递全球尤其是我国科技发展的新动向,从而更好地让科技助推民族复兴和人类进步的伟大事业。

参考文献:

[1]中国政府网:中共中央办公厅、国务院办公厅印发《关于新时代进一步加强科学技术普及工作的意见》.http://www.gov.cn/zhengce/2022-09/04/content_5708260.htm.

[2]郑蔚雯:《报业下降趋势仍在延续——2015美国新闻媒体现状报告》,《新闻记者》2015(06),第49页。

[3]黄常开:《传播力——南方报业媒体融合实践》,南方日报出版社,2021年1月第1版,第24页。

[4]许隽、程鹏:《短视频语境下科技报道如何提升传播力?——以南方+客户端〈探科技〉栏目探索为例》,《南方传媒研究》2022(06),第82页。

[5]中国互联网络信息中心:第50次《中国互联网络发展状况统计报告》.http://www.cnnic.cn/n4/2022/0914/c88-10226.html.

[6]许琦敏:《坚持新闻视角的客观理性——试析当前科技报道中值得注意的问题》,《新闻记者》,2012(11),第69页。

作者简介:

陆熠欣,上海第一财经传媒有限公司视频部副主任。

浅析电视证券节目的内容共创生态

——以第一财经电视证券节目为例

孙继民

提　要：本文旨在探讨电视证券节目的内容共创生态，并分析其作为该节目核心特点的重要性与独特性。内容共创不仅是电视证券节目的显著特征，更是区别于其他电视节目的关键要素。在融媒体时代，内容共创性得以进一步放大，个人普通投资者、证券从业人员、机构投资者以及监管层等资本市场参与者，既是节目的主要服务对象，也是内容的重要提供者。他们通过节目平台实现市场情绪反馈、政策信息阐释和投资理念传递，使电视证券节目成为资本市场参与者的桥梁和互动社区。本文将从多个维度深入分析内容共创对电视证券节目的影响与价值，展望其未来的发展趋势。

关键词：电视证券节目　内容共创性　内容生产　传播业态　去中心化

引　言

内容共创，被视为契合新媒体传播时代的一种新的传播业态。其特点是打破传统传播时代的单向模式，并通过多元化、去中心化的内容生产方式，借由科学技术的赋能，达到媒体与其他媒体、企业和用户之间互动式的内容生产状态。

电视证券节目作为财经电视媒体中的一个分支，长期以来都具备内容共创性的特点。而且共创性的内容生产方式早在传统媒体仍然处于中心化、单向传播的阶段就已经开始萌芽，并在融媒体时代进一步演变和进化。这一方面是基于财经电视节目本身的专业性要求、资本市场标准化的范式要求，以及监管层面对于财经信息发布的规范化要求，这使得电视证券节目在内容和形式上，起到了平台化的承接和连接作用。另一方面，对中国资本市场这个相对新兴的市场来说，电视证券节目又具备了传递理念、解读政策、反馈市场等其他功能。

第一财经证券类节目是中国电视史上历史最悠久的金融证券节目集群，不仅在中国电视史上开辟了一个独有的电视品类，并且不断创新、生生不息。在电视时代和视频时代都深受投资人群喜爱，第一财经成为极具影响力的投资者教育与服务平台。电视证券节目有别于新闻资讯类节目，以谈话为主要表现形式，提供对中国资本市场的解读，和对 A 股、H 股，乃至海外市场实时变化的分析观点。具体包括，每日 18：00 到 21：00 的"黄金三小时"，即由证券行业专业人士解读每日市场的《今日股市》、立足普通投资者互动交流的《谈股论金》、专注行业基本面研究的《公司与行业》，覆盖全天交易时段并实时对全市场资讯给出评论解读的《市场零距离》，和承上启下既汇总一周金融事件又展望后市发展的《第六交易日》。

电视证券节目作为财经媒体的重要分支，显著特点在于其内容共创性，这也是其与其他电视节目的主要区别。在融媒体时代，该特点被进一步凸显。内容共创体现在多个方面：个人普通投资者、证券从业人员、机构投资者及监管层既是节目的主要服务对象，同时也是内容提供者，他们共同构成了中国资本市场的参与者。通过这些参与者的多元视角和专业背景，电视证券节目得以全面展现市场动态和投资者需求。因此，电视证券节目在资本市场中扮演着桥梁角色，构建了市场情绪反馈、政策信息解读和投资理念传递的互动平台。此文深入探讨此特点，旨在凸显电视证券节目在媒体领域中的独特地位与价值。本文以第一财经电视金融证券类节目为例，阐释财经电视制作的内容共创生态。

一、电视证券节目内容共创参与者分析

在电视证券节目中，内容共创的要素主要有行情本身、嘉宾和观众三类。行情本身作为节目的核心，提供了最新的市场动态和数据，是节目内容的重要组成部分。嘉宾通常是行业内的专业人士，他们通过分享自己的见解和分析，为观众提供深入的市场解读。而观众则通过观看节目，参与互动环节等方式，积极参与到节目的内容共创中来。尽管每档电视证券节目都有自身独特的定位，并深耕不同的垂类，但其表现形式都具备高度的可归纳性，那就是形成了主持、嘉宾和

评论员的铁三角配置。这样的节目形式经过二十年的论证和测试,最终形成了适合频道定位、易于观众接受的呈现模式。通过主持描述和发问、嘉宾回答和阐述、评论员点评和追问的方式,电视证券节目在结构上经历了假设、分析和证实/证伪的三个环节,达成了逻辑的闭环。在这铁三角配置中,除了主持人和话题设计主要由电视制作团队自主完成和承接外,嘉宾和评论员两端的内容输出主要由外部受邀专家来执行。因此从节目制作和呈现的结构上来看,电视证券节目本身具备内容共创的去中心化和多元化特征。

二、海外电视证券节目内容共创分析

(一)海外知名电视证券节目的特点

彭博和 CNBC 作为全球知名的金融新闻机构,其电视证券节目具有以下几个显著特点。

1. 国际化视野:彭博和 CNBC 的节目内容通常涵盖全球范围内的金融市场动态,为观众提供全面的国际金融资讯。

2. 专业性强:这些节目往往邀请国际知名的金融专家、学者和业界领袖作为嘉宾,对金融市场的热点问题进行深入分析和解读。

3. 实时性:节目紧跟市场动态,实时报道和分析金融市场的最新变化,为投资者提供及时的决策参考。

4. 互动性:通过观众参与、在线问答等方式,增强节目的互动性和观众参与度。

对比海外知名的电视证券节目,如彭博和 CNBC,第一财经的电视证券节目在内容共创上有着自己的特点。彭博和 CNBC 的节目更加注重嘉宾的专业分析和观点分享,而第一财经的节目则更加注重行情本身的解读和观众的互动参与。

(二)第一财经电视证券节目的独特性

与彭博、CNBC 等海外电视证券节目相比,第一财经的电视证券节目在以下几个方面展现出了其独特性:

1. 本土化优势:第一财经的电视证券节目更加贴近中国本土市场,能够更深入地解读中国资本市场的动态和变化,为投资者提供更具针对性的建议和指导。

2. 丰富的嘉宾资源：节目邀请的嘉宾不仅包括国内知名的金融专家、学者和业界领袖，还有来自监管机构、上市公司等各方面的代表，为观众提供更加多元的观点和信息。

3. 观众群体明确：第一财经的电视证券节目主要面向中国投资者，其受众群体相对明确，这有助于节目更加精准地定位和服务目标受众。

4. 注重投资者教育：除了提供实时的市场动态和分析外，第一财经的电视证券节目还注重投资者教育，通过专题报道、专家讲座等方式，帮助投资者提高投资技能和风险意识。

5. 政府政策解析与市场动态数据的导航灯塔：第一财经的电视证券节目紧密跟踪国家政策的发布和实施，通过邀请政府相关部门官员、经济学家和业界领袖等权威人士，对政策进行深入解读和讨论。这种解读不仅帮助投资者及时理解政策意图和可能对市场产生的影响，也为政府提供了一个与公众沟通的平台，使政策更加透明、易于理解。这种差异使得第一财经的节目更具实时性和观众参与度。

三、内容共创特点分析

第一财经电视证券节目的内容共创主要有三个特点：即时性、数据和观点。即时性体现在节目能快速反映市场上最新的动态，为观众提供最新的信息。数据则体现在节目中大量的数据分析和解读，帮助观众理解市场趋势。观点则是通过嘉宾的专业分析和观众的互动参与，展现出多元化的市场视角。

在信息传递方面，长达六小时的《市场零距离》覆盖整个 A 股和港股市场交易时段，在盘中对市场异动、新闻事件、政策变化等进行实时报道和点评，并通过阅读市场的反馈进行论证和进一步解读。直播中设有"公司问答"环节，连线热点公司对市场传言进行第一时间的"证实"或是"澄清"。面对突发事件，比如911、海湾战争、东日本大地震等一系列影响国际政治金融领域的大事件时，强大的专家资源和专业直播能力成为第一财经证券节目服务受众，特别是投资人群的利器。

除此以外，第一财经电视证券节目还能给个人普通投资者提供精神价值和情绪价值。尽管从中长期看股市是经济的晴雨表，和经济发展保持同向运行，并在时间上提前于经济数据反映经济的变化。但从短期来看，股市受到预期的影响，是短期、中期和长期预期的集中体现。因此，股市的暴涨暴跌在所难免。第一财经电视证券节目在这些市场异动时刻，起到了"减震器"的作用，可以起到平缓投资者情绪，倡导理性投资的功能。因此在证券谈话类节目中，经常有嘉宾戏谑地自称为"心理按摩师"。

四、内容共创的作用

内容共创在第一财经电视证券节目中起到了重要的作用。首先，它提升了节目的质量和观众参与度。通过嘉宾的专业分析和观众的互动参与，节目的内容更加丰富和深入。其次，它增强了节目的实时性和市场敏感度。行情的即时解读和嘉宾的最新观点，使得节目能够紧跟市场动态，展现出最新的市场趋势。最后，它构建了一个共享的知识平台，促进了行业内外信息的交流和共享。监管层和第一财经电视证券节目的关系有很强的双向性。

市场对于一些政策或是市场举措有时会出现过激反应，有时又会理解不足。第一财经证券节目依托于其广泛的嘉宾储备和自身过硬的专业解读能力，可以对政策信号起到"放大器"或者"平滑器"的作用，目的都是为了更为精准地传递政策意图。另一方面，对监管层来说，第一财经电视证券节目也具有市场情绪反馈和专业建言的功能。在这个层面上，投资者成了证券节目的共创者，承担着反映市场情绪的功能。

中国资本市场在过去的三十年时间内快速发展。第一财经电视证券节目是这些变化的见证者，同时也承担了向受众群体普及金融工具知识、解读市场建设意义和传递中国资本市场法制化、国际化和市场化趋势理念的责任。例如，2019年7月，科创板开市时，第一财经证券节目见证了中国资本市场又一个里程碑事件的重要时刻，并在之前、之后大量推出科创板投教产品，帮助投资者理解这个全新板块所具有的广阔发展前景和成长过程中必然遇到的挑战。包括与上海证券交易所合作，系统介绍板块价值、交易规则，同时提示风险；与中国证券业协会合作，深度剖析科创板覆盖的六大行业，帮助投资人厘清行业发展趋势和投资价值。

而在市场波动巨大的时候，第一财经电视证券节目又能向监管层及时反馈市场情绪，并汇总、整理和传达证券从业人员、机构投资者和个人普通投资者的专业建言。比如，在2015年6月股市急跌之中；在2016年1月数次熔断之后；在2020年2月疫情突然袭来之时；以及上海2022年4月防疫进入关键阶段之际，第一财经证券节目都推出了长时段特别节目，与观众共度时艰，又为市场建言献策。特别是在2015年上证指数5178点之后的快速下杀中，第一财经电视证券节目先后多次由主持人和嘉宾发表了大量对于政策的呼吁，不仅包含了节目团队本身对证券市场的专业理解，也为广大的投资者振臂高呼。许多政策建议在后续都很快得到了监管层的回应,一连出台了多条救市政策。《公司与行业》的嘉宾申毅在当时的一期节目中呼吁监管层守住市场底线,保障市场的流动性,救市要把钱用在刀刃上,并提出了期指贴水的方法。他的方案激起了市场大讨论,得到了专业人士很高的评价,最后也的确得到了政策方面的验证。

所以,第一财经电视证券节目和监管层的双向沟通关系,在内容层面其实也是共创性的一种体现。基于节目所具备的传递理念、解读政策、反馈市场等功能,节目的内容策划和设计兼顾了监管层的信息传递意义,和节目对监管层的市场反馈意义。

五、如何更好地构筑内容共创生态圈?

为了更好地构筑第一财经电视证券节目的内容共创生态圈,可以采取以下策略:首先,我们可以邀请更多具有专业见解和分析能力的嘉宾参与节目,增加节目的专业性和深度。其次,可以增加更多的观众互动环节,如在线问答、观众投票等,提升观众的参与度和节目的互动性。此外,还可以利用新媒体平台,如微博、微信等,进行节目的预告和回顾,扩大节目的影响力和覆盖范围。同时,也可以通过举办线下活动,如讲座、研讨会等,进一步拉近与观众的距离,增强节目的社区感和归属感。最后,应该持续关注市场动态和观众需求的变化,及时调整和创新节目的内容和形式,确保节目始终保持领先地位和吸引力。

第一财经电视证券节目在大小屏融合时代突破场域限制的尝试也催生了全新的内容生产模式和商业模式。2016年,第一财经旗下的互联网投资服务平台"有看投+"App问世。App是基于第一财经证券类电视节目的衍生线下平台,通过电视节目的嘉宾入驻及投顾招募,将节目受众导流至"有看投+"App,形成了全新的C端付费模式。2020年该平台升级为"有看投+"App,实现了市场数据的大规模入驻,在功能性上从证券嘉宾资源的运营平台升级为包含资讯、数据、观点、社交,全方位覆盖市场信息的大型财经新媒体平台。"有看投+"App作为第一财经电视证券节目从大屏转小屏,以小屏反哺大屏模式的试验田,也加速了第一财经电视团队的融合转型。同时,作为一个电视团体和嘉宾共创内容的载体,"有看投+"App在内容生产力上挖掘了电视嘉宾的潜力,同时也迎合了电视内容本身碎片化的趋势。

可以说,机构投资者、证券从业人员和节目制作团队一起构筑起了第一财经电视证券节目专业性的壁垒,同时这些节目也为整个证券行业,乃至整个资本市场提供了学习交流的场域。而随着融媒体时代传播媒介的多样化,这样的生产业态也进一步多元化。

结　语

第一财经电视证券节目通过行情本身、嘉宾和观众的共同参与和内容创造，形成了一个独特的内容共创生态圈。这个生态圈以即时性、数据和观点为特点，提升了节目的质量和观众参与度，增强了节目的实时性和市场敏感度，构建了一个共享的知识平台。为了更好地构筑这个生态圈，我们应该持续优化嘉宾结构，提升观众参与度，利用新媒体平台扩大影响力，举办线下活动增强社区感，以及根据市场变化创新节目内容和形式。财经电视证券节目作为财经媒体中独树一帜的内容制作案例，反映了财经媒体与整个中国资本市场具备共创内容的特性。这一特性具体表现在了财经电视节目连接了资本市场不同的参与者，同时又对不同的主体发挥了截然不同的意义，承担了各不相同的责任。在融媒体时代，这样的特性被进一步放大。随着内容产品化和碎片化的趋势不断推进，财经媒体将形成更为多元化和去中心化的生产模式和表现形式。

作者简介：

孙继民，上海第一财经传媒有限公司电视总监助理。

行业媒体新闻报道的转型发展路径探索

——以上海教育电视台《教视新闻》栏目为例

王东雷

提　要： 作为行业电视媒体的上海教育电视台，开播三十年来，以"立足教育、服务社会"为办台宗旨，其新闻报道以关注"社会中的教育问题、教育中的社会问题"为特色，成为上海乃至全国行业电视媒体中的翘楚。如何在相对有限的新闻资源中把新闻报道做出特色，赢得观众，一直是教育台新闻报道不断探索和实践的命题。多次的新闻改版、栏目更名，其目的就是为了适应新形势下舆论环境、媒介形态的变化。本文以《教视新闻》为案例，研究融媒体时代行业媒体新闻报道的转型发展之路。

关键词： 上海教育电视台　行业媒体《教视新闻》　转型发展路径

引　言

2024 年是上海教育电视台开播三十周年，三十年来，作为一家教育行业的电视媒体，新闻栏目一直是上海教育电视台的品牌和形象，也是联系教育领域各类群体和普通观众的纽带和窗口。《教视新闻》每天关注社会中的教育话题和教育中的社会问题，聚焦国内外重大教科文卫事件，分析和解读新闻的背景和趋势，追求全面的新闻报道、正确的舆论导向、权威的专家分析和独到的媒体见解。

近年来，依托市教卫工作党委、市教委，《教视新闻》不断聚合各类教育资源，秉承"社会大事不缺位、教育热点全接触"的理念，根据《教视新闻》的定位和功能，全方位、多角度、广视角地为观众提供权威资讯、独到评论和贴心服务，并以"接近教育的核心，凸显教育的特色"的个性特点不断提升上海教育电视台作为行业媒体在教育领域的话语权。

开播三十年来，上海教育电视台的新闻栏目经历了多次改版。从刚开始的《教育报道》到 2000 年改版为《教育新闻》，这一阶段是上海教育电视台新闻报道的初创期到成熟期的转变过程。2015 年，《教育新闻》改版为《教视新闻》，新闻栏目固定时长为 20 分钟，这一阶段可称之为上海教育台新闻报道的成熟期到裂变期，是一个脱胎换骨的转型过程。每一次的改版蕴含着一代代教育新闻人的新闻理想和对如何做好行业媒体新闻报道的探索与实践。本文试图从 2015 年开始的新闻改版到当前媒体融合转型过程中的《教视新闻》的形态变化分析中，研究行业媒体新闻报道的转型之路。

一、行业媒体的新闻报道是全方位出击还是对行业局部重点包围?

众所周知，新闻是对新近发生的事实的客观报道。面对上海教育台新闻栏目的第一个疑问就是，作为大众传媒，虽然有行业属性，但是对受众来说，新闻没有预先设定的边界。假设受众在收看新闻时没有看到重要内容时，往往会对新闻栏目的范围和广度产生怀疑。其次，如果我们解决了行业媒体新闻报道的边界问题，那么我们和综合媒体的新闻报道的区分度或者说辨识度又在哪里? 这似乎是个走不出去的怪圈，困扰着教育台的新闻人。

"社会大事不缺位、教育热点全接触"，2015 年的新闻改版，我们提出这样一个理念，试图解决一直困扰我们多年的行业媒体在新闻报道边界上整体与局部的矛盾。我们认为，教育电视台姓"教"，就要彰显教育电视台作为行业媒体的教育特色。同样，新闻节目要办出特色，就要充分利用好各层级各类型的教育资源，紧密联系教卫工作党委和教委的各职能部门，要对教育领域的各项工作做出专业的报道、解读、评论，我们的记者编辑主持人要成为能读懂教育的半个专家，成为能读懂百姓心声的半个专家。我们在重大新闻事件报道中不能缺位，是指关系到国计民生、社会发展、文化传承、科技进步等重要领域的重大事件，要有《教视新闻》的声音在传播。

解决了这个困扰许久的疑问，我们在新闻报道采取重点局部包围的策略上做文章。首先解决《教视新闻》的"三多三少"现象，即一般性的动态报道多，有深度、有影响力的报道少;会议报道多，反映基层、反映百姓关心的教育问题的报道少;浮在面上的报道多，紧贴生活、紧贴实际的报道少。这些弊病，往往也是行业媒体的通病。随着新闻战线"走转改"活动的深入,《教视新闻》记者编辑立足上海,立足"大教育"的理念,全方位报道发生在教科文卫领域的新闻事件,强化深度报道,突出专题报道,着力反映发生在教科文卫以及社会各界深化改革发展事业当中的典型事件和典型人物。同时在新闻栏目中利用央视新闻、新华社视频、区县融媒体中心、高校及区县教育局等资源,加强新闻报道的广度,延伸新闻报道的触角,打造国际、国内及区域教科文卫信息整合平台,同时也整合平面媒体、网络新媒体等的相关热点资讯,以电视大屏为主多平台协同的方式加以传播。

重点局部包围策略还包括加强新闻报道的密度、深度和广度。在常规报道的同时,我们加强有针对性的新闻选题策划和组织,以保持上海教育电视台在教科文卫领域的传统优势,彰显行业媒体特色。2015 年开始《教视新闻》依据国家大力发展职业教育的政策部署,连续几年推出"学生职业体验日"系列报道,教视记者从全市 62 所职业学校、78 个实训中心、340 个职业体验项目中精心挑选出具有代表性的活动,通过丰富、生动的镜头语言,向电视机前的中小学生一一展现,让他们在了解一门职业所要涉及的知识和技能的同时,发现自己的特长和兴趣所在。相比其他媒体对"学生职业体验日"的报道,教育台在这个选题的报道上,采取集中火力,形成规模效应,把选题做深做透,产生了较好的社会反响。习近平总书记在 2018 年召开的全国宣传思想工作会议上强调:要不断增强脚力、眼力、脑力、笔力,努力打造一支政治过硬、本领高强、求实创新、能打胜仗的宣传思想工作队伍。教视记者把综合素质、能力水平、精神风貌的"四力"教育落实到行动上,就是立足教育,深耕教育,用好作品来展现行业媒体新闻报道的理想和追求。2021 年,《教视新闻》推出"新春走基层""劳动'敬'距离"和花博会、进博会、"双减"等多档特别策划,各路记者深入贯彻"走转改"要求,在基层一线中,深入挖掘生动故事、鲜活人物,制作了一批有温度的好作品。同时,继续加强新闻报道的连贯性,持续关注党史学习、疫情发展、双减教育改革等选题,利用专业优势,深度剖析新闻事件背景、意义和影响,制作了如《记者调查:"双减"政策如何执行到位 落实到底》《高校教师当 UP 主 让知识与大众"双向奔赴"》等符合上海教育电视台定位和特点的新闻报道。

二、"大事不缺位",行业媒体在重大新闻事件中找准站位

行业媒体首先是媒体,上海教育电视台是隶属于上海市教育委员会的省级专业电视台,具有较强的行业属性。1994 年开播至今,上海教育台始终秉承"立足教育、服务社会"的办台宗旨,坚持党媒姓党,始终坚持正确的舆论导向,彰显

大众传媒的引导力、公信力、传播力。"社会大事不缺位、教育热点全接触"是教视新闻记者在新闻报道中的指南针和行动力。那么，在重大事件的新闻报道中如何找准自己的站位？作为行业媒体，通过多年的采访报道实践，我们认为，"社会中的教育问题"和"教育中的社会问题"，就是我们站位的基准线，我们站在这个基准线上，才能形成教视记者独特的视角，才能形成行业媒体独有的洞察力，才能在纷繁的新闻资讯中显现出自己的辨识度。

2021 年是中国共产党成立 100 周年，为庆祝建党 100 周年营造浓重热烈的舆论氛围，是全国新闻战线各项工作的主线。7 月 1 日零时到二十四时，上海教育电视台与新华社、中国教育电视台并机直播建党百年"24 小时全媒体大直播《风华正青春》"。24 小时的新闻直播节目，对中央广播电视总台或者其他省级电视台来说，也并非轻而易举，而对教育台这样的行业媒体来说，更是需要精心策划、组织，全员充分调动，保证万无一失。为了充分展现中国共产党初心始发地——上海这座城市莘莘学子在建党百年这个辉煌时刻的精神风貌、理想追求和责任担当，我们选取中共一大会址、上海交通大学、上海大学等多个点位直播连线，教视记者在大直播中，连续播发了《上海大学师生学习大会精神 展现青春担当》《上海交大青年学子立鸿鹄志 用行动诠释责任》《星空无垠 梦想更远》《勇立潮头 同向同行》《红色初心 引领成长》等多次直播连线和现场报道。与此同时，在上海演播室中，我们邀请了上海交通大学马克思主义学院党建学科负责人周凯教授作为评论员，通过访谈评论、主持人点评等形式，强化评论，提升节目的厚度和深度。以"夹叙夹议"的表达方式，充分呈现中国共产党的初心使命和伟大建党精神。

每年的上海"两会"和全国"两会"报道，也是教视记者展现行业媒体记者独特站位的高光时刻，与综合媒体全景式多维度的报道阵式不同，教育卫生科技领域的人大代表和政协委员是我们关注的人群，他们的提案和议案中有关教育、卫生、科技的内容是我们关注的热点。2020 年的全国"两会"，因为受疫情影响，教育台无法派报道团队前往北京采访，但《教视新闻》不能因为没有记者前往现场而失去在重大事件面前发声的机会，我们提前策划，邀请到了一位重量级嘉宾作为"后援"，她就是全国政协委员、致公党上海市委副主委、上海开放大学校长袁雯，由她以一个代表委员的身份和视角，发现全国"两会"中代表委员们热议的与教育相关的民生话题，并第一时间从驻地传送给我们。新闻栏目开设的《袁委员 VLOG》聚焦最热门的话题，呈现最深度的解读。这一次的特别尝试，不仅很好地弥补了两会新闻报道形式上的单一，用委员采访委员的特别视角，给观众带来了与以往完全不同的新闻观感，也凸显了行业媒体在重大新闻事件报道中的独特站位。

三、行业媒体新闻报道的融合转型发展路径探索

党的十八大以来,以习近平同志为核心的党中央高度重视媒体融合发展,习近平总书记曾多次发表重要讲话,做出重要指示。2020年9月,中共中央办公厅、国务院办公厅印发了《关于加快推进媒体深度融合发展的意见》,强调要推动传统媒体和新兴媒体加快融合步伐,尽快建成一批具有强大影响力和竞争力的新型主流媒体,逐步构建网上网下一体、内宣外宣联动的主流舆论格局。2019年1月25日,中共中央政治局就全媒体时代和媒体融合发展举行第十二次集体学习。习近平总书记在讲话中指出:"全媒体不断发展,出现了全程媒体、全息媒体、全员媒体、全效媒体,信息无处不在、无所不及、无人不用,导致舆论生态、媒体格局、传播方式发生深刻变化,新闻舆论工作面临新的挑战。"

在主流媒体纷纷开展媒体融合工作的同时,上海教育电视台也开始探索行业媒体的融合转型之路。在新媒体广泛普及之前,传统媒体利用电视、广播、报纸等载体掌握了绝大多数的受众群体,然而随着新媒体技术的不断更新迭代和智能手机的迅速普及,大众对新媒体的依赖度越来越高,人们的目光更多地投向了新媒体,传统媒体面临着前所未有的挑战。这场变革首当其冲遭遇寒冬的就是电视新闻,一些突发新闻和时事政治,人们第一时间就能从手机或电脑等新兴媒体上获取最新的资讯。传播媒介从大屏转向小屏、电视观众从有线网络转向了移动网络。在主流媒体遭遇寒冬,在中央广播电视总台打造"央视频"和人民日报社的媒体融合"中央厨房"模式下,具有行业媒体属性的上海教育台采取什么策略开展融合转型工作? 行业电视新闻如何打造独特的"爆款"产品? 这是摆在教育媒体人面前亟须破解的难题。特别是近年来,随着移动社交短视频逐渐成为主要的信息接收方式,传统媒体与新媒体积极寻求融合发展的趋势更加明显。为此,各类传统媒体主动适应短视频碎片化和社交化的媒介传播新形态,纷纷在抖音、微信等平台开设媒体账号。

因为行业媒体的融合转型相对于传统主流媒体较为迟缓,上海教育电视台目前还没有在媒体融合转型上大刀阔斧地进行改革,我们采取的是小步快走,边走边看的策略,与主流媒体除了布阵自己的产品线的同时还在各大社交平台开设账号的方式不同,上海教育电视台新闻中心依据自己的受众人群和行业特点,推出了《言传申教》融媒体产品,主要借助于微信的官方视频号"上海教育电视台",利用网络直播和短视频方式,对广大教师学生群体比较关注的新闻事件,不定期地进行发布。在网络直播方面,2023年全年《言传申教》共直播28场次,在

2023 年秋季高考期间连续推出"校友记者云探校"系列直播,激活教育台《高考咨询大直播》传统品牌节目的传播新模式。在一些重大新闻事件如进博会、工博会、上海书展等大型活动上,推出小叶子离园、书城重新开放第一天等温馨时刻的慢直播。成都大运会期间首次派出 10 人报道组报道体育赛事,以"蓉成都大运"为主题,成功推出融媒体报道第 31 届世界大学生大运会;对大学生就业等热点话题,开展多场网络直播,逐步提升新闻报道的影响力和传播力。短视频制作方面,依托新闻中心现有的采编力量,共发布短视频 153 条,单条播放最高 181 万次。通过《言传申教》融媒体产品,教育台微信视频号从 2023 年 3 月的 2.7 万粉增长到 12 月初的 6.7 万粉,粉丝增长近 150%。

通过打造优质的符合行业媒体受众特点的新媒体产品内容,是上海教育台在新闻报道融合转型的有益尝试。行业媒体有其较强的行业属性,其受众也有相对固定的人群,尤其以教师学生群体为主,在新媒体技术和产品快速迭代的数字时代,盲目追求技术和产品更新,对行业媒体来说不是可取之道。通过《言传申教》产品,我们认为在教育卫生这个相对垂直的领域深耕属于自己的土壤,唯内容为王,品质为先。

结　语

媒体融合是时代发展的必然趋势,也是传统媒体面临的一项紧迫课题。2022 年 8 月,中共中央办公厅、国务院办公厅印发了《"十四五"文化发展规划》,将"全媒体传播体系建设"作为专栏目标提出,并清晰详细地给出了中央、省级、市级、县级媒体建设目标。《中国媒体融合发展报告(2022—2023)》指出,"当前主流媒体在融合发展中面临的首要问题和发展路径已经从最初的解决人才、技术、资金的多方短缺,到融合思维的更新、深化,继而让位于创新人才激励制度、继续大力发展自建新媒体平台以及探索新的盈利模式。"上海教育电视台的媒体融合发展从新闻报道起步,采取小步快走,边看边走的模式,探索行业媒体新闻报道融合转型的新路径。

随着人工智能在传媒领域的广泛应用,无疑对媒体融合转型如何向纵深发展提出了新的挑战。2024 年 2 月 Sora 文生视频工具的诞生,对视频生产行业又带来一次新的冲击波。未来,可想而知,随着新技术的不断衍生和迭代,新闻传播的主体和客体都将发生变化,随着人工智能加入新闻报道的队列中,我们原本对新闻报道的认知将重新构造。行业媒体如何运用人工智能开展新闻报道? 行业媒体如何按专业要求训练大模型? 行业媒体如何以专业的态度在受众面前坚守媒体的引导力、公信力和传播力? 这需要我们一一去破解。

参考文献：

［1］《习近平新闻思想讲义》［M］，人民出版社 学习出版社，2018 年 6 月第一版。

［2］任仲文：《增强脚力眼力脑力笔力学习读本》［M］，人民日报出版社 2019 年 3 月版。

［3］闫勇、李瑶：《电视媒体融合发展的探索与实践》［M］，九州出版社 2018 年 6 月版。

［4］张桢、庄严：《主流媒体抖音短视频的情感传播策略研究——以〈人民日报〉抖音号为例》［J］，《教育传媒研究》2023 年第 3 期。

［5］陈丽丹、荣雪燕：《从 ChatGPT 到 Sora——生成式 AI 浪潮下强化新闻专业意识的再思考》［J］，《新闻爱好者》2024 年第 4 期。

［6］主编殷乐，副主编葛素表、林仲轩、漆亚林：《中国媒体融合发展报告（2022－2023）》［M］，社会科学文献出版社 2023 年 12 月版。

作者简介：

王东雷，上海教育电视台总编室主任。

浅析悬疑类型剧的内容趋势和创作策略

冯　婷

提　要：2023 年是悬疑剧大年，以《狂飙》《漫长的季节》《三体》为代表的一批悬疑类剧集在口碑和热度上都获得丰收，堪称最亮眼的题材类型。国产悬疑剧从编剧、导演等幕后团队到演员的幕前表演，都越来越成熟，在类型化道路上逐渐形成新的创作特点和趋势，是当前影视创作的热门类型，在创作策略上值得分析、总结与思考。

关键词：悬疑类型剧　社会派悬疑　观众喜好　内容趋势　创作策略

引　言

悬疑剧，作为一种强类型剧，在古代偶像剧、现代偶像剧等"IP＋大流量"模式之外，成为剧集市场的一个突破口。这些年，产生了不少全民级别的口碑爆款悬疑剧作，像 2020 年爱奇艺《隐秘的角落》爆火，2022 年的《开端》占据腾讯热播总榜 NO.1，2023 年《漫长的季节》获得 8 年以来国产剧豆瓣最高分 9.4。悬疑类型剧已经成为影视创作最热门的题材，那么，到底什么样的悬疑剧受观众追捧？本文将根据市场表现数据和热度内容分析，浅析悬疑类型剧的内容趋势和创作策略。

一、受观众欢迎的悬疑剧作品和类型

（一）社会派悬疑占据市场主流

笔者以豆瓣评分、播出进入月榜次数为主要指标，将 2020 年以来播出的 50 余部悬疑剧进行了排序，在这些"悬疑＋"作品中，涵盖了社会、刑侦、古装、科幻、冒险、奇幻等类型。其中，排在前五位的作品分别为《漫长的季节》《沉默的真相》《隐秘的角落》《三体》《狂飙》。

从数据上看，社会派悬疑已经超过了本格派悬疑，并占据市场主流。即使刑侦扫黑向的悬疑剧《沉默的真相》《狂飙》，也不是传统意义上的刑侦剧，更多具备了社会派悬疑特征（见表一）。

（二）国产社会派悬疑的演变

悬疑推理一般分为本格派推理和社会派推理，这是日本传过来的概念。

本格派悬疑，就是指以解谜为主，不注重写实，而以惊险离奇的情节与耐人寻味的诡计，通过逻辑推理展开情节的剧集类型。严密的逻辑推理，出人意料的案情，令人恍然大悟的破案过程，一直是本格悬疑的所长。本格派满足以解谜为乐趣的观众，通常尽可能地让观众和主角站在一个平面上。本类型推理有两个重要特征：第一，要有谜团；第二，用正确的方法解开谜团，推理、推论的方法必须严密清晰，不允许半点模棱两可之处。

社会派悬疑，解谜退居其次，洞察凶手作案动机产生的时代、社会、家庭诱因才是目的。把探索的情节放到广阔的社会背景中展开。相比本格派的注重解谜，社会派悬疑注重时代背景，更注重的是对于人性的描绘与剖析，以及各种值得思考的社会问题。不着重讲案子，而是把剧情重点放在卷入事件中的某一人群命运的发展。

国产悬疑剧在 21 世纪初主打"社会罪案纪实"，而近几年则整体呈现由"本格派"向"社会派"过渡的趋势。《暗黑者》（2014）、《白夜追凶》（2017）的本格味道都比较浓郁，重在分析作案手法、犯罪心理。而与《白夜追凶》同年的网剧《无证之罪》则是社会派推理的路子，当时播放量 4 亿，获得的关注度也远远不及《白夜追凶》（24 亿播放量），说明社会派推理还没能在受众心中加冕王座，它还在等待。社会派悬疑小说家紫金陈几乎凭借一己之力，扛起了社会派推理的大旗。2020 年由《长夜难明》改编的《沉默的真相》，《坏小孩》改编的《隐秘的角落》，不

表一 国产悬疑剧信息整理

序号	项目名称	分类	豆瓣评分	进入月榜单次数	首播时间	主演	导演	出品方	IP来源	集数	最高收视率
1	漫长的季节	社会悬疑	9.2	2次	2023年4月	范伟、秦昊、陈明昊、李庚希	辛爽	腾讯	改编自于小千的原创小说《凛冬之刀》	12集	/
2	沉默的真相	刑侦悬疑	9	/	2020年9月16日	廖凡、白宇、谭卓、宁理、黄尧、赵阳、田小洁、吕晓霖	陈奕甫	爱奇艺、好记影业	紫金陈的小说《长夜难明》改编	12集	/
3	隐秘的角落	社会悬疑	8.8	/	2020年6月16日	秦昊、荣梓杉、史彭元、王圣迪、张颂文、刘琳、芦芳生、李梦、黄米依、王景春	辛爽	爱奇艺	根据紫金陈推理小说《坏小孩》改编而成	12集	/
4	三体	科幻悬疑	8.7	2次	2023年1月15日	张鲁一、于和伟、陈瑾、王子文、林永健、李小冉	杨磊	企鹅影视、三体宇宙、灵河文化	刘慈欣的同名小说改编	30集	1.3243
5	狂飙	刑侦悬疑	8.5	3次	2023年1月14日	张译、张颂文、李一桐、张志坚	徐纪周	中央电视台、爱奇艺	原创剧本/小说	39集	3.0316
6	异物志	科幻悬疑	8.5	/	2022年4月14日	杨羽、邵庄、田松、唐小然	李洪绸、车志刚、邢冬冬	河北优映映文化传播、上海真独影视	原创剧本	36集	/

续表

序号	项目名称	分类	豆瓣评分	进入月榜单次数	首播时间	主演	导演	出品方	IP来源	集数	最高收视率
7	莲花楼	古装悬疑	8.4	3次	2023年7月23日	成毅、曾舜晞、肖顺尧、陈都灵、王鹤润、陈意涵	郭虎、任海涛	爱奇艺、欢瑞世纪东阳影视传媒	改编自藤萍的长篇系列武侠小说《吉祥纹莲花楼》	40集	1.0068
8	尘封十三载	刑侦悬疑	8.1	1次	2023年4月6日	陈建斌、陈晓、啜妮	刘海波	浙江影视集团、贤君影视、视艺通影视等	改编自娄宵鹏的小说《黯夜之光》	24集	/
9	特工任务	刑侦悬疑	8.1	/	2023年9月20日	韩庚、魏大勋、李一桐、周放、王丽坤、杨佑宁	赵宝刚	爱奇艺、宝艺、完美世界影视、新力量	原创剧本	38集	0.2925
10	风起陇西	古装悬疑	8.1	1次	2022年4月27日	陈坤、白宇、聂远、常远、杨颖、孙怡、尹铸胜、王骁、董子健	路阳	中央电视台、新丽电视、爱奇艺、森林影画、自由酷鲸、华策影视	改编自马伯庸《《古董局中局》、《长安十二时辰》、《风起洛阳》》同名小说	24集	0.622
11	御赐小仵作	古装悬疑	8	/	2021年4月29日	苏晓彤、王子奇、杨廷东、赵尧珂	楼健	企鹅影视、灵河文化	由作者清闲丫头所著《仵作娘子》改编	36集	/
12	开端	科幻悬疑	7.9	/	2022年1月11日	白敬亭、赵今麦、刘奕君、刘涛、黄觉、刘丹	孙墨龙、刘洪源、算	东阳正午阳光	改编自同名网络悬疑类型小说，作者是祈祷君	15集	/

仅开启了爱奇艺"迷雾剧场"的光辉时代，也让社会派推理开始占据上风，甚至让悬疑剧场景从警队、凶案现场移开，更多聚焦在家庭这种生活流的场景上。

（三）社会派悬疑的重要特征

社会派悬疑的悬念点并不放在案件本身，其重要特征是在故事开端时，观众就基本知道了凶手/犯人是谁。

《隐秘的角落》改编自紫金陈的《坏小孩》，开场集即揭示了把岳父岳母推下山的是女婿张东升，从而揭开了观众对无意中发现此次谋杀的三个孩子的命运关注。剧作不纠缠谁是凶手，而是向我们展示了一个跟日常生活具有相反结构的童年世界。本剧引发观众的深思，揭露了许多社会问题：如何为人父为人母，如何为人夫为人妻，何为教育，如何教育子女，是不是只有成绩最重要；单亲家庭如何有好的家庭氛围；怎样能让小孩有一个健康阳光的成长环境。这样的反思和议论也是本剧的社会性意义所在。

《沉默的真相》则改编自紫金陈的另一部小说《长夜难明》。剧作同样跳出了"本格派"推理的枷锁，它不再制造讨巧的推理情节，而是更加注重事件发生过程中社会与人之间的深层关系，并用简短凝练的剧集来呈现独有的"社会性"。观众之所以能对江阳产生强烈的情感认同，是因为大家相信在社会中"江阳"是真实存在的。他们是身处一线的公检法人员，他们维护着社会的公平正义，在刀尖上跳舞，在黑夜里摸索前行。剧作呈现的内容和方式，也正是映射了中国法治社会一步步走来的艰辛。让在正义与邪恶、廉洁与腐败、忠诚与背叛反复横跳的灵魂，最终选择顺从内心的呼唤，相信心中最纯洁最朴实的价值观念，向往世间所有的正义与和平。

《漫长的季节》案件本身并不复杂，甚至剧本设计上敢于让结果牵制，去还原一桩案件的发生，探讨凶手是如何成为凶手的过程。剧作把视角聚焦在了东北下岗大潮前后的小人物上，使用生活化的语言，关注时代转型的阵痛，家庭内部的生老病死、亲子矛盾、爱情婚姻、生计困窘，体现了个人从青少年时代走出，步入社会，从中年到老年的蜕变。那些看似细碎的生活情节蕴含了丰富的表达。剧中对照呼应的一处闲笔意味深长：中年的王响下班回家，看到钢厂退休女工捡垃圾，面对生活艰难的独居老人，他缺乏共情。18 年后，双方再次楼下相遇，王响放慢脚步，充满人情味地问上一句"吃没吃呢"，暖色调的画面衬托出生活的温情。没有情节冲突的简单白描，让观众看到人物、时代的深刻变化。

作为 2023 年开年大戏，首部"爆款"剧《狂飙》则给扫黑题材注入史诗片和年代剧元素,主创借用多时间线交叉叙事,长达 20 年的跨度和对比,展现中国社会在高速发展过程中,每个人的身份、阶层的流动和变迁。同样是旧案重提和时代变迁,《漫长的季节》的暖色调中满是复古烟火气,从 1997、1998 和 2016 年三个时间串起东北小城最具中国特色的时代记忆。通过曾经的劳模、大学生和刑警,如今的出租车司机和"歌厅舞王"的反差,把悬疑融入生活细节之中。

二、热门悬疑剧的观众审美分析

(一)《漫长的季节》观众分析

1. 弹幕高潮点分析

笔者将弹幕按照发布时间排列,自 2023 年 4 月 22 日上映以来,最少弹幕数为 4 月 22 日,只有 139 条,后来开始不断增长,到 4 月 26 日突然暴增至 35 113 条,然后开始下降并稳定在 4 000~6 000 条,到 5 月 10 日再次暴增至 79 335 条弹幕。平均来说,每天都有近 9 000 条弹幕,说明该剧讨论度较高,热度始终居前。

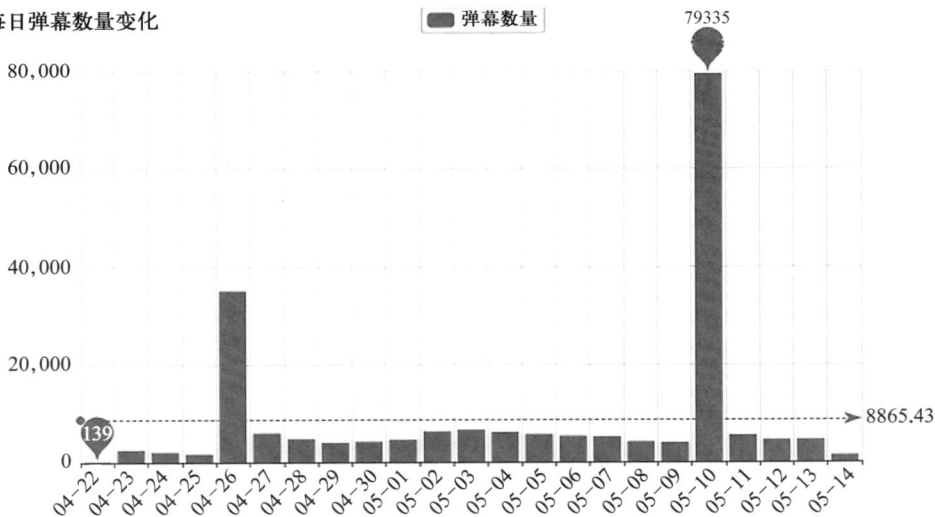

每日弹幕数量变化

4 月 26 日第一个弹幕高峰的情节点,发生在王响、马德胜继续盯梢着邢建春,并打算在厕所里堵着他。在拉扯之中他们也看到了老邢身患尿毒症,就对他产生了怜悯之心,这一剧情引发了网友激烈的讨论。5 月 10 日弹幕最高点的剧情为观众发现重要的剧情点,执行凶杀碎尸的真正人物是沈墨三人组,受害人成了加害者。这一反转引发了弹幕数量和热度的增加。

每日弹幕数量变化

弹幕数量

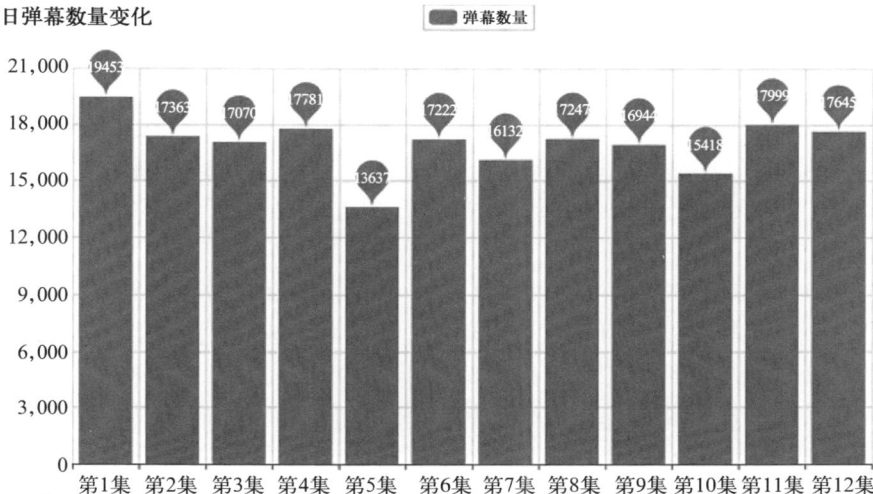

从全剧的弹幕情况来看,第1集开端,"弹幕倒流"使部分观众大呼惊讶,不少弹幕说"是为了看弹幕倒着走来的"。《漫长的季节》剧包含3条时间线,倒流效果暗示了时间线的改变,让观众随着弹幕的转向,完成一种时空穿越。

第4集中,王响放过倒卖套牌的邢建春后回家,看到已死去的妻儿,弹幕突然倒流,暗示主人公进入回忆,同时喻示一种渴望时间倒流回到过去的美好愿望,随着弹幕回到正常,王响面对明月,意识到只能努力面对明天,观众的心也被转向的弹幕一同拉回现实,产生一种强烈的情绪和共鸣。弹幕这种反常规的倒转更与主创者想表达的主题"向前看"形成互文,引人深思。

与倒流特效类似的还有两次出现在剧中的扭曲特效,"灼烧"起来的弹幕呼应剧情,照亮了主人公最后的黑夜,间接完成了一种画面叙事。可以看到,弹幕特效已成为镜头语言之一,对观众心理节奏产生了影响。另一方面,弹幕在另一层空间形成了一种新的"观演关系"。

2. 弹幕内容分析

相比于单纯描绘凶杀案的残酷、抽丝剥茧寻找真相的过程,《漫长的季节》将叙事重点放在"时代背景之下,个人选择对命运造成的蝴蝶效应"。1998 年所发生碎尸案和王阳死亡案真相已不再重要,这个过程中人物的挣扎与自救,成为剧集最大的特征和亮点。梳理弹幕内容可以明显看到,观众与剧情反映的时代背景产生了强烈共鸣和互动,也对剧作情节的精心设计深表赞赏。

比如，桦钢的工厂里，员工们继续闹着事情，他们嚷嚷着让宋玉坤交出下岗名单，马德胜带人过去维持秩序，却还是无济于事；连王响这个火车司机也会担心自己下岗；"过去啊，火车一挂就是四十节，现在也就五六节"；厂长一个个报下岗人员名单，气氛沉重；最后王响爆发，怒打厂长，这些情节都引发了弹幕对下岗风潮的回忆。

比如，王阳偷用母亲的摩丝做头发，被母亲发现；王响想带沈墨去看电影《泰坦尼克号》；BP机的出现；"以前一个鸡架两块五，现在十块了"；电视屏幕上播放的2016年的足球比赛，这些极具时代特征的符号也引发了观众对当时生活的热议。

比如，养鸽子被邻居骂，台词"我这鸽子都是有机的"引起弹幕欢笑；"排气管还温乎呢"被评论为有刑侦意识；追车战引起弹幕增加，被评价为"有美式公路片的感觉"；王响一本正经地在警察面前推理，引发弹幕欢笑；王阳照镜子的镜头转场，展现时代的变化；马队拿包子比喻桦林和桦钢，而王响拿醋碟比喻河流，都引发弹幕赞赏；时空回溯，王阳的遗照出现在镜头；王响和马队吃包子的场景转场，展现岁月变迁，引发弹幕热议；等等。

此外，观众在观看过程中，对剧集质感、演员表演、优秀台词等剧作的品质赞不绝口。

（二）《隐秘的角落》观众分析

1. 弹幕高潮点分析

从评论走势图可以看到，《隐秘的角落》在2020年6月16日首播，评论热度最高，达到峰值，第二集略有下降，但热度依然很高。观众的弹幕主要集中于开头将老人推下山的震撼场景，以及热议三个不符合年龄的孩子的表现。之后不同于其他剧，随着播出时间评论数量趋于平缓，这部剧在播出后也不时带来热度，引发观众的评论潮。讨论的热度主要随着孩子们和成年人主角的故事线逐渐发生转折与变化，这种强烈的转折与反差感不仅让人欲罢不能，还会刺激观众对善与恶、得到与失去、童年与成长等一系列触及人性和灵魂的问题产生思考。

在片头发力之后，"秦昊带你去爬山"延续片头的梗，冲上热搜。6月23日，剧集播出过半，情感落点的议题讨论将《隐秘的角落》热度进一步向上推。"朱朝阳的原生家庭"成为讨论的重点。关于原生家庭的讨论，涉及童年对人生的影响，长期以来就能引起很多人的共鸣，这也启发大家对于《隐秘的角落》的思考上升到更深刻的人性层面。

评论数量时间走势

总结来说，以一个出人意料的爬山画面初步出圈，靠一堆考究的制作细节和话题演员不断夯实口碑和热度，再用怀旧、童年、人性等一系列思考情感牌引起更广泛的共鸣，这是《隐秘的角落》引发话题关注度的特征。

弹幕发送字数分布

在弹幕的字数上可以看到，5～10个字的是最多的，共有11万余条弹幕。其次是10～15个字，0～5个字的弹幕也有不少。可见在追剧发弹幕时，观众还是倾向以一句话，表达自己的想法。在整体弹幕词的统计中，"孩子""严良""普普"被提到的频率很高。可以看到三位小孩子的角色的一举一动牵动着观众的心。

2. 弹幕内容分析

剧作第十二集的结尾特别注明"献给童年",它想为观众剖开的是家庭、人物情感与成长轨迹这些背后的心理根源。每个人的心理问题,几乎都来自童年成长的家庭环境,这正是本剧想要表达的主题核心。

从弹幕热议内容来看,这一主题显然与观众达成了强烈共振。比如,这肯定不是亲爸妈;有什么父母就有什么女儿;哪有简单的好人和坏人;环境和父母太重要了;三小孩在天台大喊"你大爷的";朱永平送儿子回家时,朱朝阳说"爸,你刚才那一拳真帅!";不养孩子干吗要生她们;(评论朱朝阳)天才总是孤独的;我成绩要是这么好,我爸妈不知道该多高兴;三个孩子见面的情节,评论"一切罪恶的开始""噩梦的开端";现在的孩子都这么成熟了吗;这小女孩拿捏得死死的;刘琳演的朱朝阳妈妈演得太好了,很有家长的感觉;忽略了孩子的内心成长;后妈装都不装一下的吗;有了后妈,亲爸就变成了后爸;家长对孩子的尊重太重要了;不完整的家庭,孩子都早熟;为什么我小时候就是个愣头青;离异家庭的孩子心里有阴影;孩子在父亲面前很拘谨;太懂事的孩子没糖吃;等等。

此外,观众对剧集质感,主演和3个小演员的精湛表演,广西白话地域特点,"你说我还有机会吗?""周末一起去爬山吧。""睡前听一首《小白船》吧。"等经典台词,都深表赞赏。

3. 社会派悬疑震撼观众的是对个体和时代的深刻思考

综上所述,社会派悬疑所展现的对个体和时代的深刻思考,是深深吸引观众最核心的要素,这也对悬疑剧题材的进一步挖掘提出了更高要求。

《漫长的季节》中,碎尸案最关键人物沈墨从小被大爷虐待,为逃离大爷,不得不前往鱼目混珠的夜总会弹钢琴谋生。沈墨不甘向命运低头,但命运却狠心折磨:被大爷监视、在大爷的干涉下丢失工作,彻底失去逃离的机会。再者,是对沈墨一见钟情的王阳。青春热血的青年男性,莽撞而又执着。天真以为能凭一己之力将喜欢的人从深渊中救赎,但没想到这一选择,会让自己迎来死亡的结局。王阳是那个时代中"美好"的代名词,但遗憾的是,没能抵过现实社会的残酷。最后,是执着于寻找儿子死亡真相的父亲王响,他代表了那个时代中大多数父子相处模式,都类似于剧中的王响和王阳。漫长18年的寻找真相过程中,是王响对过去的赎罪。故事各个人物的不同选择在阴差阳错之下汇聚在一起,造成惨案和悲剧。抽丝剥茧拆解案件真相的过程,是对复杂人性的拷问,更是对

"时代洪流造就底层小人物悲惨命运"深刻命题的探讨,故事中每个人的悲剧都或多或少和当时的时代有些关系,由此区别于其他同类型悬疑剧,给予观众更深层次的观看体验。

《隐秘的角落》张东升岳父母娇惯女儿,最终也死在对女儿婚姻问题的偏心上面。徐爽当年为爱不顾父母反对嫁给张东升,却又任性变心出轨且用非常没有同理心的方式提出离婚,选择婚姻,却根本不懂婚姻的责任为何物,她为此送命,她的心理问题更多来自父母。朱晶晶野蛮任性,踩脏同父异母哥哥朱朝阳的新鞋,最终坠楼而死。朱晶晶的妈妈王瑶平时自私任性,太过娇惯放纵女儿,才导致女儿做出越界举动引发惨剧。朱永平有儿子,却几乎没尽到做父亲的责任。明知老婆王瑶有问题,却三缄其口一味逃避,尤其在教育女儿的问题上完全没尽到父亲的责任,最终王瑶和朱永平夫妻俩双双殒命。朱朝阳妈妈周艳红并没有从上一段失败的婚姻里吸取教训,面对情人马主任多次公开两人关系的示好无动于衷,却在关键时刻主动用广播通报两人私情,毁了自己的感情,也正是由于她的极端,让那么优秀的儿子朱朝阳不敢跟她讲心里话,最终变得内心压抑,差点彻底黑化铸成大错。本剧塑造角色的主题意义,那就是成年人的自私,和三个青少年的真挚,成年人只考虑自己,而小孩子却会为了朋友义无反顾地去做一切,两者形成最最鲜明的对比。现在社会,最多的是自私和自我,最缺的就是真诚和尊重,背后彰显的就是各种各样的心理问题,这一切的根源,都来自童年。因此第十二集的结尾才特别注明:献给童年。

三、悬疑剧的创作策略思考

悬疑剧在 2023 年取得了重大突破,这一类型如何保持持续的生命力和创新力,紧紧抓住观众的眼球,是影视创作者需要思考的课题,笔者认为可以从以下三方面创作策略继续深入探索。

1. 深层探索追求哲思

悬疑剧的价值,不仅局限于探索悬疑事件过程中的爽点,更在于案件背后对社会的洞察、现实问题的回应与人性的探讨。前述品质使社会派悬疑剧的惊艳市场表现证明了观众对审美要求的不断提高,对向内探索的深层渴望。《漫长的季节》在社会议题的思考耐人寻味,辛爽讲下岗大潮不再讲泼妇骂街闹办公室,而是讲曾经的模范女工为了儿子甘愿出入风月场所;他讲爱情不再是你侬我侬朝朝暮暮,而是聋哑男孩的默默守护;他写黄昏恋不再是追求与挽留,而是出租车上的一别两宽各生欢喜;他写侵犯,不再是房思琪式的隐忍,而是敢于手起刀落反扼住命运的咽喉。王响最后的"往前看,别回头",你可以理解为劝解过去的人要释怀,也可以理解为对现在人的鞭策。任何观众,不论出生年代,不论经历种种,都可以在这部剧中找到共鸣,得到收获,这就是此剧的魅力。

国产悬疑剧的文本内容正在从剖析案件逐渐向寻找正义,扎根于现实生活、洞悉社会矛盾、挖掘人性深度转变。正反面人物的冲突、善恶价值观对比的表达方式逐渐淡出,取而代之的是多元人物群像的复杂勾勒、社会心理动机的叩问以及对人类生命意识的思考。我们还需要和期待拥有更多不同以往的深刻剧本与主题内核。

2. 构建独特东方美学

不少优秀的悬疑剧作品充分利用独具东方特色的人文景观,将人文景观与独特的地理气候、社会现状进行结合,构建出独具东方美学的悬疑感。

《漫长的季节》以"喜剧＋悬疑"的全新搭配,讲述东北这块土地上"下岗潮"引起的种种人物的乱离命运,并且一反悬疑剧灰暗冷硬的色调,反而营造出一个漫长绵延灿烂的东北秋日,正是这些创作上的新意助推这部剧走上了封神之路。辛爽对老一辈人的生活细节有着深刻且到位的观察,"东北迪斯科"这个名场面当时不知道博得了多少长辈们共鸣。新老交替的叙事方式,使得整部剧有着无比宽泛的受众群体,老少咸宜,一家人可以坐在一起愉快追剧讨论,这也造就了这部剧空前的热度。

《平原上的摩西》《胆小鬼》等悬疑剧同样以东北地域为题材,寒冷漫长的冬季是悬疑剧天然的背景色调,时代发展的经济变动也使得社会格局发生了变化,为剧情的创作提供了丰富素材,极其洗脑的东北话成为悬疑剧中网络流行梗的担当。

豆瓣8.5分的古装悬疑剧《繁城之下》更是以其独特的视角和细腻的表现手法,满足了观众对明代江南水乡青砖曲径、白墙黛瓦和水汽氤氲的景色的想象,将中式美学淋漓尽致地呈现在观众面前。

悬疑各门派将探索的情节放到广阔的社会背景当中去,讲述中国社会文化背景之下的故事,构建本土美学观念,使得受众在其中找到共鸣,得到收获,感受到悬疑剧情的魅力。

3. 切忌杂烩过多元素

在剧集市场整体同质化的现在,不少其他类型剧在寻求突破时,会考虑采用"悬疑＋"的模式,叠加搭配更出彩。

"武侠＋悬疑"的《莲花楼》站内热度值破万,且长尾效应明显,网友们高呼

"走不出来";"爱情＋悬疑"的《想见你》将原本平平无奇的青春爱情物语玩到烧脑至极;"奇幻＋悬疑"的《西出玉门》《司藤》构建起瑰丽奇伟的"尾鱼宇宙",甚至"悬疑"和"科幻""女性""古装""职业"等其他元素也可以融合。多元素融合在现今分众趋势下,可以突破垂类受众的限制,而"悬疑"这一要素又尤其有效,在创作者手里犹如足以让棋局"起死回生"的妙手。

然而,多元素的搭配也意味着要把握好各自的类型特点,处理不当就可能成为一道难以下咽的大杂烩。比如试图将"科幻"和"悬疑"缝合的《致命愿望》,科幻虚假、故事故弄玄虚,两处不讨好;《八角亭谜雾》《回来的女儿》和《平原上的摩西》把悬疑片当文艺片、家庭片拍,只能局限在一定的受众圈层。

结　语

悬疑剧是目前最受市场和观众喜爱的类型,创作者都在深耕中寻求创新。可以继续打开思路,叙事结构上除了复线式、迷宫式等叙事结构,还可以多些别的尝试;人物设定上除了警察、社会边缘人、原生家庭不幸者等之外,还应关注更多社会人群,案件悬念也可以有所突破。

悬疑剧的创新之路,首先要把控好自身作为一种强类型片的核心要素,场景画面必要的悬念感、剧情的严谨逻辑、刑侦内容等都是"强元素",在这个基础上进行创新和融合。爆剧、现象级作品则需要突破固有思维,拥有不同以往的深刻剧本与主题内核。影视创作者应该以探究的心态不断迎接挑战,创作出更多叫好又叫座的影视作品。

参考文献:
[1] 项静:文艺评论|《漫长的季节》:反类型、诗意与生活化,《文汇报》2023 年 5 月 10 日。

作者简介:
冯婷,上海尚世影业有限公司研发评估中心总监。

新 媒 探 究 篇

试论数字时代媒体融合的创新与挑战

——上海广电的领先实践与启示

朱　晨

提　要： 本文比较深入分析了移动互联网时代下，上海广播电视系统（简称"上海广电"）如何在媒体融合领域取得显著成就，并成为省级媒体的领军者。文章通过详细探讨上海广电在全媒体传播体系建设、内容多样化、社群管理、技术创新应用、人才培养和团队建设等方面的成功经验，突出了其在适应新技术和满足观众需求方面的策略运作。同时，对比浙江媒体和河南台的融合发展经验，提出了媒体融合发展的关键因素，为其他媒体机构提供了可借鉴的经验和策略，旨在推动更广泛的媒体融合与创新，以适应不断变化的数字化媒体环境。

关键词： 媒体融合　技术创新　主流媒体自有客户端　看看新闻 App

引　言

移动互联网时代，超级数字平台成为公共沟通的基础设施，人类大规模同时在线、实时交互成为常态，移动化、碎片化的信息接触成为生活方式，于是进入"生活在媒介中"。伴随 5G、元宇宙乃至大模型等生成式人工智能技术的出现，万物皆媒、沉浸交互、人机共生的"媒介即生活"时代即将到来。随着科技的迅猛发展，媒体领域正经历着巨大的变革。新技术的不断涌现，使传统媒体面临着越来越大的考验。不变的陈规旧习，必然为时代所抛弃。变，又应该怎么变呢？2023 年是媒体融合发展作为国家战略整体推进的第十年。十年间，主流媒体勇担新使命，在融合转型发展、打造新媒体平台、提升传播影响力及新技术应用等方面的成效加速显现。2024 年,媒体融合正在进入第二个十年的第一年,也将迎来融合发展新阶段。我们看到,广大媒体人的内心已经充满了危机感,也正通过自身的努力在媒体融合领域屡试身手,迎接挑战。上海广电媒体充分把握机遇,在媒体融合和媒体转型中,迈开了步子,大步跑在了全国的前列。总结经验,继续保持领先。"他山之石,可以攻玉",本文对于其他媒体,特别是对一些这两年有快速上升势头省级媒体融合的成功案例,进行分析、探讨,希望能为上海进一步媒体融合提供一些有用的思路,锦上添花!

一、开拓创新持续深耕,上海广电确立全国领先地位

上海广播电视台在全国媒体融合发展中的领先地位,不仅是显而易见的,而且可以通过一系列令人印象深刻的数据来充分证明。自 2014 年媒体融合升级为国家战略以来,上海广播电视台已经取得了卓越的成就,特别是通过建立以"看看新闻 Knews"为核心的全媒体传播体系,为全国媒体融合树立了标杆。

2016 年 6 月 7 日,上海广播电视台成立了融媒体中心,并成功推出了"看看新闻 Knews",这一举措迅速展现了其在媒体融合领域的创新能力和领导力。经过短短五年的发展,到 2021 年,"看看新闻 Knews"的账号跨平台每月活动人群达到 1.8 亿,其中 90 后占比超过 30%。这一数据显示出其在年轻人群中的巨大吸引力,证明了其内容策略在年轻市场的有效性。此外,东方卫视账号跨平台每月活动人群达到 1.2 亿,其中 00 后占比近 20%,这进一步表明上海广播电视台在不同年龄段观众中都具有广泛的影响力。截至 2022 年年底,上海广播电视台的新媒体矩阵已经拥有 837 个不同类型的垂直账号、超过 2 200 个活跃社群,以及 4.1 亿的移动端每月活动用户数。这些数字不仅凸显了上海广电在新媒体领域的广泛影响力,还反映了其在内容多样性和社群管理方面的卓越能力。特别是看看新闻,其客户端累计用户下载量达 1 543 万、全网总浏览量突破 836 亿、视频播放量超 815 亿,这些数据充分展示了其在新闻传播和品牌建设方面的强大实力。更令人瞩目的是,看看新闻在省级台新闻短视频账号中年度发布量和传播量均占据首位,粉丝量居省级台前二,成为全国省级广电媒体的"招牌"产品。

进入 2023 年,上海广电的领先趋势继续保持。看看新闻客户端累计用户下载量增至 1 630 万,视频播放量超 800 亿,品牌矩阵总粉丝数超过 1 亿,全网传播量日均触达 2 亿、峰值超过 6 亿。这些惊人的数字不仅证明了上海广电在媒体融合和数字化转型方面的成功,也再次展现了其在全国媒体行业中的领先地位。

从中国广视索福瑞媒介研究(CSM)第五次发布的省级台新闻融合传播指数年度盘点数据来看,上海台坚持新闻立台,不断提升大小屏同频共振、互动互哺的一体化效能,稳居省级台新闻融合传播年度指数第二位。上海台在稳固并有效提升新闻内容大屏传播头部优势的同时,移动端传播也保持着省级台领先水平。上海台新闻融合电视传播指数蝉联首位,新闻融合网络传播指数升至第二位,新闻融合微信传播指数稳居第二位,新闻融合客户端传播指数居省级台头部。另外,在 2023 年中国新闻奖及总局媒体融合、广播电视等奖项评选中,上海台获得的新闻融合相关奖项数量稳居省级台前列。

其中,"看看新闻 Knews"以 51.2 万的短视频发布量在全国省级媒体中遥遥领先,是第二名的将近四倍之多! 短视频播放量达到了 166 亿,稳居全国第一,光一个"看看新闻 Knews"的粉丝数量就达到了 7 189.6 万。上海台"看看新闻"客户端在"新闻立台"的战略下,"新闻＋政府服务"的融媒功能进一步凸显。2023 年,"看看新闻"客户端迭代升级,7.0 版本焕新上线,以优质原创及深度报道为核心竞争力,以短视频和直播为突破口,以智能算法推荐为驱动力,以技术创新应用激发强劲势能,全方位地为用户打造度身定制的新闻资讯产品。新版App 融入 AI 语音交互、机器学习、大数据等多项科技,在保持原有功能的基础上,让用户体验更智能迅捷、丝滑流畅,实现对用户的精准服务。开发直播互动功能、加强核心内容呈现、升级"报料"区,以常态化服务提升客户端用户活跃度。在内容方面,"看看新闻"以优质原创及深度报道为核心竞争力,2023 年客户端自行发起的直播 1 759 场,其中,日本福岛第一核电站核污染水开始排海、王毅与普京会晤、河北涿州抢险救援现场等直播获得高度关注。在创新方面,"看看新闻"主打"联合牌",积极探索全国广电媒体跨地域融合报道模式,如携手多家省、市、区广电媒体推出系列融媒直播《跟着班列跑丝路》、全媒体融合传播项目《文物里的长江——十三省区市文明探源全媒行动》等。上海广播电视台,特别是融媒体中心,之所以能够取得这些显著的成绩,主要是因为其积极快速地适应了新技术,并将其创新应用于媒体领域。首先,通过建立全媒体传播体系,实现了各平台间的高效整合,确保了信息的及时传递和互通。其次,他们在内容多样性和质量方面进行了持续的改进,使观众能够享受到丰富多彩的内容。此外,上海广电注重社群管理,与观众建立了更紧密的联系,增强了用户黏性。

然而,要深入理解上海广电在全国媒体融合发展中的领先地位,还需要进一步分析其成功背后的关键因素和经验教训。

首先,上海广播电视台在媒体融合方面的成功不仅是技术层面的,更是战略层面的。他们在全媒体传播体系建设上有着明确的战略愿景,不断调整和优化战略方向,以满足不同观众群体的需求。这种战略敏感性使他们能够及时抓住机遇,应对挑战。

其次,融媒体中心注重人才培养和团队建设,拥有一支高素质的专业团队,他们在内容创作、技术应用、社群管理等方面都表现出色。这为他们提供了持续创新和发展的动力。此外,他们也积极吸纳外部优秀资源,与内容创作者、行业专家等建立合作关系,不断丰富内容生态。

另外,上海广电在数据分析和用户洞察方面也走在前列。他们充分利用大数据技术,深入了解观众的需求和偏好,根据数据分析调整内容策略,提供更符合观众口味的内容。这种数据驱动的决策模式有助于他们更精准地满足观众需求,提高用户满意度。再者,上海广电在社会责任和公益活动方面也积极投入。他们不仅关注媒体的商业运营,还承担起一定的社会责任,通过举办公益活动、参与慈善事业等方式回馈社会,树立了良好的企业形象。

总而言之,上海广播电视台在中国媒体融合的浪潮中乘风破浪,成了全国范围内值得其他媒体机构学习和借鉴的典范。他们通过技术创新、内容多样性、社群管理、战略敏感性、人才培养、数据分析和社会责任等多个方面的努力,不仅在媒体融合领域树立了标杆,也为中国媒体行业的未来发展提供了有益的经验和启示,展现了一家媒体机构应有的创新和担当。

二、浙江媒体异军突起成功经验,值得上海学习借鉴

然而,尽管上海广播电视台在全国媒体融合领域取得了显著的成绩,但也面临一些挑战和改进的空间。首先,随着媒体行业的不断发展和竞争的加剧,他们需要保持创新,不断提高内容的质量和多样性,以保持观众的黏性。其次,随着年轻观众对移动端的依赖增加,他们需要进一步加强移动端内容的开发和优化,确保观众在不同平台上都能享受到高质量的内容。此外,他们还可以考虑拓展国际市场,提升国际传播能力,增强品牌的国际影响力。

根据中国广视索福瑞媒介研究(CSM)第五次发布的省级台新闻融合传播指数年度盘点数据来看,2023年,浙江台延续上半年增势成为年度黑马,从原来的年度十名以外,强势跻身新闻融合传播指数第六位,电视传播指数第七位,网络传播指数第六位,短视频传播指数第九位,微信传播指数第八位,微博传播指数位列第三位(超过了上海台),位次比去年均有三到六位的提高。其中,新闻短视频传播量更是较2022年大幅增长86.1%。

2023年,浙江台"中国蓝新闻"客户端重磅升级改版,围绕原创精品、热点追踪、民生服务、社交互动等方面升级改版。改版后的效果立竿见影,中国蓝新闻以48.7亿强势位列全国三微播阅量增长最快第二名,并以2.4亿互动拔得三微

互动量增长最快的头筹,三微粉丝增长 682.5 万,位列全国第四。我们深入探讨浙江媒体在媒体融合领域的成功经验时,不难发现,这个省份在多个关键方面表现卓越,这些经验值得上海乃至全国其他媒体机构学习与借鉴。以下将详细展开讨论浙江媒体在技术创新、内容生产与传播、基层媒体融合以及对技术的重视方面所取得的显著成就,以及上海媒体应该如何借鉴这些经验来进一步提升自身在媒体融合领域的竞争力。

首先,浙江媒体在技术创新方面的重视可谓令人瞩目,他们积极倡导并实施技术创新,将其置于媒体融合发展的核心位置。一个突出的例子是浙江媒体建立了"传播大脑科技公司",这个技术平台不仅整合了各种媒体技术,更是对未来媒体融合发展的深刻洞察。该平台的建立为媒体融合提供了强大的技术支持,使浙江省内不同媒体间能够高效合作,共同建立了全省媒体的统一技术驱动底座。这种整合为浙江的媒体融合提供了坚实基础,也为其他地区的媒体提供了宝贵经验,强调了技术在推动融合发展中的重要性。

其次,浙江媒体在内容生产和传播方面取得了显著成果。2023 年 2 月 18 日,以"浙江新闻""天目新闻""小时新闻"三端合一而成的浙江传媒航空母舰——潮新闻客户端正式启航。复旦大学张志安教授说:"随着超级平台用户规模扩大、连接社会的属性强化,越来越嵌入了人们的日常生活,在这样的大背景下,主流媒体的客户端,多少显得用户规模有限、影响力有限,同时,它在智能技术的应用上和刚需高频的日活流量上也非常有限。以潮客户端上线为标志,主流媒体客户端发展正进入 2.0 时代。"潮新闻不仅吸引了大量优质内容创作者,还通过技术手段实现了用户稳定增长和留存。这一策略突出了内容的多样性和高质量,同时也证明了技术在提高内容传播效率方面的重要作用。这种成功经验对于上海媒体及其他地区的媒体具有启发意义,强调了内容创新与高质量的重要性,以及技术在提升内容传播效率方面的关键作用。

另外,浙江媒体在基层媒体融合与协同发展方面也取得了积极进展。他们引入了数字化改革产品如"融媒通",有效整合了广泛的媒体资源,促进了内容的共建共享。这种协同合作提高了基层媒体的传播力和影响力,同时也优化了内容生产的效率。这一做法在媒体融合中发挥了关键作用,为其他地区的媒体提供了宝贵的经验,强调了协同合作在整个媒体生态中的价值。

在这些实践中,浙江媒体展示了对技术引领、技术迭代和技术投入的高度重视。这三个理念成为浙江媒体强化技术赋能的核心。以"传播大脑"为例,通过不断的技术迭代,提升了产品的用户体验和功能性,满足了现代媒体消费的需求。这种持续的技术投入和不断创新是浙江媒体融合成功的关键原因之一。

三、他山之石可以攻玉,上海广电集中优势创新发展

除了突飞猛进的浙江台,河南台在新闻融合传播方面一直处于全国领先的位置。2023 年,河南台蝉联省级台新闻融合传播年度指数首位。河南台坚持"双平台、多品牌、强保障"发展战略,深化"融转用"理念,2023 年初成立大象新闻中心,以"大象新闻"为核心品牌发力网络传播,领跑省级台新闻融合传播。河南台新闻内容网端传播表现强劲,新闻融合网络传播、短视频传播指数连续三年占据首位,新闻融合微博传播指数两年蝉联榜首,新闻融合客户端传播指数居省级台前列。

值得一提的是,虽然在大多数指数方面,上海台和河南台不相上下,但在短视频传播指数方面,河南台稳居第一,上海台仅排名第六。然而,从上海台短视频的发布量和播放量(全国第一),粉丝量(全国第二,第一并非河南台)来看,主要是短视频互动量拖了后腿,上海台 6.1 亿的互动量(全国第四)和河南台的14.2亿相比,有着比较大的差距!

在上海台的短视频传播中,融媒体中心的@看看新闻全球眼、@Tonight 今晚聚焦国际时事及热点快评等,传播量较 2022 年分别增长 90.9%、17.3%。而@第一财经获超 10 亿传播量,较 2022 年增长 37.5%,@五星体育频道关注体育资讯,短视频传播量较 2022 年增长 55.9%。也就是说,短视频方面,上海台在国际、财经和体育内容方面的传播表现亮眼,而河南台则在民生帮扶、热点时事等内容上获得了广泛的关注。另外,在微信和微博传播指数方面,上海台的优势和短板也和短视频传播的特点比较相似。据此,笔者认为,上海台除了要继续保持优势之外,针对自己的短板,也要加大投入,重视互动,同时加大在民生热点方面的传播力度,以继续扩大用户规模,增加黏性。

然而,这些仅仅是战术层面的举措,笔者认为,媒体融合升级转型,在战略层面最重要的还是自有客户端的建设和新技术的运用。CSM2023 年网民调查显示,用户针对"最经常使用的地方媒体客户端"的综合满意度评价处于较高水平。但不容回避的是,用户规模不足、使用黏性低、互动活跃度低仍是当前省级台自有客户端的普遍短板。用好社会化、商业化平台,更要建设好自己的移动传播平台,在第三方平台流量增长见顶的情况下,省级媒体当须更加高度重视自有客户端发展,加速扩容提质,加快探索出"自有流量"的高效用发展与升级之路。对此,浙江依托"中国蓝新闻"改版和"潮新闻"客户端的推出,迅速成为黑马,也标志着主流媒体客户端发展正进入 2.0 时代。河南台的"大象新闻"客户端则围绕"信息+社交+服务"加速生态型媒体平台建设,强化移动端原创,升级一站式帮

扶，深化用户共创与社交，扩大资源融合，持续搭建大象生态。

而作为省级广电媒体佼佼者的上海广电，自然也发奋图强，强强联手，领军助力媒体行业转型。2024 年 2 月 22 日，上海广播电视台与华为达成合作，启动鸿蒙原生应用开发，看看新闻引领省级广电迈入原生鸿蒙时代，为用户提供更加智能化、个性化服务。"看看新闻 App"将基于 HarmonyOS NEXT 鸿蒙星河版，启动鸿蒙原生应用开发，为用户提供更加极致的新闻资讯服务体验。此次合作标志着上海广播电视台成为全国首家推行鸿蒙原生应用的省级广电媒体，将助力传媒行业迈向全场景时代。未来看看新闻将与华为共同探索更多的技术创新和应用场景，研发更加智能化、个性化的服务，打造全新的智能生态体。"看看新闻"鸿蒙星河版充分利用鸿蒙系统全场景、原生智能、原生安全等优势，为用户在手机、平板等多终端提供更加流畅、高效、安全的新闻资讯服务体验。笔者认为，此举战略意义重大，不仅融入了最先进的技术，与商业化平台接轨，同时也做大做强了自有的"看看新闻 App"。浙江有"传播大脑科技公司"，河南台有"大象算法"，上海有"看看鸿蒙版"，能够预料到的是，这些新技术的运用，将会给这几家媒体，特别是上海广电媒体带来更大的突破！2 月 25 日，上海广播电视台连续大动作，正式挂牌成立"生成式人工智能媒体融合创新工作室"，确立了六大攻坚方向，此举将助力上海打造人工智能世界级产业集群！媒体融合创新创业的集结号再次吹响，未来可期！

综上所述，除了进一步加强技术创新，不断引入先进技术，提高媒体融合的技术水平之外，内容的多样性与高质量仍是吸引观众的核心。对此，上海应该注重内容的创新与提升，以满足不同受众的需求。最后，媒体间的协同合作可以有效提升整个媒体生态的竞争力，上海媒体应该积极与其他地区的媒体合作，共同推动媒体融合发展。通过借鉴外省的成功经验，上海可以进一步提升自身在媒体融合领域的竞争力，为中国媒体融合发展贡献更多的创新和智慧，为行业的可持续发展注入新的动力和智慧。这一过程需要更多的深入研究和实践，上海媒体还可以积极借鉴国内外先进经验，不断探索创新路径，为媒体融合事业的发展贡献更多的力量。

结　语

除了新技术的运用，自有客户端进入 2.0 时代，强优势，补短板，媒体融合，依旧是任重而道远。正如中共上海市委宣传部副部长、上海广播电视台党委书记方世忠所言，上海广播电视台正在进行一场挑战极限的媒体转型马拉松，而打造新型主流媒体的关键在于：要坚持新闻立台，深耕新闻主业，鼓励首发原创，成为有态度的新闻媒体,彰显主流媒体的独特价值;要坚持文化兴台,放大在时政、财经、人文、外宣等领域的优势,聚力推出更多具有国际大都市气质的视听内容,创制更多充满中国式审美品位的人文综艺;要坚持融合强台,自觉主动拥抱全媒体时代,按照台网并重、先网后台、移动优先,大力推动媒体融合,努力实现媒体发展质的有效提升和量的合理增长。

参考文献：

［1］揭书宜,乐琰：SMG 集团数字化营销解锁新玩法,全媒体矩阵触达全域人群.(2021－12－05)［2023－11－27］. https：//baijiahao. baidu. com/s? id＝1718282313629142250&. wfr＝spider&.for＝pc.

［2］乐琰,刘晓洁：不止于传媒的 SMG：为合作伙伴赋能,聚势共赢.(2022－12－13)［2023－11－27］. https：//baijiahao. baidu. com/s? id＝1752101848406151610&. wfr＝spider&. for＝pc.

［3］收视中国微信公众号《2023 年省级台新闻融合传播观察：要走出自己的路》2024.01.10.

［4］一本正经微信公众号《浙江三端合一,主流媒体客户端进入 2.0 时代》2023.02.13.

［5］SMG 发布公众号《唯有卓越 方得未来|上海广播电视台首次召开卓越案例分享会》2024.02.06.

作者简介：

朱晨,上海广播电视台(SMG)融媒体中心网端运营部编审。

论 AI 大模型时代传统媒体工作者的必备新素养

江予菲

提　要：随着 AI(人工智能)大模型时代的到来，传统媒体的运营方式和格局正在发生着巨大的变化。本文深入探讨了传统媒体工作者在大模型时代从业的必备新素养，即除了原来一贯强调的政治素养、理论素养、业务与知识素养、作风素养之外的必备新素养。首先，媒体工作者应主动掌握机器学习、大数据、人工智能等创新科技相关的知识，提高自身的数字能力和科技素养。其次，多媒体技能、跨学科合作和创新意识、自动化工具和机器语言编辑的使用等多重素养也在文中被详细讨论。本文也强调了持续学习的能力，这是传统媒体工作者适应迅速变化的科技环境和 AI 时代的关键。

关键词：AI 大模型时代　传统媒体工作者　媒体新素养

引　言

在数字化科技迅猛发展的今天，AI(人工智能)大模型正在逐步改变着传统媒体的方方面面。AI 大模型是一种含有数十亿参数、具备深度学习能力的模型。随着数据集和计算能力的提升，AI 大模型也在不断被优化，一些常见的模型包括，AlphaGo Zero、XLNet、T5、BERT、GPT 等。这一全新的时代在为媒体工作者带来挑战的同时，也带来了高效率、多媒体处理、内容创新方面的机遇。为了帮助传统媒体工作者更好地利用 AI 技术，创建更具影响力和创新性的媒体内容，本文研究了这一时代背景下传统媒体工作者所必备的新素养。

在传统媒体过渡到新媒体的过程中,我们重点关注的是媒体工作者在多媒体技能、自动化工具和机器写作的使用、数据驱动的决策能力、负责任的报道等方面的能力。这些素养的深度剖析对传统媒体工作者适应新技术时代意义重大,以期为传统媒体行业的可持续发展提供参考。

一、培养数字能力与加强科技素养

在 AI 大模型时代的背景下,传统媒体工作者需要全面提高自身素养。这要求他们不仅要掌握媒体基础知识,还需要学会运用新媒体技术和科技。其中,数字能力和科技素养是适应 AI 时代的关键。熟练使用分析软件、数字和统计工具、语言软件成了媒体从业者的必备技能,借助这些工具他们能够更好地应对数量庞杂的信息数据。此外,掌握机器学习、大数据和 AI 技术的基本概念和操作技能对媒体人也至关重要。具体说来,数字能力和科技素养主要包括以下三个方面。

(一)熟练使用各类数字应用

熟练使用数字工具和软件可以提高了解受众的需求和行为的能力,现有的产品包括立方数聚(CNZZ)、Talking Data、友盟统计、百度统计等。这些数字工具在追踪和统计网站访问量的同时,还能为使用者展示详细的分析数据和图表,如,包括访问时段、访问量、使用设备、用户地理位置、不同地区访问人数统计表等。根据这些信息,发布者可以更准确地捕捉受众偏好、行为和需求。

传统媒体工作者还可以通过新的数据可视化应用来创建更具简洁性和创意性的图表。现有产品例如,Fine Report、Data V、Metabase、Quick BI 等。这些支持数据可视化功能和良好界面呈现效果的工具可以有效提升信息的吸引力,并帮助观众理解复杂的信息。例如国家统计局每月每季度每年发布的宏观数据,就非常适合这一类应用,与环比同比数据相比较,迅速体现经济发展趋势,在电视、融媒体的可视化内容中有很高的应用价值。另外,当突发事件产生时,可视化工具可以呈现实时的事件数据,增加新闻的时效性和丰富度,并帮助观众了解实时动态。

(二)熟练使用 AIGC 应用

在 AI 大模型时代,传统媒体工作者需要学习和掌握在 AIGC 平台上处理视频、音频和图像的技术，以应对用户多样化的需求。对于制作者本身，生成式人工智能技术也大大缩短了内容制作的周期和时长，可以使更多的创作精力放在更多维度的策略制定上。

此外，虚拟和增强现实技术可以帮助制作 AR 报道或创建虚拟演播室，为受众提供身临其境的体验，并激发其创造更具创新性和前瞻性的内容。

（三）掌握数字驱动的决策技能

在面对大量信息时，传统媒体工作者常常面临如何做出明智决策的挑战。然而，在 AI 大模型时代，媒体工作者可以利用机器学习、大数据分析、用户反馈分析、社交媒体优化等数字工具来制定更为准确的决策。其中，大数据和机器学习技术，媒体从业者可以更高效地获得大规模用户数据图表，从而对用户行为、需求和发展趋势进行预测，这是数字驱动决策的重要部分。随着媒体平台的创新和变革，观众接收消息的途径正变得个性化和多元化。用户行为模型的建立也促使媒体工作者能够为用户提供个性化内容推荐。例如，抖音通过机器学习和算法推荐用户可能需要的信息和视频内容。利用社交媒体分析工具，媒体工作者可以了解用户关注的内容，如今日头条数据中心、微博指数、小红书商家数据中心等。通过分享率、点击率和互动数据，媒体工作者可以适当对信息进行编辑和调整，以创作出更符合用户兴趣的内容。最后，根据社交媒体反馈和读者评论，媒体工作者可以总结用户意见，从而挖掘问题、优化内容。反馈分析是增强互动，提高用户忠诚度的关键。

AI 大模型应该被更好地利用，以创作出更具有影响力、吸引力和创造力的内容作品。因此，传统媒体工作者必须全面提升自身的科技素养和数字能力，包括数字驱动的决策能力、熟练使用 AIGC 应用以及熟练使用各类数字应用。总体而言，从以上三方面出发，传统媒体工作者可以提升个体的媒体素养水平，以适应迅速发展的 AI 大模型时代。

二、熟练使用自动化工具与 AI 写作

传统媒体工作者往往需要在文章或文案写作上花费大量时间和精力，并且这个过程对创作者的文字功底有比较高的要求。自动化工具和 AI 写作的产生，对新媒体时代和传统媒体工作者具有重要意义，首先，自动化工具可以根据关键词、写作目的和写作要求快速生成内容；此外，通过自然语言处理和深度学习技术，AI 写作能够生产出具有针对性的内容，以满足目标受众的需求。值得注意

的是,自动化编辑工具所生成的文章具有一致性和较高的质量。在 AI 大模型时代,利用好 AI 技术,会使传统媒体工作者的工作效率和创新力都得到提升。

这一部分的内容可以概括为以下三点。

(一)掌控自动化工具与应用 AI 写作

自动化工具在提高效率、简化重复性工作方面,为各行各业带来了革命性的转变。自动化算法能够分析用户数据,并创建符合用户需求的数字广告、文章视频、营销信息。例如,撰写与热门话题相关的内容创意,在最佳时间发布帖子。在营销中,AI 写作工具通过研究客户行为数据,制定个性化的电子邮件,以完成媒体内容的推送。举一个和我们生活很贴近的例子,目前,在电子商务产业中,自动化的聊天机器人已经能够回应用户的基本查询,并指导他们解决常见问题、了解广告信息,极大地节省了人力资本,而且 24 小时的工作时长,让成交率大幅提高。AI 写作属于自动化工具的一部分,但它升级了"内容生成"部分的水平。在算法的运作下,AI 写作能够结合对话的语言环境和上下文进行学习,并生成符合创作者要求的内容。在新闻业中,AI 系统通过实时跟踪和数据总结,以专业的新闻语言表达方式和流畅的叙述生成新闻内容。尽管自动化工具和 AI 写作为媒体工作者带来了超前的效率,但写作工具可能存在"偏见",媒体从业者有必要监督 AI 的内容生成,并确保负责的报道,这一观点将在文章的后半部分进一步展开。

(二)创新信息呈现方式

很多关注创新的媒体工作者正寻求一种融合了新兴沉浸式 AR 和 VR 技术与故事叙述的信息呈现方式,这种领先的内容表现形式在增强用户体验和参与度的同时,也能提升媒体工作者的故事表达能力和展现能力。但,这一技术前期需要大量的人力和资源投入,对传统媒体工作者来说,很难依靠个人或者一个简单的团队(中小型节目组)去完成这一类型的创作。所以,这一类的创新,一般需要依靠集团层面的支持,在晚会、文创类节目、传统文化类型的节目中已经有应用。

此外,媒体人通过跨学科技能合作,可以生成更完整、更具创造性的内容。通过与数据或科研专业人员合作,媒体工作者可以向受众传递简化和可视化后的数据信息,从而实现更为科学和准确的报道。此外,媒体工作者可以利用算法尝试新的交付方法和内容,例如,使用交互式在线功能来测试受众对于媒体内容的态度。这种方法有助于媒体人发现新的具有吸引力的内容模板。创新意识在不断变化的媒体环境中显得至关重要。结合新兴技术和 AI,传统媒体工作者可以设计出满足客户需求、具备高效性和创造性的内容。

(三)培养持续学习的能力和"数字素养"

随着科技和人工智能的发展,媒体行业的环境瞬息万变。只有通过持续学习和改进,媒体组织才能在此环境中保持竞争力,不断更新知识是个人成长和职业发展的关键。因此,在 AI 大模型时代,终身学习的态度和能力成了传统媒体从业者必备素养之一。拥有持续学习能力的媒体人士,会围绕自己的主要关注领域,主动探索新的技术、工具和信息,例如主动参加数字技术相关的研讨会,以获取更多前沿的信息,这种学习态度促使这一类媒体工作者能够在不断发展的技术环境中始终保持领先。同时,在学习新技术并将其融入工作时,媒体从业者应关注自身的"数字素养"。数字技术赋能千行百业,媒体人的"数字素养"不能只局限于媒体行业,而是从媒体行业的平台出发,以更广阔的思维,来关注数字化给经济发展带来的深远影响,例如数字化给制造带来的效率提升、给财务审计行业带来的成本优势、给服务行业带来的管理升级,"数字素养"也包括"数字思维",只有思维和认知与时俱进,才能真正地不断进步。

尽管持续学习 AI 技术应用有利于发展技能和培养适应性,但仍受到时间限制和信息辨别能力方面的挑战。因此,传统媒体工作者应该培养批判性思维,从经验中学习,对未来 AI 参与的报道的内容进行监督和批判性分析。下文继续展开。

三、具备对生成式内容的负责任监督能力

在 AI 大模型时代,媒体工作者的监督和责任感至关重要,负责任地报道和使用 AI 技术,是媒体组织实现可持续发展的基础。媒体工作者的监督责任体现在信息处理、信息透明以及信息公正性等诸多方面,这有助于创建真实、健康、安全的信息环境,并确保信息泛滥时代信息的可信度。因此,在当前时代下,传统媒体工作者必须具备对 AI 生成内容的监督能力这一基本素养。

(一)透明度

媒体工作者应向受众透明化其对 AI 的使用,并加强对 AI 生成内容的监督

和审查。在此过程中,媒体工作者还应为用户提供 AI 使用技术的有效信息,这种透明度也会进一步建立用户对媒体的信任感和忠诚度。简而言之,就是 AI 生成的内容,无论是文字还是图片,还是视频,受众都有知情权,应该要清晰标注,"此内容来自 AI",这样才是最大限度地保护了受众的知情权。

尽管 AI 在受众参与、个性化和内容创建方面为媒体工作者提供了创新性的解决方案,但媒体人必须在透明披露和创新之间保持平衡,应该深度思考与媒体责任有关的所有维度的问题。

(二)问责制

AI 大模型时代,社会责任感是媒体工作者践行责任的重要内容,问责制则发挥着监督媒体从业者必须时刻遵守公平原则,确保 AI 公平对待每一位用户。因此,媒体人的道德责任还应体现在努力消除 AI 在数据统计和学习过程中出现的偏见,从而促进发展更具包容性和代表性的媒体环境。媒体工作者还应保证其报道的真实性、准确性和及时性,这是媒体工作者的基本素养。另外,媒体工作者除了遵守隐私保护和透明度相关的道德准则,还应为 AI 技术的开发负责。

在问责制方面,媒体工作者有义务主动研究和评估与 AI 相关的风险,例如,及时采取行动纠正 AI 系统的潜在危害、及时解决安全漏洞。此外,审查制度要求媒体从业者提升专业素养,做好媒体平台的守门员。

持续的监督机制和问责制度,有助于媒体工作者有一个依据和标准,去解决新出现的各类挑战,同时,了解和遵守不断发展和更新的法律框架,也是每一位媒体工作者的基本素养。AI 大模型背景下,传统媒体工作者必须扩充自身的责任感,这涉及全新的、与 AI 相关的道德原则和法律法规。坚持标准,加强对于 AI 监管和审查,对受众负责,是媒体工作者促进负责任的 AI 实践的有效手段。

结　语

AI 大模型时代对传统媒体工作者来说是一个崭新的时代,必须发展自身的数字能力和科技素养,学习使用自动化工具,这些是媒体人在新媒体环境中不可或缺的技能。持续学习的态度是传统媒体工作者适应新时代的关键,负责任的监督,更是所有媒体人在信息生成、审核和传播中始终坚持的底线。通过拓展这些全面的新素养,媒体工作者可以在创新的浪潮和新技术的更新迭代中,为社会提供有价值的媒体内容,为媒体行业的可持续发展多出一份力。

参考文献：

［1］李陵：媒体转型需要拥抱什么样的技术［J］，上海广播电视研究，2022(1)：94 - 97.

［2］王平：媒介市场迎来移动互联红利 广播媒体传播价值持续增长——2021 年广播收听市
场数据洞察［J］，上海广播电视研究，2022(002).

［3］秦敏晨：我用代码改变了你收听广播的方式［J］，上海广播电视研究，2022(1)：75 - 75.

［4］林罗华：探究真谛：上海广播电视论文选. 第十辑［M］，文汇出版社，2022.

［5］张军：电视剧目审查制度的职责讨论与案例分析［J］，上海广播电视研究，2022(4)：
96 - 101.

作者简介：

江予菲，上海广播电视台第一财经主持人。

上海电台短视频业务的外部环境分析

吴泽宇

提　要：随着媒体融合发展趋势日益明显，广播电视等主流媒体全面挺进短视频主阵地前沿，短视频行业也逐渐进入成熟期，从增量市场变为存量市场。面对激烈的竞争，如何突出重围需要认清外部环境。

　　上海电台作为全国广播体制改革的排头兵，在行业具有标杆作用，过去5年通过深耕新媒体，它已经拥有了自己的短视频矩阵。本文综合运用 PEST、波特五力等战略管理模型和工具，对上海电台短视频业务的外部环境进行概述和针对性分析，通过外部因素评价矩阵（EFE）量化归纳，揭示了它所面临的机遇和挑战，有一定的应用价值及行业背景。

关键词：短视频竞争环境分析　外部因素评价矩阵

一、宏观环境分析（PEST 模型）

（一）政治环境

　　2017 年短视频行业迎来监管，从平台牌照准入的角度进行行业规范。到了 2021 年，短视频治理升级为国家法律体系。这一年，多部法律正式实施，包括《民法典》《未成年人保护法》《著作权法》《个人信息保护法》和《数据安全法》等。

2023 年 7 月《关于加强"自媒体"管理的通知》发布，从内容审查和监管、平台责任和合规要求，到规范市场秩序和竞争……13 条要求环环相扣，剑指自媒体短视频乱象，对短视频行业的发展和战略规划具有重要意义。

2023 年 7 月中旬，国家网信办联合多个部门，共同发布了《生成式人工智能服务管理暂行办法》，这是中国首次对生成式 AI 研发及服务做出明确规定。值得注意的是，《办法》指出，国家对使用 AIGC 生成式人工智能服务从事新闻出版、影视制作、文艺创作等活动另有规定。

（二）经济环境

后疫情时代，国内经济环境处于刺激消费、复苏提振阶段。大众消费的模式从淘宝等网购平台又进行了一次升级迭代，直播间、视频号、短视频等强社交属性平台成为消费者获取信息的重要渠道之一。

此外，自由职业者的比例悄然走高，其中短视频博主占到了一大部分比例。按照中国人民大学发布的《灵工时代：抖音平台促进就业报告》的数据，2019 年 8 月至 2020 年 8 月，在抖音平台上获得收入的创作者和主播人数达到 2097 万人。24～30 岁和 31～40 岁的青壮年是网络视听创作的主力军，全职创作者占比达到 37%，网络视听成为"大众创业、万众创新"的重要平台。

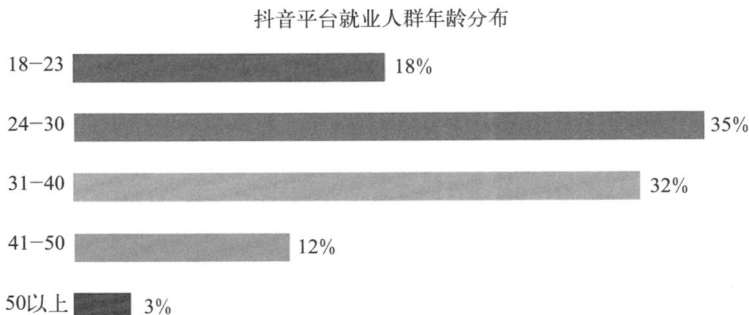

抖音平台就业人群年龄分布

18—23	18%
24—30	35%
31—40	32%
41—50	12%
50以上	3%

文献来源：《灵工时代：抖音平台促进就业研究报告》
中国人民大学国家发展与战略研究院课题组

图 1-1　抖音平台就业人群年龄分布图

当前，所有内容创作者都面临一些困局和挑战。新的内容账号开始递增，创作者市场由原来的卖方市场变成了买方市场。原来一个有流量的内容生产方，同品牌的议价能力很高，但现在品牌方可以看到类似的内容生产方数量，呈现 10 倍数的增长，选择范围大了，也意味着账号议价能力和经济价值不如以往，短视频内容生产之间的竞争变得白热化。

（三）社会环境

按照最近发布的《2023 中国网络视听发展报告》，目前中国网民中使用网络视听内容的人数已经高达 10.4 亿，占全部网民的比例达到了 97.4％。随着中国人口红利的远去，当短视频用户已接近手机用户使用规模时，想要再依靠人口带动短视频的发展已不太可能。而且随着内容创作量的递增，大众注意力容易发生偏移，也会期待更新颖的内容，这对短视频未来的创新意识和品质输出提出更高的要求。

近年来，某些自媒体凭借自身强大影响力，成了网络乱象的始作俑者。比如常见的"卖惨类""虚构剧本类"，视频内容的真实性有待考证，不少并非博主真实遭遇，而是幕后团队精心打造的悲情套现牌。在此背景下 2021 年，短视频"首屏首推"工程的推动，主流价值开始融入算法推荐机制，短视频平台开始用主流价值观优化算法推荐机制，短视频后台开始助推网络正能量传播。

（四）技术环境

随着智能手机和 5G 网络的覆盖，可以提供更快的数据传输速度和更低的延迟，为短视频的实时播放和高清内容提供更好的支持。未来随着北斗等技术的升级迭代，将有可能把用户体验提升到另一个新的层次。

当前正值国内外 AI"群模"涌现，以 ChatGPT 为代表的生成式人工智能，除了在海外引发微软、谷歌等科技巨头的激烈竞争，也在国内激起了"大厂"间的"AI 军备竞赛"。视频 AI 技术包括自动化智能剪辑、内容推荐、实时翻译、场景识别等，能够提供更个性化、智能化的短视频体验，减少用户在创作和编辑过程中的工作量。

（五）针对性分析

综上 PEST 模型所述，目前媒体搜集信息的渠道非常多，复制粘贴就能生产出同质化新闻内容，这个时候上海电台短视频业务的差异化要体现在高效地整合历史背景资料、现场素材以及各渠道的内容信息，对各种内容信源做出有意图、原创性的判断、整理、加工。这背后不仅体现后期默契配合处理信息的能力，更体现真正价值在于前期布局策划文案的能力。

　　建议在短视频业务中采用"文案策划理念先行"，上海电台的文案风格正如它的视频号简介写的：一群正经的记者"不正经"地说正经事。切记注意区分，不是做严肃新闻，也不是做娱乐化新闻博人眼球只求流量，而是要打造有思想、有温度、有品质的短视频产品。

　　此外，也要抓住生成式人工智能服务的机遇，及时统筹一线部门的使用反馈，进行"有用的研发"，什么是当下和未来受欢迎的用户体验和交互功能，内容生产部门可能更有发言权，在提供个性化推荐和技术定制的前后需要有调研、反馈机制，将研发应用与业务部门、艺术部门挂钩，让技术也变成艺术，更符合市场需求。

二、行业环境分析

（一）中国短视频的发展规模及趋势

　　当前，中国的移动短视频行业由增量市场转向存量市场。中国互联网络信息中心发布的第 51 次《中国互联网络发展状况统计报告》显示，截至 2022 年底，短视频用户已突破 10 亿，使用率高达 94.8%。过去五年，每年新增用户均在 6 000 万以上。

　　与此同时，主流媒体也在积极布局短视频领域，以扩大自身影响力和竞争力，特点如下：主流媒体开始在短视频平台上建立自己的影响力；主流媒体与短视频平台之间形成了紧密的合作与互动关系。不过"国家队"下场，也意味着竞争越发白热化，逼迫企业"从量变到质变"的转变，依靠人口红利来发展的路径已然走不通。

　　未来在移动短视频的影响下，传媒与社会的关系也将发生改变。为了真正发挥价值，短视频的发展需要更加注重内容的价值，逐渐从娱乐、社交、消费等领域转向新闻资讯、生活服务等方面，积极参与社会构建，从社交属性逐渐过渡到内容属性，以便更好地满足用户的需求。在"5G＋AI"等人工智能的推进下，短视频会在技术发展下更显智能化与服务化。

（二）中国短视频的生命周期

　　1. 创始阶段：2005 年被称为在线视频的元年，美国的 YouTube、中国的土豆网上线，在线视频时代揭开了序幕。大量拍客加入微电影大军，拿起 DV、手机开始拍摄、制作。不过，受限于 3G 网络的速率，内容生产者还未转向手机端。

直到 2007 年—2011 年,各种工具型应用开始陆续登陆移动端,其中不乏许多微视频制作的软件。

2. 快速发展阶段:经过十年的飞速发展,短视频行业开启增量市场。随着社交平台的兴起,人们对可以实时交互的需求越来越大,2021 年短视频用户达到 9.34 亿,网民使用率为 90.5%,用户基数不断扩大,创作者和内容生态也得到了扩张。

随着用户和流量的起势,短视频平台开始寻求通过广告实现收益,并探索商业模式的创新。自 2019 年,短视频直播电商规模持续增长。GMV(商品交易总额)以惊人的增长速度远超传统电商。根据艾瑞的数据,中国的直播电商市场规模在 2021 年超过了 2.2 万亿元,年增长率翻番。2021 年短视频广告增长率达到了 18.6%,独树一帜。相比之下,除了电商广告外,其他类型的广告,如搜索引擎、社交软件等广告的增长率都有所下跌。

3. 规范监管和多元化阶段:2021 年至今,在发展过程中短视频市场逐渐进入平台整合和差异化的阶段。管理机构对短视频平台的监管要求逐渐提高,要求平台加强内容审核、用户管理和版权保护。一些平台也在通过技术、内容或服务的差异化来寻求竞争优势。同时,平台整合也开始出现,以加强市场地位和提供更多资源。

(三)针对性分析

综上行业分析所述,目前处于短视频生命周期的第三阶段,行业向着"从多到优"的方向高质量发展。上海电台短视频业务也需要进一步拓展下沉,因为受众对内容垂直程度、细分程度、专业化程度需要更高,必须探索多样化的体验服务,提高用户忠诚度和黏性,口碑效应覆盖更广泛的领域和用户群体,才能使平台与创作者、品牌和广告商形成更加稳定和持久的合作关系。

笔者认为上海电台在短视频业务中应该注重"反馈互动的温度"。如今,人们在收看短视频的时候,越来越多的人会点看下面的评论看网友留言,有些甚至出现评论火了,短视频平台的反馈机制一旦利用好了,就可以成为网友转发、分享、参与的"触发器"。

通过反馈互动创造出新的场景,激活大众的分享欲,打造出内容传播的一个新的组成部分。维护好反馈互动这一环节,可以在短视频生命周期的第三阶段,转化成线上服务、线下活动的一个输出口。帮助受众解决实际问题,真正从线上屏幕走入真实生活,打造高国民度、好口碑。

三、竞争环境分析（波特五力模型）

通过波特五力模型的分析，可以更好地了解上海电台短视频业务的竞争环境，识别关键的竞争要素和风险，并据此制定相应的战略和决策，以保持竞争优势和持续增长。

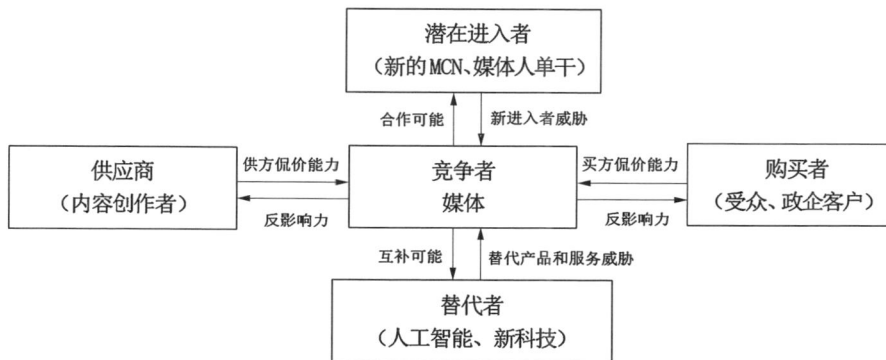

文献来源：《媒体组织战略管理》，宋培义等著

图 1-2　媒体行业竞争分析图

（一）供应商：内容创作者

《2022 年网络视听内容创作者白皮书》显示，当前主流网络视听创作平台，如 B 站、抖音等，拥有上万粉丝的创作者数量已经从 2021 年的 900 万增长到 2023 年的超 1 300 万。目前，在头部网络平台粉丝量超千万的"大咖"创作者中，约四成已与 MCN 机构签约。某重点平台入驻的 MCN 关联账号甚至超过 30 万个，年均生产信息超 3 300 万条。从 2015 年到 2021 年，中国的 MCN 机构数量从 160 家急剧增加到 3.4 万家。

头部短视频内容创作者由于自身流量巨大，商业价值高，提升了平台的议价能力。然而，传统机构更多地转向了电商代运营或互联网广告服务商，这种情况下供应商的议价能力相对较弱。

除了 MCN 机构之外，拥有新闻采编执照的专业机构媒体人，也属于一批内容创作者。根据中国记协 2022 年 5 月发布的《中国新闻事业发展报告》显示（见图 1-3），截至 2021 年底，全国共有持证记者 194 263 名，其中，中央新闻单位 2.24 万人，占 11.53%；地方新闻单位 17.19 万人，占 88.47%。

博士0.41% 其他学历0.07%

女性 50.60% 男性 49.40%

硕士 11.96% 专科 11.18%

本科 76.38%

30岁以下 7.27%

50岁以上 20.41%

30—40岁 38.59%

40—50岁 33.73%

融媒体中心 9.90%

新闻网站 1.69%

报纸 36.10%

电台、电视台和新闻电影制片厂 48.58%

期刊2.23%

通讯社1.50%

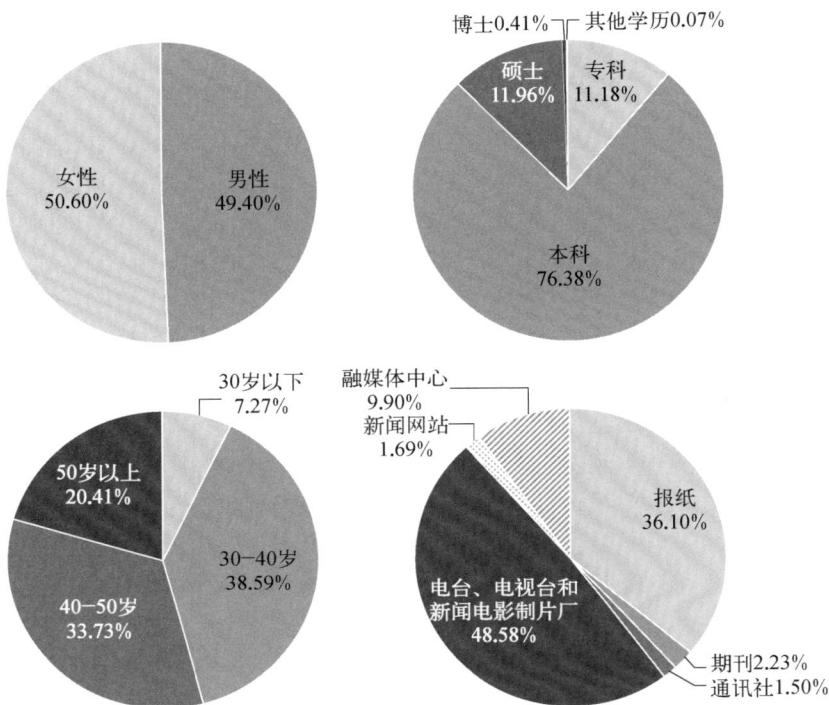

文献来源：《中国新闻事业发展报告》中国记协 2022.05

图 1-3　中国新闻从业人员分布特征

MCN 机构也好，媒体单位也罢，当平台竞争进入存量化，市场的增长红利、平台的激励手段逐渐退去，态势朝着重点扶持优质内容进发，短视频这一业态进入去伪存真、优胜劣汰的发展新阶段。

（二）购买者：受众用户

中国互联网络信息中心最新报告显示，截至 2022 年底，短视频用户规模突破 10 亿。人均每天使用短视频超过了 2.5 小时，其中主要需求是看新闻和学习知识，新闻直播最受网民欢迎。

短视频号购买者主要分两种：第一种是直接购买，可以理解为长期关注、会准时看直播、有忠诚度的粉丝用户。这部分直接购买者是有议价能力的，观看者的阅读量、点赞量、关注量、转发量，决定了账号 IP 的流量价值，账号代言费的高低很大程度上的决定权在网民和粉丝手中。

另外一种是间接购买者，比如广告商，也可以理解为赞助商，是基于用户带来的流量价值。上海电台的间接购买者分为政、企客户两大类。政务合作聚焦于社会公益等严肃主题;而企业客户一般会进行广告合作。一般来说,短视频账号流量价值越大,打造爆款产品和内容越多,广告商的议价能力就会越低。

(三)潜在进入者威胁

潜在进入者的威胁,可以是想通过短视频进行公司宣传的商家集团自立门户,成立新的 MCN 公司;也可以是离职的媒体人或还未进入短视频行业的传统媒体,他们掌握专业的新媒体采编技术,能转型进入短视频行业当中去。

其二,有些政务单位或者有电商平台基础的大型企业,因为下游短视频要价太高,他们也在培养自己的短视频账号或者 MCN 机构,希望以此能减少中间商的参与,不过局限于制作团队的角色和思想观念一时难以转变,可能宣传效果达不到理想状态。

其三,为应对短视频的冲击和抢占用户时间,近年来长视频创作者颇有"打不过就加入"的势头。像在影视剧热播期间,剧方抖音号发布的多条短视频点赞轻松破百万。他们具备制作短视频的完整创作团队和专业的拍摄设备,轻而易举实现"二次创作"。

(四)替代者威胁

近年来随着人工智能科技的异军突起,行业内外都越发感到它所带来的颠覆性影响。AIGC 合成虚拟主播,实现智能播报;ChatGPT 及 GPT-4 的出现,带动了一批诸如 Wondershare Filmora 的视频剪辑软件,虽然目前还有很多不足,比如文案和画面需要分不同软件进行处理,制作流程依旧繁琐,但依靠 ChatGPT 的不断迭代和进取的学习能力,人工智能生成短视频指日可待。

再有,未来无人驾驶技术如果真的实现落地应用推广,那么车载广播将有可能被完全替代,此时电台是否会考虑全面转型为短视频平台也未可知。

(五)针对性分析

根据波特五力模型的分析,目前短视频行业竞争环境越发激烈,面对时效的紧迫、内容创作者的增多,建议上海电台短视频业务的生产流程有侧重。消息突发资讯,可交给人工智能做快捷拼贴处理。精品生产,超前布局制作流程,传统采、编、播转化为策划、采集、传输、处理。

策划(文案支撑)——创作文案脚本;采集(设备支持)——现实的信息收集;传输(技术保障)——信号及时性和丝滑程度,上传和下载的无卡顿感,云转播平台支持;处理(数据整合)——以设备自动化为先导,大数据可以将相关内容预处理,归类、分段、切条、拼贴……而后在云平台建立自己的内容创作、管理和分发系统。

四、外部因素评价矩阵(EFE)

根据上海电台上述外部环境因素的分析,接下来运用 EFE 矩阵进行归纳梳理,从而识别对企业未来发展具有关键性影响的因素,主要从机会和威胁两个角度进行探究,与 SWOT 分析中的 OT 部分相对应。

其一,列出在外部环境分析中所确定的关键因素,包括机会和威胁(左侧列)。

其二,根据每个关键因素的重要程度赋予它们相应的权重,这个范围从 0 到 1,所有因素的权重之和必须等于 1。权重的大小代表着这个关键因素在生产过程中对企业的成功所能产生的影响程度。

第三,评估企业目前的战略对各个关键因素的反应程度,分数范围在 0 到 4 之间,分数越高代表反应越好。

第四,将每个关键因素的权重与它们的评分相乘,这样就可以得到每个因素的加权分数。

最后,需要将所有因素的加权分数加起来,这样就可以得到企业的总加权分数。

基于以上流程得出的 EFE 矩阵(见表 1-1):

表 1-1　上海电台短视频业务外部因素评价矩阵表

	主　要　因　素	权重	评分	加权分数
机 会	1 对于自媒体监管力度加大	0.05	4	0.20
	2 VR/AR 等技术创新为短视频带来更多沉浸式体验	0.05	1	0.05
	3 短视频回归内容价值,受众对内容输出更细分,品质要求更高	0.15	3	0.45
	4 短视频渠道的消费模式持续看涨	0.05	1	0.05

续 表

	主　要　因　素	权重	评分	加权分数
机会	5 短视频平台开始用主流价值观优化算法推荐机制	0.05	4	0.20
	6 用户生成内容 UCG 创作方式被进一步推动	0.05	4	0.20
	7 对于原创内容的版权加大保护力度	0.05	3	0.15
	8 短视频市场门类冷热不均,小众市场仍有机会	0.05	2	0.10
	9 新闻类短视频内容最受大众欢迎	0.05	3	0.15
威胁	10 生成式人工智能创作方式的应用	0.05	1	0.05
	11 中国短视频行业由增量市场转向存量市场	0.10	2	0.20
	12 品牌议价能力减弱	0.05	2	0.10
	13 主流媒体间的短视频业务竞争加剧	0.10	3	0.30
	14 行业进入成熟期,门槛变高、流量集中在头部	0.05	2	0.10
	15 内容同质化问题日趋严重	0.10	3	0.30
	总　　　计	1	——	2.60

　　EFE 矩阵总加权分数平均值为 2.5。如果总加权分数高于 2.5,这意味着企业对外部的影响因素做出了积极的响应。根据上述表格统计分析:上海电台短视频业务 EFE 矩阵的总评分为 2.6,超过了平均水平 2.5。这反映出上海电台的短视频业务已经具备了应对外部机会和威胁的能力。

　　为了进一步提升自身实力,上海电台短视频业务可以专注于优化内容创作、打造独家原创产品、突出内容价值导向、强化短视频的正能量、奉行高品质和个性化输出、完善账号多元细分、创新变现模式,从"文案策划""技术设备""生产流程""反馈互动"四个维度进一步提升,以抓住更多的市场机会并降低潜在的业务风险。

参考文献:

[1] 中央网信办秘书局.关于加强"自媒体"管理的通知[EB/OL]. 新华社公众号,https://mp.weixin.qq.com/s/4QHdCXHq7md7MqW06SuN9w,2023.

［2］国家网信办：生成式人工智能服务管理暂行办法［EB/OL］. 中华人民共和国政府网，
https：//www.gov.cn/zhengce/zhengceku/202307/content_6891752.htm，2023.

［3］中国人民大学国家发展与战略研究院课题组：灵工时代：抖音平台促进就业研究报告
［EB/OL］.http：//nads.ruc.edu.cn/index.htm，2020.

［4］国家广播电视总局发展研究中心：中国视听新媒体发展报告（2023）［EB/OL］，国家广
播电视总局网站，http：//www.nrta.gov.cn/，2023.

［5］黄楚新：我国移动短视频发展现状及趋势［J］，人民论坛・学术前沿，2022（5）：
91－101.

［6］中国互联网络信息中心 CNNIC：第 51 次《中国互联网络发展状况统计报告》［J］，互联
网天地，2023（03）：3.

［7］于烜：中国短视频行业发展的新态势［J］，视听界，2022（4）：47－53.

［8］李昆昆、李正豪：网红"生命周期"变短 流量变现越来越难？［J］，中国经营报 2023：2.

［9］中华全国新闻工作者协会：中国新闻事业发展报告（2022 年发布）［EB/OL］，中国记协
网，http：//www.zgjx.cn/，2022.

作者简介：

吴泽宇，上海人民广播电台融媒体采编部记者。

试析中长视频新闻实践创新路径
——以"看看新闻 Knews"《一看就懂》专栏为例

陈颋杰

提　要： 随着短视频成为人们获取新闻资讯的首要渠道，新闻短视频化的发展趋势越发向纵深迈进，与此同时，短视频新闻的自限性瓶颈也日渐凸显，为包括中长视频新闻在内的融媒体产品打开了新的"风口"。本文将分析中长视频新闻的特点、传播优劣势和目前面临的挑战，并以"看看新闻 Knews"《一看就懂》专栏为例，深入探讨中长视频新闻的实践创新路径。

关键词： 融媒体短视频　中长视频新闻　创新路径

引　言

　　短视频的出现极大改变了人们的新闻消费习惯。短视频新闻在传播动力上具有明显优势，其体量小、信息密度高等特点，不仅能帮助用户在短时间内获取核心新闻信息，也更易于在互联网上分享传播。

　　不过，受到多重因素限制，短视频新闻存在信息过度简化导致真实性受损、无法通过多元视角展开叙事等短板。为了突破短视频新闻的自限性瓶颈，同时也为了寻求媒体融合转型发展的新突破，一段时间以来，部分新闻媒体开始探索中长视频新闻生产。

　　从 2023 年 8 月起，上海广播电视台融媒体中心在哔哩哔哩平台推出名为《一看就懂》的中长视频新闻产品。该产品以知识性为核心卖点，以解释性报道的形态，对国际热点新闻展开深度梳理解读，在短时间内取得了较为可观的流量数据和正面的用户反馈。

本文将以短视频新闻发展的新动向为切入口,分析中长视频新闻的发展机遇,探讨中长视频新闻实践目前面临的挑战,并以《一看就懂》专栏为例,试析中长视频新闻的实践创新路径。

一、专业化模式化标准化　新闻短视频化迈向纵深

《中国网络视听发展研究报告(2023)》显示,短视频已经是人们获取新闻资讯的首要渠道,成了毫无疑问的新闻"主战场"。在此背景下,新闻的短视频化趋势正在进一步向纵深迈进,在生产组织、生产理念、生产标准等方面发生了新的重大变化。

1. 短视频新闻生产独立性日益强化

在互联网上发布视频新闻,原本是电视媒体的"专利"。在媒体融合转型初期的实践中,电视新闻媒体只是将已经播出过的新闻几乎原封不动地搬到网上。也就是说,当时网络视频新闻生产启动的节点是在电视新闻播出之后,且前期不涉及任何采编流程,后期也少有二次加工,只是将相同内容重复分发。

如今,新闻媒体的主流做法,是成立一个乃至多个专门从事短视频新闻生产的团队。其中,一些团队还是会利用电视新闻生产团队采制的素材制作短视频,但和以前相比,启动生产的节点已经大幅提前;另一些团队则从策划阶段开始便与电视新闻生产团队完全脱钩,独立完成采编全流程。所有团队制作的短视频新闻都仅在短视频平台上发布,有时甚至还会针对不同平台的用户偏好,在内容和风格上进一步实施差异化生产。

2. 短视频新闻时长更短节奏更快

长期以来,业界和学界对于短视频新闻的时长标准并未达成共识,只有一个笼统的范围,即从几秒钟到几分钟不等,一般不超过 5 分钟。事实上,短视频新闻已经很少见到"分钟级"的作品了,即便是按秒计算的作品,用户在观看时似乎也变得越来越没有耐心了。笔者所在新闻团队从 2021 年 10 月起,承担上海广播电视台融媒体中心旗下"看看新闻 Knews"抖音号的短视频新闻生产工作,当时一条短视频的平均时长在 15 秒左右。要在如此简短的篇幅内把一个新闻事件讲清楚,已经让人觉得不可思议。然而,受到用户观看数据、平台推送机制等因素影响,如今,"看看新闻 Knews"抖音号上的短视频新闻,平均时长已被压缩到 7 秒。

此外,短视频新闻的整体节奏也较之前明显加快。笔者所在团队在生产短

视频新闻初期,沿用了一些电视新闻编辑理念,比如,每个画面都保证一定时长,画面上添加字幕的字数多少,取决于字幕停留时长,基本确保用户能看完每个字。但是,在如今短视频新闻平均时长被"腰斩"的情况下,我们不仅压缩了每个画面的时长,同时还大幅放宽了字幕字数和字幕停留时长要求。这样做虽然会造成短时间内信息过载,但一条短视频新闻的信息量无疑变得更加丰富了,而且还会对平均观看时长、完播率等影响视频推送的算法数据带来正面影响。

3. 短视频新闻生产日趋标准化

如今,出于工作效率、品质把控等因素考量,短视频新闻生产变得越发标准化。还是以"看看新闻 Knews"抖音号为例,经过数年实践之后,笔者所在团队对短视频新闻生产制定了一系列标准,明确了固定的画幅比例、字体和字幕配色方案。

除了客观指标之外,在短视频新闻生产相对主观的领域,笔者所在团队还以"情感共鸣"为关键词,提出一系列原则性规定。比如,画面方面,在短视频开始部分一定要呈现新闻素材中最具视觉冲击力、最具冲突性或最能引发情感共鸣的画面;配乐方面,一般使用能进一步凸显画面氛围的纯音乐;标题方面,要把新闻事实中具有高度正能量、冲突性、争议性或戏剧性的内容加以提炼后放入主标题,同时配合字幕配色方案,突出其中最具亮点的内容。

二、自限性瓶颈渐显　短视频新闻面临"天花板"

用户人数多、传播流量大、影响范围广,正是因为短视频新闻具有这些特点,再加上生产模式日益成熟,使得不少新闻媒体都把短视频新闻作为媒体融合转型发展的重要抓手。

然而,短视频新闻的"爆发式繁荣"掩盖不了一个事实:其"一家独大"的正当性,很大程度上建立在了"量"的基础上。从"质"的角度而言,做大做强短视频新闻并不能完全和新闻工作高质量发展画上等号。相反,由于短视频新闻存在自限性瓶颈,在当下"入局者"数量日益增长的背景下,短视频新闻未来大概率将面临"天花板",引发增量动力不足、平均流量摊薄、辐射能力趋弱等问题。

1. 短视频新闻真实性易受损

这也是短视频新闻最为业界和学界诟病的短板之一。笔者认为,短视频新闻的真实性受损存在两个维度。

第一个维度,是信息的物理性受损,即短视频新闻包含的信息量本身就是不完整的。除了少部分经纬十分简单、脉络特别明确的新闻事件之外,短视频新闻并不具备讲透一条新闻的容量,因此只能在保证新闻五要素的基础上,大幅压缩其他内容。即便刻意采取了前文提及的"在短时间内制造信息过载"的手段,信息增量依然有限。

第二个维度,是信息的意识性受损,即短视频新闻信息量虽已"先天不足",但大部分信息还是会被用户忽略。这是由短视频新闻的生产方式所导致的,对于亮点信息的强化突出处理,会吸引用户把几乎所有注意力都集中到一个信息点上来。这样一来,即便其他信息没有缺失,也会在亮点的"照耀"下遭遇"灯下黑"。总的来看,不管是信息的物理性受损还是意识性受损,都会对新闻的宏观真实性产生负面影响。

2. 短视频新闻同质化加剧

随着新闻行业"主力军"涌入"主战场",叠加生产标准化的发展趋势,短视频新闻变得越发同质化。一旦发生重大新闻,乍一看各家媒体各展其能,但横向一比较就会发现,各个账号发布的内容不仅在选题和报道角度上差不多,甚至连字体、字幕配色等包装都会"撞车"。短视频新闻生产的初衷是为了追求与传统新闻报道不一样的调性,不料却在"千人一面"的工厂化生产中淹没了个性。

此外,短视频新闻的同质化,还体现在体裁的局限性上。从常见的新闻体裁分类标准来看,绝大部分短视频新闻属于消息类。对于通讯、特写、专访等体裁,短视频新闻根本没有操作空间,既没有宽度容纳多元视角,也没有深度展开复杂叙事。

三、路径依赖较强 中长视频新闻"蓝海"有待深挖

正是因为短视频新闻存在"天花板",为时长在 5 分钟及以上的中长视频新闻创造了一个大有可为的"风口",而相关数据也证实了机遇的存在。尽管到目前为止,业内并没有关于中长视频新闻这一细分类别的专门统计数据,但就中长视频产品(含非新闻类视频)整体情况来看,成长速度还是比较乐观的。比如,抖音曾在 2023 年披露数据,从 2022 年 9 月到 2023 年 9 月,抖音平台上时长在 5 分钟以上的中长视频,日均播放量同比提升了八成。

(一)中长视频新闻比较短视频的优势简析

从新闻生产和消费的角度出发,中长视频相较短视频更是有其独到的优势。

1. 中长视频新闻的信息量得以大幅扩容

中长视频新闻除了能把一个新闻事件说清讲透之外，用户观看视频的节奏也能回归合理区间，不易产生因信息过载而带来的疲劳感，也不易引发因顾此失彼而导致的压力感，能让用户获得更好的新闻消费体验。

2. 中长视频新闻可以实现更高程度媒体融合

中长视频新闻中可以融合运用的元素包括但不限于现场画面、现场声音、人物采访、说明字幕、解说、音乐、动画、可视化数据。相比之下，短视频新闻的形态就会简单很多。笔者通过观察日常实践发现，如果一条短视频新闻能同时使用三到四种上述元素，已经属于融合度相对较高的作品了。

3. 中长视频新闻可以更充分发挥互联网属性

通过在视频中嵌入投票、图形拖拽、空间探索、数据查看等环节，中长视频新闻更有机会提升产品的互动性和趣味性，这也会反过来延长用户的观看时间、增强其对产品的黏度。

（二）中长视频新闻对两条路径存在依赖

不过，要将中长视频新闻的这些优势发挥到位并非易事。据笔者观察，主要平台上现有的中长视频新闻，多少折射出在实践中对两条路径存在较强依赖。

1. 对电视新闻专题的路径依赖

电视新闻专题是人们最熟悉的中长视频新闻形态。目前，主要平台上的不少中长视频新闻，都有明显的电视新闻专题"二改"痕迹，无论是策划思路、行文架构、拍摄手法、行文语态都保留着较为浓重的"电视味"。

这样的中长视频新闻，其实质是在走媒体融合转型初期的老路，只是简单地将电视产品放在互联网上重复分发，而非专门针对互联网用户供给产品，它仅在时长和内容深度等指标上达到了中长视频的要求。

2. 对短视频新闻的路径依赖

还有一种较为常见的中长视频新闻，虽然是专门针对互联网用户生产的，但它更多采用了短视频新闻的创作逻辑，即着重突出观点和情绪的强输出，在新闻事实的深度挖掘方面欠缺火候,其实质是短视频新闻的加长版。

这样的中长视频新闻具有生产周期较短、成本较低的特点,可操作性确实很强,能在短时间内通过高频触达实现"涨粉""引流"等目的,但它主要依靠话术引导和情绪渲染支撑其内容,容易造成用户的审美疲劳,生产可持续性不强。

四、坚持互联网思维 引领中长视频新闻实践创新

从 2023 年 8 月起,笔者所在新闻团队开始试水专门针对互联网平台的中长视频新闻研发生产,并在"看看新闻 Knews"哔哩哔哩平台账号下推出名为《一看就懂》的专栏。在项目启动初期,该专栏每一到两周更新一次,截至 2023 年底,共制作推出 10 条中长视频,每条视频平均时长约 7 分钟。截至 2024 年 1 月末,这些视频中浏览量最高的为 101 万,最低的为 1.5 万,中位数为 5.8 万。整体来看,《一看就懂》中长视频新闻的浏览量,在"看看新闻 Knews"在哔哩哔哩平台上发布的全部 1 万多条视频中,排名居于前 15%。

基于初期实践经验,《一看就懂》主创团队成员梳理出一条中长视频新闻实践创新路径,并冀望在未来的实践中对其加以检验并持续优化。

1. 紧扣平台特性 设定产品形态

哔哩哔哩是业内公认的以中长视频为内容基本盘的平台,中长视频在该平台上的生存生态较为良好。这也是《一看就懂》主创团队选择将其作为主要发布平台的原因。

在对平台上主要新闻媒体账号发布的中长视频进行内容分析之后,主创团队发现,解释性报道这一产品形态较为稀缺。而解释性报道本身具有的多个特点,使其非常适合转化为中长视频新闻。

第一,解释性报道新闻时效性较弱。考虑到《一看就懂》专栏较长的制作周期,中长视频新闻不能成为"一锤子买卖",而是要尽可能发挥互联网传播的"长尾效应"。这就要求其关注的话题,要在较长时间范围内保持"余温"。相比其他类型报道,解释性报道在这方面明显见长。

第二,解释性报道信息延展性较强。它不仅关注新闻事件的过去,也会展望未来,同时还可以把新闻事件与其他事件关联起来。视角更多元,更有利于深度内容的挖掘。

第三,解释性报道内容集中度较高。虽然篇幅较长,但解释性报道终究还是在围绕一个新闻事件展开叙事,是在一个点上集中发力。这与互联网新闻视频创作逻辑是相通的,即重点突出一个核心主题,而不是引入多个主题"蜻蜓点水"

般发力。

第四,解释性报道知识传播力较强。长期以来,知识类内容在各类视频网站上一直保有较高人气,而"新闻"和"新知",其本质都是获取新的信息,两者是高度关联的。此外,哔哩哔哩平台早在 2020 年 6 月,便推出一级分区"知识区",下辖科学科普、社科人文、财经等 6 个二级分区,其较强的知识传播属性与《一看就懂》专栏的调性更为贴合。

2. 剖析用户画像明确产品内容

在明确产品形态之后,《一看就懂》主创团队对"看看新闻 Knews"在哔哩哔哩平台账号的用户画像和既往发布内容进行了深度梳理分析,发现账号的粉丝以中青年男性为主,对国际新闻视频偏好明显;账号发布的短视频新闻也是以该类选题为主。据此,主创团队认为,中长视频新闻的选题同样应该主攻这一方向,但必须与短视频新闻形成差异化视角。

从功能上来看,短视频新闻偏重告知用户基本事实,而用解释性报道的形态制作中长视频,则是要为用户分析新闻,并说服用户产生认同感。为了实现这一目的,视频内容必须基于用户视角,让新闻事件与尽可能多的用户搭建强关联。因此,对《一看就懂》专栏而言,每一条中长视频必须回答好同一个核心问题:这个国际新闻事件能在多大程度上和中国产生关联?

比如,专栏里的《大英博物馆的中国文物还要得回来吗》一片,其涉及的新闻事件为:2023 年夏天,大英博物馆约有两千件馆藏文物失踪或失窃,多国网民随后呼吁馆方无偿归还以不义手段获取的文物。看到这一消息后,《一看就懂》主创团队敏锐地意识到,这一新闻事件不仅能在一段时间内保持热度,还能与用户产生强烈的情感关联。主创团队还发现,有关大英博物馆馆藏中国文物的新闻报道,大多以流失文物的列举、介绍为主,数据分析较少,信息呈高度碎片化态势,深度信息的挖掘空间很大。

大英博物馆里现在馆藏多少中国文物?这些文物都是从哪些渠道获得的?中国有没有可能通过外交或法律途径要回英方通过战争或走私获得的文物?为了回答这些问题,主创团队在 1953 年出版的《大英博物馆季刊》里,查到了博物馆成立初期馆藏中国文物数量少、品类少、价值低的报道,与如今博物馆官网披露的中国文物数量、品类、价值形成鲜明对比,而馆方对很多中国文物的来源却是语焉不详。此外,主创团队还通过英国议会官网查阅《大英博物馆法》原文,通过对法律条文的逐条梳理,得出流失文物归国困难的结论,用一系列其他新闻报道中鲜少涉及的信息,给用户制造新鲜感,同时也利用信息的深度,强化新闻事件与用户之间的关联。

3. 配合产品形态打造标志亮点

通过重复展示标志性的话语和动作，强化用户记忆，这是短视频常用的一种创作手法。《一看就懂》主创团队在实践中发现，这个手法的理念是对的，但是对于中长视频的效用似乎没有对短视频那么明显。

究其原因，标志性话语和动作往往短小精悍，更适合短视频的节奏。在中长视频的语境下，若单次出现，强化记忆的延展力不足；若多次出现，反而会扰乱视频节奏。从更深层次来讲，标志性话语和动作也是电视节目中经常使用的一种手法，并非互联网原创。它对用户的输出依然是单向的，既无法得到用户回应，也难以引导用户互动，从长远看，无法通过构建关联，形成可持续的黏度。

为打造更具创新性的标志亮点，《一看就懂》主创团队再一次对产品形态展开深入剖析，结果发现，解释性报道可以看作是围绕一个问题展开研究，那么信息采集分析的过程，就是研究方法。主创团队思考，把信息采集分析过程作为一个"标志性过程"，在视频中适当重复，不仅能与内容的贴合度更高，而且还能与用户建立关联。这个"标志性过程"，其实就是在向用户传递一个信息：你可以自行重复信息采集分析过程，查验你得出的结论是否与我们给你的一致。

比如，在《为自私埋单！日本强推核污染水排海带来的损失有多大》一片中，主创团队对中国大陆从日本进口水产品的信息采集分析过程进行了完整展示。在主观镜头的引导下，主持人告知用户，在海关总署官网首页的哪个版块可以找到数据发布入口，点击进入后在发布页面的哪个条目可以找到中国大陆从日本进口水产品的月度数据和年度数据，之后打开相关报表，展示数据，并以此为基础，开展分析解读。

这一做法得到了用户的高度肯定。一些用户还在弹幕或评论中透露，自己重复了信息采集分析过程，看到了同样的数据，得出了同样的结论，继而对主创团队用事实说话的专业性表达了肯定。

4. 服务产品内容用好创新技术

在《一看就懂》专栏创作初期，主创团队就提出一个目标，要把中长视频新闻作为"试验田"，利用互联网工具创造互联网产品。考虑到解释性报道涉及信息的深度挖掘，想要挖出"宝藏"，显然不能光靠其他媒体已经报道过的二手信息，而是要提出新的问题，寻找新的答案。

2023 年 8 月，有关缅北电信诈骗的新闻频频登上热搜。考虑到这一新闻事件与中国的强关联性，《一看就懂》主创团队决定将其作为专栏的第一个选题。不过，在搜集信息时，成员们遇到的最大问题，就是可以查证的深度信息严重不足。比如,有关缅北电信诈骗窝点的描述,大多来自被解救回国的我方被困人员,大家的表述大同小异,而且短时间内通过短视频新闻广泛传播,缺乏新意。

为了寻找创作突破口,主创团队利用数据分析软件,对多篇涉及缅北电信诈骗的新闻报道进行了词云分析,结果发现,这些报道共有的最大关键词之一,其实就是"缅北"二字。大家突然意识到,原来这个新闻事件的最大亮点之一就在标题里,长期以来都被忽略了。中长视频新闻创作的核心问题也随之浮出水面:为什么缅北会有那么多电信诈骗窝点?

为了进一步打开思路,主创团队把这个问题同时提给了 OpenAI 的 ChatGPT 和百度的"文心一言",并综合两个人工智能大模型生成的回答,在学术网站上搜索到一篇发表在《中国人民公安大学学报》(社会科学版)上的电诈主题论文,进而联系论文作者进行采访,不仅了解到缅北电信诈骗窝点集聚的历史成因,还对近年来这些窝点路线迁移的新动向进行了深度解析。最终,《一看就懂》专栏发布的第一条中长视频,标题就是《为何电信诈骗老爱窝在缅北》,并凭借高质量的深度信息,在流量上取得了"开门红"。

在此次创作经历的鼓舞下,主创团队决定,从选题策划阶段开始,就要有意识地去使用包括生成式人工智能大模型在内的各项创新工具,为创作提供更多灵感,同时也强调,这些工具,要依靠,但也不能迷信。对于通过人工智能等途径获取的信息,要认真做好核实工作。

结　语

可以预见,未来一段时间,短视频依旧会是人们获取新闻的首要途径,但是新闻媒体的高质量、可持续发展,不能仅仅倚靠碎片化的"快餐",而是要把握包括中长视频在内的内容创作"风口",构建更为丰富、更为有效的新闻产品供给。

坦率地讲,中长视频的发展整体还存在不确定性。比如,抖音曾在 2023 年 9 月提出,要加强对中长视频的激励,但截至笔者发稿,相关激励机制取得的实效未见有公开数据发表。哔哩哔哩平台亦在 2023 年 6 月宣布,为更好挖掘优质内容,平台将以"播放分钟数"替代视频外显的"播放次数"。尽管这一政策当时受到各方好评,但到目前为止,哔哩哔哩平台的外显数据依然是"播放次数",这似乎在暗示,相关政策的推进遇到了阻力。

尽管如此,短视频产品特别是短视频新闻将面临自限性瓶颈所带来的"天花板",这是业内的共识,也是不争的事实,而中长视频新闻产品目前还处于孵化阶段,创新力尚未被完全释放出来,是一片值得深耕的"蓝海"。

本文围绕中长视频新闻实践创新路径展开的讨论,依然停留在初探阶段,希望更多新闻媒体同行能加入进来,共同挖掘新闻行业新的需求。只有这样,才能把媒体融合深度转型的主动权牢牢把握在自己手中。

参考文献:
［1］周结、余力、谭淑芬等:中国网络视听发展研究报告(2023)［R］,中国网络视听节目服务协会.2023.
［2］周勋:融媒体时代下短视频的创作及发展研究［J］,传播力研究,2022,6(27):76-78.
［3］刘晓蔚:融媒体时代传统主流媒体新闻短视频发展策略研究［J］,新闻文化建设,2022(2):155-157.
［4］徐凌:短视频新闻发展的多层瓶颈及突破路径［J］,记者摇篮,2023(12):3-5.
［5］秦雨璐:视频红利下长视频的适应化生存［J］,世界新闻,2023(9):27-29.
［6］范佳来:B站将以播放时长替代次数,陈睿:创作激励金已覆盖110万UP主［N］,2023年6月27日。
［7］吴昕、张一鸣定调:抖音发力长视频［N］,2023年9月14日。

作者简介:
陈颐杰,上海广播电视台融媒体中心科创传播部主任。

论融媒体视阈下考古报道的创新策略

——以《最早的中国·文明探源看东方》为例

金 梅

提 要: 随着新媒体时代的来临和媒体融合的持续推进,作为主流媒体中坚力量的电视媒体,面临着如何与时俱进地讲好中国故事、传承中华文明的课题。在习近平总书记关于考古工作的最新指示下,在国家文物局"考古＋融媒体"传播策略的支持下,上海广播电视台融媒体中心推出大型直播报道《最早的中国·文明探源看东方》,从融媒体角度积极创新,在坚持权威性、专业性的同时,借助互联网和数字技术的强大力量,通过电视、网络、移动端等多个渠道,为受众带来了不一样的考古报道,取得了良好的收视效果,并荣获了第 33 届中国新闻奖二等奖。本文以该报道为研究对象,通过其在融媒体方面的尝试和探索,研究电视媒体如何做好考古报道、讲好中国故事的现实路径。

关键词: 媒体融合 电视媒体 考古报道 创新策略

引 言

上下五千年,中华文明源远流长、博大精深。作为主流媒体的中坚力量,电视媒体承担着讲好中国故事、传承中华文明的使命。对电视媒体来说,从考古发现和考古成果等隐藏着中华文明密码的宝藏入手,做好考古报道,不仅是贯彻宣传思想工作、承担自身使命的必然要求,也是顺应媒体融合发展大趋势,丰富自身内容生产并提升自身实力的大好机遇。

在众多电视媒体的尝试中，上海广播电视台迈出了堪称开创性的步伐。2022 年 9 月 28 日，在习近平总书记关于考古工作的重要讲话发表两周年之际，该台推出了大型融媒直播特别报道《最早的中国·文明探源看东方》，同时、同步通过电视端和众多网络端、手机端，进行了长达 150 分钟的直播和互动，在主题呈现、内容整合、跨平台直播、短视频创作分发以及数字技术的运用等方面，都做出了独有的探索和创新，收获了众多受众的文化认同与共鸣。本文拟从该报道出台的必要性、创新性出发，探讨电视考古报道的创新策略。

一、做好考古报道创新的必要性

考古工作是一项具有重大政治意义、历史意义和社会意义的文化事业。历经百年发展的中国考古学，已经拥有了一系列重大考古发现，展现了中华文明起源和发展的历史脉络、灿烂成就和对世界文明的重大贡献。

（一）响应宣传思想工作要求 做好考古报道创新

做好考古报道创新，首先是贯彻习近平总书记指示和宣传思想工作要求的责任与担当。

2020 年 9 月 28 日，习近平总书记就考古工作做出指示："要努力建设中国特色、中国风格、中国气派的考古学，更好认识源远流长、博大精深的中华文明，为弘扬中华优秀传统文化、增强文化自信提供坚强支撑。"习近平总书记的指示，高屋建瓴地概括了中华文明的突出特性和深刻规律，不仅为中国考古学的发展指明了方向，也为媒体如何做好考古报道点燃了明灯。

近年来，多家电视媒体尝试通过考古报道展现考古发现和考古成果，在一定程度上引发了公众的兴趣。但由于考古学天然具备知识浓度比较高、讲述难度比较大等特点，并且对受众的历史文化素养和逻辑判断能力要求比较高，考古报道容易陷入话题单薄、形式单一、不易传播等"先天不足"的困境。从报道反馈来看，受众群也较多局限于学术圈内，广大公众仍将考古视为一项比较小众、比较"高冷"的事业。

事实上，相较于纸媒和广播，以视听见长的电视媒体，在考古报道方面已经具备了一定的传播优势。但总的来看，这些报道都不同程度地存在着个体化、碎片化的倾向，缺乏整体的、统一的、延续的大局观，导致电视媒体在执行讲好中国故事、传承中华文明的使命方面，仍有很大提升空间。而习近平总书记的指示，很明确地指出了提升的方向和方式方法。

（二）顺应新媒体发展形势 做好考古报道创新

做好考古报道创新，也是电视媒体在新媒体时代主动抓住机遇、提升自身创新力、传播力和影响力的不二选择。

2013 年前后，随着微博、微信、抖音、快手等移动互联网平台陆续进入爆发期，人们获取资讯、收看收听视频音频的渠道发生了重大变化，直接导致了媒体形态和竞争格局的根本性改变。在大量用户的参与和推动下，考古学逐渐从"幕后"走到"台前"、从"小众"走向"大众"。四川广汉三星堆文物"上新"、汉文帝霸陵位置确定……这些考古成果往往刚被官宣就登上"热搜"，在引发公众关注的同时，也迅速点燃了公众的求知欲和对中华文明的更多探寻。

面对这种形势，作为主流媒体的电视媒体也开始积极思考如何融入，以牢牢把握话语权。如何通过创作有思想、有深度、有广度的作品，全面而深刻地展现中华文明？如何利用自身的权威性、专业性和渠道优势，避免和纠正严肃的考古发现被"戏说"、被"碎片化"？如何创新技术、应用和业态，满足和引领更多受众需求？电视媒体从业者很快发现，想要回答这些问题，就必须同时聚焦电视传播和互联网传播，积极创新，打造出受欢迎的"破圈"产品。

这一思路也得到了国家层面的鼓励和支持。针对考古报道这一特定文化节目范畴，国家文物局在 2022 年中明确提出：要走"考古＋融媒体"的传播路线，鼓励融媒体、数字文化企业参与考古成果转化利用，积极引入新兴传播方式和业态，创新数字文化产品和服务，形成丰富多样、科学准确的考古成果传播体系，打造具有社会影响力的考古成果传播品牌。

二、融媒体视阈下考古报道的创新思路探析

方向决定前途，道路决定命运。对电视媒体来说，既然新媒体时代的到来势不可挡，就要思考如何拥抱浪潮、踏浪而行。当务之急就是从传播格局的变化入手，对自身定位、内容生产、运行机制等及时做出相应的创新和调整，从而将挑战转变为机遇。

（一）融媒体的缘起：技术革新改变传播格局

互联网和数字技术的高速发展催生了众多新媒介，将传播格局和媒介生态引向深层变革。伴随着社交媒体和自媒体的日新月异，曾凭借视听优势从报纸

那里轻轻松松赢得绝对传播话语权的广播和电视,也因此面临着似乎更具优势的新媒体的挑战。

最明显和最直接的挑战,来自传统意义所指的受众。"人人都有麦克风,个个都是自媒体。"为了寻求新闻的更多细节,为了求证内容的真假,或者为了发表评论、提出建议……受众越来越多地转向社交媒体和自媒体,他们同时使用各种媒介,甚至不停地在不同媒介之间切换和跳转。这意味着,他们已不再是单纯的、被动的资讯接受者,而是转变成了主动的资讯索取者、传播者、制作者,甚至同时融合了这三种身份。

在这个大背景下,传统媒体越来越意识到,媒体的持续发展需要不断地拓展用户群、巩固用户群,形成常态化的流量来源。这就让跨媒介叙事成为现实而迫切的客观需求。为了让资讯更快更精准地到达公众、更好地获得传播效果,就应当尽可能地使用多种传播媒介,不仅是广播、电视等传统媒体,还要使用社交媒体和自媒体,并尽可能地综合、交叉、搭配使用,也就是走媒体融合的路,做融媒体报道。无论是时政报道、理论宣传,还是民生新闻、社会热点,都尽可能地以融媒体报道的方式呈现,以满足不同受众的需求。

美国新闻学者杰克富勒在《信息时代的新闻价值观》一书中指出:"新媒介的出现,通常来说并不意味着取代或者消灭旧媒介,而是将其推到具有相对优势的领域。"而新媒介和旧媒介互动的结果,就表现为媒介之间不断加深的相互融合。这是一种深度的融合,它不是简单地"1+1"——即传统媒体"加上"新媒体,而是"你中有我,我中有你",包含了网终融合、平台融合、产品融合、内容融合和接收终端融合等多个层面的深度融合。融合的结果,"应当"或者说"期待"能够发挥出不同平台的优势,最终形成"1+1>2"的效果。

(二)融媒体的深入:重塑电视媒体制播体系

自2013年"媒体融合"第一次写入党的中央全会公报以来,各级各地电视媒体紧紧抓住顶层设计、制度创新和技术发展的时代红利,在平台和渠道建设、内容表达表现、应用功能延伸等方面纷纷转型创新,加速拥抱媒体融合的浪潮,以确保在新媒体时代仍能传达权威声音、掌握舆论话语权。

1. 大力推进渠道建设,自建和合作"两手抓"

新媒体时代,信息的获取方式和传播方式相较于以往的单一化媒体要更加丰富,受众更倾向于从报纸、广播、电视等传统媒体与网络、微博、微信、客户端、抖音等新媒体渠道同时接收信息,甚至多屏转换、三屏合一。为此,电视媒体纷纷利用 5G、大数据、云计算、人工智能等新技术，一方面积极自建互联网平台和移动客户端，另一方面积极入驻微博、微信视频号、今日头条、哔哩哔哩、抖音等成熟的音视频商业平台，用"两手抓""两条腿走路"的方法，积极整合资源，构建多领域、多渠道、多层次的全媒体传播体系。

以上海广播电视台为例，这是目前国内省级广电媒体中规模最大、实力最雄厚的全媒体新闻机构之一。2016 年 6 月，该台"举全台之力"组建成立融媒体中心，并同时上线由该中心生产的融媒体新闻平台"看看新闻 Knews"。经过多年来的努力，截至 2023 年 2 月，该平台的粉丝数已突破 1 亿，短视频发布量和播放量双双稳居全国省级广电媒体新闻账号首位，全年总传播量超800 亿。

与此同时，上海广播电视台还积极入驻微博、微信视频号、今日头条、哔哩哔哩、抖音等成熟的音视频商业平台，陆续开通了"看看新闻 Knews""东方卫视""第一财经"等多个账号，总播放量和粉丝量都居省级广电榜单前列。其中尤其以抖音平台的数据最为亮眼。新榜数据显示，上海广播电视台旗下有近 30 个官方账号的抖音粉丝量超过 50 万。其中，"看看新闻""东方卫视"的粉丝量超过千万。这些努力都为该台讲好中国故事、做好文化传承奠定了基础。

2. 着力创新内容生产，凸显多元化表达

伴随着渠道和平台建设的大力推进，电视媒体着力改变单一的内容报道方式，积极创新内容生产。除了常见的电视报道以外，还会以直播、Vlog、短视频、图文、动画、H5 等形式，在网络端、客户端等新媒体载体上予以展现，使得作品同时出现了表达多元化和载体多元化的特征。两者互相交织、互相成就，从而呈现出一种深度的融合。

纵观如今的报道可以发现，有时，同一个作品会在多个平台以不同形式播发，内容、标题、唱词等信息都一模一样；有时，创作者会根据播发平台的特点，对内容进行量身定制般的微调。比如，电视端的播出版本通常行文用语比较简洁端正、画面剪辑比较严谨规范，尤其是时政报道更是必须符合既有模式。相对而言，在网络和移动端等渠道播发的短视频版本，则经常使用通俗化、大众化语言，包括网络流行语言、表情符号，画面剪辑往往不拘一格，长镜头也可以、慢动作也可以、无声留白也允许。大多数时候，还会配上有隐喻、有内涵的音乐，帮助受众理解信息。也就是说，即使是针对同一个新闻素材，电视报道和新媒体报道在价值、角度、方法、影响等方面，都会有不同的表达。而无论是载体多元化，还是表达多元化，其目的都是为了吸引满足受众的期待和需求。

3. 打破分工和流程边界,再造采编播体系

为了满足渠道建设和内容生产因变化而产生的需求,电视媒体积极变身为融媒体中心,根据"一次采集、多种生成、多元发布、全媒传播"的模式,全力构建以"中央厨房"为核心的全媒体采编体系,大大优化了资源的分享、素材和深耕以及传播路径的整合,打造出覆盖广泛、产品丰富、多元一体化、活力充沛的多元媒体传播矩阵。

在人员设置上,媒体界限、从业人员的专业区分被打破,一方面,原本从事单一的报道工作的"电视记者"向"全媒体记者"转型,包括其思维方式和工作方式都相应做出改变。另一方面,原有的电视采编团队和新媒体采编团队重新整合、实现"合二为一"。与此同时,在生产流程上,电视新闻业务也从原来的采、编、播模式,转变为融采访、写作、电视编排、短视频创作、新媒体编辑于一体的新模式。

仍然以上海广播电视台融媒体中心为例,为高效助力全媒体生产,该中心打通了 Xnews 新闻融合生产平台和看看新媒体运营平台(CMS),使得内容团队可以在一个平台制作多终端内容,并且支持多端联动的全媒体编辑、审核发布功能,从而实现了大屏与小屏生产同时进行、同步发布,从融媒的角度大大提升了工作效率。

三、《最早的中国·文明探源看东方》的创新实践与策略分析

如上所述,随着媒体融合进程的推进,电视媒体转型为融媒体中心的道路已越走越宽。相应地,传统的电视报道转型为融媒体报道、传统的大型电视直播转型为大型融媒体直播的时机,也日渐成熟了。

表现在考古报道方面,近年来,各地电视媒体纷纷从融媒体视阈出发,积极创新报道内容和报道方式。这种整合产生的优势,已经从收看收视收听的用户端获得了良好的反响。比如,以《中国考古大会》为代表的综艺节目、以《我在故宫修文物》为代表的纪录片等,都凭借高品质内容和多样化形式赢得了口碑、打响了品牌。

在这些尝试中,别具特色的是,上海广播电视台融媒体中心在 2022 年 9 月 28 日推出的大型融媒体直播特别报道《最早的中国·文明探源看东方》。该报道同时、同步通过电视端、网络端和手机端进行了长达 150 分钟的直播和互动,可以说是开创了考古类题材大型融媒体直播的先河。下面拟从内容表达、跨平台直播、短视频播发以及数字技术运用等方面进行解读。

（一）用权威性专业性主导版面编排 厘清社交媒体误区

追寻文明的起源，是人类共有的主动意识，但由于其中涉及众多悬念和难题，相关报道尤其是社交平台上的短视频等，往往在内容、角度方面存在不少误区和盲点。为了帮助广大受众树立正确的文明观，《最早的中国·文明探源看东方》紧扣习近平总书记关于考古工作的重要讲话精神，以中华文明探源工程的探索和成果为核心，坚持用专业权威的精神来主导版面编排，通过跨时空的文物"连麦"和重量级专家的讲解，一层层揭开了历史尘封的面纱。

举例来说，探源中华文明的一道必答题是：最早的中国是不是夏代？围绕这一问题，长期以来，中外学术界存在诸多问题和分歧，媒体报道也是众说纷纭。对此，中华文明探源工程的回答是："中华文明的起源和早期发展是一个多元一体的过程，在长期交流互动中相互促进、取长补短、兼收并蓄，最终融汇凝聚出以夏代中晚期河南洛阳偃师二里头文化为代表的文明核心，开启了夏商周三代文明"。为了呈现这一成果，主创者没有采取平铺直叙的方式，而是巧妙地借用了上海博物馆正在举办的《宅兹中国：河南夏商周三代文明展》，分别以展览中的夏文物和商周文物为起点和终点，跨时空、跨地理单元地，串联起十多路记者对于早期文明的追溯，用一场穿越之旅让观众和网友切实感受到了夏在中华文明中"承前启后"的关键地位和重要意义。

为了让大家对中华文明的"多元一体"有着更直观的感受，主创者还积极从存在共性的文明元素中着手，展示各时期文明、各地理单元之间的交流互动。比如，龙形元素在夏代二里头遗址、陕西石峁遗址、凌家滩遗址等多处都有出现，这是否揭示了"龙元素"对于中华文明的特殊意义？又比如，大肚子的炊具鬲，在同处黄河流域却间隔千年的陕西石峁遗址和山西陶寺遗址同时发掘出来，是否暗示了两地的先民们可能存在某种渊源？这种带着深度思考的勾连组合方式，成功地在文物和文物之间、遗址和遗址之间、文明与文明之间循迹溯源、传承信息，诠释了中华文明的形成过程。

这些深入挖掘中华文明内涵的策划和操作，也得到了业内专家的高度认同和赞赏。事实上，要想体现报道的专业性、权威性，专家的解读可谓"定海神针"。当天在报道中出现的专家可都大有来头。演播室中"坐镇"的两位专家中，一位是中华文明探源工程第一到第四阶段的首席专家王巍教授，另一位是中国文物学会副会长高蒙河教授。记者在各大遗址发掘现场和各大博物馆请教的采访对象，也基本是该遗址发掘工作的主导人、领队或是该博物馆的馆长。难怪有网友在弹幕中说，"听专家一席话，胜读十年书"。还有网友直接说："要探源中华文明,听王巍教授讲就对了。"可以说,专家们的真知灼见在增加报道权威性和公信力方面发挥了"去伪存真"的巨大作用。这也从一个侧面展示出,即使是在社交媒体日新月异的时代,电视媒体也仍然在传递权威声音方面拥有无可比拟的优势。

(二) 多平台实时直播 用载体多元化提升用户黏性

《最早的中国·文明探源看东方》最具开创性的特点,是实现了报道同时同步在多个平台的播发,其中既有东方卫视、上视新闻综合频道、看看新闻 Knews、百视 TV 等电视端,也有微信视频号、抖音、快手、哔哩哔哩、新浪微博、百度百家号、新浪新闻、一点资讯、大鱼号、网易新闻、知乎、咪咕等十多个新媒体平台。这场跨平台的大直播,让众多考古发现和考古成果以更加生动形象、更加立体丰满的面貌呈现在大屏小屏,用全方位、立体式的联动格局,实现了"破圈"式传播。

相较于大众非常熟悉的电视直播,网络直播是新媒体时代的一种信息传播形式。在 5G 等数据传播技术的加持下,该报道中大量运用了直播现场连线的方式,完美地诠释了"最好的新闻在现场"。其中,几乎与直播同时进行的国家文物局发布会、二里头遗址公布祭祀区最新发现,以及苏州塘北遗址首次与公众见面等事件,意义重大、时效性强。它们有序穿插在报道中,既丰富了报道的内容,也让整个报道的新闻性再上一个台阶。这也是让众多观众和网友实时在线、保持互动的一个重要原因。

值得注意的是,该报道与哔哩哔哩和抖音平台的合作超出了其他商业平台。一个重要原因是,主创团队运用大数据技术和算法对报道的潜在受众进行了精准画像。他们热爱中华文明,具有一定的历史知识和文化素养;他们相对年轻,喜欢热门话题,喜欢参与评论。而这两个平台恰好存在着大量这样的活跃用户。为了吸引和增加这部分受众的黏性,主创者特意邀请抖音创作者"古猫"专门打造了短视频《大美青铜:跨越千年历史的回响》,巧妙穿插在版面之中,不但丰富了内容,还凭借其对青铜器的种类、纹饰、铭文做出的个性化解读,吸引了这两个平台的众多网友。甚至很多网友在成为节目的粉丝后,还在"小红书""豆瓣"等新媒体平台上进行推广,推动形成了一个更大的传播网络,加速了节目在互联网上的传播。

(三) 发挥短视频优势 用"爆品"提升传播力和影响力

短视频是集图像、文字、声音为一体的动态影像,短小精悍、表达丰富、社交属性强。2016 年前后,伴随着现代化的信息技术飞速发展,短视频开始强势崛起,如今已成为重要的信息获取和传播渠道,拥有了庞大的用户基础。中国互联网络信息中心(CNNIC)发布的第 52 次《中国互联网络发展状况统计报告》显示,截至 2023 年 6 月,我国网民规模达 10.79 亿人,互联网普及率达 76.4%。同期,短视频用户规模达 10.26 亿人,用户使用率高达 95.2%。在此形势下,短视频也被作为融媒的重要因子,成为各大融媒体拉动视听的重要赛道和强劲引擎。

《最早的中国·文明探源看东方》尤其注重短视频的打造和锤炼。在报道的前一天,作为预告片的短视频就火热上线,为报道的出炉预热造势。报道当天,随着直播的推进,主创团队不断将精华内容制作成短视频进行推送,相当于同步进行了一场短视频直播。数据显示,截至当天 17 点,大直播在"看看新闻Knews"上点击近 100 万,同时推送的 80 余条短视频总播放量达 600 万。其中最获好评的《震撼!我们在二里头遗址"复原"了宫殿盛况》《陕西石峁与山西陶寺:"鼐"串起的恩怨》《二里头绿松石"龙"与石峁石雕"龙"有何渊源?》《福泉山遗址:虚拟技术再现"东方土筑金字塔"》等短视频,恰好都是主创者重点打造的精品,也从侧面展示出主创者较为精准地把握受众的心理,实现了"投其所好"。

(四)创新运用数字技术"虚实结合"营造沉浸式体验

要想让收藏在博物馆里的文物和陈列在广阔大地上的遗产都活起来,就必须讲究手段和方法。AR、XR 等虚拟技术的发展与运用,正好为躺在中华大地上的文明宝藏注入了能够广泛传播的"灵魂",让原本模糊的历史也逐渐变得清晰起来。

《最早的中国·文明探源看东方》一开场,随着悠扬古典的乐曲传来,时光之门逐渐开启,具有中华文明特质的中轴对称大道向前快速延伸,青铜爵、玉琮、象牙权杖等一个个经典的中华文物逐渐闪现,瞬间就将观众和网友带入了那个久远的年代,让整个演播室也充满了厚重的历史感。

报道中还创新地使用了虚实融合的 XR 直播技术,通过 3D 建模技术为文物和遗址打造数字"替身",用"元宇宙"的加持,让观众和网友在立体化的呈现中,体会到超真实带来的视觉震撼,感受到"全息"对话下中国故事的深刻内涵。比如,在河南二里头遗址上,主创者通过 AR 技术实地"搭建"起当年的一号宫殿,与多角度拍摄的遗址现实影像相融合,将复原的数字宫殿呈现在了遗址的基座上,通过镜头带观众和网友沉浸式进入宫殿内部,复现了夏代王都的盛大规模和气象。又比如,在福泉山遗址,主创者在专家的帮助下搭建了专业的三维模型,以虚实结合的方式,详细展现了遗址内部"五色"文化地层堆叠的现象,让观众和网友深刻地体会到它为何会被誉为"东方土筑金字塔"。

综上所述,《最早的中国·文明探源看东方》其实是上海广播电视台在推进媒体融合进程中的一次有价值的尝试。当一个个文物、一个个发掘现场在多平台的实时直播中"活"过来,当众多观众和网友在专业和权威的表达中经历了一场探访之旅,报道也完成了从融媒体角度寻找中华文明精神内核、传递权威声音的创新实践。

结　语

无论科学技术如何革新,无论时代如何发展,对电视媒体来说,讲好中国故事、传承中华文明,是始终不变的责任和使命。按照习近平总书记和党中央的宣传工作要求,根据传播环境和媒介生态的变化,因时应势地从传播理念、传播内容、传播方式、传播渠道等各方面进行创新,扬长补短、吐故纳新,也是电视媒体工作者的责任所在。期待以《最早的中国·文明探源看东方》的探索为契机,让更多有深度、有力度、有温度的精品力作能够持续面世,在满足受众需求的同时,进一步讲好中国故事、做好文化传承、树立文化自信。

参考文献:

[1]《最早的中国·文明探源看东方》节目回放网址 https：//live. kankanews. com/live/M8Q80ME1qQL.

[2]《习近平主持十九届中共中央政治局第二十三次集体学习》https：//www. xuexi. cn/lgpage/detail/index. html? id ＝ 12596929126399461629&amp；item ＿ id ＝ 12596929126399461629.

[3] 国家文物局在 2022 年 4 月发布的《"十四五"考古工作专项规划》。http：//www. ncha. gov. cn/art/2022/4/22/art_2318_45488. html.

[4] "上海广播电视台融媒体中心"公众号文章:《打造主流媒体信任流量新链接|融媒体中心 2024 创新合作项目发布》https：//mp. weixin. qq. com/s/9rFcIB－KPQt＿Vl W＿VlTWiA.

[5] 中国互联网络信息中心第 52 次《中国互联网络发展状况统计报告》https：//cnnic. cn/n4/2023/0828/c199－10830. html.

[6] "上海广播电视台融媒体中心"公众号文章《"文明探源看东方"溯源"最早的中国"探寻重大考古发现的前世与今生》https：//mp. weixin. qq. com/s/ECRDcBRc＿mLFK 3iT5Z7PfQ.

作者简介:
金梅,上海广播电视台融媒体中心《午间 30 分》栏目执行主编。

AI 技术应用下的广播垂类节目数字化生产

——以第一财经广播《财经早点》为例

魏雪雯　阳欣哲

提　要：随着 AI 技术的发展和推广,其越来越深刻影响媒介内容生产,在一定程度上为传者与受者之间的连接提供了便利。而垂类节目,是针对特定人群提供的、具有鲜明特征的节目,因此也意味着它必须与受众建立更紧密的联系,甚至要根据受众的反馈来设计和调整节目内容。本文以上海人民广播电台第一财经广播旗下《财经早点》节目为例,探讨这档开创"广播＋AI 技术"先河的广播节目,在优化生产流程、提升生产效率、细分吸粉、融媒破圈方面的举措,总结其在广播频率与阿基米德平台上联合播出的经验,以及其通过新技术的应用在用户体验、IP 塑造、叙事框架、传播分发等方面的探索,为垂类广播节目在媒体融合过程中如何与技术结合,更好地与用户连接提供参考。

关键词：垂类广播节目　AI 技术　数字化生产　破圈传播　虚拟主播

引　言

垂类节目,顾名思义是针对特定人群的节目,他们的爱好、背景、年龄、性格等不尽相同,但却有着一定的共性,能够在某个维度上被归为一类。正因为此,垂类节目与用户的关系愈加密切,或者说垂类节目的成功与否更加依赖用户。它们不再是简单地为用户提供娱乐或信息,而是与用户建立起一种情感纽带。

这些节目不局限于满足用户的需求和兴趣,更加注重用户的参与和反馈。垂类节目利用新媒体技术,能够第一时间了解受众对节目的意见,为受众提供定制化的内容和服务。本文以上海人民广播电台第一财经广播频率旗下的垂类财经节目《财经早点》为案例,探讨广播节目如何借助互联网的技术手段,提升双向反馈的效率,达到挖掘目标人群、实现破圈传播新价值的效果。

《财经早点》开播于 2021 年 10 月,是一档晨间网络直播节目,由第一财经广播与阿基米德传媒联手打造,定位于为用户提供最快、最热、最新鲜的财经资讯。节目以"热点、民生、本地"为宗旨,综合硬财经知识和软生活资讯两方面内容,开设财经快讯、热搜财榜、投资早课、一财知道、有事你说和消费福袋等多个版块,聚焦不同话题与信息,为听众定制一天最新财经资讯的"大餐",每天早晨6:00—9:00 在第一财经广播频率和阿基米德平台上联合上线播出。2023 年,节目的广播端市场份额保持在 5% 以上,全网月均点击量超过 240 万。

自 2020 年以来,第一财经广播面对网络电台内容的冲击,充分进行用户调研分析,制定了与阿基米德平台的密切合作、从供给侧端进行流程再造的改版策略。现在的广播内容用户,在收听广播的渠道方面有了更丰富的选项,不再局限于传统的广播频率。新媒体平台上的广播内容,呈现出小众化、垂直化、多次细分的特点。无论是对特定领域充满兴趣的爱好者,还是追求个性化内容的个性派,都能够找到适合自己的内容。技术的优势使得这些创作者们能够近距离地触摸用户、感知用户,根据用户的需求进行内容调整,并且最终更直接地满足受众的需求,不仅能够为用户提供更深入的专业知识和独特的视角,还能够让用户与同好者相互交流、分享经验和心得。新媒体加持后的广播内容打破了传统广播的束缚,给用户带来了更加多样化和个性化的收听体验,也向广播工作者提出了挑战。

面对内容生产方面固定思维和限制的挑战,广播人躬身入局,把自己变成解决问题的关键。与阿基米德联手打造的"财经早点",促使节目内容与技术耦合,丰富了节目的表现形式,实现直播和点播,打破"一纵即逝、无法回听"的障碍,也打破地域的壁垒,使之成为一个覆盖长三角甚至全国的节目,再辅以主持人互动式播讲方式以及虚拟主播的数字化内容生产,使得节目具有鲜明的"互联网特色"。

一、增强互动反馈,重塑广播生产流程

为什么与阿基米德 App 密切合作?阿基米德的平台效应,能够扩大内容的"出圈"范围,让节目能够被更多人群接触到,而且能够给节目带来互联网气质,通过网络平台的技术手段改造广播的固有生态。围绕上海广播电视台(SMG)

全媒体核心战略,第一财经广播一直在探索融媒体时代的生产和分发路径。

《财经早点》在正式上线第一财经频率播出之前,先在阿基米德平台上线,在网络平台集聚了一定程度的热度和一定体量的粉丝,拓展了广播内容的传播渠道,吸引更多的活跃的广播新媒体用户,帮助节目上线广播频率之后快速获得了一大批用户的关注。

现代用户对话语权及互动的诉求比以前的听众强许多,他们乐于在接受媒体传播信息的同时发表自己的看法和意见。广播节目在与用户的连接方面具有得天独厚的优势。相比较于报纸、电视等媒介,广播本来就是能够和观众最紧密联系的一种渠道,听众可以通过热线电话的形式与广播主持人实时沟通,进行互动和问答。但彼时的沟通带有明显的传者主导的意味,因为什么时候说、说什么主题都是由主持人和编辑设定的。随着互联网技术的发展,听众(此时的听众似乎用用户来表述更为恰当)可以在节目线性播出的同时就通过留言的方式实时把自己的感受、意见反馈给主持人,实现即时沟通,而主持人也需要根据用户的反馈调整自己的播出内容。

《财经早点》充分发挥广播节目实时性、互动性的优势,搭载阿基米德平台,围绕用户兴趣点、节目关键内容点设计互动话题,引导用户进行讨论,制造话题并提升节目热度,提高二次传播力,满足用户的社交需求。通过互动交流功能,拉近广播媒体与用户间的距离,强化互动交流,满足受众的参与需求。转变主持人"高高在上"的形象,使得主持人深入受众群体之中,与受众同频互动。通过新媒体平台实时收集用户收听体验与反馈,对播出内容进行精细化改造,进行碎片化内容的解构与整合,同时根据新媒介特征和听众需求调整节目方向、内容、形式,丰富节目互动方式,并以此为基础引导听众收听、传播和推广节目,由此全面提高节目的传播效率与精准度。

经过不断尝试和调整,节目形成了内容生产和运营的标准数字化流程,实时收集用户收听体验与反馈,将播出内容进行精细化设计。节目的制作与播出,主持人通过手机端即可完成,实现"轻量化、灵活性"制作。播出前一天全频率各档节目打破节目边界提供稿件、当班主持人提炼总结,播出当天凌晨当班主持人、责编定稿。由于节目为模块化播出,各版块编辑在组稿完成后,于播出前一天晚间提交文字及音频进行审核,审核后音频统一上传阿基米德第一财经广播样板间,供第二天播出当班主持人定稿使用。以《热搜财榜》版块为例,聚焦每天财经热点热词或热门话题,由强时效性、新闻性、热点性的新闻报道组成,体现新闻性和财经敏感度。供稿编辑在前一天晚间选择重磅财经要闻、热点财经事件进行聚焦解读,以新闻事件+专家解读+媒体评论观点的框架呈现,供播出当天主持人选择使用。播出当天凌晨,当班主持人和责编整合最新内容资讯补充到版块中,以提高时效性。这个生产流程打破节目边界,全频率供稿机制自发运转,提升效率、形成合力,使得整个频率的节目内容有延续性、有整体感。

用户进入网络直播间可以随时跟着节目的版块设置收听最新内容,参与网络平台的福利互动获得奖品,激活用户在收听节目时的参与热情。还可以分析用户的互动数据,描绘用户画像,剖析他们的特征与喜好;组织听友群,将有共同喜好的用户聚集在一起,发展线下活动,打破区域限制,实现广播内容与用户反馈的闭环。

二、数字孪生技术,打造 7×24 小时在线虚实主持人

随着 AI 技术的发展,人机的互动和关系越来越受到业内的关注。第一财经广播频率依托阿基米德的"虚拟主播系统",快速推出了两名数字孪生广播主播,结合高表现力的语音播报和内容理解技术以及不同风格的语音特色,实现了对资讯类内容多音频场景、多情绪节奏的 7×24 小时实时"补位主持",实现对资讯类内容的快速生产和编发,提高生产效能,大大降低了节目内容制作成本。看起来,这是对主持人的威胁和挑战。但是,《财经早点》让技术为我所用,在降低节目制作成本的同时,让主持人成为节目创作的主导,发挥他们的主动性,激发他们的活力,使得节目具有强烈的"标记性"。

相比表现手法丰富的渠道而言,广播节目的效果在一定程度上受主持人影响大。主持人如果能够塑造出自己的独特 IP,凸显个人的风格,能够形成粉丝群,无疑对节目乃至整个频率都能起到赋能的作用。《财经早点》给主持人的定位不仅是新闻播报员,还是资讯类互动主播,确立了主播主导制,在节目相对固定的框架下每天由主持人在节目播出前一晚对当天所有供稿进行梳理,编排版面、确定互动话题,主导节目的整体推进。在主播树立起个人品牌之后,陆续打造"一财知道""报时未来"等内容矩阵,开启"周五直播课",通过一财主持人对话投资顾问等带来最新的投资理财风向;同步建立"一财部落"矩阵,汇聚频率主持人影响力与号召力,助力内容的多形式分发与传播。通过这些措施,转变主持人"高高在上"的形象,帮助主持人深入受众群体之中,与受众同频互动,在线上线下形成闭环。

三、智能拆条及语音转换,创新叙事分发方式

节目运用技术手段锚定用户的使用习惯,聚焦"节目播出前后、节目早晚高峰时段、节目广播端与网络端"多个场景,在不同的时空,为节目的传播效果奉献

合力。尽管与新媒体平台合作之后，广播内容可以回听、重听，但广播始终是线性流动的时间型媒介，听众难以在收听的同时进行深度思考。因此，在大部分现有的广播节目中，通常都是单一叙事，内容间没有太多的交错和分支，传播手段相对单一，能够承载的信息也较少。

而《财经早点》的主创团队在策划时，就开始深入分析现代传媒用户的需求，对节目进行垂直化处理及个性化创新，力图突破传统广播媒体的边界，打造了一档不像资讯节目的财经资讯节目。其最为典型的一个特征就是改变了叙事的模式，变直线叙事为双线叙事，也就是说，在一期节目中有一个主话题（主线），同时穿插着一些分话题（支线），最后合并到主话题中收尾。

双线叙事是一种叙事手法，是指在作品中拥有两条线索，每条线索都串起若干个内容单元，既可以平行展开统一在同一个主题中，又可以交叉重叠、相互衬托。这样的叙事手法运用在广播节目中是一种具有挑战性的尝试，编排得当能为作品增色，让内容更加引人入胜，让听众在接收信息的同时，体验到更多的故事维度。这种叙事方法通常在通讯、特写类节目中比较常见，而在资讯类节目中则比较少。《财经早点》将用户感兴趣的点和每日的新闻热点以主副线双线并轨的模式串联，使二者互相服务。在创新节目直播的"对话"形式的同时，丰富节目内容，增强资讯节目的故事性，遵循现代听众的审美趣味，让用户在短暂的时间内，获取到更为全面、更有深度的财经资讯体验。

节目之所以有勇气进行这样的尝试，是因为通过阿基米德平台 AI 智能技术下的"智能拆条＋语音转文本"功能，能够第一时间实现对节目精彩片段的精准定位、拆解和即时分发，为短音频的快速分发提供了极大便利。每天早晚高峰时段的节目播出后，快速生成"每日节目听单"，第一时间提炼节目内容，丰富平台终端节目时间轴上呈现的信息，增加图片、文字等信息，帮助听众在闲暇时获取更丰富的信息，满足听众的多样化信息需求。

结　语

著名传播学者麦克卢汉（Mcluhan）认为，没有一种媒介具有孤立的意义和存在，任何一种媒介只有在与其他媒介的相互作用中，才能实现自己的意义和价值。随着媒体融合的深入，人们获取信息的渠道越来越多样化，获知信息的门槛越来越低，而且不受地域和时间限制。因此，广播频率需要突破媒体自身平台的障碍，在广播内容、传输渠道、终端设备等方面进行大胆尝试与创新，以更新颖的形式与新媒体进行融合。《财经早点》将"硬"新闻"软"制作，通过改进生产流程，加强信息传播的广度与深度，让枯燥无味的财经数据可视可感。

广播垂类节目应该从技术中吸取转型和发展的力量,实现升级迭代,实时与用户连接,提升连接的时效和质量。在节目内容选取以及节目制作方法都应该有所改变,关注更开放、更及时且更贴近社会热点的内容,充分研究并满足受众的个性化需求。新媒体受众更重视自由交流、实时互动的权利,因此需要积极与受众开展交流沟通活动,满足其社交性的需求,邀请用户分享、评论、留言等,引导用户生成内容,让用户感到被重视和认可的情感连接,建立起更紧密的传受关系。最终,依托互联网技术的应用,促进传统广播的融合转型,实现数字化转型和连接。

参考文献:

［1］孙瑞蓬:广播媒体融合发展的分析与思考[J],中国广播,2022 年第 4 期,P48 - 50.

［2］麦克卢汉著、何道宽译:《理解媒介:论人的延伸》[M],译林出版社,P56.

［3］郑华雯:用产品思维打造传统媒体爆款——以广西广播电视台垂类节目为例[J],中国广播电视学刊,2021 年第 10 期,P130 - 132.

［4］苏彦国、赵永海:纪录片"双线多点"叙事结构建构策略[J],电视研究,2023 年第 9 期,P83 - 85.

［5］张睿:融媒视阈下广播访谈节目主持人的能力重构[J],中国广播电视学刊,2022 年第 7 期,P94 - 96.

［6］周人杰:广播媒体融合发展的路径探析[J],中国广播,2022 年第 6 期,P83 - 85.

［7］陈建生:电台小单元节目的融媒再造路径探究[J],中国广播,2022 年第 6 期,P102 - 104.

作者简介:

魏雪雯,上海广播电视台东方广播中心创新运营总监(前第一财经广播总监)。

阳欣哲,上海广播电视台总编室责任编辑。

从"凯特王妃失踪事件"看"全民猜想式"网络传播及对策思考

周　云

提　要： 2024 年早春，英国王室"凯特王妃失踪"事件引发了全球范围广泛关注。自媒体在这一事件中尤为活跃。通过这一事件，笔者观察到一种"全民猜想式"网络传播样式悄然兴起，并对社会舆情和公众心理造成极大影响。这种新的传播样式有别于传统以"客观""真实"为追求的新闻报道，而是以自媒体为载体，通过全网参与的推测、猜想、分析和爆料，吸引巨大流量，形成强大舆论场，直接推动事件舆论走向，并影响事件的最终结局。本文旨在探讨互联网传播日益成为主流的时代背景下，"全民猜想式"网络传播的正面和负面影响，对主流媒体的冲击和启示，并提出对策和建议。

关键词： "全民猜想式"网络传播　自媒体　媒体伦理

引　言

自媒体的发展经历了从博客时代的个人化表达到社交媒体时代的互动化传播的转变。早期博客作为一种自媒体形式，允许用户发布个人文章和观点，但互动性有限。随着手机的大规模普及，以及国外如 Facebook、Twitter（现改名为 X）、YouTube、Instagram，国内如微博、微信、抖音、哔哩哔哩、小红书等社交媒体的涌现，自媒体发布变得十分轻松便捷，获得关注也更快更多，呈现出极强的即时性和互动性。"流量"和"粉丝"（订阅用户）成为"UP 主"（博主）们发布信息的动力和追求。而通过"评论""转发"的方式参与到热点事件中，也是网友们展示自我观点、体现社会价值的一种方式。因为不受机构媒体"新闻专业主义"的约束,无论博主还是网友,对热点事件的观察角度更为独特,观点更为大胆,由此也催生了大量"全民猜想式"故事演绎和观点表达,进一步推高事件关注热度,甚至左右"真相"的发现过程。如今几乎每一个全球性或全国性热点,都会有"全民猜想式"网络群体传播的发生,并对公众舆论产生重要影响。

一、"凯特王妃失踪"事件引发全网猜想

当地时间 2024 年 1 月 17 日,英国王室肯辛顿宫办公室突然发布声明称,威尔士王妃凯特已接受计划中的腹部手术,将在医院住院两周。

然而,肯辛顿宫办公室所说的两周住院时间过去了很久,凯特王妃依然没有现身。有自媒体梳理发现,自 2023 年 12 月 25 日最后一次公开露面后,凯特王妃就从公众的视野中消失了。由此各种猜测开始发酵,各种"阴谋论"纷纷出笼:卧床病危、被小三捅刀、精神失常云云。

英国王室试图做出反应。当地时间 3 月 4 日,一名摄影师拍到凯特坐在 SUV 副驾驶座上、微笑面对镜头的照片,这张照片的流出被认为是王室精心安排的。然而,自媒体分析后指出,这张照片中戴着宽幅太阳镜的凯特不像本人,更像她的妹妹。更有自媒体分析凯特王妃已经死了,目前现身的都是她的替身。自此自媒体"全民猜想式"网络传播开始爆发。

为平息舆情,3 月 10 日,肯辛顿宫发布凯特王妃与三个孩子的母亲节(英国)照片。各大媒体照例在第一时间进行了报道和转发。但是照片刚一发布,就有眼尖的自媒体博主发现,这张照片上的多处细节存在着被编辑的痕迹。一时间舆论哗然,路透社、美联社、法新社和盖蒂图片社等国际顶级通讯社迅速发表声明,收回这张官方照片。随后,凯特王妃就修图一事在社交媒体上道歉。大家越发肯定,英王室隐瞒了真相,消失的王妃或许危在旦夕。互联网上的揣测更加沸腾起来,各种"大胆假设"耸人听闻:有人说她患上了异常痛苦的克罗恩肠炎,开腹手术后,骨瘦如柴,奄奄一息;有人说她被丈夫威廉的情妇捅了一刀,当场毙命,王室为了遮盖丑闻,封锁了消息;有人说凯特和威廉的婚姻走进了死胡同,威廉要和凯特离婚迎娶情妇,凯特和威廉发生冲突,有家暴倾向的威廉失手杀死了凯特,小公主夏洛特上前保护妈妈时,也被爸爸失手杀害……

3 月 18 日晚,英媒公布了一段"凯特王妃外出"的视频。有目击者称凯特王妃与威廉王子在商店购物。但此时已经没人相信那是真的凯特。网友认为这是"整容了的替身"。有自媒体言之凿凿分析,"凯特"走路姿势不对,连头发丝都不像。

眼看舆论愈演愈烈,当地时间 3 月 22 日傍晚,凯特王妃终于亲自通过视频向公众发布声明,表示她被诊断出患有癌症,目前正处于早期治疗阶段。在视频中,她坦言经历了"极其艰难的几个月",癌症的发现是一个"巨大打击"。但她传递了一个积极的信息,她说:"我很好,而且每天都在变得更坚强。"

然而经过前一阶段自媒体"侦探"们绘声绘色的演绎,公众心头的疑云已难以轻易消散,甚至很快有自媒体称,这段视频是 AI 合成的。

"全民猜想式"网络传播在这一事件中可以说发挥得淋漓尽致。且不说其真实性到底如何,这次事件成功引起了全世界的关注和讨论,也让机构媒体不得不做一些跟进式报道。自媒体通过蛛丝马迹的信息连缀,甚至仅仅是脑洞大开的猜想,就制造了一个长时间的、世界性的新闻热点,令人叹为观止。

反观"凯特王妃事件"中机构媒体的报道,基本仅发布基于官方声明和可靠来源的信息。刊发王室提供的凯特王妃乘车出行的照片被自媒体怀疑不是王妃本人,刊登王妃与三个儿子的近照被大量自媒体发现 P 图痕迹,被迫撤回照片。可以说在这次事件中,一些英国机构媒体和英国王室一样,相当狼狈。

二、"全民猜想式"网络传播的特征与作用

自媒体的即时性和互动性使得信息传播速度极快,任何人都可以在第一时间发布自己的观点和猜想。在"凯特王妃失踪"事件中,自媒体平台上的各种猜测和分析迅速传播开来,形成了一种全民参与讨论、"破案"的局面。在这个过程中,我们观察到"全民猜想式"网络传播大致表现出以下几种特征和作用。

1. 不依赖机构媒体自成闭环

我们发现,"全民猜想式"网络传播可以完全不依赖机构媒体而独立发生发展,是一种互联网上的群体传播、圈层传播。通过互联网互动平台和空间,一石激起千层浪,迅速波及全网。在国内的互联网环境中,可以是微信群、朋友圈的发言留言,以及微博、抖音、快手等自媒体平台的发布、转发和留言。这样的网友信息互动,即可形成独立的信息全链路传播。

2. 具备强大吸引力和传播力

由于缺乏官方的明确信息,公众的好奇心被激发,自媒体上的猜想和推测往往能够迅速吸引大量关注和讨论。网友通过分析公开的信息、照片和其他线索来提出自己的观点,并在社交媒体上分享和讨论。随着越来越多"真相""最新发现""最可能的情况"的出现,更多公众被吸引进来,形成滚雪球效应。从而形成

信息的病毒式、几何级传播。

3. 常以朴素的正义感驱动

这种"全民猜想式"公众传播往往带有"追求公平正义"的特征，一些高智商或具备独特能力的自媒体博主，通过扮演"网络侠客"而获得价值认同。在"凯特王妃失踪"事件中，公众积极参与，自发推动信息扩散和传播，意在揭露"王室的阴谋"，拯救"危在旦夕的王妃"，为"冤死"的王妃讨回公道等等。这一特征在"朱令事件"中同样明显。清华大学女生朱令铊中毒事件自 1994 年发生以来，受到社会各界广泛关注，但案件真相始终扑朔迷离。自媒体通过梳理大量公开的事件细节，甚至自发去采访有关当事人，试图还原案件"真相"，并推演出唯一的"嫌疑人"。

4. 间接或直接影响事件发展方向

在这次"凯特王妃失踪"事件中，"全民猜想式"网络传播发挥了重要影响，迫使英国王室不得不正面回应公众关切，并最终让凯特王妃亲自通过视频形式澄清传言。这一事件充分显示了自媒体在现代社会中的传播力和影响力。同样在"朱令案"中，自媒体和互联网大众的穷追不舍，迫使"嫌疑人"出走第三国，并始终生活在强大的舆论压力之中。这样的"全网破案"行动对事件当事人产生了真实而巨大的影响，对行政和执法机构也形成了显著的舆论压力，间接或直接推动、改变了事件调查方向和发展结局。

三、"全民猜想式"网络传播对机构媒体的挑战

在"凯特王妃失踪"事件中，机构媒体相较自媒体，显得有些被动与迟疑，特别是照片撤回事件，更让人对机构媒体产生了一种落后又不合时宜的观感。在"朱令案"和"丰县铁链女"事件中，可以进一步观察到自媒体的这种"全民猜想式"网络传播给机构媒体带来了明确的挑战。

"丰县铁链女"事件，是近年引发广泛关注和讨论的一个案例。事件始于 2022 年 1 月 27 日，一段网友发布的"丰县生育八孩女子"的视频在网络上流传。视频中的女子被铁链锁颈，生活在恶劣的环境中，引起了社会的广泛关注和讨论，她的遭遇在社交媒体和新闻媒体上引发了公众强烈反响。

由于缺乏政府和官方媒体的详细信息，自媒体上的猜想和分析迅速传播，引发了公众的强烈同情和追责的要求。而丰县和徐州市前后发出的多次通报漏洞百出、自相矛盾，强化了公众的质疑和愤怒，很快形成一个全国性的"全民破案"

热潮,大量或真或假的信息不断出现,关于事件的种种疑点不断被质疑。

汹涌舆情之下,2月17日,江苏省宣布成立联合调查组,对"铁链女"事件进行再一次深入调查。2月23日发布的通报非常详细,在确认"铁链女"即小花梅的基础上,公开了更多拐卖链条上的犯罪嫌疑人。同时发布了对近20名徐州和丰县干部予以撤职、警告及留置查办的处理决定。至此,"铁链女"事件引发的巨大网络舆情才逐渐平息。

在此一典型"全民猜想式"网络破案过程中,自媒体和网友发挥了无可置疑的作用,以言之成理的质疑和大量可信证据促使丰县、徐州市和江苏省深入调查,最终拿出更有说服力的调查报告。当然新华社"新华视点"记者的长篇调查报道也为事件的结论写下可信的注脚,体现了权威媒体的独特作用。

在"凯特王妃失踪""朱令案"等这样悬而未决的事件中,机构媒体在报道时会有顾虑和掣肘,局限于权威官方发布的信息,不仅数量少,而且经常语焉不详。自媒体在某种形式上填补了这个空白,满足了公众对事件真相的信息渴求。不论这样的"全民猜想式"网络传播是否真正揭示了真相,但其在舆论场上的影响力显然决不可低估,在某种程度上也对机构媒体在热点事件中的"江湖地位"提出了挑战。

这种挑战主要体现在以下几个方面:

1. 信息传播更快

"全民猜想式"互联网传播,能够在极短的时间内对事件形成分析和传播。互联网大V的一句发问、目击网友发布的一张抓拍照片,都可以成为猜测和"侦察"的开端,并迅速传播开来。这对主流媒体的新闻制作流程提出了挑战,要求它们在保持新闻准确性的同时,也要提高报道的时效性。

2. 群众参与度更高

"全民猜想式"网络传播鼓励公众参与热点事件的讨论和分析,经常通过投票、在视频或推文结尾向网友提问,以及网友之间的留言互动推高关注度和参与度。微博上的一个热门话题,参与人数往往以亿计。这种高参与度的传播方式,主流媒体虽然也在积极尝试,但与自媒体相比广度、深度和活跃度仍显不足。

3. 内容形式更新颖

"全民猜想式"传播往往采用更加生动和自由的内容表现形式,情绪化的视频口播、网言网语的推文、花样拼贴的事件梳理,甚至只是一句令人印象深刻的推文或评论,都能引发网友的强烈共鸣。在这方面机构媒体虽可模仿,但显然不适合也不允许像自媒体那样"放得开"。

4."合理想象"无负担

在机构媒体和主流媒体人看来有点"扯",无论是业务规范还是职业伦理都不允许去做的"猜想式"报道,却是网络受众甘之如饴的"精神口粮",甚而由此觉得机构媒体"古板""缺乏勇气"。相当部分公众对信息的需求不是"客观""准确",而是能满足他们的价值取向和内心想象,这种传统上认为不正确的受众心理,是当下机构媒体和主流面临的又一重严峻挑战。

四、新型传播样态的自律和他律机制探讨

"全网猜想式"网络传播的出现是互联网时代的必然。在互联网时代,信息传播的样态从来不是一成不变的。大众心理也在随时代发展而产生种种变化,我们必须正视事实,迎接挑战。

大众心理学研究表明,人们对于新奇、刺激和有趣的信息有天然的好奇心和关注度。自媒体博主们深谙此道,通过故事化、情节化等手法,提高"推文"的吸引力和传播效果。与此同时自媒体博主们也越来越注重公众的情感需求和参与愿望,鼓励公众参与讨论和互动,形成了一种新的参与式网络传播模式。

但显然,"全民猜想式"互联网传播是一柄双刃剑。它在促进公众参与和提高事件关注度,甚至推动事件走向的同时,也带来了一系列问题。主要表现在:

1. 信息真实性缺失

在缺乏充分事实依据的情况下,这种"全民猜想式"网络传播往往基于假设和推测进行报道,这可能导致信息的真实性无法得到保证。某些自媒体会为了吸引眼球发布完全道听途说的信息,或进行毫无逻辑的"揣测",从而歪曲事实,误导公众。

2. 传播谣言

"全民猜想式"网络传播鼓励公众参与讨论和分析,但这也可能导致谣言的产生和传播。如前文所述"凯特王妃和夏洛特公主均已死亡"等信息,即明显的谣言。无论博主还是网友,都有制造谣言的可能,有的为了标榜自己见解独特,

有的为了第一时间传播"独家新闻",甚或有些人就是别有用心。

3. 法律和道德风险

在"全民猜想式"网络传播过程中,公众可能会基于个人的猜测对事件或个人进行指责,这可能侵犯他人的名誉权或隐私权,甚至触犯法律。例如在朱令事件中,一些自媒体和网友对"嫌疑人"的指控事实上存在法律风险,因为司法机关并未对其定罪,至少存在证据不足的问题。一些无端的揣测很可能对当事人造成额外的伤害,比如对威廉王子"出轨""家暴"的揣测,并没有可信的依据。

4. 舆论压力的不当使用

虽然舆论监督是社会发展的一种重要机制,但猜想式报道可能导致舆论压力的不当使用。事实上在"凯特王妃失踪"事件中,自媒体和网友某种程度上对王室施加了过度的舆论压力。有王室专家称凯特王妃之所以迟迟未公开说明,是为了保护三个年幼的孩子,但舆论并没有给她足够的宽容和时间。

5. 放大焦虑和恐慌

"全民猜想式"网络传播有时会放大事件的负面影响,引发社会焦虑和恐慌。例如,在公共卫生事件中,对疫情的过度猜测和报道可能会导致公众的恐慌情绪,影响社会稳定。

事实上自媒体"全民猜想式"网络传播的负面效应并未完全显现,因为这本身是一个发展中的新事物。但其已经显现的负面影响足以引起我们的警惕。如何减少此类猜想式报道中的负面内容,控制猜想式报道对社会或个人的负面影响,目前法律法规尚无明确的规范。本文提出以下五个方面的建议:

（1）加强行业自律和公众教育

建议制定自媒体行业的道德准则和行为规范。自媒体从业者要有法律和规则意识,要尊重社会公序良俗,不可为追求"流量"而博出位、胡编乱造。同时通过教育和宣传活动,提高公众的媒介素养,增强辨别信息真伪的能力,让胡编乱造、抹黑造谣的自媒体博主失去传播的阵地。

（2）加强法律法规建设

明确法律界限,通过法律法规明确自媒体的法律责任和义务,对造谣、传谣等行为设定明确的法律后果。加大处罚力度,对于违法违规的自媒体账号,依法进行处罚,包括警告、罚款、暂停更新、关闭账号等措施。

（3）运用经济手段加以规范

对于惯于"博出格""博眼球"的违规自媒体,限制其通过广告、打赏、流量分成等方式获得经济利益,降低违规动机。对于严重违规的自媒体,除了法律处罚外,还可以采取经济惩罚措施,如罚款、没收非法所得等。

（4）压实平台责任

社交媒体平台要强化内容审核,要求自媒体加强对发布内容的审核,对于明显不合逻辑或缺乏事实依据的信息要求删除或标注。对于屡次违规的自媒体账号,建立黑名单,限制其在平台上的活动。

（5）鼓励主流媒体"抢话筒"

这也是非常重要的一点。在热点事件中,主流媒体缺位或能力不够,就给不良自媒体提供了发挥的空间。如果主流媒体在每一个热点事件中积极参与,并以创新网络传播手段满足不同年龄、不同层次受众对真实信息的渴求,那么凭空编故事,甚或靠夸大、造谣博眼球的自媒体的市场就会小很多。

值得一提的是,在消除有害信息的同时,不能一竿子打翻一船人。对那些本着善意目的且言之有据的自媒体,要加以引导和规范,必要的时候可以互通有无、联手行动,共同维护健康的互联网传播空间,推动社会发展进步。

结　语

可以预见,随着 AI 大模型的蓬勃发展,未来互联网传播的样态将更加多样化。像模像样但真假难辨的信息将更多出现在互联网空间。与此同时,随着"互联网原住民"占比越来越高,互联网传播的公众参与度也将进一步提升。"全民猜想式"网络传播不会消失,甚至可能越来越成为热点事件网络互动的常态。如何提升自媒体和全体网民的法律意识和伦理道德修养,让人人懂得必要的"上网礼仪"和"发言规则",无论对网友、平台还是监管部门,都提出了新的要求。

"全民猜想式"报道等网络传播新样态的兴起,为机构媒体和主流媒体带来了前所未有的挑战,同时也提供了互相学习、共同发展的机遇。自媒体的灵活性和互动性,以及主流媒体的权威性和报道深度,两者相结合能够产生更加丰富和立体的互联网传播内容,这样的合作将是开创性的,同样非常值得期待。

参考文献:

[1] 郭镇之:公民参与时代的新闻专业主义与媒介伦理:中国的问题[J],国际新闻界,2014,36(06):6-15.

[2] 彭增军:传统与挑战:网络时代的媒介伦理[J],新闻记者,2017(03):31-34.

［3］丁婷婷：全媒体时代新闻传播伦理的重构［J］,传媒,2017(12)：85－87.

［4］曾庆江：溯源式新闻报道的伦理问题［J］,新闻界,2017(05)：29－33.

［5］韩鸿、彭璟：论智媒时代社交媒体的社会责任——对 2016 美国大选中 Facebook 假新闻事件的反思［J］,新闻界,2017(05)：86－93.

［6］国务院新闻办：新时代的中国网络法治建设［N］,白皮书,2023.3

［7］钟瑛、芦何秋、余红、李亚玲、孙亮：新媒体社会责任蓝皮书［M］,社会科学文献出版社,2022.12.

［8］彭兰：网络传播概论［M］,中国人民大学出版社,2023.9.

作者简介：

周云,上海广播电视台《新闻同学》高级顾问。

融媒体时代主旋律微纪录片创作策略探讨

施　君

提　要：在融媒体时代，主旋律微纪录片通过以短视频为媒介，突破了传统纪录片的创作模式，迎来了一场革新。本文以对我国短视频制作现状的深入剖析为基础，详细分析了主旋律微纪录片的发展特征和效果。通过"抓"主题、"精"做和"谋"做等多个角度的论述，探讨了融媒体时代下的主旋律微纪录片创作策略，旨在为纪录片领域的创作者提供实践指导，促进其更好地适应当今快节奏信息传播的需求。

关键词：短视频　微纪录片　创作策略

引　言

融媒体时代，出现了短视频热潮，促使纪录片创作迎来全新的挑战与机遇。主旋律微纪录片，作为短视频的衍生形式，不仅满足了观众碎片化阅读的需求，更在表达方式上注入了更多温度和感情。传统的长篇纪录片往往在信息过载的当下难以引起观众的兴趣，而主旋律微纪录片以其简练而深刻的特点，在短暂的时间内传递出更加生动的故事。本文通过对我国短视频制作现状的深刻剖析，致力于探讨主旋律微纪录片在融媒体时代的创作实践。通过"抓"主题、"精"做和"谋"做等方面的详细论述，为纪录片创作者提供了创作策略的理论指导，以期推动主旋律微纪录片在当今数字媒体时代的进一步繁荣。

一、国内微纪录片创作的现状简析

国内微纪录片创作自 2012 年《故宫 100》起，至今已有 11 年历程，经历了科技装备和观念的不断更新，取得了显著进展。市场规模庞大，通过短视频平台的发展，展现出良好的发展势头。

在融媒体时代的短视频热潮中，微纪录片因碎片化和移动化的特点而备受青睐，成功地满足了观众的需求。其内容表现形式打破了传统纪录片的叙事和解说模式，采用全新方法，呈现出多元、多文化样式的传播特点，使人们从不同角度了解人类和科技的现状。短小、内容丰富、独特的特点使微纪录片在市场上得到广泛认可。

其次，在短视频时代，以融媒体为基础构建有效传播平台，使视频信息传播更加多样化。观众对纪录片的碎片化、移动化需求，通过融媒体和新媒体平台满足。在新媒体平台的运用中，充分发挥大数据和新媒体技术的优势，为微纪录片的有效传播提供技术保障。微博、微信等平台的运用实现了视频传播中的互动作用。

此外，通过收集观众资料，提出建设性意见，对于纪录片的创作和提高产生积极作用。在短视频平台上，腾讯视频、优酷、抖音、快手等成为微纪录片的主流发布和传播平台。平台协作形式提高了微纪录片的观众覆盖面，对于满足微纪录片的传播目的和需求具有明显的价值。以平台协作为形式的微纪录片传播已成为当前阶段的有效方式，为微纪录片的成功传播提供了良好的基础。

二、短视频与微纪录片之间关系分析

（一）时代的产物

随着新媒体时代的崛起，短视频产业迅猛发展，对传统纪录片产生了日益明显的冲击。在新媒体的背景下，各类短视频节目和视频平台不断涌现，短视频逐渐成为新的信息传播平台。在激烈的竞争中，各类视频节目都在压力下艰难求存，微纪录片作为一种积极主动寻找突破的产品，紧随社会的迅速发展。人们更愿意在碎片化时间内接触各种元素，微纪录片因此应运而生，成为一种容易为观众所接受的短视频节目。在一定程度上，不论是微纪录片还是短视频，都可以迎合当下人们碎片化的生活方式和对多样内容的需求。这些新型媒介产品适应了新媒体语境和受众的喜好。

微纪录片可以被视为传统纪录片的一种扩展,其制作方式突破了传统模式,巧妙地将娱乐性与艺术性相结合,使其更加符合年轻观众的审美需求。这种结合创造性的手法提升了观众体验,使得微纪录片更具吸引力。同时,短视频的兴起也为纪录片爱好者提供了更多的自由。在这一互动交融的关系中,短视频和微纪录片相互借鉴,相辅相成,共同推动了新媒体环境下的纪录片创作与传播。它们在时代的推动下,呈现出多元、创新的发展趋势,为观众提供更为丰富、多样化的内容体验。

(二)互相促进

近两年,随着短视频的快速发展,涌现出一系列代表性作品,例如,《我们正年轻》《如果国宝会说话》《早餐中国》等作品已经成为具有代表性的短视频体裁。与此同时,纪录片生产企业也积极地拓展到短视频领域,许多如《风味人间》等原本时长50多分钟的纪录片,现在也制作了1~2分钟不等的短视频版本,以满足观众碎片化的观看需求。这些短视频在新媒体平台上得到了广泛传播。随着媒介技术的不断发展,个体表达方式也变得更加多样。各种新兴媒介平台的涌现为大众提供了新的表达和传播机会。

尽管个人创作的小视频品质参差不齐,却真实地呈现生活,继承了纪录片的真实性。因此,很多优秀的小纪录片被视为对生活的记录。微纪录片作为对社会的微观记录,以客观真实为基础,着眼于个体生命体验,通过展现个人的生活经历呈现整体群体,使更多的普通观众成为"记录者",以纪实图像的形式表达他们对人生、对社会的感受和认知。在这种互动关系中,短视频与微纪录片相辅相成,相互促进,共同推动了新媒体时代的纪录片创作与传播。

三、短视频对微纪录片的作用和影响

(一)表达形式的多样化

短视频的兴起标志着纪录片的类型和表达形式经历了巨大的变革,从专业化走向了大众化。在新媒体时代,个人视频创作变得更加便捷,制作门槛不断降低,作品的题材也在持续大众化。视频创作从一种难以捉摸的艺术活动转变为一个"人人都是导演"的新时代现象。特别是在当前时代背景下,短纪录片的传播优势更加显著。

在抗击新冠的斗争中,中国人民创作了一系列以影像和短片为主的纪实文学作品,如《阳台里的武汉》《中国面孔》等。这些作品通过崭新的媒介形式向人们展示了中国人民和城市在疫情中真实的一面。文化批评家张同道指出:"一部较长的纪录片能够深入了解一个事件,对世事有彻底的认识;而短纪录片在短时间内却能够激发人们的热情,这正是它的特色。"

在新媒体环境下成长的微纪录片注重小叙事,将视角聚焦于普通人身上,强调生活题材和叙述浓缩,通过细节打动观众。这种多样化的表达形式使得微纪录片能够更灵活地适应观众的快节奏生活。通过短时间内的强烈冲击,微纪录片能够迅速抓住观众的注意力,为他们呈现一个深刻而生动的主题。此外,微纪录片也在内容上展现出独特的特色,聚焦于个体的生活经历和情感体验,以更为亲近的方式触动观众的内心。

总体而言,短视频的多样化表达形式为微纪录片带来了新的创作可能性,使其在新媒体时代发挥更为重要的作用。微纪录片通过其独特的时长和题材特点,成功地走进了大众的生活,为观众提供了更为轻松、生动而直观的纪录片体验。

(二)广泛的流通渠道

随着各类新媒介的迅猛涌现,纪录片的播出渠道逐渐从传统的电视媒介向新媒介发展转变。这一变革不仅提高了信息传播的速率,同时也提升了观众的审美情趣。微博、微信、微电影、微视频等微文化形式的兴起,既迎合了人们碎片化、快节奏的生活特点,同时也为纪录片创作者提供了新的传播机遇。由于传统媒体自身的限制,已经难以满足现代社会迅猛发展的需求,因此,与其他媒体展开合作创新已成为不可避免的趋势。

文化传播经历了从单一传播途径向多媒体传播的演变,以短视频为媒介的传播模式推动了传播的集中化和多样化发展。在微博、微信、抖音等新媒体平台上,短视频迅速流行,催生了央视《故宫100》、湖南电视台《我的中国梦》等新媒体创作灵感。此外,制作《中国故事》的爱奇艺、出品《逐梦人》的腾讯等,几个视频网站也纷纷推出专题节目,使观众得以按照个人喜好挑选喜欢的节目。这样的多元选择不仅满足了观众的观看需求,也为观众提供了更多的观看机会。

这种广泛的流通渠道极大地促进了微纪录片的传播,为观众提供了更丰富多彩的文化享受。在这个崭新的传媒环境中,纪录片通过新兴的传播渠道,以更加灵活的形式进入观众的生活。这样的多元化传播方式不仅扩大了纪录片的受众范围,也为纪录片创作者提供了更广泛的表达平台。同时,观众通过这些多样化的渠道,能够更自主地选择符合个人兴趣和需求的内容,增加了娱乐体验的多样性。

四、主旋律微纪录片创作策略探讨

(一)抓住题材,以小切口展示大时代

在当前的短纪录片中,"微"既呈现为影像的"短",又呈现为影像的"大"。从这一角度来看,短纪录片具有时代特征、浓厚的人文氛围以及独特的新潮氛围,使其在被"压缩"之后仍具有无限的发挥余地。基于这一特性,通过采用多段短片的方式,短纪录片能够以横向的方式呈现宏大的题材,每一段都能展现一个时代的全景。

在微纪录片中,"小人物"成为主角,他们是这一题材的中心参与者。他们的日常生活和生活中的精彩瞬间构成了这幅时代画卷的重要组成部分。细节的呈现成为成功的决定性因素。在短纪录片中,细节既能体现题材的深度,又能与观众建立情感共鸣。

以央视新闻频道制作并全国播出的《武汉:我的战"疫"日记》为例,这部由32集短视频组成的作品通过亲身经历的普通市民和医务人员的录像日志,为观众提供了多角度、全景式的关于武汉抗疫的视角。每个参与者都是"小人物",但正是他们的见闻和感受引发了社会的强烈反响。透过一则小故事,一件小事,让观众深切地体会到,面对这场疫情,祖国肩负的时代重任,每一个中国人都在为共同的理想而奋斗。《武汉:我的战"疫"日记》紧扣"武汉疫情2020"这一主旋律,以"小切口"的方式选择有切身经历的普通民众和医务人员,将大时代的情境以更加感性和温暖的方式呈现。因此,这部纪录片成功之处在于准确抓住了题材,以"微"的形式讲述了独具个性和情感的故事,为观众提供了强烈的沉浸感。

(二)"平民叙事",精心创意营造情感

在微型纪录片的创作实践中,通过对人物的精心刻画和叙述技巧的巧妙运用,构建情感表达,以增强纪录片的可观性和情感性。在追求精致的短纪录片中,与依赖华丽场景和故事情节不同,其关键在于采用通俗易懂的叙述方式,以构建情绪,使观众在观看过程中能够感受到主创人员的独到创意和情感的巧妙融合。

在短纪录片作品如《早餐中国》《武汉:我的战"疫"日记》《人间有味》等系列

中,平民化的角色刻画成为鲜明的特色。透过平凡人的视角呈现,观众能够真实感受到草根文化和基层生活的真实氛围,引发内心的共鸣。例如,《早餐中国》以平凡的生活场景为背景,展现了民间生活的独特韵味,使观众在节目中感受到浓厚的"人情味"和烟火气息。每一个普通的面孔,每一个平凡的生活场景,都使整个纪录片充满了深刻的亲情和邻里之情。《武汉:我的战"疫"日记》以"小人物"为主人公,通过描绘他们在看不见的战争中的辛劳和牺牲,展开一系列感人至深的故事。这种"英雄"传递通过普通故事为媒介,强调选取符合时代和社会价值观的正能量人物。

在微型纪录片中,由于需要在短暂的时间内传达故事和情感元素,因此,优秀的叙事能力是构建小说"骨架"的关键要素。为满足"微纪录"的需求,许多纪录片采用了"留白"的叙事手法,即在叙事与角色描写上保留一些空间,通过这种方式引发观众的想象力与情感共鸣。以央视出品的 2021 年百期微纪录片《红色档案》为例,该作以"观百年大党的成功秘诀,感火炼金石"为主题,运用"留白"叙事手法,为受众提供了充分的想象空间,使他们仿佛身临其境,深刻体验"红色革命"中英雄们的内心历程。在微纪录片制作中,留白叙述作为对"微"主题表达方式的有益补充,不仅突出真实性,同时也为观众提供更多的联想空间,使故事变得更加丰富多彩。总体而言,通过巧妙的角色刻画和叙述技巧,精心打造的"平民叙事"不仅强化了微纪录片的情感表达,也使其更富吸引力和可感性。

(三)运用网络思维,推动内容营销的整合

在推动纪录片的内容营销方面,传统的纪实文学作品主要以电视为媒介,采用单向传播方式,难以形成有效的互动。随着网络思维的崛起,将其引入纪录片领域成为一种新的趋势。其目标是通过微信、微博、抖音等移动平台对观众进行精准细分,构建更庞大的观众群体;同时,在内容营销中引入互联网思维,突显纪录片与观众的交互作用。观众在微博、微信等平台上不仅能够即时观看节目,还可以提供反馈,为后续二、三季的制作积累宝贵经验,提高了观众的忠诚度。

以《早餐中国》第二季为例,该节目在网络上掀起了"送我们一份早餐,一夜成名"的主题,引起了广泛关注,为纪录片的传播营造了良好的网络氛围。通过利用移动平台和互联网思维,纪录片制作者能够更精准地触达目标观众,建立更紧密的互动关系。

这种创新理念为纪录片行业注入新的活力,使其在数字化时代更好地适应观众需求,更有效地推广和传播。因此,通过网络思维推动内容营销的整合,纪录片能够更好地适应当今信息传播的多元化和观众参与度的提升,实现与观众

之间更为紧密的互动关系。这一创新思维的引入为纪录片的发展注入了新的活力，也为更广泛的传播和认知提供了有力支持。

（四）讲究细节，有效传递视听艺术

微纪录片作为一种融合视听、时间、空间、艺术和技术的艺术形式，以影像和声音为主要表现载体，在流动的时间与空间中创造出独特的艺术形象。在创作过程中，关注技法的运用，追求细节化是至关重要的。特别是在短纪录片中，镜头与声音成为最基本的叙事符号，因此在叙事内容方面，需要有针对性地选择适当的摄影技法，并持续进行创新。在拍摄过程中，确保画面的构图、灯光、色彩等视觉元素符合作品要表达的内容和风格，同时要满足受众的审美需求。

以《李子柒》为例，采用中全景的手法，生动展示了烹饪的整个过程，凸显了农村的诗意，创造出一种古香古色、和谐美丽的田园诗意，营造出一种令人向往的美丽氛围。另一方面，《如果国宝会说话》通过小景深、小景别、近距离拍摄等方式，以强有力的手法凸显主题，提升了观众的视觉体验。《早餐中国》突破常规思维方式，采用多种拍摄方式，注重表现内容的真实度，剪辑速度快，加入了卡通字幕，符合观众的观影需求。

其次，微纪录片在制作中广泛使用主角的口述录音和同期音以确保叙述的真实性。例如，《乡村教师》中，伍昌云以口述方式叙述自己作为农村老师的一生，语言朴实、自然，产生了观众与主人公之间的共鸣。《李子柒》没有旁白，仅有背景音乐和现场录音的手法，抓住观众的注意力，营造身临其境的感觉。音乐在微纪录片中是不可或缺的传播要素，通过选用与主题内容相符的音乐，使氛围得到更好的渲染，有效传递作品的主题内涵。

结　语

当今短视频盛行，微纪录片以其独特的创作理念和表达方式在主旋律创作中崭露头角。通过抓住时代主题，以小切口展示大时代的特色，微纪录片成功地将宏大的主题融入短时长的故事叙述中，通过"微"彰显出深刻的内涵。在创作实践中，通过精心打造"平民叙事"，强调角色的平民化刻画，为观众提供真实而贴近的情感体验。同时，借助网络思维推动内容营销的整合，通过社交平台的互动，建立更紧密的制作者与观众关系。在视听艺术的传递上，微纪录片以图像和声音为媒介，注重创作者在镜头运用上的精湛技艺，以确保观众在短时间内得到最佳的视听享受。总体而言，微纪录片在融媒体时代以其独具创新和感染力的创作实践,为主旋律创作注入了新的活力,为观众提供了更为轻松、生动而直观的纪录片体验。

主旋律微纪录片创作之路漫长,创新创优永远在路上,让我们一起踔厉奋发追求卓越!

参考文献:

[1]王红:新媒体时代微纪录片创作实践改革研究[J],视界观,2022(9):3.

[2]徐万里:短视频时代下微纪录片的创作发展[J],记者摇篮,2021(8):2.

[3]杨昭:探析融媒体时代城市电视台微纪录片的创作与应用[J],广告大观,2022(26):0091-0093.

[4]刘彦玲:浅析短视频时代下微纪录片的创作发展[J],视听,2021(1):2.

作者简介:

施君,上海市青浦区融媒体中心视频编导。

播客，内容创作的新赛道

燕　婷

提　要："播客"又被称作"有声博客"，是 Podcast 的中文直译。用户可以利用"播客"将自己制作的"广播节目"上传到网上与广大网友分享。近年来，中文播客行业发展持续突破和创新，内容上呈现更加多元化，吸引了大量年轻、高学历、高收入的听众群体。本文将分析播客内容创作的趋势和挑战，探究播客这一音频内容载体对网络视听生态带来的新思考。

关键词：播客　内容创作　品牌化　人工智能

引　言

播客空间始于音频，但不止于音频。播客是一种超越文本，通过声音来传递信息的媒介。近年来，听播客正成为越来越多年轻群体的生活方式。根据专业播客搜索引擎 ListenNotes 数据显示，截至 2023 年 5 月，中文播客的数量已经达到5.7 万。在听众规模上，知名市场研究机构 eMarketer 数据显示，2021 年中文播客的听众数量就已经达到了 8 600 万，2022 年超过 1 亿人次。中国市场播客的消费规模在 2023 年—2024 年间还会保持年均 15.8％的增长，增速位列全球首位。根据网上数据显示，在喜马拉雅平台上，创作者数量已经超过 1 300万，其中以播客为代表的 UGC 内容及其创作者是平台内容生态重要组成部分。2023 年上半年，喜马拉雅先后举办"2023 喜马拉雅创作者大会""618 种草节"和首届"Podcast Allstar 播客全明星活动"。本文以喜马拉雅播客为样本，从内容创作、城市空间、声音种草三个角度来观察播客的发展进程，探讨播客领域在内容创作中存在的挑战以及未来发展的思考。

一、播客内容创作的新趋势

(一) 播客与内容创作,呈现泛多元化的内容形态

原创内容是维持喜马拉雅多元内容生态的重要组成部分。根据 2022 年底发布的《喜马拉雅:2022 年原创内容生态报告》显示,在过去的一年,喜马拉雅创作者同比增长 24.6％,优质原创内容月均投稿量同比增长 146％,新增优质原创内容播放量达 4.27 亿,播客已经成为重要的创作方式。从喜马拉雅公布的 2022 年百大播客榜来看,作家梁文道、故事 FM、洪晃、黑水公园、硬核电台、日谈公园、杨毅等播客来自不同行业,覆盖人文历史、时尚生活、科技、电影、娱乐、体育等多元领域。与传统广播相比,播客的制作门槛相对较低,因此在内容创作过程中,访谈、聊天、单口式的播客是最容易同时也是最常见的内容创作形式。比如访谈式播客《去现场》主播杨一凭借媒体工作经验,邀请记者、编辑等媒体工作者讲述各行各业故事;聊天式播客《日谈公园》创始人和主播分享文化生活与奇趣人生,收获百万粉丝,并分支出了《日谈奇妙物语》《日谈二次元》等细分领域的播客账号;单口式播客《八分》梁文道从热点事件出发,结合自身认知剖析思考社会趋势、文化现象。除了这类以话题作为创作素材的播客,也出现了其他较为新颖的播客内容形态,如以"声音纪录片"为特质的播客《故事 FM》,让亲历者参与并口述真实经历的叙事类节目,播客《过刊》先后推出"原创播客剧"《这里是纽约》《一段私人对话》等,用声音演绎不同的剧情。播客的内容创作正以百花齐放的姿态呈现出广泛多元化的内容形态,为听众带来听觉享受和生活陪伴。

(二) 播客与城市空间,实现创作与文化的双向奔赴

2023 年 6 月,喜马拉雅举办首届"Podcast Allstar"播客全明星活动,遴选出 48 位播客,包括黑水公园、末日狂花、吴晨商业观察等,来自影视娱乐、生活消费、财经商业等不同领域,在为期两天的"8848 城市漫游直播"中,由直播车搭载不同领域的播客主环游上海各区域的城市空间,在不同场景下设置与场景相契合的话题进行 8＋8 小时的对谈接力。播客主们在两天时间内通过线上直播进行了 18 场话题交流,如在上海天文馆聊"人类为什么要仰望星空";在迪士尼乐园聊"科技对文化创造的影响力";在特斯拉超级工厂聊"新能源与燃油车";在宛平南路聊健康;在蔡元培故居聊读书等。这场直播活动将对谈话题设置以环城

漫游地点来延展,把录音间搬入了不同领域的城市空间,也帮助播客主跳出原有的内容设定,第一次让播客与城市空间实现跨界融合,通过声音这一载体实现内容创作与城市文化的双向奔赴。播客的音频属性,可以适用于任何场景的伴随性,沉浸式的空间打造,让播客的话题主题融入城市空间,是一次具有创新性的有益尝试。

（三）播客与声音种草,优质内容输出带动商业转化

播客的发展逐步走向成熟,其成熟的标志不仅是播客数量的井喷式增长和播客听众的不断破圈,还包括更良性的生态发展,这离不开播客的商业转化。与网络直播和短视频相比,播客究竟是否能够"种草"是值得讨论的话题。2023年,喜马拉雅联合京东及播客主推出的"618夏日好物节",让音频播客种草带货成为一大新亮点。根据喜马拉雅公布的数据显示,其播客主在"618种草活动"中围绕9大热门话题的讨论和内容输出,全网10亿的声量,5 435位播客参与"声音种草",发布19 179条"种草"声音,吸引300万听众参与,18.6万听众消费,为商品带来实际转化。食品饮料、家庭日化、母婴个护、医疗保健、家用电器是此次活动中排名前5的消费品类,也符合播客一贯的白领、年轻用户群体画像。相比海量的网络直播带货、快餐式的短视频带货,播客更有耐心和温度,吸引忠实的听众和用户,"声音种草"能够在轻松自在的氛围中与听众建立信任和黏性,通过优质内容实现商业转化,从而影响着年轻人的消费决策。

二、播客内容领域的新挑战

面对播客内容的爆发式增长,在内容为王的当下,播客呈现出一片欣欣向荣的景象,但在繁荣的背后也隐藏着内容安全带来的挑战。

1. 播客内容倒灌带来的安全风险。2023年6月25日,喜马拉雅宣布成为苹果播客认证托管平台。根据网上公布数据显示,其目前托管播客专辑数超过2.6万,平台中文播客用户数也超过1.6亿。喜马拉雅用户可以通过"创作实验室"一键同步作品到苹果播客,以获得更多播放。虽然喜马拉雅目前暂时没有支持苹果播客反向进入平台,但依然需警惕境外播客账号倒灌带来的内容风险,一些播客平台为追求流量,长期播出境外时政播客节目的情况依然存在。

2. 播客的话题性带来的导向偏差。播客的传播形态自带话题属性,播客主持人与嘉宾就特定话题展开深度讨论,相比于视频更具有即发性和感染性,对谈中所涉及的关于某特定主题的知识,可以吸引特定垂直领域的爱好者。因此话

题一旦设置不当,就容易出现内容跑偏、导向偏差等问题。播客话题出现敏感问题,对于特定人群的专访,可能潜移默化地传播对于某些群体的偏见。

3. 播客的资本化带来的风险影响。随着播客用户的增长,有专业机构和专业内容产出者的参与,让播客的内容生态趋于完整。播客 MCN 公司 JustPod旗下已有十余档原创节目,包括连续 3 年获得苹果最佳播客的《忽左忽右》。在看到播客 MCN 公司不断发展,助力播客走向精品化与专业化的同时,也要警惕播客作为文化产品面对资本化不断扩张之后,尤其是资本进入对内容安全产生的影响。

三、播客未来发展的新思考

1. 播客的视频化趋势,有效增加传播力和商业价值。作为播客行业的风向标,在 2023CPA 中文播客节(The CPA Festival)上,颁发了新一年 19 个垂类赛道的获奖榜单并公布了《2024 播客营销白皮书》。根据《2024 播客营销白皮书》预测,播客行业下一步将通过播客视频化拓展新边界。播客作为音频平台内容创作的新赛道,正出现视频化的趋势。小红书从 2023 年与播客《fit4life》《不把天聊 si》等多个播客联合推出平台播客视频版,并对其放开视频时长限制。《日谈公园》上线了播客微纪录片《播客风起时》的首期,通过纪录片的形式讲述十档播客的幕后故事,在各大视频平台及社交媒体上发布。喜马拉雅 CEO 在创作者大会上表示"播客不等于小众,也不一定是音频,播客是一切语言类原创内容"也拓宽了播客的表达形式,有效提升播客跨平台的传播。值得关注的是,播客视频化后将有效带动播客活动与城市空间的紧密联系,如扩展到文化场馆、书店、咖啡店、商圈等,吸引更多品牌加入播客的商业化运作,给视听行业带来更多价值。

2. 播客的垂直化发展,有助于构建优质的内容生态。从播客的创作主体和创作内容看,"UGC(用户生产内容)＋PGC(专业生产内容)＋PUGC(专业用户生产内容)"依旧是播客的主要创作模式。以播客平台"小宇宙"为例,小宇宙开创了创作中心版块,用户可以在"广场"发布试播单集,让每个人都可以当播主,制作个性化音频,带动了生活琐事、影视新闻的碎片化分享,形成了知识性、话题性的播客样态。相比于视频,由于播客制作的便捷性,这种 UGC 的生产模式吸引了大量的优质创作者,带来了专业化、垂直化的知识内容。当前,播客不仅是年轻人喜闻乐见的文化产品,也是一群热爱生活的年轻人极富热情的思想表达,在鼓励音频平台通过"PGC＋PUGC＋UGC"战略,与播客 MCN 公司拓展合作探索 IP 孵化新路径,推动播客精品化创作的同时,更要用好播客这一载体,积极探索播客更加精细化、垂直化,尤其是在主题主线宣传、城市文化宣传、文旅新消费等领域的新应用,构建更为优质的音频生态圈,让播客成功"破圈"。

3. 人工智能的变革,快速提升内容的新质生产力。近年来,随着科学技术的高速发展,人工智能已经成为广播电视和网络视听领域的重要生产力和推动力。早在 2022 年,美国 podcast.ai 推出的 AI 播客,将已故的乔布斯"死而复生"成为首位嘉宾,与美国播客主持人进行了一场长达 20 分钟的对话。这是生成式 AI 在语音领域的一次新探索,也给 AI 播客带来平台新的可能性。近一年来,AI 技术的突飞猛进,让大型语言模型下的先进工具逐渐走近人们的日常生活,为广电行业带来翻天覆地的变化。2022 年 11 月底,被誉为最像人的"全能"聊天机器人 ChatGPT 发布后,上线 5 天注册用户数便突破 100 万。2024 年,OpenAI(人工智能研发公司)的文生视频大模型 Sora 横空出世,带来的视频样本让观众感受到强烈的视觉冲击。ChatGPT 和 Sora 的发布,是 AI 技术革命性的跨越,标志着 AI 技术已经初步具备了创作和表达的能力。值得关注的是,AIGC 不仅对视频平台,对于播客平台同样也会带来新的发展机遇。喜马拉雅也在积极通过 AI 科技助力平台主播降本增效,提升内容产能。通过以 AI 科技打造播客创作工具"云剪辑"、自研 ASR 技术将音频转文字,让播客剪辑从"听着剪"变成"看着剪",AI 还为播客主提供"录音—剪辑—包装"全链路智能便捷的创作服务,人工智能技术可以极大地提高创作者的内容创作效率,带来文化产品的新质生产力。

4. 播客的品牌化探索,带动播客生态领域商业转化。播客的商业化运作主要包括知识付费、商业广告等传统模式,如贴片广告和口播植入等。但由于播客作为长音频独特的陪伴属性,在播客中突兀地插入商业广告,在一定程度上破坏了听众的沉浸式体验。因此越来越多的商业品牌正主动尝试参与到播客节目制作中,成为品牌播客。所谓品牌播客,即由专业的播客内容商为企业品牌定制专属的播客节目,利用长音频的陪伴感建立听众的品牌信任,以播客的深度内容传达品牌理念,帮助致力于 DTC 营销的品牌建立企业自己的"品牌声音"。如由耐克在中国推出的首档品牌播客《耐听》上线喜马拉雅,节目话题涉及足球、棒球、滑雪、篮球等各项运动,并邀请不同运动领域的嘉宾参与互动和讨论。《耐听》的定位是"泛运动"话题播客,通过圆桌讨论与故事分享,探讨人与运动之间的关系,向消费者讲述更好的运动故事,提供更优质的情绪价值,传递品牌观念。2023 年在喜马拉雅平台上,各大品牌建立自己的品牌播客已成为行业趋势,据平台数据显示,至少有 165 档品牌播客正在活跃更新中。随着经济形势和社会情绪的变化,人们的消费观念逐渐回归刚需和理性,播客的品牌化探索,让品牌方成为播客内容生产者,这种通过互动式和陪伴式的属性,能够提高听众的黏性和情绪价值,比起短平快的"种草"式商业营销,这种长期主义的"种树"式的商业陪伴，更适合播客的内容形态属性，也能为受众，尤其是众多年轻受众带来更多的品牌影响力和商业转化。

播客兼具娱乐属性与文化属性。播客正以比其他媒体更快的速度增长，作为音频平台内容创作的新赛道，在声音领域已经成为不可小觑的视听业态，播客正在逐步成为媒介的主流。面对短视频、网络直播等数字媒体的繁荣，以新黄色新闻为代表的快餐式新闻文化，引发了观众注意力的激烈争夺。但在音频领域，播客依靠自己的专业性、垂直性和话题性，以一种"慢新闻"的姿态，围绕某一个新闻热点事件，与听众一起侃侃而谈，各抒己见，切中听众对专业信息和观点获取的需求，用更有深度和广度的专业内容获取受众青睐。当前，播客在内容创作、商业转化、流量变现、人工智能等方面还面临诸多挑战，但作为网络视听媒介的重要组成部分，播客要把碎片化信息转化为关键的增量信息，依靠其独有的专业性把信息理解转化为高品质的内容，为受众带来优质的文化产品，这就需要吸引更多优质的创作者加入播客队伍，需要商业平台在优化商业化变现手段的同时，推出更多激励计划、创新计划，帮助创作者生产出更多有质量、有广度又有温度的内容。

作者简介：

燕婷，上海市广播电视监测中心助理研究员。

AIGC 时代，广播播音主持的危与机

傅昇崇

提　要： AIGC（人工智能生成内容）技术的发展不仅改变了传统广播的内容生产和传播方式，也对播音员和主持人的职业技能和工作模式提出了全新的要求。本文从文本生成、语音合成、数字人、音乐生成、图像生成、视频生成这六大与融媒时代的广播播音主持最为相关的 AIGC 技术出发，结合行业现状、技术展望以及具体案例进行分类分析，并对 AIGC 时代下，广播播音主持人如何适应技术变革、提升自身能力、把握职业发展机遇提出策略与建议。

关键词： AIGC　媒体融合　Sora　广播　播音主持

引言：当传统媒体开始拥抱 AIGC

当前，人工智能技术尤其是"生成式人工智能大模型"正快速发展，无论是文字、语音、音乐、图像还是视频领域，都不断涌现出越发先进的大模型。不仅生成的内容质量显著提高、以假乱真，且升级迭代速度极快，目前并未显现出放缓的趋势。此类 AIGC（Artificial Intelligence Generated Content 人工智能生成内容）技术在媒体和广播行业的应用日益广泛，对内容的生产和传播方式都将带来革命性变化。基于此技术背景，2024 年 2 月 21 日，中宣部副部长、中央广播电视总台台长慎海雄在 2024 年工作会议上提出"要在科技创新上进一步深耕，拥抱互联网、拥抱人工智能"；2 月 24 日，上海广播电视台正式挂牌成立"生成式人工智能媒体融合创新工作室"。

自 2022 年底，以 GPT 为代表的生成式人工智能开始大规模进入民用阶段

以来,各类 AIGC(人工智能生成内容)产品随即呈现百花齐放之势。其中,又以文本生成、语音合成、数字人、音乐生成、图像生成、视频生成这六个细分类型,对广播播音主持的影响最为直接,前三者直接对从业者的核心专业能力发起了挑战,后三者则可能为从业者在节目制作、融媒传播等领域进行赋能。

不难推测,此轮技术浪潮将迅速在传统广播节目以及新媒体内容生产上带来重大变化。无论是短期还是中长期,都将对当前广播播音员和主持人的职业角色、技能要求乃至行业的整体运作方式,带来前所未有的挑战与机遇——一方面,可能大幅提高内容生产的效率和创新性;另一方面,也可能导致对传统技能和工作模式的重新评估。作为以有声语言为主要工作载体的广播播音员与主持人,在媒体融合发展的大背景下,如何积极适应、迎接冲击? 也成为当下需要深入探讨的命题。

本文将通过分类分析与融媒时代广播播音主持密切相关的 AIGC 技术应用案例,结合行业现状和技术展望,旨在为广播播音主持人如何适应技术变革、提升自身能力、把握职业发展机遇提供实用的策略和建议。论文结构安排上,从直接挑战者、融媒赋能者到播音主持的角色转变与发展策略等方面展开,力求较为全面地分析 AIGC 时代广播播音主持面临的"危与机"。

一、直接挑战者: 文本、语音合成与数字人主播

1. 文本生成技术

以 GPT‐4(OpenAI)、Gemini(谷歌)、文心一言(百度)、混元(腾讯)等为代表的文本生成类人工智能大模型,在 2023 年取得了飞速的发展。由于在实际使用中,已能基本完成素材整理、稿件编辑、提纲生成等文字工作,并在宣传片文案、节目片花片头设计等需要一定创造性的工作中,展现出不错的文字能力,逐渐被越来越多的广播节目团队加入进内容生产环节。由于当前广播播音员主持人,往往需要在节目制作流程中兼任编辑的角色,积极面看,该技术的发展可以减轻工作负担;消极面看,则会削弱部分虽能"编播兼顾"但播音主持能力偏弱的从业者的竞争力。

2. 语音合成技术

作为各类 AIGC 技术中历史最为悠久的一支,语音合成技术目前成熟度与普及度相对也是最高的。伴随着语音模型训练成本的大幅下降、技术门槛的进一步降低以及模型架构的改进,人工智能语音早已摆脱了过去诸如"机械呆板、

缺乏停连、没有重音、毫无情感"的刻板印象。目前最为先进的模型,甚至可以惟妙惟肖地模拟人类的呼吸声并且在生成的语音中故意加入"嗯、呃、那个"等口癖,从而实现高度拟真。虽然,在表达的生动性、情绪的恰当性、语言的艺术性等方面,与资深的人类播音员、主持人尚有一段距离,但其展现的高效率、低成本的优势,的确对行业带来了不小的冲击。

一个现实的例子,如今诸如抖音、快手、Bilibili 等主流视频平台,以及诸如喜马拉雅、阿基米德这样的音频平台,已经充斥着海量的采用人工智能配音或者 AI 语音技术(用户录入本人的语音,再由 AI 对其音色甚至口音进行替换,如常见的 86 版电视剧《西游记》孙悟空的声音、电视剧《甄嬛传》演员陈建斌的声音等)的音视频内容,其中不乏播放量超过百万的"爆款"。这也从侧面体现了 AI 语音生成技术的成熟度,以及受众对此的接受程度。

在传统广播媒体,以笔者所在的上海新闻广播为例,《FM 十万个为什么》早在 2019 年,就已经启用 AI 主播科科,进行"期刊速报"板块的播报任务。2023年底,每日 21∶00 播出、时长达半小时的《新闻编辑室》节目,也开始尝试完全采用人工智能主播进行新闻播报与串联。由于其使用的是以上海新闻广播播音员的声音进行训练的语音模型,且生成质量较高,因此,从节目阿基米德评论区的听众留言中观察,并未有听众指出主播为人工智能,或对其播音能力表达不满。查询节目 2024 年 1 月、2 月的收听率,无论是环比同比也均未出现下滑。可以想见,随着技术的进一步成熟,恐有更多的纯播报类节目采用此种模式,进而压缩传统广播端播音员、主持人的岗位空间。

3. 数字人技术

当然,这样的冲击也不仅局限在广播,笔者观察发现,大量的电视资讯类节目也已经开始使用 AI 进行配音;而兴起于此前"元宇宙"浪潮的 AI 数字人主播,也已经逐渐登上了"高规格"的主播台——《杭州新闻联播》农历甲辰龙年正月初一、初二的两期节目,采用了以两位真人主播为蓝本采集生成而来的 AI 数字主播,形象、表情、声音等也都实现了较好的仿真。相较于此前的类似技术进步明显,也在业界引起了关注,并一度成为话题事件。以 500 字的文稿为例,杭州台的人工智能短视频 AI 生产线仅需 30 秒便可生成音频,150 秒左右的时间,便可完成数字人视觉的语义对齐,即生产一条 AI 主播播报的动态视频。

从积极面看,原本在"出镜"方面并不占优势的广播播音主持,或许可以利用类似技术,辅助生成视频内容,从而更好适应媒体融合之需要;但从消极面思考,一旦技术足够成熟,在稿件已经确定的情况下,为何还需要真人参与"播读"环节?笔者担心,如果播音员、主持人仅仅从事的是"从字到声"的稿件播读工作,随着相关技术的完善和生产流程的更新，类似的岗位将少之又少。

4. 不同技术的结合使用

又由于，"文本"是下文将提到的语音合成及数字人技术的"内容前提"，业界更需关注的是"文本生成"与这两种内容的结合使用——这相当于让人工智能具备了"编播一体""对话互动"的能力。在短视频及网络视频直播中，也已见类似案例的使用。这无疑也会对从业者的岗位必要性提出直接挑战。在内容表达上，如何与 AI 进行区格？如何进一步凸显并放大人类播音员、主持人的特质与优势？都是需要认真思考与讨论的问题。

二、融媒赋能者：音乐、图像与视频生成

1. 音乐生成技术

由于音乐是不少广播节目的重要元素，因此音乐生成技术的发展，对于专题、文艺、娱乐等类型的节目制作流程会产生潜在影响。目前具有代表性的是 SunoAI、MuseNet、MusicLM 以及网易云音乐的 AI 音乐生成平台等，均已能实现 AI 音乐生成的功能。根据模型的不同，有的可以根据文本描述生成配乐和人声，有的则可以在唱词和伴奏的基础上合成歌声，或者为清唱的人声自动配曲并且校准音调，并且都支持多种音乐风格和控制参数。

笔者于去年底就曾用该技术，为《FM 十万个为什么》节目生成了一首具有一定可听性的主题歌曲《好奇之境》（歌词则由人工智能在特定提示词下生成，再由人工进一步加工），整个过程仅耗时约 20 分钟，成本仅不到 10 元，且不存在版权问题。由于音乐生成技术的普及，或将对当前传统广播的节目垫乐、片头片花制作、主题曲创作等方面带来较大改变——根据节目形式的需要，为每期节目、每个人物即时生成一首对应音乐，从此变为可能。

2. 图像生成技术

图像生成技术在 2023 年已经逐渐趋于成熟，国内外均有不少商用产品问世（如 DALL·E、Midjourney、文心一格等）。除了生成对象的部分细节、逻辑关系存在一定瑕疵，可控性有待进一步提升，以及尚无法高质量实现图片中非英语文字信息的生成外，已基本能满足商用需求。虽然此技术无法嵌入传统广播的工作流程，但在融媒发展的当下，越来越多的广播播音员、主持人需要承担节目的新媒体策划、图文编辑、社区运营等工作。巧用这类工具，或可显著提升新媒体

内容或宣发资料的视觉品质。

笔者所在的团队也已尝试用"AI生成底图＋人工添加主要信息"的方式,为节目制作海报、设计节目专辑或短视频封面等,大幅提升了类似产品的观感,一定程度地弥补了广播节目团队人力资源有限、普遍缺乏美术设计技能的短板。另一方面,由于AI生图已经具备相当程度"以假乱真"的能力,互联网上不乏一些出于各种目的制作的虚假图片内容,比过去的"PS技术"有更强的隐蔽性。广播播音员主持人作为主流媒体的从业者,在从事网络内容编辑时,需要提高分辨能力,以免损害媒体公信力。

3. 视频生成技术

2024年2月16日,人工智能视频生成模型Sora问世,其以逼真稳定的画面、接近现实的动态、长达1分钟的生成时长,大幅提升了此前类似技术的生成表现,进而引发了业界的关注与重视。根据团队目前公布的技术文档,其采用的是"扩散模型＋变压器网络的训练架构",并且由GPT辅助进行了数据标注和提示词优化,再结合算力和算法优势,最终实现了这一突破。不过,综合多位人工智能领域专业人士的观点,从技术实现的角度而言,Sora并没有特别高的门槛。国内如百度、字节、讯飞等具备自主模型和算力资源的团队,预计也将在半年左右实现追赶。因此,可以比照图像生成领域的发展路径,预计在2025年,文生视频内容可能就会大规模进入国内传媒生态。而随着经过针对性优化的芯片的研制,文生视频的计算成本和速度预计也会大幅降低——乐观估计,2～3年内,文生视频或将成为与传统拍摄剪辑并驾齐驱的主流视频生产形式,并对影视特效、后期、3D动画等行业带来巨大冲击。

具体到对广播播音员主持人的影响,笔者认为反而是机遇大于挑战:在当前融媒体发展的大背景下,广播播音员和主持人往往因为不擅长视频制作,或受限于人力、技术等客观条件,相比电视台及专业视频媒体在制作精良的视觉内容方面存在较大不足。伴随Sora等视频生成技术的出现与发展,以及计算成本的进一步降低,对资源有限的广播电台而言,无疑是巨大的利好,能够在不增加太多成本的情况下,大幅缩小在视频领域的专业差距,提高节目质量和多样性,也赋予播音员主持人跨界或兼任视频编导的可能性,进而提高职业发展的韧性。

三、AIGC时代,播音主持的角色转变与发展策略

综上所述,在飞速发展中的AIGC时代,本就处在融媒转型阶段的广播播音员和主持人将不得不面临更加复杂的岗位要求和职业环境工作角色的转变与发

展策略的调整。而针对不同的节目类型，具体的方向又略微有所不同。

1. 提高新闻采编能力

前文分析过，传统上严格按照稿件播读的新闻播音员，可能是此轮技术浪潮中受冲击最为明显的群体。除了旗舰新闻节目（如上海新闻广播《990 早新闻》、央广《新闻和报纸摘要》等）的播音员短期内应该不会出现工作形式的巨大调整外，其余的都应做好转型的准备。结合 AI 并不擅长的领域，着重培养自身的脑力和笔力，积极向新闻评论员、出镜记者、新闻访谈主持人等多元角色转型。这一转变，要求播音员不仅要精通新闻采编的基本技能，还需要深化对新闻事件的理解与分析，以适应内容创作和现场报道的需求。

此外，播音员还需培养出深厚的新闻敏感性，能够敏锐捕捉社会动态和公众关注点，以及加强实时报道和深度评论的能力，从而在快速变化的媒体环境中保持竞争力。这些能力，不仅是区分人与机器的关键，也符合新闻传媒界对"记者型主持人"的客观需求。

2. 向制作人转变

在 AIGC 时代的背景下，广播主持人的角色定位也需要积极调整。除了原本就采用"主持人核心"制的节目组，所有的主持人都应主动培养自身在节目策划与创意方面的能力，尤其是在融媒内容产品的生产制作环节。可以将 AIGC 工具理解为：在不增加人员配置的情况下，节目组中新增了一位甚至几位具备某项特长的团队成员，而作为节目"灵魂"的广播主持人，需要在技术的支持下，实现从传统主持人到节目的责任编辑、制作人、栏目导演的角色转变。

这意味着，主持人需深刻理解和运用 AIGC 技术，将其融入节目策划和内容创作之中，释放出技术的最大潜能，巧妙运用、调度各类人工智能，跨媒介整合内容，创造引人入胜的节目，从而推动广播融媒节目的多样化和深度发展。当然，在积极学习和利用 AIGC 技术的同时，仍需维持独立思考的能力，确保内容的原创性和创新性。过度依赖技术可能会导致内容同质化，而独立思考和创意则是提升内容价值、与听众建立深度连接的关键。因此，在充分利用 AIGC 技术的优势的同时，播音员和主持人应始终保持对内容的主导权，确保技术服务于创意，而非取代创意。

3. 向 AI 的弱点发力

此外，广播主持人也需格外注重向"专家型主持人"发展。原因在于，AIGC技术虽然能够提供丰富强大的内容生成能力，但在深度理解和专业知识的呈现上仍有局限。在垂直领域拥有深厚积淀和独到见解的主持人,则可以填补这一空缺,并且及时发现生成内容的"幻觉"(大模型普遍存在且短期内较难克服的生成错误内容的问题),为公众提供更具深度和权威性的内容。同时,随着信息过载的现象日益严重,观众越来越渴望获取准确、可靠的信息。此背景下,具备专业深度的主持人能够为观众提供过滤和解读信息的独特价值,从而在 AIGC 技术带来的内容洪流中脱颖而出。

同时,提升情感能力和思考深度对广播播音员和主持人而言都尤为重要。目前,AIGC 技术在传递深层次情感和进行复杂思考方面存在局限,且未见短期内取得突破的可能。相较于"数字人主播",人类独特的情感表达和深度思考能力,可以使内容更具吸引力和说服力,能触动听众的情感,引发共鸣。总体而言,瞄准 AIGC 技术无法轻易复制的领域进行强化,将是广播播音员主持人保持竞争优势和不可替代性的关键。

4. 利用技术巩固优势

AI 的赋能,更使得未来融媒内容竞争的焦点回归到内容质量、思想深度及创新能力上。包括播音员、主持人在内的传统广播媒体人所具备的"抓时效、挖深度、善应变、精专业"的职业素养,在这一技术革新的助力下,有望得到进一步的放大。

在 AIGC 的辅助下,"抓时效"变得更加迅速,"挖深度"更具洞察力,"善应变"能够更灵活地适应新媒体的变化,而"精专业"则体现在对内容质量的不懈追求上。举例来说,一位经验丰富的广播主持人可以结合 AI 技术深入分析一项社会热点事件,通过 AI 辅助的数据分析和内容生成,快速制作出既有深度又具吸引力的专题报道,这在传统工作流程中是难以想象的。

5. 创意和质量的重要性

前文提到,视频生成技术对融媒时代的广播而言属于利好。但也需注意到,平面媒体乃至大众用户的视频制作能力同样将被赋能。随着整个视频传播领域更多入局者的出现,也促使内容创作向更加注重创意和质量的方向发展。

可以预见的是,AIGC 技术使内容生产更加高效的同时,内容同质化问题也可能随之而来。在这种背景下,创新和高质量的内容成了播音员和主持人区分自身与众不同的关键。需要不断挖掘新的内容形式,探索不同的话题深度,以保持内容的新鲜感和独特性。

另一方面,随着难以辨别真伪的虚假内容大量出现,对现有传媒秩序的冲击也在所难免,这或许会促使受众更加倚重于包括广播在内的拥有良好信誉的主流媒体。因此，在利用文生视频技术提升内容生产能力的同时，更需严格把控内容的真实性，维护自身的公信力，确保在新技术带来的机遇中继续赢得受众的信赖和支持。在这一变革浪潮中，广播播音员和主持人所面临的，不仅是技术学习和应用的挑战，更是对于内容质量、创意深度和道德责任的深度思考和实践。

6. 锻炼"眼力"与"脚力"

最后，尤为重要的一点是，在新形势下，广播主持人同样需要锻炼自身的"眼力"与"脚力"。可以预见海量的虚拟内容，使主流媒体还需要更加关注和紧贴广大受众的现实需求，深入真实生活、贴近人民群众，从中汲取节目的话题、素材与灵感，并合理运用 AIGC 技术助力内容制作与传播。切不可沉溺于技术生成的虚拟环境中，失去与听众情感和现实生活的连接。只有这样，即使在高度数字化和技术化的时代，广播或融媒内容也能够保持其社会价值和现实意义，成为受众生活中不可或缺的一部分。

结　语

技术的快速发展既带来了效率和创新性的提升，也不可避免地对播音员和主持人的传统技能及工作模式提出了挑战，甚至造成一定的岗位替代。然而，在这些挑战中蕴藏着巨大的机遇，为播音员主持人的未来发展提供了更多的可能性与韧性。因此，从业者需在适应技术变革的同时，持续挖掘技术赋能下的新职业路径。

考虑到此轮技术变革浪潮正在迅速发生，笔者也建议行业应立即加强对播音员和主持人在 AIGC 技术应用、创意内容制作等方面的培训，提高从业者对新技术的认知和应用能力。通过学习和利用 AIGC 技术，在提升个人能力的同时，也可继续推动传统媒体与新兴技术的融合发展。

同时，也不应忽视新闻采编、节目策划、主持技能、人文素养、思考能力等方面的提升，放大"人类优势"、巩固"专业护城河"。在此过程中，保持创意和人文关怀的核心价值尤为关键，这将是区别于人工智能的不可替代之处。

参考文献：

［1］央视网《中央广播电视总台 2024 年工作会议召开》https：//www.cctv.com/2024/02/21/ARTIS5Q5fPECwdJFFUtDFx2c240221.shtml.

［2］看看新闻 Knews《SMG 拥抱 AIGC！挂牌作战，确立六大攻坚方向》https：//www.kankanews.com/detail/Z5wgDZmpD2D.

［3］赵子忠、王喆：2023 年国内大模型发展综述与趋势研判［J/OL］,青年记者：1-4［2024-02-29］.https：//doi.org/10.15997/j.cnki.qnjz.20231128.001.

［4］施昊翔、张旭龙、王健宗等：情感语音合成综述［J/OL］,大数据：1-23［2024-02-29］.http：//kns.cnki.net/kcms/detail/10.1321.G2.20240115.1003.002.html.

［5］伊峻宇、金丽娜：人工智能配音在短视频创作中的作用及影响——以抖音为例［J］,西部广播电视,2023,44(20)：27-30.

［6］杭州日报：《杭州文广集团短视频 AI 生产实验车间启用》https：//www.hangzhou.gov.cn/art/2023/7/10/art_812262_59084257.html.

［7］程丹蕊：关于 AI 算法在音乐生成中的新视角［J］,艺术大观,2023(33)：130-132.

［8］罗霄：2023 生成式 AI 图像模型年报［J］,艺术学研究,2024(01)：145-152.

［9］杜一娜、常湘萍：文化传媒行业或将形成视频创作新风口［N］,中国新闻出版广电报,2024-02-27(005).

［10］韦路、徐靓顾：生成式人工智能对传媒生态的挑战与对策［J］,中国广播电视学刊,2023(09)：4-9.

作者简介：

傅昇崇（播音名：旭崇）,主任播音员,上海广播电视台上海新闻广播（FM93.4)主持人、制作人,科学工作室主管。

新媒体语境下主持人 IP 化发展探析

张译心

提　要："IP" 是英文 " Intellectual Property " 的缩写，原意为知识产权，简称 IP。在新媒体语境下，信息传播形态发生巨变，媒介融合进一步加快，而在泛娱乐化和消费主义盛行的态势下，主持人 IP 化发展亦是大势所趋。本文以主持人 IP 化发展为切入点，结合新媒体语境的传播环境，概述了新媒体语境下，主持人 IP 化发展的内涵，分析了主持人的 IP 账号发展面临的困境，即定位不明确、内容同质化、受众圈层化、流量转化低，并重点从深耕垂直领域打造 IP 个性，提高内容质量赋能 IP 价值，专业孵化拓展强化 IP 互动，多维衍生产品凝聚 IP 流量等方面，探讨主持人 IP 化发展的对策。

关键词：新媒体主持人 IP 化发展

引　言

2024 年是推进媒体融合发展的第十一个年头，"扎实推进媒体深度融合"首次被写入《政府工作报告》，媒体融合发展进入了崭新的发展阶段。在媒体融合向纵深推进的进程中，主持人以新的姿态勇立时代潮头，以 IP 化发展为有效途径，可以说，新媒体语境也激发了主持人新的发展活力。对新闻主持人而言，一方面，以 IP 化发展来展现主持人的个人特质，可以增强受众对主持人的关注和黏性；另一方面，用不断发酵的 IP 价值，打造主持人的个人风格和特色，可以提高主持人的传播力。在此背景下，借力主持人 IP 化发展来扩大主持人的影响力，将使主持人在新媒体语境下大有可为。

其实,早在 2018 年,中央广播电视总台以及北京、上海、湖南、山东、浙江、江苏等地方广播电视台便纷纷布局 MCN 领域,以短视频创作、电商直播、IP 孵化为主要业务方向,打造包括主持人在内的各类 IP 账号。如上海广播电视台融媒体中心推出的新闻主播热点事件评论类 IP《上海早晨直播间》、国际新闻事件分析类 IP《一针见雪》、热点新闻背景分析类 IP《一看就懂》、诗歌诵读类 IP《侧耳》等,充分挖掘了主持人在电视荧屏以外所具备的 IP 潜能。在当下媒介生态中,挖掘主持人 IP 特色、打破主持人 IP 同质化枷锁、延长主持人 IP 存续周期,成为业界亟须思考的命题。

一、新媒体语境下主持人 IP 化发展概述

(一)新媒体语境下主持人 IP 化发展的特点

在《超级 IP 孵化原理》一书中,作者陈格雷将 IP 定义为"IP 是任何有文化沉淀价值的、有商业持续开发能力的无形资产"。具体到媒体传播领域,在广播电视时代,个人 IP 主要表现为名栏目、名主播、名记者;而进入互联网时代后,每个人都拥有了在公共媒体展示和发声的舞台,不同类型的个人 IP 在新媒体平台上快速生长。在当下的新媒体语境下,那些曾经在传统媒体生态中生存发展的广播电视主持人,更要思考如何在新媒体平台中展现主持人的个人特质,继承并颠覆传统广播电视时代的传播模式。

在本文范畴内,新媒体语境下的主持人 IP,是以主持人为初始角色、人格化为沟通纽带、价值观为文化符号的 IP,它是媒介形式变化和发展的产物,能够让主持人作为 IP 符号,跨越多平台、多渠道、多圈层进行传播。同时,主持人 IP 的承载主体也呈现多元化特点,主要以个人账号、电视台、MCN 机构认证为主,在 IP 文化价值的基础上,主持人 IP 还可以尝试通过交易媒介产品、收取广告费用、直播带货等渠道,进行商业价值变现。

目前在新媒体平台中,主要有四种形式的主持人 IP。其一是传统广电主持人在新媒体平台开设账号,从早期的微博、微信公众号,到时下的短视频平台、直播、小红书等,以电视台主持人的身份出现在多个新媒体平台中,例如上海广播电视台新闻主播雷小雪、何婕等。其二是具有播音主持专业背景或从业经历的主持人,根据个人特色在新媒体平台建立账号,打造个人 IP,如前央视著名主播李小萌、刘芳菲、欧阳夏丹等。其三是主持人并未开设个人账号,但依托其所在广播电视台的新媒体账号,使其个人能产生较高的影响力,如中央广播电视总台主持人撒贝宁、康辉、尼格买提等。其四是主持人并未开设单独账号,但其所在的广播电视台为整个栏目的主持人开设了共用的新媒体账号,由栏目组统筹选题、统一运营,如

上海广播电视台融媒体中心推出的《上海早晨直播间》《主播下班后》等。

通过以上论述可以看出，新媒体语境为主持人的发展带来了机遇与挑战，IP化发展作为主持人发展的创新之举，以 IP 化来实现主持人在新媒体时代的转型，可以助力主持人在媒体融合发展中脱颖而出。同时，新的发展形势不可避免会带来新的挑战，了解主持人 IP 化发展的特点，遵循主持人 IP 化发展的特质，可以助力主持人更好地面对 IP 化发展所带来的挑战。

具体说来，主持人 IP 化发展主要有三大特点：

一是专业性。主持人 IP 化发展是新媒体发展的产物，IP 是无形的，在 IP账号的孵化中，主持人立足其自身专业优势来打造 IP 形象，依托受众基础、语言感染力、个人魅力，使 IP 成为具有一定影响力的品牌形象，其专业性不言自明。

二是唯一性。主持人 IP 化发展的唯一性，表现为主持人的 IP 形象独一无二，不可复制。在主持人 IP 化发展中，无论是形象、语言、定位，还是传播内容与形式，都具有鲜明的特点和个性。

三是持续性。主持人 IP 化发展需要主持人长期的积累和创作，将主持人个人 IP 转化为 IP 集群，发挥 IP 联动效应，才能体现 IP 化发展的价值。在主持人IP 化发展中，着眼于主持人的可持续发展和 IP 化发展的整体效应，打造爆款主播 IP 账号，才能最大化发挥主持人的 IP 价值。

（二）新媒体语境下主持人 IP 化发展的意义

首先，从理论意义方面看，新媒体语境为主持人的发展带来了新的发展环境，对主持人 IP 化发展的研究，符合当前时代发展之需，契合了新媒体时代发展的诉求，较好地弥补了当前理论研究的不足，因此主持人 IP 化发展具有重要的理论意义。

其次，从实践意义方面看，在新媒体语境的时代环境下，将主持人 IP 化发展的相关理论研究付诸实践，以科学的理论为指导，践行新闻传播理念意义深远。通过对主持人 IP 化发展的实践探索，可以更好地查漏补缺，反思主持人 IP 化发展，促进其行稳致远。

二、新媒体语境下主持人 IP 化发展的困境

（一）主持人 IP 账号定位不明确

新媒体时代万物革新，主持人 IP 化发展是新媒体语境下的产物，目前尚处于初级发展阶段。主持人 IP 化发展有别于传统媒体的传播方式，其主要实现方

式是开设多媒体矩阵,依托新媒体传播平台和渠道,在微信公众号、短视频、微直播等传播方式中,树立主持人的个人IP。

但在实践中,有些主持人在建立和定位IP账号时,并不了解IP化发展平台,缺乏对自我主持风格的明确定位,在传播中IP形象模糊,尚未对垂直领域市场进行细分,账号名、账号简介、头像、账号内容等显性元素标志未统一,其专业度和标准性都大打折扣,使得精准传播受限,IP账号的信息传播聚集效应并不明显。

(二)主持人IP账号内容同质化

在新媒体语境下,由于信息传播速度更快,因此主持人传播的内容至关重要。现如今,主持人IP化发展初见成效,诸多主持人跃跃欲试,但在实践过程中却忽视了对IP化发展内容的精心创作,借鉴、搬运、模仿具有代表性的主持人IP形象等现象时有发生,主要表现为缺乏主持人IP化发展的个性与特色、模仿痕迹严重、创新能力不足等。

主持人IP账号内容同质化问题较为普遍,但同质化的主持人IP账号不仅难以赢得受众的认可与关注,而且长此以往势必会被淘汰出局。如何以内容为王打造主持人IP化发展的内生动力,现已成为主持人IP化发展的困境之一。

(三)主持人的IP账号受众圈层化

在新媒体技术的加持下,主持人IP化发展有一定难度,受众圈层化的困境亟待优化。目前,主持人的IP账号的可及受众十分有限,从受众来源上看,长期积累的忠实受众占据主要部分,受众的分众化趋势明显,仅在小范围内赢得一部分受众的青睐。

另外,传统主持人固有的刻板印象和类型化掣肘尚未打破,单一的主持人形象特点较为单调,在广泛的受众群中难以满足受众多样化的需求,在主持人IP化发展中不具备吸引力,在新媒体信息洪流中很难建立起与受众的黏度,主持人的影响力和话语权也会因此被削弱。所以,在未来很长一段时间内,思考突破更多圈层的受众之路,将是主持人IP发展的难点所在。

(四)主持人的IP账号流量转化低

在新媒体语境下,每一个IP账号都是新媒体场域中的节点。主持人IP以主持人为初始角色,不仅具有新闻传播价值,还可以转化为"商机",凭借主持人

IP 化形象的塑造,可以提升媒体品牌价值,实现社会和经济效益的双赢。

但主持人 IP 化发展并非一成不变,应随着媒介形式的变化而进行创新发展。就目前而言,在主持人 IP 账号的运营过程中,尚未深挖主持人 IP 账号的价值,在主持人与受众互动方面缺乏相关建设,IP 的传播效应仅停留在主持人个人 IP 的建设之中,忽视了 IP 集群化效应的发挥,相应的流量传播和扩大效应很难体现,使得主持人的 IP 账号流量转化低,商业价值变现难以实现。

三、新媒体语境下主持人 IP 化发展的对策

(一)深耕垂直领域,打造 IP 个性

新媒体语境下主持人 IP 化发展,应深耕垂直领域,打造 IP 个性,通过对主持人 IP 化发展的深入了解,精耕细作大力做好垂直领域细分工作,用专业化、精细化、个性化的发展思路,奠定主持人 IP 化发展的基石,构成主持人 IP 的特色和标志,使主持人 IP 深入人心,打造具有唯一性的主持人 IP 形象,才能为主持人 IP 化发展开辟新道路。

在具体做法上,主持人应明确自身的角色定位,重点着眼于某一领域,做好行业细分,进一步巩固其 IP 特色,打造 IP 个性。而主持人人格化,就是 IP 个性的路径之一,也是主持人 IP 与受众沟通的纽带。因为主持人和受众之间会产生人际交流,主持人的言语表达、知识结构、风度气质、个性修养等,都会对受众产生影响。比如四位央视男主持人——康辉、撒贝宁、尼格买提和朱广权组成的"央视 boys",就是主持人 IP 化的代表。

(二)提高内容质量,赋能 IP 价值

新媒体语境下,主持人 IP 化发展的内容质量提高,不得不说,文化力是 IP 得以长久发展的内驱动力,"内容为王"赋能 IP 价值的最大化,无疑将使主持人 IP 化发展事半功倍。

为此,主持人 IP 化发展应做好对传播内容的重构。首先,主持人应提高自身的专业知识和综合能力,将经历、才学、思考和价值观等元素融入 IP 产品,打破主持人形象单一化的桎梏。对主持人而言,腹有诗书气自华,博观约取地展示主持人的人格魅力,厚积薄发地做好价值观的引导和新闻的传播。其次,还要注重独家观点的提出,主持人 IP 化的唯一性恰恰建立在其节目的独有性之上,从独家观点入手进行内容创作,往往能为主持人 IP 化发展增值,对提高主持人 IP

账号的生命力大有裨益。

（三）专业孵化拓展，强化 IP 互动

新媒体语境下主持人 IP 化发展，还应做好专业孵化拓展，以主持人 IP 化发展为中心，以 IP 价值观为引领，以强化 IP 互动为抓手，延长 IP 的生命周期，做好主持人 IP 联动和集群效应的拓展，深化主持人 IP 化发展的内涵和外延。

在具体做法上，一是要注意引起受众情感的共鸣。主持人 IP 化发展以情动人，议题设置和传播以情绪共鸣为催化剂，用高质量的精品内容为受众提供强大的情绪价值和精神指引，在正能量的传播和带动下，主持人 IP 化发展能赢得更多受众的支持。同时，每位用户在和主持人互动后，又可以成为新的节点，将自己认同的 IP 内容进行二次传播，把 IP 和更广泛的受众连接在一起，连接传播越紧密，IP 影响力的辐射范围也便会更广。

二是维护 IP 社群。粉丝总量是"基本盘"，互动才能促进其良性发展，主持人的 IP 化发展还应建立与之相应的 IP 社区，以此为纽带，做好对粉丝的维系与互动，增强良好的双向互动关系的构建，用稳定的粉丝社群 IP 带动主持人 IP 化发展。

三是强化 IP 联动，从单屏传播到多屏互动传播，用多媒体、融媒体、全媒体传播的方式，发挥媒介传播的协同效应，多媒体矩阵下长短视频联动发展，使多个优质主持人 IP 聚集在一起，助力主持人 IP 化发展的进一步深入和推进。例如，总台央视综艺频道和央视网联合出品的生活分享类节目《你好生活》，主持人尼格买提和撒贝宁是常驻嘉宾，每一期节目都会邀请其他的主持人或明星，来共同体验生活。尼格买提和撒贝宁的主持人 IP 化形象深入人心，在节目流程和几位嘉宾相互的配合下，节目产生了诸多记忆点，IP 互动的传播效果较好，赢得了诸多年轻受众的喜爱。

（四）多维衍生产品，凝聚 IP 流量

主持人作为现代传播中的重要媒介，新媒体语境下主持人 IP 化发展，通过塑造多元化形象、多维衍生产品，由此获得多个媒介平台的受众流量，凝聚 IP 流量，满足受众的多样化需求，使主持人的 IP 形象更为立体，从而提高流量转化率，引起受众的购买欲，也是当前主持人 IP 化发展的有效途径。

在具体做法上，主持人 IP 化发展中，个人 IP 账号的变现能力也得到发展，在激发用户黏度的同时，以新媒体平台为载体，以品牌传播力带动经济效益的变

现,实现商业价值的提升,实现主持人的"破圈"传播,挖掘更多的价值。比如总台央视主持人在《花 young"购"联欢》中化身带货主播,在直播间与观众进行互动。截至 2023 年 8 月 22 日上午 9 点 30 分,带货销售总额达 4 560 万元,直播间累计观看量超 1221 万,登上抖音热搜榜第 3 位。不难看出,主持人 IP 化发展势头迅猛,打造良好的主持人 IP 形象,将促进主持人在新媒体语境下跨越式发展。

结 语

总之,技术变革为传播表达带来便利,主持人在新时期应有新发展,新媒体语境下主持人 IP 化发展应与时俱进,把握"分众传播"规律,立足当前主持人 IP 化发展的需要,在泛娱乐时代找准主持人的定位,细分垂直领域,做好 IP 化发展的精细化运营,从个性、内容、互动、流量等方面,整体上建立起主持人 IP 化发展的战略规划,积极利用多媒体矩阵来打造主持人 IP 化发展的新格局。如此,才能最大化发挥主持人 IP 化发展的价值,让主持人 IP 化成为主持人在新媒体语境下发展的突破口,使主持人更具核心竞争力。

参考文献:

[1] 宋琪:传统媒体节目主持人 IP 化转型趋势——以央视 boys 为例[J],新闻传播,2022(14):116 - 118.

[2] 苟明宇:贵广网络 IP 新媒体平台的安全设计[J],广播电视网络,2023,30(3):69 - 72.

[3] 马安丽:人工智能虚拟主播兴起趋势下,广电主持人如何"有为有位"[J],西部广播电视,2023,44(3):83 - 86.

[4] 王宏璐:央视主持人 IP 化趋势研究——以朱广权为例[J],新闻研究导刊,2020,11(9):90 - 91.

[5] 李丹:新媒体时代播音主持艺术的传承与创新策略[J],中国广播电视学刊,2022(5):78 - 80.

[6] 栗晓燕:新媒体时代如何强化播音主持艺术语言表现力[J],传播力研究,2023,7(1):88 - 90.

[7] 孙健玮:媒体融合背景下播音主持艺术的创新与发展分析[J],新闻研究导刊,2022,13(20):178 - 180.

[8] 王伊雯:个性·创新·融合:融媒体时代主持人的身份认同与角色建构——以《央 young 之夏为例》[J],声屏世界,2022(23):29 - 31.

作者简介:
张译心,上海广播电视台融媒体中心新闻主播,主任播音员。

AIGC 在节目后期特效制作中的实践与思考

——以《极限挑战第九季》的探索为例

李至良

提　要：伴随着人工智能技术的崛起和迅猛发展，其在影视创作领域的应用日益受到广泛关注。本文旨在理解 AIGC（人工智能生成内容）的运作方式以及在节目后期特效制作中的应用场景，进一步从图像生成与处理以及视频生成与处理两个方面进行实践探索，分析其在提高制作效率、优化视觉效果和创意表达方面的潜力。通过《极限挑战第九季》节目后期特效制作过程中的具体案例，展示 AIGC 在实际特效制作中的优势与不足，同时探讨节目制作中使用 AIGC 的趋势以及制作人员应相应具备的要求，为 AIGC 在该领域的可持续发展提供借鉴和启示。

关键词：人工智能　AIGC　节目后期特效制作　图像生成　视频生成

引　言

　　随着科技的迅速进步，人工智能（AI）技术已深入生活与工作的每个角落。2022 年底，ChatGPT 的出现不仅引发了广泛关注，也展示了人工智能大语言模型的强大能力。ChatGPT 作为 AIGC（Artificial Intelligence Generated Content，人工智能生成内容）中的一种，标志着一个新的技术时代已经到来。笔者作为一名长期从事电视节目后期制作的专业人士，亲眼见证了这一变革，并认为深入探索

AIGC 的工具特性及其应用具有重要的实践和研究价值。

2020 年,中共中央办公厅、国务院办公厅印发的《关于加快推进媒体深度融合发展的意见》提出"用好人工智能等信息技术革命成果,加强新技术在新闻传播领域的前瞻性研究和应用,推动关键核心技术自主创新"的要求。应用 AIGC 已被视为提高生产效率、降低成本,并拓展创新空间的重要手段。

AIGC 主要包括:文本生成、图像生成、音频生成、视频生成、游戏角色生成等,本文聚焦于 AIGC 在电视节目后期特效制作中的应用,运用到的主要是图像和视频生成方面的技术。近年来,Stable Diffusion、Midjourney、Runway 以及 Sora 等工具相继出现,在业内引起了极大的关注,它们或成功应用或公开发布都证明了 AIGC 技术在提升内容创作质量和效率方面具有巨大潜力。例如,美国科罗拉多州艺术博览会获得数字艺术类别冠军的《太空歌剧院》和德国艺术家 Boris Eldagsen 的《虚假记忆:电工》等作品的成功,不仅展现了 AIGC 的艺术创作能力,也激发广大电视节目制作者将 AIGC 应用于电视节目后期制作的信心。从 2022 年底起笔者就开始有意识地学习使用相应的工具,积累 AIGC 的有关知识。

一、AIGC 在节目后期特效制作领域的应用场景

随着电视媒体行业不断发展,对高质量和创新性电视节目后期制作的需求日益增长。在这种背景下,AIGC 的出现为电视节目后期特效制作提供了一系列革命性的工具,推动了制作流程的改良。

2023 年,大型励志体验真人秀节目《极限挑战第九季》在东方卫视播出,笔者尝试将 AIGC 应用于节目后期特效制作中。在前期学习积累的基础上,整理出 AIGC 在节目后期特效制作中的主要应用场景:

1. 图像生成:通过文本或图像描述快速生成高质量图像。

2. 视频生成:利用文字描述或图像素材生成视频内容。

3. 修补图像和视频:完成图像或视频的内容补全、内容扩展和帧间补帧。

4. 提高画质:对低分辨率或模糊图像进行超分辨率、降噪和去模糊处理。

5. 图像上色:在线条图或黑白图基础上自动上色,满足特定的色彩需求。

6. 转换内容风格:对图像或视频进行风格化处理,包括换脸、替换服饰配饰或进行二次元、三维风格化。

7. 特效制作:进行视频内容的抠像、去除多余物体,以及执行特效制作的跟踪等功能。

8. 分析图像特性：提取图像中的关键信息如边缘、深度、骨骼等，辅助生成更具可控性的图像或用于其他软件的再创作。

二、节目后期特效制作中应用 AIGC 的实践

1. AIGC 图像生成和处理

（1）提供提示词：在《极限挑战第九季》第一集中，需要制作 4 段插画形式的动画，原本的制作流程是先由原画师手绘，然后通过合成软件制作动画，工作量大，制作周期比较长。这次我们使用 Midjourney 来绘制原画，Midjourney 是一个功能强大的 AIGC 图像生成工具，能通过上传参考图像和提供提示词来生成相应的图像。我们先根据设想的插画风格寻找一定数量的参考图像，上传给 Midjourney，通过图像反推技术得到图像风格的提示词，如二次元漫画风格、C4D、UE 三维风格、中国风风格等，再通过这些风格提示词来生成所希望风格的图像，保证多次生成的图像风格统一，然后结合图像所需内容的提示词进行图像创作。在这个过程中除了对图像内容给出较为明确的提示词之外，最好对图像的构图、景别和应用场景都能给出较为明确的提示词，提示词越明确，得到的结果就越符合期望。除了图像反推之外，还可以使用认知度较高的艺术信息作为提示词，如影视剧、动漫画作品的名称或者艺术家的名字等。经过实践，笔者感到这种方式在模型库中找到对应效果的可能性比较大。在这项制作中，尝试过 Brian Bolland（布莱恩·博兰）、Marvel（漫威）等提示词，效果都比较满意。我们在提供提示词时经常使用这样的书写顺序（如图一），方便 Midjourney 更好地理解，生成符合要求的图像。

图像参考提示（手绘、照片、合成图片等） **+** 文字描述提示（场景、主体内容、情绪、风格、光影、景别） **+** 具体参数（模型类型、宽高比、种子值等）

图一

在之后的节目后期特效制作中，我们还多次使用 Midjourney 生成的图片来作为动画制作的素材，包括写实、卡通、国风、赛博朋克等风格（如图二）。

（2）完善提示：有时就算提供了大量的基础信息，人工智能也可能无法完全理解，如《极限挑战第九季》第一集动画的制作过程中，Midjourney 就无法理解"城市上空一大串气球"的提示词，生成的图像几乎都是漂浮在城市上空散开的单个气球（如图三），这时笔者结合 Midjourney 生成的图像，使用图像处理软件

《极限挑战第九季》第四集 AIGC 生成图　《极限挑战第九季》第七集 AIGC 生成图

图二

简单地绘制了一幅草图,再将之上传给 Midjourney,有这张图为参考,加上提示词的辅助,生成的图像才基本接近想要的效果,然后在这张图像的基础上,使用种子数来控制图像的基本生成方向,通过微调提示词和修改参数,进一步改善图像,达到所需的效果(如图四)。

图三

图四

　　在《极限挑战第九季》第二集中,要为参与节目的嘉宾绘制卡通形象,由于穿着特定的服装,必须定制相符合的图像。我们使用 AIGC 工具来完成这项工作,开始打算直接输入提示词来获得结果,却发现人工智能不明白提示词的含义。比如要绘制一幅 T 恤上印有花卉图案的男性漫画形象,在给出提示词后,人工智能不理解花卉和 T 恤的关系,得到的结果是花丛中一个穿 T 恤的男性形象(如图五),这明显不是想要的结果。于是,我们又将实拍照片提供给人工智能作为参考,但是得到的图像又过于接近照片的写实风格,也不符合需求。经过不断尝试,最终将人物形象和服装造型进行结合,绘制了一张草图提供给人工智能,这样人工智能基本理解了创作意图,接着再进一步完善提示词,修改画面景别等其他细节,得到了较为满意的服装和人物造型(如图六)。

图五 图六

现在,随着人工智能技术功能的提升,已经可以在 AIGC 工具 Stable Diffusion 的节点流程用户界面 ComfyUI 中直接手绘草图,实时得到 AIGC 生成图(如图七),比《极限挑战第九季》时的制作效率又有了提高。

图七

(3)使用混合功能:在这次制作过程中,我们还使用了 AIGC 工具中的混合功能,将两张图像进行混合,这样生成的图像兼具两者的特点,通过提示词再进一步控制图像的偏向性,得到更为满意的结果。

（4）增加色彩效果：在黑白漫画风格制作完成之后，我们觉得色调显得过于单调，需要将黑白画面改为彩色的，经过比较，选择 Stable Diffusion 来进行修改。Stable Diffusion 是个开源的 AIGC 绘图工具，有完善的图生图功能，还有大量扩展工具可以使用，能根据图像边缘轮廓，通过提示词来生成和原图非常接近的图像，这些图像可以生成为彩色的，所以这个工具也常被用来做图像上色和老照片修复的工作。使用这一工具，可以将原画师本来需要两小时一幅的上色工作，压缩在几分钟内完成，极大地节省了制作成本。但是在制作过程中，也会碰到一些问题，比如那幅空中飘浮气球的画面，气球都应该是黑色的，但是在给了黑色气球的提示词之后，仍会有一些气球呈现出红色或者蓝色，这时便在反向提示词中填写红色气球和蓝色气球，使人工智能不会再生成这两种颜色的气球，最终得到了全为黑色气球的图像，所以，在使用 AIGC 工具生成图像的过程之中，反复多次地尝试是不可避免的。

（5）提升画质：由于现在 AIGC 工具生成的图像分辨率和硬件性能密切相关，使用相应的 AIGC 工具进行超分辨率和画面降噪能够降低硬件成本，在应用 AIGC 照片处理软件 Topaz Photo AI 来进行这方面处理时，它会根据图像的不同，选择不同的大模型来进行图像处理，很多时候可以得到较好的处理结果。但有时候这样的处理也会使色彩和细节较多的图像出现扭曲变形问题，针对这一现象，确定使用含有夸张元素的漫画风格来生成图像，这样风格的图像在超分辨率后变形不易被察觉，效果较为满意。

2. AIGC 视频生成和处理

（1）替换脸部：在《极限挑战第九季》第二集中，笔者使用了 AIGC 视频换脸工具 Swapface 对视频进行换脸操作，先上传需要替换脸部的视频素材，软件会自动识别视频素材中的脸部信息，再上传一张正面脸部照片，通过 Swapface 解算生成，可以将视频里的人物脸部换成照片里人物的脸部。以往在特效制作中，换脸是一种比较麻烦的特效，需要对人脸进行曲面跟踪，然后进行匹配合成，完成整个操作需要很长时间，现在通过 Swapface 软件，明显降低了制作难度，缩短了制作时间，效果也得到提高。但是在制作过程中也发现 Swapface 对于一些脸部不清晰或者脸部信息丢失的视频，无法识别，这时只能再依靠传统的方法来进行弥补。除了换脸，在《极限挑战第九季》第五集的后期特效制作中，还使用了 AIGC 视频制作工具 D-ID Creative Reality Studio，进行基于语音识别的面部口型生成。这个工具可以根据一段语音，给人脸图像进行口型和表情的制作，生成声情并茂的讲述视频。

（2）修补背景：在《极限挑战第九季》第三集中，人工智能被用来解决修补背景的问题。《极限挑战》作为一档户外真人秀节目,原始画面中含有不少穿帮镜头,对此我们使用 AIGC 视频制作工具 Runway 来进行自动修补。先将需要修补的视频上传到云端,然后通过 Runway 的自动修补工具选择需要抹去的内容,自动解算生成视频。在传统制作中,人工修补背景需要跟踪合成或者三维场景重建,一段 2 秒多的镜头,原先需要四个小时才能完成,现在不到两小时就能完成。在很多情况下,人工智能的自动修补可以大幅提高画面的修改效果和提高修改的便捷程度,但是也存在画面缺失、内容扭曲等问题,所以在修补这样的镜头时,还是需要结合图像合成或者三维跟踪修补的传统方法来解决问题。

(3)视频生成:在节目后期特效制作过程中,我们曾经多次使用具有视频生成功能的 AIGC 工具,如 Runway、Pixverse、Pika 来生成视频,希望用来弥补素材画面的不足。使用下来感觉到这些工具随着反复迭代,相比第一代产品效果确实有明显提升,并且还能提供如 Runway 动态笔刷这类区域生成功能,但是生成的视频还不稳定,在图像内容需要交互时尤其容易犯错,难以控制内容一致性,图像画质也不高,就算超分辨率后依旧不尽如人意,动态画面也容易出现扭曲模糊等问题,这样效果的视频,现阶段在手机端短视频播放中使用较多,不过直接用来制作商业项目、使用在大屏幕中还不成熟,但是随着 OpenAI 发布 Sora,视频生成的长度和一致性达到了前所未有的效果,AIGC 视频生成展现出无限的可能性。可以预见,不久以后 AIGC 生成视频将成为节目后期制作中的重要素材。对于当前 AIGC 生成视频的这种不稳定性,如果视频制作者能将它作为一种风格,应用在视频内容的制作中,还是有一定应用前景的。

三、节目后期特效制作中应用 AIGC 的思考

经过一系列 AIGC 工具在《极限挑战第九季》后期特效制作领域的应用实践,笔者得到了以下粗浅认识。

1. 节目后期特效制作中应用 AIGC 的优势

(1)门槛降低:对一些没有后期特效制作经验和软件使用能力的人可以快速上手,通过提示词的输入,得到一定品质的图像和视频;

(2)出图率高:无论是在线的 AIGC 工具还是本地部署的 AIGC 工具,都能以远远高于传统制作方式的效率生成图像;

(3)融合性强:由于 AIGC 工具使用人工智能模型,在模型中含有大量信息,通过提示词可以生成意想不到的和完全不存在的事物,为设计工作者提供多

元化的设计参考。

2. 节目后期特效制作中应用 AIGC 的若干问题

（1）设备要求较高：由于 AIGC 算法比传统的计算机图形算法更复杂，因此现阶段的 AIGC 工具，无论是线上的还是本地部署的对于网络环境和硬件设备都有较高要求，不是任何设备都能够满足需求；

（2）可控性不稳定：由于 AIGC 工具的模型算法，无法保证每次生成图像的稳定性，就算使用相同模型、相同设备、同样的种子和提示词也难以得到完全相同的结果，更无法生成连续且稳定的图像序列或视频文件，容易生成错误的图像，比如手部和四肢都很容易出现失实的结果；

（3）需要行业经验：由于 AIGC 工具完全是通过大模型算法生成图像和视频，AIGC 工具本身没有辨别能力，需要有一定行业经验的使用者来分辨生成内容的优劣，选取合适的结果；

（4）视频处理不完善：现阶段 AIGC 工具的视频生成和处理还存在不少问题，在稳定性、清晰度、内容一致性等方面都不足以完全满足电视播出的常规需要。

3. 节目制作中使用 AIGC 的趋势

随着 AIGC 工具的不断发展，可以预感 AIGC 在节目制作中将呈现如下趋势：

（1）全流程参与：AIGC 工具已渗透到节目制作的各个阶段，从前期的文案创作（如使用 ChatGPT），分镜绘制（如使用 Midjourney），到制作过程中的视频内容制作（如使用 Pixverse、Runway，从 Sora 的相关资料来看，AIGC 已经可以生成符合制作者需要的高质量视频），以及后期的自动剪辑和音乐制作（如使用人工智能自动剪辑工具和 Stable Audio），这些工具不仅覆盖了制作的全流程，而且预示着未来 AIGC 独立全面制作节目的可能性。

（2）技术融合：AIGC 正在转变传统的制作模式，如 Photoshop 和 After Effects 等传统工具已融合人工智能功能，其促进了制作工具的改进和创意方法的革新，进而能提升节目的视觉效果和整体品质。

（3）全新形式和个性化定制：AIGC 工具推动了新节目形式的发展，例如实时互动的虚拟人物、实时绘图交互等方式，为节目的表达形式提供了新的可能性。其强大的素材收集和生成能力，加上在各个领域的广泛应用，也让高效制作特定垂直市场的个性化定制节目成为现实。

（4）流程优化：AIGC 工具正在简化后期特效的制作过程，包括提升视觉效果、提高制作效率、降低制作门槛和成本,能起到优化整个工作流程的作用。这让创作者能将更多精力投入创意表达和核心内容的传递上。

4. AIGC 对节目后期特效制作人员的要求

结合节目后期特效制作中应用 AIGC 的优势和问题以及未来的发展趋势,后期特效制作人员也应具备相应的素质:

(1)知识技能:后期特效制作人员需精通 AIGC 工具的操作,包括提示词书写、参数调整及图像和视频处理,理解深度学习、大语言模型等 AIGC 基本原理,掌握基础编程和硬件知识,这些知识技能不仅提升使用效率,还能在遇到问题时快速找到解决方案。

(2)专业素质:虽然 AIGC 工具功能强大,但在情绪表达和微妙判断上仍有局限。从业者需具备必要的审美和判断能力,特别体现在需要精细情绪表达的剪辑、音频处理和调色等方面,这有助于对 AIGC 进行必要的再加工和优化。Sora 的发布使得视频制作门槛进一步降低,从业者也需要培养更高的创意能力来使用 AIGC。

(3)学习能力:随着人工智能和 AIGC 技术的快速进步,从业者必须不断学习新技术、掌握新工具,并不断更新专业知识。如了解和掌握如图像合成、运动捕捉等后期特效工具,提高自己的行业竞争力。

(4)跨领域合作:从业者应理解多领域工作流程,并能与不同专业的团队成员(如美术设计师、剪辑师、音乐编辑)有效沟通,具备必要的项目管理和协调能力,以及在 AIGC 与传统方法之间做出明智选择的能力。

结　语

通过《极限挑战第九季》的探索,笔者切实体验到人工智能技术的优势与不足。随着 2023 年 AIGC 工具如 Midjourney、Stable Diffusion、Runway 和 Pixverse 的爆发式发展,人工智能现已步入一个稳步前行的阶段。这些工具不断迭代更新,引入了 AnimateDiff、Deforum 扩展、Runway 的动态笔刷、Wonder Studio 骨骼捕捉、实时替换等创新功能,拓展了在文案、平面设计、音乐生成、虚拟人制作等领域的应用范围。而 Sora 的发布,也让人们看到 AIGC 持续革新和发展。

电视节目制作者,应主动适应时代的要求,积极拥抱 AIGC,要充分认识人类自身的优势和 AIGC 工具的不足,并通过自身学习、技术培训、跨领域合作等方式探索更先进的 AIGC 解决方案,在发挥人独特的优势同时利用好 AIGC

技术的长处,取长补短,不断探索新的节目形式,这样才能制作出更多优质的电视节目来满足观众对美好生活的向往,进而推动电视节目制作行业不断发展。

作者简介:

李至良,上海东方娱乐传媒集团有限公司东方卫视中心——独立制作人团队导演。

论新媒体时代青少年新闻素养的现状与培养策略

——以《"雏鹰杯"红领巾新闻评论员挑战赛》为例

祝镇波

提　要： 随着新媒体时代的来临，信息传播的方式和速度发生了翻天覆地的变化，这对青少年的日常生活和认知方式产生了深远影响。新闻素养作为青少年在信息时代中必备的品质与技能，发挥着越来越重要的作用。《"雏鹰杯"红领巾新闻评论员挑战赛》是由上海市少工委和上海广播电视台共同推出的"SMG 红领巾新闻评论员培养计划"和"看看新闻Knews 校园融媒体行动"的主要内容和活动载体，旨在借助主流媒体的专业优势，与校园融媒体平台进行互动，吸引征集由青少年自主创作的优秀短视频，培养具有敏锐洞察力、较强逻辑思维能力和独立思考能力、新闻采编能力的新闻评论员，打造适合青少年的优质新闻内容产品、研发融媒体培训课程，以上海广播电视台融媒体中心的节目和新媒体平台作为实训基地，以此来提升青少年的新闻素养。本文将以该活动为例，尝试站在主流媒体的角度，深入探讨新媒体时代青少年新闻素养的现状与挑战，力求全面评估其面临的问题，并提出培养与提升的有效策略。

关键词： 新媒体时代　青少年　新闻素养　现状与挑战　培养策略

引　言

在社会迅速发展的背景下，新媒体逐渐改变了人们获取、传播和消化信息的方式。在这个数字化、信息化的时代，新闻已经成为人们日常生活中不可或缺的一部分,尤其是对青少年这一群体,新闻素养的培养和提升变得尤为重要。新闻素养是指群体及个人对新闻信息获取、理解、评估和运用方面的综合能力。培养青少年的新闻素养,使之具备客观准确认识和了解世界的能力、建立健康正确的人生观和世界观,具有迫切而积极的意义,这也是《"雏鹰杯"红领巾新闻评论员挑战赛》开展的初衷之一。因此,本文将深入探讨分析青少年在新媒体时代下的新闻素养现状,结合实际工作中的思考,提出培养和提升青少年新闻素养的路径,并希望为促进青少年新闻素养的提高提供有益的思考和建议。

一、新媒体时代下青少年新闻素养现状分析

(一)青少年新闻获取渠道

在新媒体时代,青少年如何获取新闻信息,这是了解青少年新闻素养现状的重要切入点。青少年获取新闻的主要渠道包括广播电视媒体、平面媒体、新媒体等多种来源,这些渠道在一定程度上塑造了其对新闻的认知和理解。

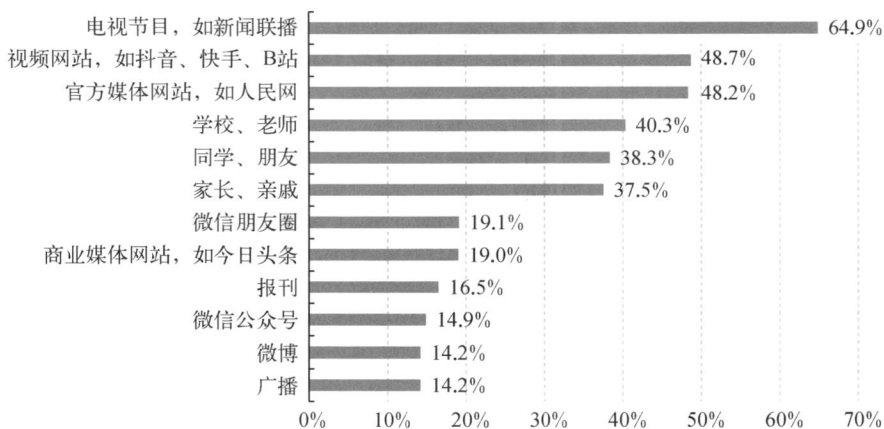

未成年网民获取社会重大事件的信息渠道
图片来源:中国互联网信息中心 2022 年

电视媒体是青少年获取新闻信息的传统途径之一。电视节目通常以视觉和听觉效果为主,通过生动的画面和声音,吸引年轻观众的注意力。青少年通常在家庭环境中通过电视来获取新闻信息,该渠道在传统媒体具有较大影响力的地区仍然是主要来源之一。电视新闻的可视性特点,可以使青少年能快速了解重大事件和社会话题。然而,随着新媒体时代的到来,电视媒体正在逐渐失去年轻

观众的份额,青少年正通过更多元化的渠道来获取信息。

新媒体平台已经成为青少年获取新闻的重要来源之一。新媒体平台如抖音、快手、微信、知乎、B站等,不仅为青少年提供了获取新闻的途径,还允许青少年参与新闻讨论并分享自己的观点。新闻网站、博客、各大新闻应用程序等也是青少年获取新闻的来源,新媒体平台的实时性和互动性,正逐渐成为年轻一代获取新闻的首选方式。2023年12月,《第5次全国未成年人互联网使用情况调查报告》发布。根据《报告》显示:我国未成年网民规模不断扩大,2022年未成年网民规模已突破1.93亿。2018年至2022年,未成年人互联网普及率从93.7%增长到97.2%,基本达到饱和状态。未成年人用网低龄化趋势明显。过去5年,小学阶段的未成年人互联网普及率从89.5%提升至95.1%。九成未成年人拥有属于自己的上网设备并主要使用手机上网。在获取社会重大事件信息的途径方面,接近半数未成年人选择抖音、快手、B站等新媒体平台,略高于各类官方媒体网站。

1972年,联合国教科文组织(UNESCO)国际教育发展委员会提出《学会生存:教育世界的今天与明天》报告书,特别强调"学习社会"及"终身教育"两种理念,同时就滥用媒体状况发出了警告。此后,许多国家纷纷开展新闻素养教育。澳大利亚、加拿大、英国、法国、德国、挪威、芬兰、瑞典等国家已将新闻素养教育纳入学校课程,设为全国或国内部分地区中、小学的正规教育内容,并陆续发展出许多教学模式及课程教材。我国的新闻素养教育起步较晚,就全国范围来看,普及和深入推广新闻素养教育的工作才刚刚起步。因此,作为主流媒体理应有这样的社会责任:《"雏鹰杯"红领巾新闻评论员挑战赛》通过发布由上海广播电视台融媒体中心首席记者、首席主持人、视觉艺术总监、资深剪辑师等为主创人员的正规媒介培训课程,帮助青少年更好地理解新闻,培养其对新闻内容的批判性思维和辨别真假信息的能力;通过传授青少年正确的新闻采编写思路,培养他们对新闻事件敏锐的观察力和新闻制作的基本手段方法。这样专业化的媒介课程推出后,受到了青少年的喜爱,得到来自校方和家长的肯定。对媒体从业人员而言,这种授课方式也是一次全新的尝试和探索。如何更好地开展下去,保证持久输出,是今后需要思考的问题。

(二)青少年对新闻的理解和反应

青少年对新闻的理解和反应是新媒体时代下的教育议题之一。青少年时期是个体认知和价值观形成的关键时期,他们对新闻的理解和反应不仅关乎个体的信息素养,也影响着社会的信息传播和舆论态度。因此,深入了解青少年对新闻的理解和反应,探讨其特点,对于培养青少年的新闻素养至关重要。

青少年对新闻的理解受到多种因素的影响。青少年的年龄、教育程度、文化背景等都会影响他们对新闻的理解能力。年幼的青少年会更容易被表面的新闻事件所吸引,而年龄较大的青少年则更关心深度报道和分析。此外,教育程度和文化背景对于青少年对新闻事件的背景和社会语境的理解也起着重要作用。通过《"雏鹰杯"红领巾新闻评论员挑战赛》活动征集的视频内容也可以看出,小学阶段的孩子,对周边事物充满好奇,他们尝试简单地拍摄和记录生活中的点滴,而高年级同学则更多带有自己的观点,有了进一步的思考和分析。因此,活动设置不同主题:如"我在上海的幸福年""红领巾晒幸福""我在上海长大"等,引导青少年学会观察和思考。

二、新媒体时代青少年新闻素养面临的挑战分析

(一)信息泛滥与真假难辨

信息泛滥与真假难辨是新媒体时代青少年新闻素养培养面临的重要挑战。

首先,信息泛滥指的是大量信息源源不断涌入生活,包括社交媒体、新闻应用、博客、论坛等。虽然这些信息的多样性和丰富性可以拓宽青少年的知识和视野,但也存在一个问题,即信息的数量远远超过了青少年的消化能力。青少年很容易被信息的多样性所淹没,导致其难以筛选和评估信息的重要性和可信度,这会影响青少年对新闻的选择和理解,使其陷入信息过载的困境。

其次,真假难辨是一个重要问题。在新媒体时代,社交媒体平台和新闻应用上充斥着未经核实的信息,这使得青少年难以分辨真假。虚假信息可能包括虚假新闻报道、伪造的图片和视频以及带有偏见性的评论和观点。青少年缺乏足够的经验来判断信息的真实性,容易受到虚假信息的误导,从而影响青少年新闻素养和思考能力。

(二)社交媒体的影响

社交媒体的影响是新媒体时代下青少年新闻素养面临的重要挑战之一。社交媒体的兴起改变了信息传播的方式和新闻获取途径,对青少年的新闻素养产生了深远的影响。

社交媒体的碎片化和即时性导致了信息过载。青少年通过社交媒体平台接收到大量的信息,包括新闻、社交互动、图片和视频等,这些信息呈现出碎片化的

特点,随时随地都可以获得,使青少年容易陷入信息泛滥和碎片化的困境。在这过程中,青少年可能只看到新闻事件的一部分,而无法获取全面的信息,导致对事件的理解和判断不准确。此外,社交媒体上的信息往往以情感化、戏剧化的方式呈现,容易引发青少年情绪波动和冲动行为。青少年可能会受到"标题党"的引导,点击偏向情感冲击的新闻,而不是理性思考,这种情感化的新闻呈现方式将会导致青少年产生偏见或误解,进一步影响青少年对事实的客观认知。

社交媒体中的信息可信度不一,容易受到偏见和虚假信息的干扰。在社交媒体上,任何人都可以发布信息,包括未经核实的消息、个人观点和虚假新闻。青少年无法分辨信息的来源和真实性,容易受到偏见和虚假信息的误导,导致青少年新闻素养水平的降低。这些虚假的信息不仅对青少年的认知产生了负面影响,还会导致青少年对社会事件和问题产生错误的看法,进而影响青少年的决策和行为。因此,教育和引导青少年如何辨别信息的真实性和可信度成为迫切的任务。

此外,社交媒体也可能加剧信息茧房效应。信息茧房是指人们在社交媒体上与那些有相似观点和兴趣的人互动,从而导致信息的局限性和偏见。青少年在社交媒体上可能更倾向于与同龄人和朋友互动,而忽视了多样的观点和信息源,这将会导致他们对于不同观点的理解能力和包容性有所不足,影响了青少年的新闻素养,这种信息茧房效应还会导致青少年对于复杂的社会问题缺乏全面的认识,容易陷入一种狭隘的思维方式。

(三)教育体系的不足

教育在培养青少年的新闻素养方面扮演着关键的角色。然而,现有的教育体系存在一些不足之处,影响了青少年新闻素养的培养与提升。

1. 教育体系在新闻素养教育方面的重视程度相对不足

传统教育体系主要关注学科知识的传授,对于新闻素养的培养并没有给予足够的重视。许多学校的课程设置中缺乏与新闻素养相关的内容,导致学生在新闻识别、分析和评估等方面的能力相对薄弱,这使得青少年在面对复杂的新闻信息时容易感到无所适从,难以做出明智的判断。

2. 教育体系在新媒体素养方面的更新与跟进不足

新媒体技术的迅速发展带来了媒体格局的巨大变化,但教育体系的更新速度相对较慢,未能及时跟上新媒体时代的要求。许多学校依然采用传统的教育方法,忽视了新媒体时代的特点和挑战。例如,新媒体时代要求个体具备信息筛选、分析和判断的能力，然而，传统教育体系更侧重于知识传授，未能有效培养学生的媒体素养。

3. 教育体系中关于新闻伦理和道德的教育也存在不足

新闻不仅是信息的传递，它还涉及伦理和社会责任。青少年需要了解新闻行业的道德标准，明白新闻报道应遵循的伦理原则，以便能够辨别不道德的新闻行为。然而，许多学校的课程中往往忽视了这一方面的教育，导致青少年对于新闻伦理和道德的理解不够深刻。

在上海，目前约有一千七百余所中小学，这些学校大都设有红领巾广播站、电视台，部分学校还有自己的"两微一端"，这些青少年自己的媒体端口急需专业媒体力量的支持和培育。《"雏鹰杯"红领巾新闻评论员挑战赛》活动，突破了传统意义上节目制作的采编播模式，让媒体从业人员下沉到学校，将主流价值观向校园输送，将主流融媒体的力量和校园融媒体端口进行链接和浸润，并开展以上视新闻综合频道播出节目为实训基地，对红领巾新闻评论员制订培养计划，青少年有机会来到节目制作的一线，甚至可以成为小主播，亲身体验和参与节目制作的全过程；以"看看新闻 Knews"为新媒体实训平台，展示校园热点和学生生活，让校园媒体平台的优秀作品实现更广泛的传播和更大影响力，更好地激发学生对新闻的兴趣；研发融媒体培训课程，设立新闻素养培训和评价体系，为青少年输送融媒体培训课程，打造优质、专属的新闻内容产品，提升青少年新闻素养；吸收校园融媒体平台加入 SMG 融媒体矩阵，共同设置议题，开展媒体行动。截至 2023 年 12 月，已有超过百所中小学得到 SMG 红领巾校园记者站、"看看新闻 Knews"校园记者站的授牌。共收到征集视频过万，来自全市 1 000 多所学校，有效提升了青少年的新闻素养，具有积极的传递正能量和主流价值观的作用，对于聚拢青少年人群于主流媒体具有积极作用。

三、新媒体时代青少年新闻素养的培养提升路径与策略初探

（一）明确学校教育的角色定位

学校教育在培养和提升青少年新闻素养方面发挥着至关重要的作用。

首先，学校应将新闻素养纳入课程体系，并专门开设相关课程，这些课程可以涵盖新闻传播基础知识、新闻伦理和道德、新闻可信度评估、信息搜集和分析技巧等多个方面的内容。通过系统的教育，学生能够更全面地了解新闻行业的运作机制，学习如何识别和评估新闻信息的真实性和可信度。通过学习新闻素

养课程,学生将学会对不同新闻来源和信息进行评估,并形成独立思考的能力,这种素养将有助于学生更好地应对新媒体时代下的信息挑战,更好地理解和利用新闻媒体。

其次,学校可以鼓励学生参与学校新闻媒体和校园新闻活动。学校可以设立学生报纸、广播台、新闻网站等多种媒体平台,为学生提供一个实践新闻创作和报道的舞台。通过这些实践机会,将能够培养学生的新闻写作、编辑和采访等关键技能,从而提高学生的新闻素养水平。学校还可以组织新闻素养竞赛等活动,激发学生的兴趣,这些竞赛可以包括新闻写作比赛、新闻评论比赛、新闻摄影比赛等多种形式,旨在培养学生的新闻创作和分析能力。通过参与这些竞赛,学生将有机会将他们所学的新闻素养知识应用于实际创作中,提高学生的新闻报道和评论水平。

最后,学校可以与主流媒体合作,提供实习机会和导师制度。这种深度合作将使学生有机会在真实的新闻环境中学习和实践,更深入地了解新闻行业的运作方式。实习机会可以让学生亲身参与新闻报道和编辑工作,体验新闻现场的紧张氛围和责任感。此外,建立导师制度将使学生能够与经验丰富的新闻专业人士建立联系,获得指导和建议,加速学生在新闻领域的成长和发展。

(二)落实主流媒体的社会责任

主流媒体在培养青少年新闻素养方面承担着重要的社会责任,这种责任涵盖了多个方面,包括信息的真实性、新闻报道的平衡性、新闻伦理的遵守等。

主流媒体有责任提供真实、准确和可信的新闻信息。主流媒体应该致力于发布真实的新闻报道,避免虚假信息和不准确的报道,这不仅可以帮助青少年建立对新闻的信任,还可以培养青少年对新闻信息的辨别能力。主流媒体应该建立完善的新闻审核和编辑机制,确保每一条新闻报道都经过严格的事实核实和编辑审查。

主流媒体应该积极倡导平衡和多元的新闻报道,这包括对不同政治观点、社会群体和利益方的公平报道,以及对多样化的新闻主题的关注。青少年应该接触到多元化的新闻信息,而不是被片面或偏见的报道所左右。主流媒体应该避免偏颇和极端的立场,努力提供全面、客观、平衡的新闻报道。

(三)主流媒体对青少年新闻素养的培养思路与策略初探

以《"雏鹰杯"红领巾新闻评论员挑战赛》为主要活动内容的"看看新闻Knews"校园融媒体行动,作为培养青少年新闻素养的一种尝试和探索,也在思考身为主流媒体,应该做些什么?

1. 鼓励青少年积极参与提升新闻素养活动,提供开放的活动平台

通过积极的新闻参与培养青少年的新闻素养,活动提供了一个开放的平台,鼓励青少年积极参与新闻话题的讨论和分析、展开深入研究、撰写评论文章,用青少年喜爱的方式来拍摄新闻短视频并分享在新媒体平台上,这种亲身参与感使青少年能够更好地理解新闻报道的过程以及背后价值,培养青少年对新闻的敏感性和批判性思维,有助于青少年了解不同观点和声音。在此过程中,青少年学会去辨别虚假信息,以确保作品建立在可靠的事实基础上。

"看看新闻 Knews"作为新媒体平台,让青少年可以选择不同的表达方式,包括文字、图片、音频或视频,鼓励他们发展多媒体技能,培养创意表达和传播能力,有助于青少年更好地适应新媒体时代的多元化新闻传播方式。此外,活动在前期的新闻素养培训课程中,还注重新闻伦理和道德价值的培养、新闻报道的基本道德准则,包括事实准确性、平衡性、公正性等,有助于培养青少年的媒体道德意识,使他们能够更好地理解新闻报道的社会责任和影响。

2. 加强新媒体互动,建立新闻素养效益分享机制

《"雏鹰杯"红领巾新闻评论员挑战赛》通过新媒体互动和分享机制,鼓励青少年与其他参与者互动,分享观点和评论,即分享培养新闻素养的效益。这种互动不仅扩展了他们的社交圈,还有助于培养青少年的社交和跨文化交流能力。

3. 挑战赛设立了规范的评审和奖励机制

最后,《"雏鹰杯"红领巾新闻评论员挑战赛》设立了规范的评审和奖励机制,它鼓励参与者追求卓越,奖励他们的辛勤努力和出色表现,获胜者获得了认可和荣誉。这不仅是对青少年的一种鼓励,也是对青少年提高新闻素养所付出努力的肯定,这种认可不仅增强了青少年的自信心,还鞭策他们不断进步,将自身新闻素养不断提升到更高水平。

结　语

综上所述,在新媒体时代,新闻素养已经成为青少年必备的品质与技能之一,它不仅关乎个体的信息获取和判断能力,更关乎社会的信息生态和未来的社

会发展。我们应该携手努力,为青少年提供更好的新闻素养培养环境,让青少年在信息的海洋中游刃有余,做出明智的决策,为社会的进步和发展贡献自己的力量。只有这样,新媒体时代的青少年才能成为具备唯物辩证法思维、信息辨别能力和社会责任感的公民,成为全面建设中国特色社会主义强国和中华民族复兴的建设者与可靠接班人。

参考文献:

[1] 黄美菊:新闻素养教育的理念与实践路径探析[J],中国信息技术教育,2022,(24):94-95.

[2] 媒介素养教育的国外考察及启示:中图分类号:G40-55 文献标识码:A

[3] 刘创:新媒体背景下的新闻实践教学路径探索[J],传播与版权,2021,(08):103-105.

[4] 刘艳青:未成年人网络新闻素养提升路径研究[J],新闻研究导刊,2021,(13):41-43.

[5] 杨智英:试论学生新闻素养的培育和提升[J],语文天地,2019,(23):6-7.

[6] 栗青:借助新闻采访培养学生新闻素养之我见[J],青海教育,2019,(03):51.

[7] 曾昕:网络媒体时代的青少年新闻教育:新闻消费习惯与新闻素养建构[J],中华文化与传播研究,2018,(02):277-288.

作者简介:

祝镇波,上海广播电视台融媒体中心综合节目部主编。

融媒建设篇

融媒体时代的新闻选题策划研究

桑　翔

提　要： 伴随媒体融合进入下半场，媒体格局和舆论生态发生深刻调整，创意策划越来越成为新闻媒体挺进主战场、打好舆论战的关键。新时代新征程，新闻舆论工作当展现新气象新作为，新闻媒体要加强守正创新，以高质量的新闻选题策划来推动高质量的新闻生产与传播，进一步提高新闻舆论传播力、引导力、影响力、公信力，巩固壮大主流思想舆论。
关键词： 媒体融合　新闻策划　新闻舆论　策划研究

引　言

习近平总书记在对宣传思想文化工作做出重要指示时强调，宣传思想文化工作面临新形势新任务，必须有新气象新作为。新闻舆论工作作为宣传思想文化工作的重要组成部分，应当进一步加强守正创新，讲好中国故事，巩固壮大主流思想舆论。

一、探索新闻策划的时代意义

当前，世界百年未有之大变局加速演进，中华民族伟大复兴进入关键时期，战略机遇和风险挑战并存。同时，伴随数字技术和通信技术的快速发展，舆论生态和媒体格局发生深刻调整，信息生产和传播的场域发生巨大变革，这给新闻舆论工作提出新的要求。

随着形势发展，党的新闻舆论工作必须创新理念、内容、体裁、形式、方法、手段、业态、体制、机制,增强针对性和实效性。策、采、编、播、评、发等各环节,选题策划是所有环节的重要前提。新闻舆论工作的各种创新,都离不开谋划。讲好新时代的中国故事,要善于通过新闻选题策划的创新来推进新闻生产和传播的全链条创新。

关于新闻策划,学界和业界关注由来已久,有的倡导报道策划,有的提出选题策划,有的探索新闻策划。虽然对此称呼和定义略有不同,但其本质和目的殊途同归,一般是指"有计划、有组织、有目的地发掘新闻价值最大化的创造性活动"。新闻选题策划就是要围绕宣传目标,充分挖掘新闻事件的价值,寻找最佳报道视角和切入点,通过内容和形式的创新,达到最佳宣传效果。

二、探讨开展新闻策划的选题方向

好的选题是新闻报道成功的开始。优质的选题要善于上接"天线"、下接"地线",找到中间的"落地线",通过精心谋划、精准执行,从而生产精品力作,追求精彩传播效果。

1. 从重大主题中找选题,策划要由小见大

所谓重大主题一般是指一段时间内党和国家重点关注、具有重要影响的议题,如中国共产党成立 100 周年、"全国两会"等。此类议题社会关注度高,新闻价值大,具有题材宏大、跨度较长、立意较高等特点。对新闻媒体来说,需要结合好主题的宣传点和用户的关注点,策划推出用户喜闻乐见的新闻产品。

在具体操作过程中要把握好"小切口、大主题",结合所在地区、行业、单位的特色亮点,从一项改革、一条政策、一件事情、一个单位、一位个人等微小视角切入,通过巧妙的角度设计,引申到重要议题、时代变迁,将宏观抽象的主题具化到形象可见的人、事,由小见大,层层深化,在讲故事中凸显主题和立意。

2020 年抗击新冠疫情期间,新闻媒体除了做好常规的动态报道外,能否结合行业特点推出一批深化主题、启迪人民的作品?文汇报选择疫情防控与思政教育相结合,在头版策划推出《"中国抗疫"大教材感动莘莘学子》,选题以复旦大学这所全国知名高校切入,通过具化的案例、翔实的数据,层层铺开讲述"抗疫思政"这堂大课带给 00 后学生的促动和改变,展现了中国当代青年的良好精神风貌,起到"四两拨千斤"的宣传效果。

2. 从政策变化中找选题,策划要由深入浅

政策变化与百姓生活息息相关,常会牵一发而动全身。但在实际的宣传过

程中,常因报道晦涩难懂令用户"望而却步"。新闻媒体在开展政策类选题策划时,可以充分发挥"转译"作用,将专业深奥的政策文本转化为通俗易懂的百姓语言,由深入浅,做到解读准确、传递到位、解疑释惑。

在具体操作过程中,比较常见的是借助图解、问答、动图等表现形式,将长篇政策文件核心要点摘出,进行可视化呈现,让用户在较快时间内明白要点、掌握重点、吃透文件。如,上海于2020年3月推出"中考改革"新政后,面对相对复杂的招生政策,上海广播电视台策划了《名额分配政策太烧脑?看这个干货版就够了》选题,自制流程图,将"自主招生""名额分配到区""名额分配到校"等各类招生门类进行分门别类梳理;并推出10条干货问答,直指"要点";配上权威专家的解读视频,清晰的表达、多样化的呈现,让人"一看即懂"。一经推出即收获10W+,被网民留言"是看到最清楚的解答""奖励小编大鸡腿"。

进入融媒体时代,用户每时每刻都面临信息爆炸的困扰。"将有意义的信息进行故事化叙事,将用户关心关爱的内容采用平民化、故事化的叙事方式进行传播是传播者应追寻的方向"。政策文本本身通常较为专业干巴,新闻媒体在开展选题策划时,可以探索故事化叙述,选择一类与政策最相关的对象,设计匹配的虚拟人物,进行政策的模拟演绎,将步骤、流程、疑问、困惑在其中一一解答。同样面对中考新政,上海教育报刊总社旗下"第一教育"策划了《新中考|初中生小明的虚拟2022上海中考》选题,讲述"初中生"小明在面对新政时的茫然,到一步步体验后的释然,再到最后受益政策进入理想高中的欣然。选题通过故事化的手段、虚拟化的情景、幽默化的表达、风趣化的配图,让用户跟随"小明"的脚步,情景式代入,更好吃透政策。

3. 从改革成就中找选题,策划要由点及面

党的十八大以来,我国社会主义各项事业取得了一系列重大成就,为新闻舆论提供了很多重要的素材和线索。新闻媒体要善于从中找出代表性的案例,总结可复制可推广的经验,由点及面,举一反三。

在开展改革成就类选题策划时,特别需要注意找准点位,把具体的个案放到时代发展的历史长河中去考量,把一个行业一个领域一条战线的事件放入整个社会大局中去考虑,从中找出、找准有代表性的案例,以事实说话、以故事说话、以数据说话,进一步凸显改革发展带给人民群众的安全感、成就感、获得感、幸福感。

2020年是"十三五"收官之年,如何借助年终盘点,更好地总结五年发展成就。解放日报、文汇报、新民晚报和上海教育新闻网等多家媒体联合,集中推出《"上海教育十三五"大家谈》专栏,以"十三五"期间上海教育各领域各学段最亮

丽的一个改革点切入,围绕"幼有善育""学区化集团化""特色高中""三全育人""分类评价""长三角教育一体化"等一个个具化的主题,邀请两院院士、大中小幼校(园)长、专家学者、一线教师等不同身份的作者,结合自己身份特点和所在或所研究领域,由一所学校受益改革推进取得的发展,引申出这个学段这一领域五年改革成效及其价值。近20篇系列推文组合起来,呈现出教育综合改革带给人民群众满满的获得感。这一选题策划,既有故事又有案例,既有深度又有广度,通过系列报道、树状导图、专题推送等形式在报纸、网站、客户端上等融合传播,取得很好的反响。

4. 从先进典型中找选题,策划要由情及理

所谓的典型宣传,一般是指对具有普遍意义的突出事物的强化报道。优秀的典型报道常常能引发最广泛的用户情感共鸣。新闻媒体要善于从人民群众中发现先进、选树典型,将其在当下的教育意义和传播价值充分挖掘,由情及理,让用户由感情共鸣上升到价值认可,在潜移默化中"成风化人",培育和践行社会主义核心价值观。

在具体操作过程中,面对行业先进、劳动模范、好事好人等常规意义上的先进典型,选题策划要注意挖掘其典型事迹、总结其精神品质、升华其价值意蕴。如,围绕"时代楷模"钟扬教授的先进事迹,光明日报记者多次深入钟扬教授学习、工作的地方,采访他的学生、同事、领导、家人,还借助"钟扬事迹报告团"成员的身份,与报告团成员深入交流,更加深入地了解理解生活、工作中的钟扬,并以"种子精神"为主题,还原了一个真实感人的时代楷模形象,在全国上下产生深远影响。

有学者指出,"平凡人+不平常事"就是新闻。做好典型的选题策划,要多留意从平凡群体中发现亮点,挖掘不一样的典型。引爆网络的《上海交大宿管阿姨考上研究生》这一选题就在于新闻媒体找准了新闻点:"宿管阿姨"为了激励儿子好好读书,选择高龄考研并成功"上岸"。这是一个普通人的不普通行为,具备较高的新闻价值;同时对一些"躺平""佛系"的年轻人,也有很好的教育引导价值。选题一经推出,随即成为全网刷屏的"爆款"。进入融媒体时代,信息诞生的速度以秒计,新闻媒体要有双"慧眼",善于从各类普通群体上发现不一样的感人典型,精心策划,使其成为温暖人心的明灯。

5. 从民生关注中找选题,策划要以己度人

新闻媒体既有党性也有人民性,从民生关注中找选题,不能"隔岸观火",而要"雪中送炭"。新闻媒体要以己度人,在更广层面、更宽范围的公众立场上策划

选题,做好报道。

面对人民群众关注的难点、痛点、堵点,新闻媒体在开展新闻选题策划时,要及时通过信息公开、权威解读、新闻评论、专家观点等各种形式,回应社会关切,安抚群众情绪,解决百姓困惑。

有学者指出"切实反映群众呼声,做好热点话题的回应,是媒体在开展新闻舆论引导时的重要落脚点"。同时,这更是开展新闻选题策划的重要切入点。2020 年中考成绩放榜前夕,不少家长特别焦虑,因为这是在疫情防控、在线教育、考试延期等多重背景叠加下举行的升学考试,不少家长担心子女成绩不如人意,进不了理想学校。澎湃新闻敏感地抓住这一点,策划推出社论《中考是人生的一站,成才却是座"立交桥"》,选题通过大量的案例,摆事实讲道理,劝慰广大家长——"人生的路很长,人生也有很多维度,考试能力只是人生的维度之一",并一一梳理出当下孩子成才的多元路径,给出建设性方案。评论随后在网站、微博、微信等平台上大面积传播,有效引导家长和考生理性看待考试成绩,缓解了社会焦虑。

6. 从日常节点中找选题,策划要由旧及新

正所谓"年年岁岁花相似,岁岁年年人不同",面对每年常规的时间节点和类似的宣传主题,如何找到不一样的报道亮点,这考验着新闻人的慧眼和创意。

新闻媒体在做节日类选题策划时,要善于"造船出海""联合出海",通过协同作战提升宣传造势。比如,围绕一年一度的教师节宣传,一般媒体常见的报道话题就是庆祝活动、领导会见、教师典型等。上海广播电视台 2019 年另辟蹊径,策划推出一期"老师,我想对你说"节目,发挥视听媒体的特点,邀请社会各界人士前往设于上海市中心的演播亭当主播,向自己人生中的一位重要老师空中送祝福。这一策划吸引了学生、教师、医生、公务员、军人、环卫工人、世界技能大赛冠军、私营企业主等各行业人士的深度参与。这些视频在社交媒体和圈层中引起快速传播和广泛转发;对现场发现的感人师生故事,还邀请多家媒体进行联合宣传,在报纸、杂志、广播、电视、网站等多媒体做融合传播。这种联动策划,为整个教师节营造了良好的节日氛围。

三、做好选题策划的注意事项

新闻选题是开展新闻舆论工作的重要一环,在推进选题策划过程中要重视遵守新闻宣传纪律,还应融入媒体融合思维,创新手段方式。

1. 策划要确保导向准确

习近平总书记指出，"新闻舆论工作各个方面、各个环节都要坚持正确舆论导向"。在开展新闻选题策划时，要考虑确保导向准确，坚持团结稳定鼓劲、正面宣传为主的方针。对改革发展中可能产生的一些矛盾和问题，要全面辩证地看待，在具体判断新闻事件时，要多关注事物的主流和主要方面，而不是为赚取流量而断章取义、炒作热点，更加不可制造虚假新闻、传播谣言，始终坚持正确的政治方向、舆论导向和价值取向。

2. 策划要遵循新闻规律

新闻策划不是策划新闻，是先有新闻客观事实，再做策划创新生产，不能凭空制造新闻。开展选题策划时，要遵循新闻规律，基于客观事实，充分挖掘新闻价值，寻找合适的切入角度进行选题策划，借助内容、形式、手段等各种创新，推出有思想、有温度、有品质的精品佳作，从而使新闻产品更具传播价值。

3. 策划要凸显时代意蕴

新闻是一定时代背景下的产物。新闻选题策划要注意把当下发现的理念、成就、现象、热点、问题，与时代发展紧密结合，进一步提升选题的立意，使具体、真实、个体化的新闻事件和新闻形象更加丰满，更加集中、概括、全貌地反映新闻报道的主题，努力创造"非易碎"的新闻作品，从新闻的视角为这个时代留下历史的记录。

4. 策划要体现教育功能

新闻媒体既是信息传播的渠道，也是知识传承的载体，还负载着重要的教育引导功能。新闻选题策划要充分发现新闻事件的传播意义，挖掘其深刻的教育内涵，放大其教育引导价值，形成更有吸引力、传播力和影响力的作品，使其更好触达受众，将其负载的教育功能进一步扩大和提升，以优秀的作品来鼓舞人、引导人、教育人、塑造人。

5. 策划要注重人文关怀

百姓之事无小事。新闻选题策划还应当重视平民视角，突出人文关怀，时刻把人民群众所思所想放在心上，真诚地关注他们的生活境遇和生存状况，热情关心他们的困难疑惑和利益诉求，充分理解他们的价值取向和情感追求，使新闻报道充分表达民情、民意，更能体现人情、人性，传播真善美，凝聚正能量，扩大同心圆。

6. 策划要立足媒体特点

不同媒体因自身定位和媒介属性的不同,对新闻事件的处理会有所侧重,"报道思路、报道重点、报道方式等都不同,这些都集中反映在报道策划上"。新闻选题策划要结合媒体自身定位、用户对象和媒介特点,充分发挥好所属媒体的媒介属性优势,开展针对性的选题策划。传统媒体可以多发挥深度报道的特点;网络新媒体可以多用新型表现手法;党报党刊可以发挥公信力,做好准确权威发布;都市媒体可以发挥接地气特点,做好民生关注。

7. 策划要舍得投入合力

有学者认为,"综合使用多个平台发布内容,形成传播合力,是当前在大型报道中的标准投放与分发模式。"新闻选题策划要舍得投入,整合各种资源,推进团队作战。对内要发挥"中央厨房""融媒体中心"的统筹优势,整合报、台、网、刊、博、微等媒介资源,给版面、给时段、给空间,综合运用通讯、评论、漫画、直播等多种形式;对外要善于"借船出海",与兄弟单位、商业平台、社交媒体、门户网站等进行有效联动。通过内外合力,形成宣传强势,突出舆论气势,进一步扩大传播的效果。

8. 策划要重视融合创新

酒香也怕巷子深,好的选题策划还依赖合适的表达手段和呈现方式,要改变传统媒体时代较常见的"文字＋照片""视频或音频"等单一模式,重视融合创新。在新闻选题策划之初,就要考虑好呈现的形式,注意研究各类媒介的传播特点和规律,积极借助新技术新手段新平台,在创作中有机融入音频、短视频、H5、海报、漫画、海报等新型表达方式,将介质、手段、渠道优势转化为内容传播优势,提升选题呈现的张力。

结 语

伴随媒体融合进入下半场,创意策划越来越成为新闻媒体挺进主战场、打赢舆论战的关键。新时代新征程,新闻舆论工作当展现新气象新作为,通过高质量的选题策划推进高质量的新闻生产和传播,用优秀的作品来武装人、引导人、塑造人、鼓舞人,为全面建设社会主义现代化国家、全面推进中华民族伟大复兴提供坚强思想保证和强大精神力量。

参考文献:

[1] 习近平:坚持正确方向创新方法手段 提高新闻舆论传播力引导力[OL],新华网 http://www.xinhuanet.com/politics/2016 - 02/19/c_1118102868.htm.

[2] 王溥:新闻报道策划实务[M],湖北:武汉大学出版社.2020 年 12 月第 1 版.第 50 页。

[3] 唐宁,等:媒体融合概论[M],湖北:武汉大学出版社.2021 年 3 月第一版.第 121 页。

[4] 桑翔:主流媒体重大民生新闻舆论引导特点探究——基于 2017 - 2018 上海教育新闻奖 申报作品的框架分析[J],城市党报研究.2019(04)。

[5] 邓庄:新闻报道策划实务研究[M],北京:中国书籍出版社.2021 年 08 月版.第 116 页。

[6] 王方、朱婕宁:媒体融合的创新路径与生态重塑[J],传媒观察.2022(03).第 74 页。

作者简介:

桑翔,上海教育电视台主任记者、新闻宣传中心评论部主任。

融媒体时代影像记者的素质探究

刘桂强

提　要： 随着信息技术的飞速发展和媒介形态的不断融合，融媒体时代的信息传播更加快速、便捷和多元化，同时这也对影像记者提出了更高的要求和挑战。本文旨在探讨融媒体时代下，影像记者所需具备的，包括专业知识、新闻敏感度、观察力、沟通能力和职业道德等多方面的素质。这些素养和能力的不断提升，将有助于影像记者更好地完成新闻报道工作，适应融媒体时代的媒体环境。

关键词： 融媒体　影像记者　专业技能　创新思维

引　言

随着融媒体时代的来临，新闻传播方式日趋多样化，影像作为信息传递的重要手段，其影响力日益增强。新媒体的不断涌现，改变了信息传播的方式，也对从事新闻采编、报道的影像记者提出了更高要求。影像记者作为新闻传播的重要力量，其角色定位与素质要求也随之发生变化。本文将从职业素养、专业技能、创新思维等方面，探讨融媒体时代影像记者所需具备的要求和素质。

一、融媒体时代影像记者的职业素养

融媒体时代，信息传播的途径不再仅限于传统的报刊和广播电视等，传播方式也日趋多样化。个人可以作为自媒体通过各种渠道进行传播，如微博、微信公众号、抖音等社交媒体平台，以及各种新闻聚合平台和应用程序。多样化的传播渠道和传播方式使得自媒体新闻能够更加广泛地覆盖受众，达到接近甚至超越机构媒体的传播效果。因此在融媒体时代，面对自媒体内容丰富、传播快、覆盖广、互动性强等特点，如何进一步提高机构媒体记者的职业素质，对于提升新闻报道的质量和影响力具有至关重要的作用。只有具备高度的政治素质和职业道德素养，才能更好地履行新闻工作者的职责，为社会发展和人民福祉贡献自己的力量。其中，在新闻敏感性、职业操守、法律意识等方面的强化，显得尤为关键。

1. 新闻敏感性：记者要熟悉国家的方针政策，了解党和政府的决策部署，能够准确解读政策，引导公众正确理解政策，促进政策的顺利实施。影像记者同样要具有高度的政治敏感性，能够敏锐地把握时事政治，准确判断社会形势，及时发现和报道具有社会影响力和政治意义的事件并做好报道。

2. 职业操守：记者要坚守新闻真实性、公正性原则，遵守新闻职业道德规范，保持客观、公正、真实的报道态度，坚决抵制虚假新闻、有偿新闻等不良行为。影像记者有责任与所在团队一起，共同努力维护新闻媒体的公信力和形象。

3. 法律意识：采制新闻时的法律意识，是融媒体新闻传播规范有序、维护社会公共利益的重要保障。影像记者应当加强法律学习，提高法律素养，自觉遵守法律法规，尊重采访对象的合法权益，维护社会公共利益，共同营造一个健康、有序、和谐的融媒体新闻传播环境。

二、融媒体时代影像记者的专业技能

融媒体时代，"融"的特点不仅体现在信息的多元化、互动性、个性化和高效性的融合上，还体现在影像记者具备多元化的报道能力的融合上。影像记者需要把新闻制作生产的前期和后期有机融合，熟悉和掌握各种媒体形式，如文字、图片、音频、视频等，能够根据不同的传播平台和受众需求，选择合适的媒体形式进行报道。同时，记者还需要具备跨媒体合作的能力，能够与不同媒体平台的同事进行有效的沟通和协作，实现信息的共享和互补。

随着科技的进步和媒体形式的多样化，从影像记者的角度来说，新媒体摄影技术逐渐崭露头角，其独特的魅力和创新性影响着摄影行业的发展和受众的审美观念。新媒体摄影以其独特的技术特点，如数字化与网络化、交互性与实时性、个性化与多样化等，为摄影创作提供了无限的可能性。传统的影像记者不再受限于单一的技术设备，而是需要在新媒体环境中运用更多的技术设备去创作。

1. 摄影技术：影像记者需精通各种摄影摄像设备的操作，熟悉不同场合下的拍摄技巧，迅速捕捉新闻现场的关键画面，拍摄高质量的图片和视频素材。随着科技的发展，新型的拍摄设备不断涌现，如 4K 高清摄像机、运动相机、智能手机等。新媒体影像记者需要了解并掌握这些设备的性能和特点，能够灵活运用它们进行拍摄。随着无人机技术的不断发展，无人机也已经成为新媒体影像记者的重要拍摄工具。新媒体影像记者需要熟练掌握无人机的操作技巧，包括飞行控制、航拍技巧、后期处理等，以获取更广阔的拍摄视角和更具视觉冲击力的影像素材。

VR、AR 和日新月异的 AI 技术也为新媒体影像记者提供了新的报道方式。新媒体影像记者需要了解并掌握 VR 和 AR 技术的原理和应用，努力跟上 AI 技术的发展步伐，运用这些技术为观众提供沉浸式的新闻体验。2024 年全国两会期间，各地媒体齐聚北京，抢时效，拼速度，不拿出点绝活儿怎么行？上海广播电视台充分发挥 AI 技术研发应用方面取得的成果，东方广播中心、融媒体中心、第一财经在技术中心的支持下，积极以 AIGC 赋能采编播报道全国两会，推出多组有看点的两会技术创新报道，多角度展现上海广播电视台在前沿技术应用方面的实践和探索。东方广播中心主持人黄桢及其数字人分身"黄大帅"齐上阵，围绕两会民生热点话题，展开虚实结合的对话；数字人主播"长小姣"担纲主力，新视角、新语态展现发展蓬勃生机；阿基米德 AI 两会热电台，首页呈现，智能梳理重要两会新闻，还有 AI 语音合成 24 小时滚动播出的两会专属电台。融媒体中心《科技赋能跑两会 2024 全国两会上海广播电视台前方报道团的十八般武艺！》展示了前方记者团的随身装备——手持摄像机、藏于后方的"秘密武器"——SMG 新闻云等，体现了上海广播电视台前后方团队为全国两会报道所做的充分准备。《申苏雅记者亮相两会报道》由已经具有丰富经验的虚拟主播申苏雅出马，突破时空限制，灵活同屏交互，为两会报道带来清新活力感。《新技术提升两会报道产出效率》《AI 赋能提升两会报道国际影响力》等报道充分聚焦 AIGC 技术为新闻生产提供的全方位助力。2024 年 2 月 OpenAI 发布的首个 AI 文（图）生视频模型 Sora 带给人们的感受是炸裂级的——根据输入的文字提示，就能生成效果逼真的 60 秒视频，而且是可以一镜到底那种。从业界到学界，几乎是异口同声认为，Sora 将会深度改变视频相关领域——从影视、传媒到社交平台，内容生产将会发生巨变。这意味着，继文本、图像之后，OpenAI 将其先进的 AI 技术拓展到了视频领域，人工智能技术在不远的将来必将在新闻媒体中得到日益广泛的应用。通过人工智能技术，媒体可以实现新闻内容的自动化生成、推荐和个性化定制；可以提高新闻的生产效率和精准度，同时也能够更好地满足读者的需求，提升新闻的阅读体验。因此，全媒体时代要求影像记者具备多方面的技能和能力。要不断学习和提升自己的专业技能、知识储备和创新能力，以适应不断变化的媒体环境。

2. 后期制作技术：视频剪辑是新闻后期制作的核心技术之一，它涉及对拍摄或录制的原始视频素材进行剪辑、拼接、修剪等操作，以制作出完整、连贯的新闻节目。因此一些常用的非线性编辑软件，如 Adobe Premiere Pro、Final Cut Pro X、Avid Media Composer、Adobe After Effects 等，提供了强大的剪辑、调色、音频处理、字幕添加等功能，可以满足大部分的后期制作需求。特别是现在"剪映"中的一些特效的制作，可以为新闻节目、包括自媒体视频号等的制作增添一些视觉上的亮点和吸引力，例如添加字幕、动画、转场效果等，使得新闻节目更加生动有趣。

因此，融媒体背景下，影像记者应掌握新媒体技术，完善多媒体整合能力，了解并掌握新媒体平台的特点和运营规则，制作并发布适合不同平台的新闻产品。同时，应努力具备跨媒介的内容生产能力，能够将文字、图片、视频等多种媒介形式有效整合，提升报道的深度与广度。影像记者的角色要从单一的新闻记录者转变为多平台内容创作者，甚至是实时报道者和互动参与者。他们需要具备图文编辑、视频拍摄剪辑以及网络直播等多种技能，以满足不同平台的传播需求。

三、融媒体时代影像记者的创新思维

随着媒体技术的迅猛发展，电视新闻行业面临着前所未有的挑战与机遇。主流媒体的电视新闻影像记者作为新闻报道的前线工作者，其创新思维的培养与应用，也成为提升新闻质量、增强观众吸引力的关键因素。融媒体时代对影像记者的要求更加全面和多样，需要具备创新思维和跨界整合的能力，通过不断尝试和探索新的报道方式和方法，适应时代的发展需求，为观众提供更加优质、深入的新闻报道。

1. 形式创新：电视台需要生产适合大屏和小屏观看的内容。这意味着要考虑到不同设备的屏幕尺寸、分辨率和观看环境，以及观众的观看习惯和需求。例如，对于小屏设备（手机端）等，可以制作短视频、精简新闻或节目片段等，方便观众在移动设备上随时观看。对于大屏（电视）设备，则可以制作高质量的长视频、专题报道或大型综艺节目等，尝试多样化的报道形式，如直播报道、短视频、互动式新闻等，提升新闻的吸引力和传播效果，为观众提供更加丰富和深入的视听体验。

比如"SMG 摄界"栏目是上海电视台融媒体中心采访部出品的一档原创微

纪录片栏目。该栏目以小切口展现大气象,通过影像表达观点,展现上海这座城市最鲜活的每一刻。该栏目于2016年创立,适应融媒体改革的需要,其栏目的组成人员都是由原先的摄像转岗为影像记者的。每一个影像记者从前期采访到后期制作都是一个人完成,具有独当一面的新闻编辑制作能力。这也是新媒体时代,新闻内容生产的有益探索和补充。其内容的播出形式和渠道也多样化,包括公众号、视频号、看看新闻、电视新闻等,以实现大屏和小屏的互相融合。

2. 内容创新:注重新闻内容的深度和广度,通过独特的视角和报道方式吸引受众关注。"SMG摄界"栏目注重影像风格的创新突破,以微电影的形式记录生活,带给观众更加震撼和沉浸式的视听体验。同时,该栏目也关注文化和本土特色,深入挖掘和展示上海的文化底蕴和城市魅力。因此,影像记者在具备对画面优秀的拍摄能力之外,还应具备敏锐的新闻敏感性和丰富的想象力,能够通过影像讲述引人入胜的故事。

案例1:《探秘临港新片区一千公顷的宝藏公园》,是由笔者拍摄、采制的一则短视频,报道的对象是上海海湾国家森林公园。经过二十余年的建设养护,它从无到有、从小到大,已发展成华东地区最大的郊野公园,成了占地1 600多公顷的天然氧吧,一年四季的景色变化无穷。笔者在前期踩点的时候正值深冬,冬季景色令人陶醉:碧绿清澈的百鸟湖,飞鸟拨动残荷的倒影和火红的树影,留下阵阵涟漪。这里不仅有色彩浓郁、层林尽染的水杉,还有复古韵味的拱桥、蜿蜒曲折的河沿、悠闲自在的大草坪……如果纯粹去拍摄一个深冬的森林公园,突出它的景色之美,当然一点问题也没有,但有没有可以再去深入挖掘的点呢?经过进一步了解后得知,原来这里曾经是一片芦苇荡,20世纪50到60年代,知识青年来此围垦造田,知青的围垦岁月给森林公园的建设奠定了基石。后来知青回城,他们原本居住的地方和劳动的工具都被保留下来。如今,学生们来公园学农能体验历史的艰辛,老知青也能重返从前工作、战斗的地方回忆过往。一代又一代农垦人,把荒芜之境改造成现在的美景。公园中每一天的变化,都值得用感恩的心情去记录,这样的"创业"精神更值得代代传承。于是笔者就抓住森林公园"农垦"精神这个点去突出公园的美。本片通过记录一个在森林公园拍摄了十几年的摄影师和一个留在当地担任公园管理员的上海知青,运用交叉和抒情等蒙太奇的手法,将两个人的不同故事、两条情节主线交替剪辑在一起,相互依存,情景交融,在保证叙事和描写的连贯性的同时,表现超越美景之上的思想和情感。一代又一代农垦人的深厚人文情怀融入其中,跃然屏上。

案例2:《上海老工匠寻回了这项失传百年的非遗技艺》,是笔者拍摄、呈现的上海民间手艺人王震华的故事。王震华寻回失传已百余年的全榫卯结构微雕非遗技艺,做成了81倍微缩版的天坛祈年殿。别看天坛祈年殿模型很小,高不足半米,最大直径才 0.84 米,但对老王来说却是个"大工程"。为了使模型不变形,老王选用东非黑黄檀木,全手工打磨,不上漆、不打蜡。让人叹为观止的是,模型为全榫卯结构,没有使用一根钉子,没有抹过一滴胶水。整个制作过程历经 10 万多道工序,动用了 7 108 个零件,其中最小的燕尾槽长度仅 1.5 毫米。耗费五年多的时间,终于完成。从影像的角度来说,作品的拍摄特别注重微距镜头的运用,其精巧细致、巧夺天工被表现得美轮美奂。但是光是展现作品的精美显然远远不够,更需要传递的是其背后的故事。因此,笔者做了大量的功课,运用第一人称微纪录片的讲述方式展现王震华的不易。原来他擅长传统木工,画线、打眼、锯榫、拼装,每一步都做得精准。但在微雕方面没有经验,只能摸石头过河。在找寻非遗技艺的过程中,王震华经历了 10 万多道工序、2 万多个小时的孤独死磕、6 万多公里披星戴月的往返,克服了物质和精神上的双重压力,甚至在很长一段时间只能依靠妻子的微薄工资苦苦支撑,但老王仍凭着惊人的毅力埋头钻研。最终,这个在朋友眼中"只会玩木头的疯子"做成了这个 81 倍微缩版的天坛祈年殿。以"摄界"报道为起点,王震华的故事得到不少媒体跟进,包括东方卫视的新闻节目、纪录片《了不起的工匠》第二季等,"中国造"的精髓开始推向全国乃至世界。因此影像记者不仅要传递新闻事实,还要通过影像画面对新闻事件进行深度解读和分析,为观众提供更多背景信息,帮助观众全面理解新闻事件的来龙去脉。同时,还要引导正确的社会舆论的方向,传递出特定的价值观和立场,对社会舆论产生积极的影响。这就是机构媒体所呈现的新媒体作品理应追求的社会影响力,是融媒体时代影像记者价值的真正体现。

3. 融合创新:在融媒体时代,影像记者需要具备跨界思维,探索不同媒介之间的融合可能,创造新的报道形式。充分利用融媒体优势,实现文字、图片、视频等多种媒介的有机融合,影像记者可以与文字记者、编辑等其他团队成员紧密合作,共同策划和执行新闻报道。通过团队协作,充分发挥各自的专业优势,实现资源共享和优势互补,从而打造出更具深度和广度的新闻报道,进而更好地打造全媒体传播体系。

结　语

融媒体时代对影像记者提出了更高的要求和素质挑战。影像记者需要不断提升自己的职业素养和技术能力,同时保持创新思维,以适应新媒体环境的发展。通过不断学习和实践,影像记者将在新闻传播事业中发挥更加重要的作用。

参考文献：

［1］《传播学导论》，作者：吕杰。

［2］《新闻报道与写作》，作者：［美］布雷恩·S·布鲁克斯。

［3］《新闻传播学概论》，作者：郝雨、任占文、肖辉。

作者简介：

刘桂强，上海广播电视台融媒体中心首席摄像、影像记者。

牢固树立"以人民为中心"理念
提升区级主流媒体传播力影响力
——以上海市金山区融媒体中心为例

刘　晨

提　要： 上海市金山区融媒体中心以习近平总书记关于媒体融合发展的重要论述为指引，牢固树立"以人民为中心"理念，紧紧围绕"深度融合发展"的工作主基调，抓牢思想再解放、机制再创新、服务再拓展三个关键点，着力推进媒体融合发展的纵深改革，不断提升主流媒体的传播力、影响力。本文分析了金山区融媒体以用户需求引领内容建设方向的具体举措，同时也对区级融媒体提升传播力影响力的路径提出了建设性思考。

关键词： 以人民为中心　思想再解放　机制再创新　服务再拓展　建设性思考

引　言

2023 年 10 月，全国宣传思想文化工作会议正式提出和系统阐述习近平文化思想，在党的宣传思想文化事业发展史上具有里程碑意义。会上，习近平总书记对宣传思想文化工作提出了"七个着力"的要求，其中提到"着力提升新闻舆论传播力引导力影响力公信力"，强调要巩固壮大奋进新时代的主流思想舆论，以强信心为重点加强正面宣传，提高舆论引导能力。要做好这项工作，就要以习近平新时代中国特色社会主义思想为指引，牢固树立"以人民为中心"理念，牢牢把握正确舆论导向，"把实现好、维护好、发展好最广大人民根本利益作为一切工作的出发点和落脚点"。区级融媒体中心处在传媒体系的最基层，是打通党和政府与基层群众信息沟通"最后一公里"的主流舆论阵地。但与中央媒体和省、市级媒体相比,区级融媒体中心受平台、资源、制度、专业力量等方面限制,面临诸多现实挑战。本文试以金山区融媒体中心为例,通过探讨区级主流媒体在坚持"以人民为中心"的理念指引下,进一步扬优势,补短板,提升传播力、影响力的现实意义和可行性举措,为做强区级主流媒体、加强全媒体传播体系建设提供一定的实践参考。

一、金山区融媒体中心在提升传播力影响力方面存在的问题

金山区融媒体中心在区委、区委宣传部的坚强领导下,坚持稳中求进、守正创新的工作总基调,加速转型升级,提升宣传质效,积极履行媒体责任。然而,在当下的全媒体传播大背景下,区级媒体相较省市级和国家级媒体而言,除受政策和地域所限外,在资源、资金、人才、技术、管理等方面均处于弱势,面临巨大挑战。就金山区融媒体中心来说,主要面临以下问题。

(一)体制机制束缚尚存

随着媒体融合迈入"深水区",以区级融媒体中心现有的体制机制,要实现深度融合和高质量发展的目标,存在一定的困难。

金山区融媒体中心为全额拨款二类事业单位,财政在满足人员开支外对业务发展的支持不足,导致待遇引才留才、业务开展、技术提升等方面受到掣肘。而相对固化的薪酬分配制度也使引才、留才成为发展中的一大难题。在顶层设计上,上海区级融媒体中心建设由主管部门主导驱动,一体化布局。在市级层面,由上海市委宣传部作为主管领导部门主导统筹;在区级层面,区级融媒体中心受区委宣传部领导。这种自上而下的动力机制,有利于总体布局和快速推进,但来自市级层面的相关要求缺乏与之配套的帮扶政策,尤其对远郊区级融媒体中心而言,在现有条件下要缩小与兄弟单位的现实差距,存在一定的困难。而具体到各区对媒体融合的政策支持和保障力度也各有不同。作为区级融媒体中心在用人、分配、激励、业务决策等方面均需获得上级相关部门的授权或许可,自主改革创新的空间有限。

(二)融媒产品创新能力不足

主要表现为:

1. 鲜活素材的挖掘能力不足。 身处"人人都是传播者"的新媒体时代,媒体记者已经没有了优先获取新闻线索的优势。如何在有限的区域空间内发现线

索、捕捉线索,考验着记者的专业水准。

2. 内容同质化。一方面是受人力、物力所限,虽有多个刊播端口,但生产内容根据平台特点做个性化区分制作的水平依然有限,表现为一次采集多端刊播的内容存在不同程度的同质化;另一方面,由于目前对区级融媒体平台尤其新媒体端口的每日刊发量要求不断提升,而现有区域内容和采编团队无法支持需求,故全市所有的区级融媒体平台(尤以微信公众号为主),都存在着一定比例的转发内容,转发多引自全国、市级媒体内容,各号之间的实用消息也存在着严重同质化倾向。

3. 报道重大题材的形式和手段有待突破。作为基层主流媒体,受各方因素制约,在传播形式和内容上与新时代融媒发展要求还有差距,如宣传党和政府的理论路线以及区域内重大会议、重要活动时,虽然也在尝试创新形式但仍难以打破写作套路,内容多以会议讲话等为主,导致基层群众接受度不高,使得宣传效果打了折扣。而在面对一些受众关注度高的重大事件、突发情况时,往往不能第一时间发声,存在着等批示听口径的情况,在发布速度上常常晚于市级或行业媒体,无法做到抢发首发,对媒体的公信力易造成负面影响。

(三)人才梯队建设待加强

全媒体大背景下"一次采集、多元生成、多种渠道、多次发布"的运行机制,对记者、编辑的业务能力提出了更高的要求。在媒体融合初期,传统媒体出身的部分业务型人才受机制体制、薪酬、个人发展空间及远郊区位限制,出现了较为明显的流失现象。这从一定程度上造成了区级融媒体中心人才青黄不接的情况。目前,金山区融媒体中心出台了一系列举措来引才、留才,也起到了一定的效果,但人才培育是一项系统工程,梯队建设尚需时间磨砺。就现实条件来看,一方面,现有的核心从业人员、中层管理者基本是从传统媒体转岗而来,虽然已认识到融合的必要性和必然性,但在实际工作中尚有部分人还存在知识脱节和跨专业带来的业务不熟悉等情况,比如对新媒体知识的掌握不够、对新媒体技术的运用能力不足等,尤其缺乏懂业务也懂运营的复合型高端人才。

另一方面,新招聘的年轻人虽然熟悉"网言网语",但在政治站位、业务素养、实践能力等方面还存在欠缺。比如对选题策划、内容采编等专业技能缺乏经验等。同时,随着媒体深度融合发展,要适应最新的行业需求,现有技术系统在平台运维和技术研发等相关领域也缺乏专业人才。受制于现有的人员招聘政策,一些懂专业、有技术的专业人才只能通过非编形式录用,但由于非编人员与在编人员在提拔任用及薪资待遇方面存在差距,导致引才、育才、用才、留才方面出现难以突破的瓶颈。这些因素也从一定程度制约了媒体的融合发展。

二、以用户需求引领内容建设方向的探析

针对目前存在的问题,为进一步提升区级主流媒体的传播力影响力,本着"以人民为中心"的理念,金山区融媒体中心于 2023 年 5 月中旬,通过发放纸质问卷和线上小程序的形式,开展了线上线下相结合的受众问卷调查,在 6 月初完成了问卷收集和统计工作。共收回纸质问卷 550 份,线上填写问卷 5 385 份,我们对结果进行了深入分析。

样本量: 5385

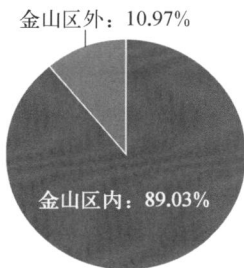

1. 您居住在哪里?

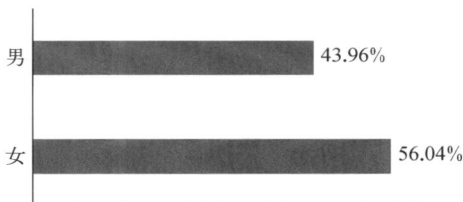

2. 您的性别?

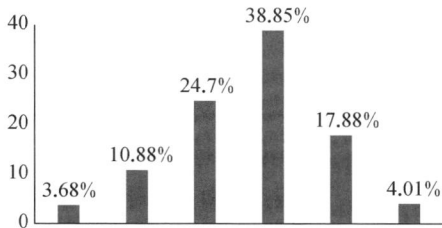

3. 您的年龄是?

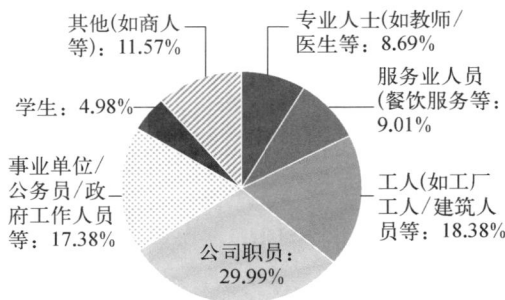

4. 您从事的职业?

通过问卷我们对金山融媒的用户进行了初步的画像,以本地用户为主,年龄主要集中在 26～65 岁之间,公职人员占比最高,对金山融媒都有一定的了解。这说明金山融媒对于本地用户的黏性较高,但从报道内容来看,还需进一步贴地、亲民,同时进一步扩大影响力传播力以吸引各社会阶层人士和区外受众的关注。

在日常使用中,i 金山微信公众号和上海金山 App 占比较高。从中可以看到,金山报的读者主要通过 i 金山及上海金山 App 阅读,超过一半的受访者通过上海金山 App 观看《金视新闻》,手机 App 是收听金山广播 FM105.1 的主要渠道。这表明传统媒体的内容仍具有生命力但传播平台已经转换,原有的传播载

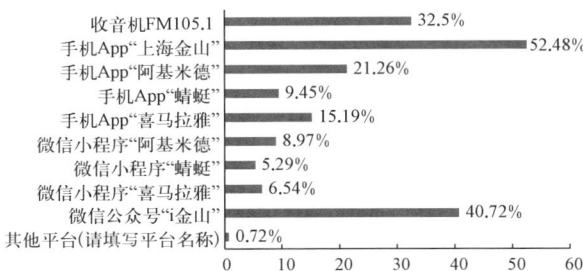

收音机FM105.1 32.5%
手机App"上海金山" 52.48%
手机App"阿基米德" 21.26%
手机App"蜻蜓" 9.45%
手机App"喜马拉雅" 15.19%
微信小程序"阿基米德" 8.97%
微信小程序"蜻蜓" 5.29%
微信小程序"喜马拉雅" 6.54%
微信公众号"i金山" 40.72%
其他平台(请填写平台名称) 0.72%

5. 您收听金山广播FM105.1的主要渠道?

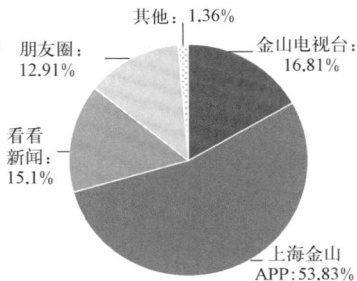

其他: 1.36%
金山电视台: 16.81%
朋友圈: 12.91%
看看新闻: 15.1%
上海金山APP: 53.83%

6. 您一般是通过哪种渠道收看《金山新闻》?

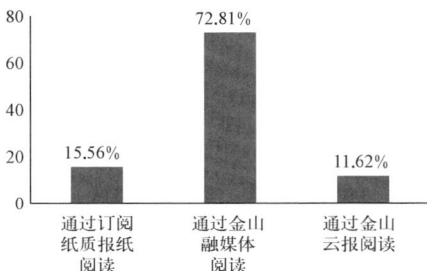

80
72.81%
60
40
20 15.56% 11.62%
0
通过订阅纸质报纸阅读　通过金山融媒体阅读　通过金山云报阅读

7. 如果您经常阅读《金山报》,通常是:

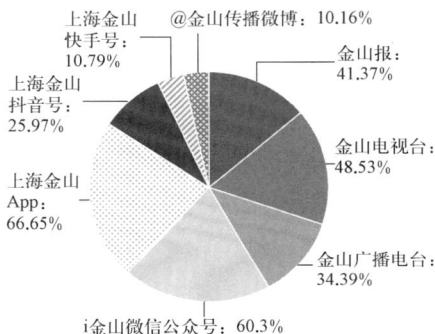

上海金山快手号: 10.79%
@金山传播微博: 10.16%
上海金山抖音号: 25.97%
金山报: 41.37%
上海金山App: 66.65%
金山电视台: 48.53%
金山广播电台: 34.39%
i金山微信公众号: 60.3%

8. 您最常使用的端口?

体已不再承担主要的刊载播发任务。这也提示我们数字化媒体的阅读方式已经成为主流,可以进一步根据现实情况进行有效的资源整合,走好全媒体群众路线,推动主力军挺进主战场。

在内容方面,受访者最常浏览的是民生新闻和便民信息,我们可以增加本地动态消息、各类优惠活动、促销信息的报道,来满足受众需求。数据可以看出,用户对监督报道的态度是积极的,并相信可以通过媒体的监督报道解决一部分问题。我们应该进一步提升监督报道类电视栏目《观众中来》的影响力,除原有电话热线外,通过与微信、微博、抖音的后台粉丝互动,多渠道及时获取新闻线索,进一步密切与用户的连接,同时利用客户端上海金山App"问吧"栏目拓展服务功能,为受众与各政府部门之间架设沟通的桥梁,结合实际案例为解决社会矛盾提供助力。此外,也有一部分观众希望看到区域发展和当下热点,政策解读以及评论类和深度报道,而主题性报道并不是特别受欢迎。综合线上、线下数据可知,《金山报》的文艺专副刊内容较受欢迎,广播方面受访者对民生访谈、新闻资讯、亲子教育、健康科普和生活百科等类型的节目比较感兴趣,其他节目则需求较少,因此,在今后可以根据受众关注度,对报道内容占比做合理调整,适当删减关注度低的栏目、节目,集中精力更好地满足读者和听众需求。

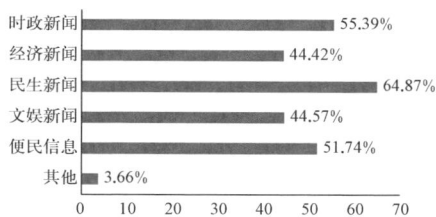

9.您最常使用端口主要用于浏览?

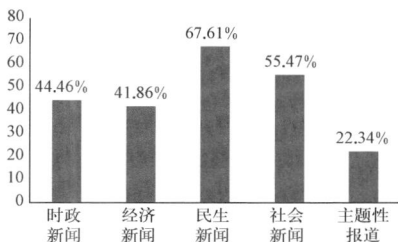

10.您在收看《金视新闻》的时候最喜欢收看哪类新闻?

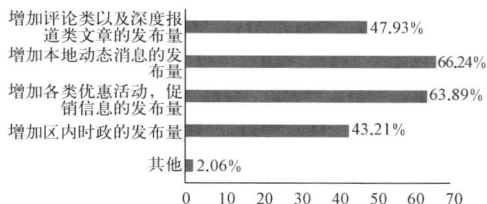

11.您希望新媒体端口多发布一些什么样的内容?

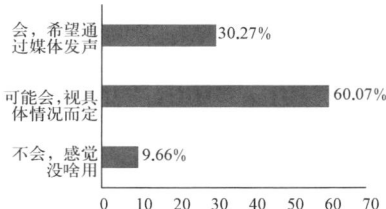

12.《观众中来》是作为电视新闻舆论监督专栏,遇到问题您会拨打热线电话67961048吗?

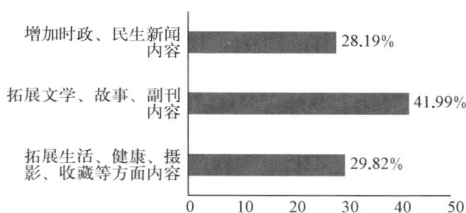

13.您希望《金山报》在哪个方面拓展内容?

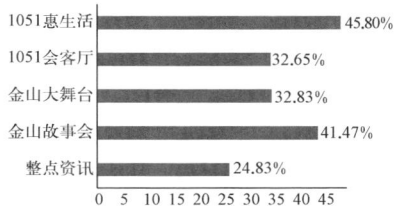

14.您目前最喜欢的金山广播FM105.1的节目是?

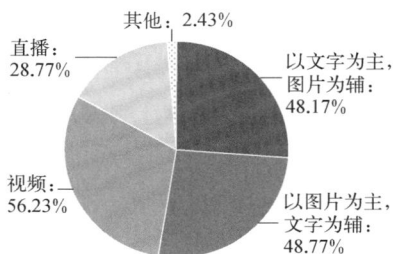

15.您更倾向于什么样的信息呈现形式?

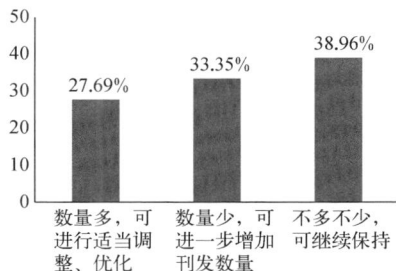

16.您认为目前新媒体各平台的发稿数量和频次:

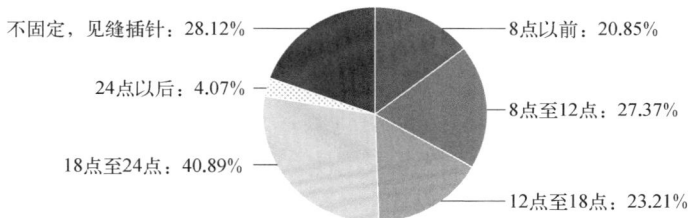

17.您通过新媒体平台了解信息的时间,一般是在?

从呈现方式上,视频呈现最受欢迎,其次是以图片为主、文字为辅的信息呈现形式和以文字为主,图片为辅的信息呈现形式。大多数人认为目前新媒体平台的发稿数量和频次"不多不少,可继续保持",而了解信息的时间集中在18点至24点和8点至12点,其中18点至24点的占比高。i金山可以根据以上数据,平衡好发稿数量和质量,适当调整发布时间。同时,要注重新媒体平台中视频内容的创作,更好满足用户需求。

三、抓牢思想再解放、机制再创新、服务再拓展三个关键点

结合问卷分析结果,中心紧紧围绕"深度融合发展"的工作主基调,抓牢思想再解放、机制再创新、服务再拓展三个关键点,着力推进媒体融合发展的纵深改革,不断增强主流媒体的传播力、影响力。

(一)强化融合思维

深学细悟习近平总书记关于媒体融合发展重要论述的核心要义和丰富内涵,准确把握党中央关于加快推进媒体深度融合发展重大部署的工作要求,坚持用新思想、新观点、新论断指导工作实践。坚定不移地把推进媒体融合向纵深发展全面融入各项工作、全链条、各个环节。对标中央、市委、区委的新要求,做好对照调整,积极完善创新,以媒体的深度融合发展带动中心的全面深化改革和整体转型升级。如结合第二批主题教育的开展,为进一步推动调查研究走深走实,中心于2023年7月派出多路记者深入基层,蹲点探访金山的风土人情、社会百态、发展之困,报道群众的所思所求,形成媒体融合产品"蹲点日记"系列报道,共11篇。通过图文视频等多种形式呈现,全媒体刊发,是金山融媒多部门联动的一次生动实践,实现了重要信息强势覆盖,产生了良好的社会反响。目前,中心已将全媒体联动形式常态化运用到主题宣传报道中,并不断优化调整,真正实现了将融合思维渗透到节目策划、制作、传播的全流程。

(二)推动深度融合

深入实施"移动优先"策略,进一步优化调整内设机构和人员配置,裁撤部分关注度低、影响力弱的节目栏目,把更多优质资源、专业人才汇聚到互联网宣传主阵地及为之服务的端口部门。坚持一体化发展,进一步完善新闻信息共享机制,增强对传统媒体内容进行新媒体语态改编的能力,鼓励广播、电视、报纸等传

统媒体端通过移动端充分展示自身的优质内容。下力气推动精细化管理,进一步科学调整考评考核制度,完善奖惩激励制度,实施更加合理而又刚性的奖罚措施。以先进技术赋能内容生产传播,进一步加强全媒体技术应用的设计与管理,不断提升传播质效和刊播安全。加强全媒体人才培养,进一步调优用好人才政策,加强专业技能培训,探索建立媒体人才多元发展的管理机制,提高引人才、育良才、留专才、尽其才的能力。

(三)加强内容建设

以"打造精品"栏目为导向,认真抓好主题新闻栏目的策划工作。围绕重大主题,紧扣区委区政府工作重点,精心策划系列主题报道。开设"新时代、新征程、新伟业""活力湾区 创业沃土"等主题专栏,推出委办局、街镇负责人全媒体访谈节目,在《金山报》刊登系列理论文章,进一步彰显时效性、权威性、服务性。推出《湾区智造》系列短视频,做精《主播说金山》栏目,深耕《金山如画》系列,选题设置上求准求新求立意,表现形式上求活求快求亲民,创作了一批叫好又叫座的原创精品。品牌电视栏目《观众中来》,不断强化舆论监督,积极参与公共议题讨论,为公共利益建言,为百姓发声。微信公众号i金山增强与政府部门之间联动,在原创内容生产上持续发力,区文旅局、区农委、区工商联合办系列专题,通过栏目创设、融媒行动、全媒推送,将主题报道做活、做深,力争在内容呈现和传播手段上出新出彩,既扩大区委区政府中心工作的影响力,又彰显媒体的传播力和影响力,使内容生产与党的要求,与百姓需求更好地匹配起来。

(四)提升服务水平

坚持"三个导向"(指目标导向、问题导向、结果导向),重点推进互联网新闻内容的供给侧改革,建强用好新型网络传播平台,着力提升新媒体的传播力影响力,更好服务区内外广大受众。坚持服务为先,打造更具活力的"上海金山"App,抓好舆论监督工作,于2023年4月推出了"问吧"栏目,打通传统媒体、新媒体与移动服务端之间的连接,形成线上线下纵横贯通的媒体监督工作格局,不断拓展"媒体+"服务功能。加大短视频内容供给,宣传金山风土人情,增强自我造血机能。坚持以人民为中心的工作导向,大兴"开门办媒"之风,持之以恒开展"走转改"活动,着力强化媒体舆论监督,建强用好通讯员、网评员、评议员这三支队伍,走好全媒体时代的群众路线。媒体监督类电视栏目《观众中来》坚持正面报道和舆论监督相结合的方式,推动问题解决,回应群众关切,维护社会稳定。

努力拓宽线索来源渠道,一是从区委区政府主要领导调研活动中、各单位各部门开展的专项检查中发现线索;二是在区委网信办收集到的舆情信息、区人民建议征集办公室征集到的意见建议中挖掘线索;三是通过精神文明创建市民巡访团帮助获取线索;四是与 12345 市民服务热线高效联动,提高线索转换率;五是运用区融媒体中心各媒体端开通线索长期征集通道;六是向社会广而告之新闻热线 67961048,进一步构建了立体、丰富、多元的线索保障机制。围绕"发现问题—监督报道—问题整改—回访反馈",栏目记者采访调查、涉事单位研究整改、职能部门协助推进、督查机构全程跟踪、整改效果及时反馈,形成了舆论监督的工作闭环。对于来自 i 金山后台留言、上海金山 App"问吧"的诉求未形成报道的,和城运中心形成联动机制,在规定时间内予以及时回复,也形成了闭环管理体制。截至 2023 年 11 月底,"问吧"版块共收集群众提问 262 条,已处理 236 条,充分发挥了媒体的舆论监督职能。

四、区级融媒体提升传播力影响力的路径思考

(一)在管理上做减法,释放活力,筑牢人才队伍

1. 进一步解放思想,理顺体制机制。进一步完善人事、财政、薪酬制度,制定灵活用人机制,营造宽松的人才培养环境,为优秀人才的发展和晋升提供上升通道,夯实融媒体事业发展的人才根基。上级主管部门应加强区级融媒体建设的顶层设计,根据实际情况和时代发展需要给予有针对性的业务指导及政策扶持。在这方面全国有很多先进经验值得参考借鉴,如深圳市龙岗区融媒文化传播发展集团有限公司勇开先河,在全国范围内首创纯国企模式县区级融媒体中心;安吉新闻集团自收自支,实行事业单位企业化管理;诸暨市融媒体中心通过组建诸暨市传媒集团有限公司,整合优化多元化业务,建立现代企业制度,2022 年全年实现营收 4.65 亿元。

2. 不拘一格降人才,打造全媒体型人才队伍。不断创新人才培养机制,持续深入开展增强四力教育实践,有针对性地制订学习培训计划,组织采编一线队伍开展广泛而深入的业务交流和学习,不断激发员工潜能,鼓励记者深度转型。如北京市东城区融媒体中心倡导"全员自媒体"的概念,鼓励记者深度转型,由"幕后"走向"台前",由"文字""摄影"走向"全能",实现最大化产出。还需强化对采编人员、专业技术人员的招引,引进高素质人才,在人才编制、经费补贴以及提高复合型人才待遇方面予以政策支持,提升人才地位,扩大人才队伍,提升团队的整体素质和创新能力。一方面拓宽现有人才引进渠道,如廊坊市香河融媒体

中心借助政府购买服务方式引进小视频制作人才,有效解决短视频制作领域的人才缺失问题。另一方面也可尝试通过邀请、兼职等方式引进相关人才,如安吉县融媒体中心依托政府资源扶持,在国内邀请了一批专业水平高、业务能力强、业内影响力大、观点新颖且具有实操经验的专家作为智库成员。

(二)在运营上做加法,整合资源,提升传播力影响力

1. 整合资源,加强协作。一是在中心内部加强协作,提升融合传播质效。立足全媒体优势,以项目化方式对大型活动、主题报道等进行全媒体宣传,扩大主流媒体声势。围绕宣传重点精心策划,坚持"移动优先",创新内容形式及推送手段,运用音频、H5、视觉设计、创意视频等多媒体要素制作群众喜闻乐见的优质媒体融合产品。可通过成立融媒体工作室这一新型组织形态,来满足受众个性化、细分化的信息需求,精耕细作,开拓创新。二是继续建强用好通讯员、网评员、评议员这三支队伍,进一步发展壮大基层队伍。做好沟通联络、培育培训工作,有助于第一时间获得新闻线索,挖掘鲜活素材,拉近与受众的距离,同时节约了新闻采集成本。此外,还可以尝试在新媒体平台专门开辟栏目或版块,为自媒体、民间信息发布提供平台,或通过成立粉丝群的形式加强互动,提升用户黏性,通过正确的引导不断扩大主流媒体的影响力,捕捉群众和社会关注的热点,探索媒体发展的新模式。

2. 优化平台,做强媒体+。融媒体中心建设推进至今,都在打造"新闻+政务+服务"的传播矩阵,而一些走在前列的融媒体中心,更是做到了"新闻+政务+服务+商务"的成功探索。要做强客户端,一是要充分下沉,整合街镇(区)及各职能部门数据信息,统筹全区媒体资源,统一纳入 App 和微信公众号等平台,面向基层服务群众;二是要上接天线,联合市级媒体和中央媒体,利用大平台做好地区经济社会发展的宣传工作;三是要扩大半径,与周边区县级融媒体中心加强联动,深化合作交流,取长补短,形成联动声势。纵观目前全国范围内的融媒体中心客户端建设,有不少成功案例,像一些起步早、经济基础好、体制机制活的省份的区县融媒体中心,往往在拓展"媒体+服务"功能的基础上形成了各具特色的商业模式,实现新的产业拓展,建立起自我"造血"和"输血"的良性循环。如长兴融媒体中心依托"掌心长兴"客户端,为群众提供申报审批、注册办证、办理社保等服务,在做好"政务+服务"的基础上,开发"指尖饭卡"等民生应用功能,利用"平台+食堂+商家"的运营模式,提供更多消费场景。又如安吉融媒体中心的"爱安吉"客户端,全方位整合交通旅游、生活娱乐、医疗教育、安全监察、农业房产、政务金融、公共事业等十多项核心资源,在充分服务本土的同时,积极

进行技术输出,已在全国范围内成功复制推广至 107 家单位,被中宣部确定为全国新闻客户端 7 个示范项目之一。就目前上海区级媒体的具体情况来看,由于体制机制各方面存在差异,且上海已拥有"随申办"这样航母级别的客户端提供"一网通办"的全方位服务,完全复制浙江模式的可行性不大,可结合实际情况学习参考。此外,像湖北省的"长江云"省级云平台建设蓝本也具有一定的示范效应。长江云充分发挥全省一体的平台优势,一方面设置标配频道,由长江云团队生产内容,通过后台直接嵌入省、市、县所有"云上"系列客户端频道,保证权威声音原汁原味直达用户;另一方面开办共享专题,对于重要活动或重大主题的宣传,长江云集中策划、共享发布。这一模式减轻了基层内容生产负担,为区县尤其是远郊媒体提供了同质化平台,有助于资源的合理布局,为区县融媒体中心平台建设提供了另一种方式和可能。

(三)加大投入,数字化赋能媒体深度融合

在主力军挺进主战场过程中,5G+8K、大数据、云计算、人工智能等前沿技术正深度接入区级融媒体中心建设之中,持续赋能内容生产、传播分发、媒体服务等融媒体业务全链条全流程。随着基层治理体系和治理能力现代化建设的持续深入,区级融媒体中心需要运用数字化手段,构建融媒业务新生态,以实现与区域产业的协同发展,服务群众的目标。当前受技术研发能力所限,融媒体中心对用户数据缺乏系统分析、归纳和整理,不足以支撑深层次开发和应用,无法匹配多元商业场景,这将不利于进行经营创收。这就需要我们在技术上加大投入,通过多元化的技术应用,助力"媒体+运营"的双轮驱动模式,增强自我造血机能。

结　语

早在区县级融媒体建设元年的 2018 年,习近平总书记在全国宣传思想工作会议上发表重要讲话,提出"要扎实抓好县级融媒体中心建设,更好引导群众、服务群众",为基层融媒体中心建设指明了方向。作为区级主流媒体,要"走好全媒体时代群众路线",就必须牢固树立"以人民为中心"理念,坚持不懈用习近平新时代中国特色社会主义思想凝心铸魂,在真学真懂真信真用、深化内化转化上下功夫。随着媒体融合进入深水区,直面问题、克难攻坚,才能进一步助推媒体融合实现新质变。我们要紧紧围绕学习贯彻习近平文化思想,围绕贯彻党的二十大关于文化建设的战略部署,切实增强做好新时代新征程宣传思想文化工作的

责任感使命感,守正创新,以体制机制改革激发内生活力,以"融合创新"服务区域改革大局,以核心优势实现转型发展新突破,并借助融合的力量增强区级主流媒体的传播力、引导力、影响力、公信力,推动各项工作落地见效。

参考文献:

[1] 习近平:在庆祝中华人民共和国成立六十五周年招待会上的讲话[M].《十八大以来重要文献选编》中央文献出版社 2016 年版,第 81 页。

[2] 张克旭、赵士林、邓江:国家战略的地方路径:区县融媒体中心建设的上海探索——基于上海 8 个区级融媒体中心的实地调研与问卷调查[J],《新闻记者》2020 年 6 月。

[3] 黄晓新、刘建华、郝天韵:全国县级融媒体中心能力建设研究报告[J],《传媒》2023 年 6 月。

[4] 香河融媒体中心:抓住"三个关键"推动能力建设,香河头条微信公众号,2022 年 1 月 6 日。

[5] 郑君:浅析"爱安吉"融媒体移动新闻客户端如何增强黏性[J],《中国有线电视》2021 年 8 月。

[6] 孙俊、邓秀松:新时代主题主线报道破圈传播的路径探析——以长江云平台化传播实践为例[J],《电视研究》2022 年 10 月。

作者简介:

刘晨,金山区融媒体中心移动传播部副主任。

资源整合、场景再造、生态重构

——论持续推动县级融媒体深度融合的体系建设

何　锋

提　要： 党的二十大报告指出，"加强全媒体传播体系建设，塑造主流舆论新格局。"这是党中央推进文化自信自强，铸就社会主义文化新辉煌的重要举措。县级融媒体作为政府联系群众的桥梁、纽带，在新时代如何更好发挥"引导群众、服务群众"作用，为强国建设、民族复兴伟业助力，是县级融媒体持续深入推进媒体融合发展的现实课题。笔者从媒体传播属性出发，探讨县级融媒体在"新闻＋政务＋商务"的传播信息、提供服务的功能拓展中，聚焦"资源整合、场景再造、生态重构"三个层级的工作体系建设，力求在服务中国式现代化建设中，媒体融合发展实现量的积累和质的提升，在传播力、影响力、引导力、公信力建设中取得突破，探索新时代媒体融合发展之路。

关键词： 媒体融合　资源整合　场景再造　生态重构

引　言

4 年来，经过机构重组、流程再造、机制配套等工作，上海 16 家区县融媒体中心基本实现"一次采集、多种生成、全网发布"的媒体融合目标，在"引导群众、服务群众"中发挥了主流媒体舆论引领作用。党的二十大报告指出，"我们要实现好、维护好、发展好最广大人民根本利益，紧紧抓住人民最关心最直接最现实的利益问题。"实现人民对美好生活的向往是县级融媒体持续推进媒体深度融合的思想指南和行动纲领。在实现中国式现代化进程中，高质量发展需要高品质生活的支撑,高品质生活需要高品质产品的持续供给,对照新时代党中央对县融深度融合要求,区县融媒体中心的资源整合、场景再造、生态重构工作任重道远。

一、资源整合、场景再造、生态重构是推进媒体深度融合的现实需要

1. 资源整合是县级融媒体提升供给能力的优势。县级融媒体是党和政府联系群众的桥梁纽带,承担着新闻播报、电视安全播出、服务管理等工作。"新闻＋政务＋商务"的地方主流媒体定位使其传播权威性、信息的主导作用尤为突出,对政府服务信息的发布、导入、监督、服务等职能具备天然属性和有效途径,特别在重大突发事件的播报中具有不可替代的权威性和公信力,是地方群众获取信息、获得服务的重要平台和窗口。如同 SMG 虚拟主持人申芯雅一经推出便形成的视觉冲击一般,IP 形象产品打造和数字产业赋能等新赛道相适应,使媒体对外形象焕然一新,开放平台端口、集合虚拟旅游、文旅融合资源等多方服务资源是县级融媒体推进媒体深度融合的独特优势。"淄博烧烤"现象值得借鉴,依靠"一串烧烤＋一块小饼＋一节小葱"的"三合一"美食成为 2023 年烧烤时尚新消费、烧烤界风向标,离不开当地县级融媒体充分挖掘和发挥地方文旅特色,走强强联合之路,推介、营销各类网红打卡点,打造优势资源融合新场景,城市品牌营销成功实践为县级融媒体资源整合提供了新视野、新赛道、新路径。

2. 场景再造是县级融媒体提升创新能力的途径。场景是消费者接触商品、消费商品、体验服务的环境,具备导入情境、营造氛围等作用,是群众高品质消费的组成部分。如何吸引更多人关注媒体平台,平台产品的参与性、互动性决定受众关注度。《学习强国》平台成功于其通过组织引导的每日打卡方式,成功于其积分累加的排序成绩单,让参与者自觉形成每日打卡习惯,营造出"比学赶超"学习情境。"痛并快乐着",学习场景、复习场景、赛事活动等使自觉学习、终身学习成为参与者日常生活习惯,为个人树立良好学风、引领社会新风尚奠定基础。另外,应受众所需,以问题导向、用户导向而设立相应解决场景,让当地群众有困难上平台,有问题找平台,有感动向平台倾诉,良好场景设置与亲和的导入功能可让县级融媒体平台成为群众生活的可靠资源库。例如,在客户端设置"档案馆"或"我的生活"入口,开启"虚拟录音棚"等,受众通过实名注册后开通"在线音像馆",随时记录当下,与他人分享生活感悟的同时,还可永久保存个人的音像资料,在客户端开辟一份"个人私密空间",为后人留下更多的精神财富。

3. 生态重构是县级融媒体"国之大者"的使命担当。县级融媒体承担着"统一思想、凝聚力量"的历史重任。保一方平安、一方良好的政治生态、和谐发展的

社会形态是县级融媒体服务大局,在强国建设、民族复兴中勇挑重任、有所作为的生动实践。县级融媒体迎难而上,科学识变、主动求变、积极应变,主动服务"打通最后一公里"的社会治理责任,在推动乡村振兴中发挥更多的信息传播、服务拓展等职能,在涵养科创生态中进一步提升服务能级是县级融媒体落实习近平总书记"引导群众、服务群众"的政治自觉、思想自觉和行动自觉。需要县级融媒体积极对接各方资源,创设新闻发布、推介活动、联合采访、数字化"沉浸式"体验等各类互动场景,线上线下联动,把政府清朗的政治生态、一心为民的执政理念和勤政务实的干部职工形象等主流形象,主流价值观融入产品设计和服务保障中,确保定位明确、目标精准、项目务实,效果良好。

二、数据库、代入端、沉浸感是营造高品质产品的数字化路径

1. 数据库建设是县级融媒体提升服务能级的物质基础。当下,谁拥有数据库谁就有舆论的发言权、主导权,谁就会引领未来市场走向。对县级融媒体来说,其数据库与新闻属性定位密切相关,大量数据由新闻资料、历史音像资料等图文视频资料组成,对存储空间有保存、检视、维护及调用便捷性和存储安全性等要求,被列入当地政府的重要档案管理。一方面,需在传播中保存好音像资料;另一方面,需进一步拓展信息源,把政府相关部门对公众开放的信息通过连接、存储、分类管理等方式再处理,形成新的应用场景,提升服务能级。启动大数据管理,应用户所需,开辟体验新场景,为当地群众查阅、存储、传播等多样化、个性化需求提供便捷服务,是县级融媒体数据库建设和运营的重要工作。

2. 代入端是服务项目的端口和入口。在建设县级融媒体平台时,增设群众参与信息互动端口,方便场景体验。上海佘山国家旅游度假区有"春问山、夏拜水、秋寻根、冬祈福"等系列旅游产品,小昆山有"二陆"故里,西佘山有百年天主教堂、天文馆,辰山植物园的樱花大道、草地音乐节等成为上海市民度假休闲的旅游目的地之一,为使更多游客体验到上海唯一的山林资源和深厚的人文底蕴,打造好"沪上之巅、上海之根"品牌,县级融媒体平台通过虚拟技术营造出"二陆草堂""徐霞客西行古水道"等可互动的旅游场景,让人们千里之外也能体验到佘山春华秋实、山野情趣、人文关怀,感受到互动带来的新视角,这是县级融媒体拓展服务项目时重视并努力使之成为群众新体验、新风尚的产品。通过慢直播、现场直播、虚拟场景营造等数字化项目的推进,通过"网上扫一扫、线下走一走、定睛看一看、仔细品一品",为群众打造仿真、生动、富有人文关怀的一系列体验产品,是县级融媒体服务群众的又一生动实践。

3. 沉浸感是高品质产品带来的用户体验。现实场景和虚拟场景对受众带

来的沉浸感是不同的。现实场景泛指各种剧本、线下扮演角色带来的视听、触觉、嗅觉等全方位感受,受众在围观、参与剧目互动中带来的参与感。如上海影视乐园的游客演绎电影场景,西安大唐不夜城演员巡游等,让游客扮演路人甲、路人乙角色,在互动中观众主动参与剧目演绎,体验更加丰富,满足了观众身临其境的参与感,受到旅游市场青睐。虚拟场景是在网络平台通过创设逼真"现实秀",受众网络参与后,产生"真实"仪式感,在"错觉"中宣泄情绪,如同在游戏中,通过角色扮演沉浸其中,给人带来的持续关注和互动。在技术支持下,如今线下产品的数字化,即虚拟场景和现实场景的结合风靡娱乐圈,成为消费新时尚。如在邓丽君的数字虚拟演唱会中,当歌手全息影像出现时,声情并茂的影像让观众有机会重温过去时光。

三、扩大朋友圈、做实体验圈、建强生态圈是高品质生活的基层实践

1. 近悦远来,扩大朋友圈。"三人行,则必有我师。"县级融媒体对外代表官方,展现当地经济社会发展状态,是当地文化软实力的代言者;对内反映社情民意,是当地政府发现问题、解决问题的重要舆论平台。上海市松江区融媒体中心定位于建设超域影响力县级融媒体,在争取更广泛的传播力、影响力中,借鉴松江是长三角G60科创走廊策源地的成功经验,积极与上海市级平台、兄弟区县级融媒体、长三角地区媒体建立互联互动的媒体朋友圈,通过拓展朋友圈实现广泛的商业共享圈、产学研合作圈、社区共建圈,在营造良好社会风尚中展现博大胸怀,把"海纳百川、追求卓越、开明睿智、大气谦和"的上海城市精神和海派文化、江南文化、红色文化融入松江社会主义现代化新城建设中。

2. 取长补短,做实体验圈。传播学原理之一,信息传播效果追求互动,追求受众对信息认同及行动。体验如同感知,是受众对理念的接受、行动中的效仿。县级融媒体影响力源于对当地新闻传播时营造的社会公信力,县级融媒体平台一经群众认可,其对新闻公信力的认同感,会迁移到对平台其他内容的认同,"爱屋及乌"的心理认同、共情心理是拓展网络虚拟平台与线下实体体验店加强关联的大众心理基础。目前,县级融媒体客户端大多采用积分制对关注受众排名、奖励,奖品为实体商店出售的产品,通过购买服务、冠名合作、企业赞助等方式,持续加大对关注受众的奖励力度,提高吸引力,带动网络活跃度。通过设立部分线下体验项目,让县级融媒体平台品牌在受众生活中高频率重现,强化受众对县级融媒体平台印象。通过延链、补链、强链、建链等措施持续扩大县级融媒体平台影响力、知名度。

3. 胸怀天下,建强生态圈。力争做"国之大者",时刻以"先天下之忧而忧,后天下之乐而乐"为媒体己任。当今社会,县级融媒体承载着当地文化资源推广和经济社会发展宣传重任,承载着党和人民重托,承载着人民对美好生活的向往,是人民的传声筒,是时代的记录者,是中国式现代化建设的主力军,是强国建设、民族复兴的助推者。县级融媒体已成为服务社会的综合体,是集社会各种优秀资源为一体,对外展现实力、对内展现实惠的区域群众命运共同体。坚持目标导向,把解决问题与提升服务功能结合起来,建强"网上网下一体、内宣外宣联动"的新时代舆论生态圈,把党的新时代创新理论和社会治理、文明实践、和谐社会建设等有机结合起来,切实把"全心全意为人民服务"宗旨落实到推进县级融媒体深度融合发展中。

结　语

牢记习近平总书记指示:"坚定文化自信,秉持开放包容,坚持守正创新。"作为地方主流舆论平台,提高宣传质量,提升服务水平,县级融媒体在"解决群众最后一公里"的基层实践中大有可为,需要县级融媒体"把关人"把好内容创新的服务关,坚守技术更新的群众观,体现管理服务的沉浸感。坚持问题导向、需求导向,在资源整合中广泛联系各方力量,集成各界优势资源,在场景再造中广泛应用技术平台优势,营造方便、快捷,群众满意的技术端口,在生态重构中充分发挥地方主流媒体"铁肩担道义、妙手著文章"的职业操守和"举旗帜、聚民心、育新人、兴文化、展形象"的使命任务。

参考文献:
[1]《习近平新闻思想讲义》[M],人民出版社、学习出版社 2018 年版。

作者简介:
何锋,上海市松江区融媒体中心高级记者。

区县级融媒体中心融媒体矩阵建设的路径探讨

——以上海市青浦区融媒体中心为例

孙　晨

提　要：本文以上海市青浦区融媒体中心构建"Ⅰ（区级）＋Ⅱ（街镇）＋X（区级单位）"融媒体矩阵的实践为例证，探讨目前媒体深度融合发展大局下，区县级融媒体中心如何整合全区媒体资源，让区级、街镇、各单位在新闻报道时密切联动，构建起"统筹策划、一次采集、多种生成、多元传播"的融媒体矩阵，并对融媒体矩阵的进一步建设进行深度思考。

关键词：融媒体矩阵　深度融合　整合资源　"Ⅰ＋Ⅱ＋X"

引　言

2018 年 8 月 21 日—22 日，习近平总书记出席全国宣传思想工作会议并发表重要讲话，他指出，要扎实抓好县级融媒体中心建设，更好引导群众、服务群众。当前，飞速发展的互联网日渐成为信息传播、舆论生成、思想交锋的主阵地，对宣传思想工作产生了巨大的影响。抓好县级融媒体中心建设，是统一思想认识、凝聚社会共识的迫切要求，是提升基层媒体传播力、引导力、影响力、公信力的迫切要求，也是更好服务群众、满足群众追求美好生活需要的迫切要求。我们要深刻认识当前县级融媒体发展存在的突出问题，在顶层设计、体制机制、服务功能、人才建设等方面下功夫，以更好引导群众、服务群众。

2019 年 6 月 28 日,青浦区融媒体中心正式成立并挂牌,是上海市首批挂牌成立的区级融媒体中心之一。在揭牌仪式上,11 个街镇分中心同步挂牌,成为全上海市第一个融媒体街镇分中心全覆盖的区。青浦区融媒中心在成立之初,就构建了"Ⅰ(区级)+Ⅱ(街镇)+X(区级单位)"的融媒体集群工作框架,构建起"统筹策划、一次采集、多种生成、多元传播"的区级融媒体矩阵。4 年多来,青浦区融媒体中心从无到有、从并到融、从一个中心到一个矩阵,有效建立了"Ⅰ+Ⅱ+X"的媒体集群,形成了全区联动发展的新闻宣传格局。

一、"Ⅰ+Ⅱ+X"融媒体矩阵建设主要路径与方法分析

(一)立足资源整合 建强融媒体矩阵

媒体融合的发展过程中,我们发现机构重组、采编流程再造,并不等于打通宣传群众、服务群众的"最后一公里"。要实现这一目的,必须深入基层,将触角伸向社区、村居最基层,新闻媒体的宣传服务才能到达千家万户。

在全区积极打造以青浦区融媒体中心为引领、紧密联通、协同互动的"Ⅰ+Ⅱ+X"融媒体集群工作框架。目前,全区 11 个街镇都建立了融媒体分中心,充分整合原有新闻中心、报社、文体中心等本级新闻采写力量,积极建设街镇级新闻宣传阵地,让党的声音到达"最后一公里",飞入寻常百姓家。同时,陆续建成 17 个区级单位分中心,积极配强本单位新闻宣传力量、立足实际打造阵地、建立健全媒体协作机制,形成全区联动发展的新格局。

优化整合区级媒体资源,加强新闻宣传阵地建设,打造全媒体传播矩阵,通过"中央厨房"一线融通、多级联动,在业务集成、内容、工具、服务等方面全面赋能,推动"报、台、网、微、端"一体发展,实现从"融合"到"融活"的转变。

同时,指导各分中心大胆创新,在完成标准化建设的基础上,试点建设更为下沉的基层融媒体单元,持续打好"拓面、引流、赋能"组合拳,夯实基层分中心宣传阵地。

(二)着眼上下联动 提升传播效能

围绕全区重大战略、重点工作,青浦区融媒体中心与各分中心持续拓展媒体融合传播优势,推动实现协同报道、联动发声、合作共赢。先后制定下发《关于街镇级、区级单位融媒体分中心建设的工作提示》《关于进一步完善融媒体分中心重要时政类报道的工作守则》《融媒体街镇分中心考核办法》等文件,在

运行机制、人员配备、软硬件建设、工作重点等方面明确工作要求。充分利用矩阵优势，以主题报道、系列活动为载体，助推市、区、街镇三级融媒联动，实现上下联动、实时统筹、同步推送。例如：2023 年 11 月 3 日，青浦区融媒体中心重磅发布青浦区最新城市形象宣传片《潮！》，一经发布，11 个街镇分中心、各区级单位分中心，第一时间安排转发推送，转发率 100％。进一步扩大宣传片的传播力、影响力，在全区上下形成轰动效应。单篇微信阅读量超 10 万。

在宣传联动方面，例如 2023 年末电视剧《繁花》正式开播并迅速登上热搜。上海原创、上海出品，由王家卫执导……《繁花》从筹备到开机、从杀青到开播，一直备受关注。青浦融媒编辑发现新闻热点——《繁花》中有一句台词：朱家角的酱菜。马上联系融媒体朱家角镇分中心落实采访，并盘点《繁花》取景地。推出《跟随热播剧〈繁花〉，打卡千年古镇！》《热播剧〈繁花〉里的"朱家角的酱菜还有崇明的糕"火了！》等两篇推文，从《繁花》的拍摄地到剧中的片段深入介绍其中的青浦元素，引起粉丝强烈共鸣，微信总阅读量达 3 万。同时，《跟随热播剧〈繁花〉，打卡千年古镇！》微信推文入选市委网信办 2023 年 12 月热门阅读稿件传播影响力十佳，体现了区融媒体中心与各分中心的友好联动。

坚持以服务群众为本，深度探索多方联合的"新闻＋"服务模式，通过打造多类型功能平台，有力提升媒体服务能级。加大对各分中心的指导，为各分中心提供新闻策采编发指南，探索构建媒资共享"一张网"，因地制宜打造区域特色品牌，持续深化全媒体时代主流舆论阵地建设。

（三）紧抓培养激励 增强人才活力

坚持把充分释放人才活力作为当务之急，紧扣新闻传媒发展现实需求，实施"首席""名优"新媒传媒人才等评定激励机制，并适当扩容，给予各分中心更多的倾斜，推动人才梯队结构实现优化。强化与各分中心的联动培育，常态化开设"融媒课堂"，围绕马克思主义新闻观、新闻写作技巧、短视频拍摄、新媒体编辑知识等多个主题开展专题讲座，并组织无人机、视频剪辑等业务技术培训，助力分中心新闻生产能力持续提升。

青浦区融媒体中心与复旦大学新闻学院签订战略合作协议，揭牌成立新闻人才实训基地，与浙江传媒学院、上海政法学院、东方网、新闻晨报等高等院校、市级媒体建立挂职对口合作意向，对重点专业、重点领域人才分层实施培训计划，深化挂职交流和能力锻炼机制，构建符合融媒事业发展的人才梯队体系。

二、"Ⅰ＋Ⅱ＋X"融媒体矩阵建设取得成效

(一)形成区内媒体融合共通发展格局

随着青浦区融媒体人社局分中心、青浦区融媒体农业农村委员会分中心、青浦区融媒体住房保障和房屋管理局分中心、青浦区融媒体国网上海青浦供电公司分中心、青浦区融媒体总工会分中心、青浦区融媒体共青团委员会分中心、青浦区融媒体妇女联合会分中心等区级单位的挂牌,陆续建立了17家区级单位分中心,进一步壮大了主流舆论阵地。

除此之外,探索＋N(融媒体驿站),进一步拓展到"Ⅰ＋Ⅱ＋X＋N"的新矩阵格局,着眼更好服务中国国际进口博览会、长三角一体化发展、虹桥国际开放枢纽、青浦新城建设等重大战略,建立西虹桥党群服务中心、长三角一体化金融产业园、青浦新城3个融媒体驿站,并建成区委党校会议新闻中心和虹泾鑫汇园融媒体企业服务平台。

各区级单位分中心在推进媒体融合发展的道路上发挥各自职能优势、突出品牌特色培育,切实盘活资源、激发活力。例如,徐泾镇融媒体分中心依托"四叶草"微信联盟加强对社会自媒体的管控沟通,微信公众号粉丝已突破十万,辖区内影响力较大,特别是揭牌成立首个基层融媒体驿站——上海医大医院"媒好·点滴微平方驿站",提供《徐泾报》等各类书报、播报徐泾最新公益宣传视频、提供资讯获取方式等,在实践中探索打造具有媒体属性的社区服务平台;华新镇融媒体分中心在村居、园区、企业建立了首批10个"微融站",在人民网上海每月发布的街镇微信公众号榜单中,所运营的"通达华新"微信公众号总阅读量连续两年名列前茅。

(二)取得协作共赢丰硕成果

在党的二十大、区两会、进博会、长三角一体化发展等重大主题报道中,与各分中心建立联动机制,定期发布近期重点宣传报道指南、新闻阅评,举办区级主题新闻征集活动,实现重大主题报道全区上下一盘棋。青浦区融媒体中心还借助与《新闻坊》栏目合作近20年的优势,积极参与上海广播电视台各类主题新闻策划,联动打造"人民之城融媒体联播·青浦篇"特别节目,整档节目获得《我们这十年——人民之城》优秀融媒体作品评选现场直播报道、短视频两项优秀奖。其中,融媒体赵巷镇分中心参与完成"人民之城"直播连线节目,制作的短视频

《品味乡村风韵 探寻新城"桃源"》在节目中播出,收到良好反响;公安青浦分局分中心每年策划制作 12 期《青浦警坛》电视专题栏目和"防范小剧场",并围绕反诈、反恐、网络安全等时事重点制作系列情景短视频,相关作品多次在全国、市、区级比赛中获奖;与中山医院青浦分院分中心联动打造"健康医＋益"医疗科普直播,邀请医院高级职称专家做客直播间,科普讲解有关心血管系统、呼吸系统、儿科、中医科等多个医学领域的常见病和多发病的医学知识,并推出"直播小课堂"延伸产品,深受百姓欢迎。

(三)搭建选育共进机制平台

青浦区融媒体中心加快建立与媒体融合发展相适应的考核激励机制,推行青浦区融媒体中心新闻作品考评举措,对标国家及省市级新闻奖项要求,定期对新闻作品进行考核评价反馈,不断提升作品质量和规范。

2023 年,"主题教育""进博 in 青浦""潮涌长三角 奋进示范区""百年青中""烟火 in 青浦""强发展信心 筑实干同心"……一个个关键词串起了青浦一整年的热门事件。截至 12 月,青浦区融媒体中心共录用 11 个街镇分中心原创投稿 995 篇,爆款频出,更有 5 万＋的微信阅读量。在每年的记者节庆祝活动中,对年度主题新闻作品征集评选活动进行表彰,分别对"电视新闻类""应用创意类""短视频类""媒体融合类"优秀作品进行表彰,鼓励各街镇、区级单位在内容创作、生产上比学赶超。

进一步修订完善《2023 年度青浦区融媒体街镇分中心考核办法》,从日常工作、重点工作、重点宣传、创先争先等几个维度对分中心进行考核。同时将资源进一步向基层倾斜,调整增加分中心基层名优记者名额,进一步释放《青浦区新闻传媒人才引培激励办法》政策红利。各类新闻传媒人才在服务重大战略的新闻实践中各显身手,政策激励和培训指挥调度功能有效发挥,分中心采编人员综合素养提升明显。

(四)成效小结:"Ⅰ＋Ⅱ＋X"融媒矩阵建设初步形成合力

1. 优化媒体资源共享,有效提升媒体传播力

面对媒体格局和舆论生态的深刻变化,青浦区融媒体中心作为内容生产指挥调度枢纽,注重夯实基础建设,着力优化媒体矩阵,强化联动互促交流,加快探索深入融合的新模式、新场景、新路径,致力于打开"资源通融、内容兼融、宣传互

融、利益共融"的媒体融合发展新格局。

2. 深化多级统筹联动 有效提升媒体竞争力

在媒体深度融合发展的进程中,坚持以构建内容建设为根本、以先进技术为支撑、以创新管理为保障,充分依托矩阵力量,突出上下联动、提升能级,在推动媒体深度融合上持续发力,在持续拓展媒体融合传播优势上下足功夫,开拓融合发展的主渠道,实现协同报道、联动发声、合作共赢。

3. 强化人才培养激励 有效提升媒体创造力

政策激励、引培育才是建设专业过硬融媒人才队伍的有力抓手,只有着眼培养全媒体人才这个目标,不断优化竞争性选拔等机制,盘活人才选育的"大盘子",积极构建新型人才布局,才能加快推动现有人员向全媒记者、全媒编辑、全媒管理人才转型,打造一专多能的"融媒轻骑兵",为媒体融合发展提供坚实人才保障。

三、克服"Ⅰ＋Ⅱ＋X"融媒矩阵建设尚存困难,明确奋斗目标

(一)体制机制的改革创新还需突破

区融媒体中心与各街镇、区级单位是业务指导、工作合作关系,并非行政上下级关系,对于分中心的管理抓手不足。目前,各街镇融媒体分中心都是实体化运营,一般为正科级单位,在体制上受各街镇宣传部门管理,而各区级单位分中心,大部分没有专人运作,有些只是挂一块牌子,具体要怎么运作,还在摸索,等着"抄作业"。

从当前的情况来看,我们的体制机制还存在一些需要突破的瓶颈。首先,我们需要明确体制机制的改革创新并非一蹴而就的过程。它需要我们深入理解现有的体制机制,发现其中的问题,并寻求有效的解决方案。只有通过持续的努力和探索,我们才能逐步推动体制机制的完善。其次,我们需要打破各种壁垒,促进交流与合作。只有通过深入的交流与合作,我们才能更好地了解彼此的优势和不足,从而更好地推动改革创新。此外,我们还需要加强人才队伍建设,提高人才的专业素质和能力。只有拥有高素质的人才,我们才能更好地推动体制机制的改革创新。

(二)基层宣传阵地还需及时抢占

基层宣传阵地是舆论宣传的重要领域,及时抢占基层宣传阵地对于传播正

能量、弘扬主旋律、维护社会稳定具有重要意义。现在，越来越多的央媒、市媒跟基层直接建立合作关系，跨过区融媒体中心直接对接，进行稿件宣发。部分区级单位直接与广告公司合作，第三方运维新媒体平台，导致很多资源都留在第三方手中。

当前基层宣传阵地面临着一些挑战和问题，需要我们采取有效措施及时解决。首先，我们需要指导各分中心加强对基层宣传阵地的重视和管理。同时，还需要加强对基层宣传阵地的规范管理，建立健全相关制度，确保基层宣传阵地得到科学、规范、有序的管理。其次，我们需要提高基层宣传阵地的传播力和影响力。应该加强对基层宣传阵地的指导和支持，鼓励和支持基层媒体创新发展，提高传播效果和影响力。此外，我们还需要加强对基层宣传阵地的监督和管理。建立健全基层宣传阵地的监督机制，加强对基层宣传阵地的监测和评估，及时发现和解决问题。同时，还需要加强对基层宣传阵地的规范管理，防止出现违规行为和不良信息传播，维护基层宣传阵地的良好秩序。

（三）采编力量参差不齐，专业能力需加强

有的街镇分中心有公务员、事业单位、社工身份人员，有的街镇分中心只有社工，人员数量不一，工资待遇参差不齐，采编能力也不平衡，导致生产能力也不尽如人意。不同分中心的采编人员，其新闻敏感度、采访技巧和写作能力均存在较大差异。

需要在建立完善的培训体系，实施考核和激励机制，加强团队建设与交流，引进高素质人才，制订个性化的培训计划，建立监督反馈机制，增加资源支持等方面下功夫。

结　语

青浦区融媒体中心在"Ⅰ＋Ⅱ＋X"矩阵建设的基础上，持续探索，拓展"Ⅰ＋Ⅱ＋X＋N"（N即融媒驿站）矩阵建设，在实践中不断丰富和拓展融媒矩阵的内涵和载体，构建网上网下一体、内宣外宣联动的主流舆论格局。加大对街镇分中心的指导力度，推动街镇分中心新闻生产能力、传播能力和创新能力进一步提升，支持分中心生产更多服务全区中心大局、群众喜闻乐见的精品力作，打造一批具有鲜明特色的品牌项目；加强人才激励机制，实施"首席""名优"新媒传媒人才等评定激励制度，加大资源倾斜；加强传播手段和话语方式创新，让党的创新理论"飞入寻常百姓家"；加强与长三角示范区吴江区、嘉善县等融媒体中心

的联动共建,努力推动从区级媒体融合到区域媒体融合,延伸区域媒体生态融合,探索形成融合、协同、共赢的一体化发展格局。

路漫漫其修远兮,吾将上下而求索。

参考文献：

［1］习近平出席全国宣传思想工作会议并发表重要讲话［N］,新华社北京 2018 年 8 月 22 日电。

［2］陈默:《基层扎根 平台扩容 服务赋能 ——融媒体分中心合作运行模式的探索与实践》［J］,中国广播电视学刊,总第 390 期,132 - 135 页。

［3］谢新洲:《扎实抓好县级融媒体中心建设》,民主与科学［J］,2019 年 4 月 20 日。

作者简介：

孙晨,上海市青浦区融媒体中心移动媒体部副主任。

试论区级媒体与上级媒体联动中的优势、不足及其对策

沈　佳

提　要：近几年区级媒体的品位不断提升，全媒体融合传播矩阵不断扩展，区级媒体已经日渐融入市级媒体矩阵，并在其中展现着自己特有的优势，并且在越来越多的两级媒体联手行动中独当一面，不仅成为独特内容的信源地，而且已日渐成为联手行动的生力军。但是，区级媒体在与上级媒体联动中的短板显现，其不足主要表现在：站位不高、格局偏低，视野狭窄、叙事能力不足。区级媒体要在提升整体能力上下功夫，并寻找对策：要借助在与市级媒体的联动中，扬长补短，创新发展。在学习中提高站位，拓宽视野；在实践中增长本领，获得方法；在策划碰撞中有所突破。区级媒体要让自身的独有的区域优势，转化成常出独家新闻的胜势。

关键词：区级媒体　优势与不足　对策研究

引　言

　　传统媒体和新媒体的融合已经走过十年，其间我们上海原来的区（县）广播电视、报纸网站在区（县）级媒体融合发展中经历了颠覆性的变革。随着区级融媒体中心成立，完全进入全媒体融合传播的时代。传播格局从原先区域内容传播的融合与深化到多层级媒体机构大融合传播的大矩阵建构。已经形成了区级媒体相对独立运行，承担应有的职责任务，实现区域内信息的多介质、多平台、多形式立体传播。特别在遇到重大主题宣传、重要宣传任务时，区

级媒体已经能和市级以上的媒体一起在宣传大矩阵平台上联手展开,实现在更大范围全人群多元覆盖的传播效应,切实提升传播力和影响力。在这种市区两级主流媒体的联动中,区级媒体不仅由此得以融入更大的传播平台,展现自身的能力,看到自己的优势,而且同时暴露出来了自身软肋和短板。这就让我们自己的认知更加清醒理智,在融合传播大矩阵日盛的大趋势下,要在新闻采编的运行机制上重塑。正如金山区融媒体中心原主任盛建军在《对上海区级融媒体中心建设现实路径的认识和探索》一文中指出的:"在重塑生产运行机制上有所突破,区级融媒体中心必须打破原有的内设运行机制,将新闻的策划、任务布置、人员调配、内容采编、信息发布等诸多环节统一到共同的平台上实现采编资源和信息资源的集约利用。"当下区级融媒体的使命和角色越来越重要,就应该自信而理性,既知晓长处,也看清短处,顺势而为,扬长补短,加强创新发展,在与市级以上媒体越来越多的联动中,不断学习,取长补短,提高整体素质能力,逐渐承担起深耕一方、独当一面的角色职责,在融合传播的大矩阵中发挥出独有的优势。

一、区级融媒体对自身的优势要有深刻认识和自信

习近平总书记在党的新闻舆论工作座谈会上曾指出:"党的新闻舆论工作必须创新理念、内容、体裁、形式、方法、手段、业态、体制、机制,增强针对性和实效性。"区级媒体对自身的优势要有准确的认知,才能充分发扬优势。

区级融媒体自身的优势就是上连天线,下连地线。区级融媒体处在基层一线,俗称"接地气",十分熟悉身边的每一个变化,谙熟周遭所有的人和事。特别是区级融媒体中心,我们现在的职责任务已经超越了原来传统媒体的范畴,既是新闻媒体,也是政务信息传递的平台,是在政府和民众之间搭建的权威信息桥梁。我们能第一时间获得并传递发布区内的政务信息,让政策落地,服务民生,安定社会。从这个意义上说,这样的政务信息中的信息点恰恰是我们的第一手新闻源。对政策效应我们最先感知,最先见证身边的一切变化,从而成为区级媒体的独家新闻,也是市级以上媒体最乐见的新闻或新闻素材。

区级融媒体中心成立以来,我们在内容生产和传播形态越来越新、要求越来越高的情况下经历了质的蜕变,以新媒体产品的生产和移动优先的传播手段为重,重新架构了区级媒体的运行策略和方法。在经历了早几年依靠技术创新、形式出新的"一招鲜"之后,区级媒体在提升传播效应和影响力的明确要求下,重又回到了"内容为王"的本真轨道,特别在与市级媒体协作中更真切地体会到"内容为本"的王道。独具区域特色、品质优良、内容新颖的新闻内容更能受到市级媒

体的青睐,成为他们开展重点主题宣传可依托的一线力量。而那些特、优、新内容的报道也正成为市级媒体青睐的一手信息源。这几年来,我们区级融媒体中心更是有机会相继参与了上海广播电视台融媒体中心策划开展的多项重大主题宣传,有庆祝新中国成立 70 周年、庆祝中国共产党诞生 100 周年、迎接党的二十大、上海国际进口博览会、浦东开发开放 30 周年等重大主题报道或大型融合直播,有的甚至有机会参与央视的定向主题直播报道等,使区级融媒体中心的采编及报道能力在实践中不断得到提高,自信心也大大增强。在迎接党的二十大召开的重大主题宣传中,上海全市 16 个区级融媒体中心都全面参与了SMG 融媒体中心策划推出的"人民之城——迎接党的二十大融合大直播"这一活动持续半个月,各区的融媒体中心各自担当一块,将所在区最能够诠释习近平总书记"人民之城"思想的实践成果生动展现出来,向全社会展现一幅壮美的时代画卷。

我们浦东新区融媒体中心在大直播中,全力展现而立浦东、风华正茂的丰姿,将浦东打造社会主义现代化建设引领区的生动实践通过具体的案例予以呈现。节目内容策划上不断挖掘亮点、凸显引领,最终,确定五路记者走街串巷,带领观众深度探索高品质浦东。通过打卡浦东美术馆、世博文化公园、周家渡为老服务中心、前滩太古里、张江新丰村的点位报道,以全新的观察视角、灵活的表现方式让更多的观众了解浦东、爱上浦东。参与报道的记者在此次大型直播活动中,一方面,增强了现场直播报道的反应能力和业务水平,另一方面,较为出色地配合上级媒体完成了宣传任务,实现了区级融媒体平台内容生产的向上输送。又如这些年,SMG 每年都在全媒体平台推出"区长访谈"系列节目,该节目在直播访谈每一个区的区长前都有一个引领主题的先导片"区长一诺"在新媒体端发布,是该节目的一大亮点,"区长一诺"都由各区融媒体中心采制,列出当年度各区政府向人民群众公开承诺的一件实事,涵盖经济社会发展、社区治理、产业推进、城市建设、民生实事等最紧要的事。由于区媒记者通晓区内的政策政务,按照主题关键词及区情民意,经过反复梳理,每家都拿出让人们切实感受震动的承诺点。同时,对应承诺的直播点也是由区级媒体记者直播完成的,成为系列访谈出彩、亮眼、有品质的坚强依托。在市级媒体不断引领和扶持下,区级媒体的采编能力也不断得到提升。

这些年在和上海电视台融媒体中心的品牌节目《新闻坊》协同中,区级融媒体提供的地区独家、特色新闻越来越多,俨然成为该节目的特色亮点。在浦东开发开放不断推进的进程中,浦东新区融媒体中心的记者全过程跟踪,长期驻守自贸区,尽可能最早获得第一手信息。在自贸区运行的十年中,改革开放力度不断加大,一年一个升级版,从 1.0 到 4.0,我们最先报道新政策的新效应,这些新闻都被央视和东方卫视、上视新闻采用。由于对自贸区的发展变化认识十分清晰，每年都能报道出新意和新变化，因此，连续几年在上海新闻奖和上海广播电视奖评选中获奖。2019年上海整治群租房乱象，我们区在对张江镇现场研究后提出了既堵又疏的方案，既消除了群租房管理的"老大难"，又解决了租房人群的实际困难。该系列报道播出后反响良好，这里的做法被公安机关作为示范予以推广，该作品也获得了当年的广播电视奖。笔者认为区级融媒体中心深耕一线的优势，可以成为市级媒体的一级信息源和素材点，甚至是独家新闻的策源地。正如高韵斐在《探析如何提升主流媒体核心竞争力》一文中所指出的：广电媒体创新发展主战场在深度融合，决胜也在深度融合。内容产业是核心，广电媒体应发挥内容专业优势，进一步提升新闻原创能力，大力推进融合传播。

因此，我们需要自信、自强。把客观的区域优势转化为多出好新闻、独家新闻的主观优势。关键在于开阔眼界，提高站位，增强思辨能力，就能做出有价值接地气的好新闻。

二、理性认识区级融媒体的软肋短板，看准原因，分析不足根源

任何事物的运动都有其两面性，进入融媒体时代后区级融媒体真切感受到了资金、人才、技术、设施等方面的制约，在内容产品生产能力、传播手段、创新能力等等方面短板显见。特别在这几年和市级媒体的联动中，区级媒体既看到了自身的优势、实力和潜力，也让自身的软肋显露无遗。

区级融媒体短板和软肋主要表现在：新闻采编过程中思想站位不高，新闻视野不宽、新闻敏感不强、叙事能力不足、形式和内容的把握上有所偏颇。虽然我们沉浸在基层一线，熟悉周围的一切发展变化，或许正因为太过熟悉"司空见惯"，往往就陷入了"不识庐山真面目"的麻痹，很多时候敏感性缺失，让好的新闻线索从眼前漏过，痛失好新闻。2019年，按照习近平总书记"人民之城"的理念，浦东新区在当年的区两会上做出承诺：把最好的资源留给人民，让人民群众有更多的获得感幸福感。为此区里放弃了对浦东世博滨江这片方位极好地块的商业开发，而是建设一座最美市民公园。一年后，当该市民公园正式对外开放时，记者的报道虽然在标题上突出了"把最好绿地留给人民"，但是新闻聚焦的内容是公园对市民开放时的场景。其实，浦东新区政府在践行"人民之城"理念的实际工作中，在一些黄金地段建起了市民图书馆、体育运动中心、小小博物馆、市民文化中心等，这些都是践行"人民之城"理念的亮丽成绩单。如果以最美市民公园做新闻由头，扎实展现"人民之城"的亮丽成绩单，新闻就具有更高的站位、厚实的内容、鲜明的导向。正是由于我们的视野局限，叙事能力不够，表现形式有

限,缺少内涵,最终距离好新闻差之千里。

同样,进入融合传播后,我们很多时候对创新的把握有所偏颇,似乎形式包装上出新花样,就是出新赚流量。对新闻内容开掘上却不很注重突破,尤其是遇到重大主题宣传时,重形式包装,轻内容深度挖掘与主题提炼,甚至片面认为这就是新媒体传播的"新秘笈"。2018、2019 年中,我们浦东融媒体中心在网端获得较好流量的报道几乎都是形式出新的作品。如上海自贸区成立 5 周年的特别报道,采用了当初流行的"互动创意"网上闯关游戏,虽然形式有趣,加之有奖品吸引,引人关注并参与,但由于内容缺乏新闻性和历史厚度,热闹一阵后,人很难记住新闻内容,也记不清自贸区的发展进程。在庆祝新中国成立 70 周年、说说浦东大变样的主题报道中也采用了这种形式,结果并非受众喜闻乐见,不仅流量下滑,在和市级媒体、中央媒体的同一主题报道的比较中完全被"碾压",而且在年度评奖中更难入评委"法眼"。这就告诉我们任何时候内容的扎实,挖掘提炼的深刻,永远是新闻让受众入脑入心的不可丢弃的根本。

三、对策研究:加强学习,创新发展,坚行"四力"

在与市级以上媒体的合作联动中我们区级融媒体既证明了自己、锻炼了自己、提升了自己,也更认清了自己,发现了不足。如何将自身的优势不断强化为创新创优出精品的新优势?如何不断弥补自己的不足,扬长补短,不断进步?这是区级媒体的编辑记者面对的新课题。为此,考虑的对策如下。

(一)首先要自觉加强政治和政策的学习,在思想上强根固基

当前,全党正在开展"不忘初心、牢记使命"主题教育,我们新闻战线就是要认真学习习近平新闻思想,改进新闻舆论工作,这也是学习习近平新时代中国特色社会主义思想的重要组成部分。

习近平新闻思想,也是马克思主义中国化现代化的一个重要组成部分。它为我国新时代新闻舆论工作指明了前进方向,提供了根本遵循。

学习习近平新闻思想,要结合我们的使命任务与工作实践。我们主流媒体始终坚持对新闻报道的站位导向要求,从社会、民生的大局站位上思考、分析、判断,寻找和发现新闻。善于从大量的信息中挖掘出最鲜活、最重要、最契合宣传要求、最贴合民众关注、最能体现时代性与社会意义、最具特色与新闻价值的素材。这是要在自觉而持之以恒的时事政治学习中不断提高思想政治站位,开阔

眼界，拓宽视野。在众多的信息中敏锐发现其地域的独特性、思想的前瞻性、实践探索创新意义等，站在高处看局部，跳出井底看世界。由点及面看到时代之变，回答时代之问，显现发展之新，能够使区域性的新闻具有全局性的意义和更大的价值。

这就要求记者通过学习，不断提高政治觉悟与鉴别能力、政策理解能力与新闻敏感能力。例如：中国自行车奥运冠军钟天使 2021 年回到家乡母校，到浦东新区第三少年儿童体育学校，在那里和学弟学妹们交流，鼓励他们奋发学习，做德智体全面发展的时代青少年。记者采访中记述了钟天使和同学们交流互动，讲述当年训练的情形等简单场景，类似一个花絮，没有注意过程中的许多细节，如钟天使讲到奥运会回来后伤病严重，面临退役，但是她意志依然坚定，一定要参加东京奥运会，如何克服伤痛，挑战自我，鼓励学弟学妹不畏挫折，迎难而上，勇于拼搏。而其中手术的康复、训练、准备 30 岁再战奥运等正是钟天使备战东京奥运的独家新闻，更有奥运冠军拼搏精神的真实展现。这些内容在五星体育被采制成凸显冠军精神风采新闻特写，而我们的新闻却比较平淡，不具新亮点，更没有发掘内容所蕴含的独特性和思想性，缺少了高度和厚度。平日里，区级媒体的记者总觉得取得的新闻比较"土"，笔者觉得这是缺乏自信的误区。其实不要怕特"土"，有时候越本土特点浓，越有独特性。只要在导向站位上向"上"看齐，在讲故事的方式"上"学习，把眼界和视野提升开阔，在这个前提下，把本土故事的独特性呈现出来，在"土"中显出独特价值。由此可见，内容创优向高质量奔赴，就是要在了解了报道的内容后积极寻找新闻关注点，认真研究，努力促使新闻报道有新意，有价值、有内涵。甚至根据新闻内容的特点考虑用什么新颖的形式和手段能更好地叙述和呈现。

（二）重点在加强创新发展，坚持内容为王，增强内功，加强策划

1. 加强创新发展，坚持内容为王

习近平总书记指出：对新闻媒体来说，内容创新、形式创新、手段创新都重要，但内容创新是根本的。主流媒体坚持内容为王。总书记的嘱咐给我们提高本领增强综合软实力指明了方向。区级融媒体的记者要提高整体素质和新闻品质，就是要在原有的本领之上更进一步。

创新是事物发展的原动力，也是新闻舆论工作与时俱进的内在驱动力。新闻报道要创新，要坚持内容为王，内容创新是根本。而新闻报道内容创新，需在深入采访、掌握大量生动意义事实、提炼主题、讲好故事等方面下功夫。限于

篇幅，这里不再展开论述。

2. 注重业务学习，增强内功

当今社会信息繁复多样，良莠混杂，媒体人要涵养思想，能"不畏浮云遮望眼"去芜取精，去伪存真，就要在不断学习党的思想理论以提高认知和站位、保证导向正确的基础上，在和上级媒体的联动实践中学习更多的方法论。很多时候记者在现场采访时，有的细节和新闻点更多是可遇不可求，这就要看记者平时养成的敏感性和判断力。正所谓"功夫在诗外"了，所以一定要善于积累，学习、储备，提高自己的知识储备厚度，在和上级媒体的联动中，学习总结，通过事后总结复盘，横向比较，吸取他人经验和新意，及时发现自己的不足，能够做到合作一次进一步。

3. 要加强策划，集思广益

这就是通过头脑风暴，借众人脑力，用众人的智慧完善方案，精心谋划。马晋翊写的《试论地方媒体巧用"第二落点"报道大赛的策略和方法》一文中说道：策划就是策略和方法，"为了实现某一个目标，根据可能出现的问题制订的若干应对的方案"，"为达成目标而采取的手段与行为方式"，尤其是遇到重要新闻报道或独家新闻时，先行分析策划就显得尤为重要。"地方媒体存在客观条件不足的情况下，我们可以利用全媒体时代具有的新闻资讯丰富，获取途径便捷，内容更新快速的优势"，"奠定灵机迸发的土壤"，形成共识需要集思广益。每个人的社会阅历，观察视野，对事物的理解都有差异性。这样的分析和差异性碰撞在先行策划中可以对一件事形成多维度思考、深度解析和认识互补，有助于更好地寻找新闻点，独特性、新颖度、前瞻性、可能的影响力等等，这些思考有了碰撞，甚至多次推翻，反复建构，对产生好新闻十分有效。

为迎接党的二十大胜利召开，SMG 和全市 16 家区级融媒体中心联合开展的《人民之城——大型融合直播报道》，各个区所选择的重点报道点就是经过反复梳理，筛选出最具区域特点、开放创新成就、社会影响深刻、反映时代前行方向的区位。我们浦东新区最先选择已经在全球具有影响的自贸区，但是几经推敲，站在中国更大开放发展的高度来考量，最终选择了世界上吞吐量最大，智能化程度最高，运行效率最好的洋山深水港。这正是上海改革开放排头兵，向高质量发展的示范点，令人瞩目。整个融媒大直播从江南水乡到长三角会客厅，从旧区改造到母亲河苏州河沿岸旖旎的风光，全市 16 个区的发展变化由点及面，徐徐展开了一幅上海新时代壮丽的画卷。这次大直播也让区级媒体在创意策划，内容开掘，故事呈现等多方面得到了很好提升和锻炼。

（三）要牢记根本，践行"四力"，深耕一线

习近平总书记寄语新闻工作者要提高和增强业务本领，要增强"四力"：眼力、脑力、脚力和笔力。就是要提高观察力、判断力、发现力和叙事力。严尔俊、邵学新写的《全媒体时代下区级融媒体中心节目创优应对策略探析》一文指出："要想在新闻创优大比拼中脱颖而出"，必须把增强"'四力'作为构成'真本领'的重要内容，提升'真本领'的方法路径，找差距、补短板、强弱项，在融合中求创新，在创新中求突破，认真练就善创新、能创优的'十八般武艺'。"这正是我们身处基层一线媒体记者编辑要努力践行，深耕一线的准则。只有沉下去，察实情，获真情，做党的宣传员、人民的知心人、事业发展的知情人。而不是埋首办公室里，钻进手机里面找信息，添油加醋再烩别人的"馍"，否则自身的优势就会消失殆尽，也写不出有温度、有真情，带着露珠和泥土芬芳的好新闻。这些年来市级媒体和我们区级媒体联手打造了一档具有巨大影响力的民生节目《民生一网通》，都是由区级媒体的记者将民众的诉求和期盼直接在节目中播出，同时区级媒体的记者迅速深入有关现场，联系政府有关部门，着手解决百姓之难、民生之困。采写的报道都是接地气贴民心的实事报道，也都是区级媒体的记者沉浸在民众之中扎扎实实跑出来的。该节目获得了第31届上海新闻奖优秀名栏目奖、上海广播电视奖特等奖。通过这档节目也切切实实昭示区级媒体的记者身在一线，心融百姓，身边永远是发现新闻、出好新闻的"宝藏之地"。

结　语

综上所述，笔者在实践体会中领悟出了区级媒体扬长补短、不断提高品位质量的对策：注重学习，增强内功；加强策划、集思广益；践行四力，深耕一线等。归根到底，就是区级媒体也要努力打造一支政治坚定、业务精湛、作风优良、党和人民放心的新闻队伍，而我们每位记者编辑与节目主持人都要努力成为全媒型、专家型人才，才能担负起"党的政策主张的传播者、时代风云的记录者、社会进步的推动者、公平正义的守望者"的时代责任。

在区级媒体融合建设进入十个年头以后的新格局下，区级媒体在融媒体时代的各项使命职责已经上了一个更高的台阶，传播的范围已经上了更大的平台。作为主流媒体传播的新兴主力军，我们不应妄自菲薄，要有充分的自信。平台大了自然要求越来越高，但这是挑战更是机遇，在和市级、中央级媒体联动的实践中锻炼提高，区级融媒体的记者可以扬长补短，把区域的优势转化为常出独家新

闻的胜势。让我们笃行不怠,砥砺前行!

参考文献:

［1］盛建军:《对上海区级融媒体中心建设现实路径的认识和探索》［M］,《探究真谛》第七
辑,文汇出版社 2019 年版,第 44 页。

［2］中共中央文献研究室编:《习近平总书记重要讲话文章选编》［M］,中央文献出版社
2016 年版,第 428 页。

［3］高韵斐 :《探析如何提升主流媒体核心竞争力》［M］,《探索真谛》第七辑,文汇出版社
2019 年版,第 10 页。

［4］马晋翙:《试论地方媒体巧用"第二落点"报道大赛的策略和方法》［M］,《探索真谛》第十
辑, 文汇出版社 2022 年版,第 112‐113 页。

［5］严尔俊、邵学新:《全媒体时代下区级融媒体中心节目创优应对策略探析》［M］,《探究真
谛》第十辑, 文汇出版社 2022 年版,第 278 页。

作者简介:

沈佳,浦东新区融媒体中心总编室副主任。

推进长三角生态绿色一体化进程中，新媒体创新发展的思考与探索

顾舜丽

提　要： 随着长三角一体化发展的深入推进，如何在习近平文化思想指导下，实现新媒体建设的创新发展，成为当下面临的重要课题。本文从理论探讨、现状分析、策略研究三个方面，对在习近平文化思想指导下，深入推进长三角生态绿色一体化进程中，新媒体的创新发展进行较深入探索。首先，理论探讨部分梳理了文化思想指导与新媒体传播的关系，以及长三角生态绿色一体化发展的内涵与意义及其相互关系。其次，现状分析部分对长三角生态绿色一体化发展的现状进行梳理，并指出新媒体传播在其中的作用与不足。最后，策略研究部分提出了一套完整的基于习近平文化思想指导下的长三角生态绿色一体化新媒体传播模式，并对其具体实施策略进行了详细阐述。本文旨在为长三角生态绿色一体化过程中新媒体创新发展提供有益的理论参考和实践探索。

关键词： 生态绿色　长三角一体化　习近平文化思想指导　新媒体创新发展

引　言

长三角地区是我国经济最发达、最具经济社会发展活力的地区之一，也是生态环境最为敏感的地区之一。近年来，在国家战略的推动下，长三角一体化发展取得了显著成果。然而，在自身快速发展的同时，在全国发挥好示范引领作用更是相当迫切。如何在习近平文化思想指导下，借助新媒体传播手段，推动长三角

生态绿色一体化进程，助力一体化高质量全面发展，成了迫切需要解决的问题。本文从理论探讨、现状分析、策略研究三个方面，对在习近平文化思想指导下，深入推进长三角生态绿色一体化进程中的新媒体创新发展进行深入探索。

文化自信是一个民族、一个区域发展的精神支柱，是推动经济社会发展的重要动力。长三角地区拥有悠久的历史和丰富的文化资源，这些资源同样为新媒体建设提供了丰富的素材和灵感。在推进长三角生态绿色一体化进程中，我们需要进一步弘扬和传承优秀传统文化，特别要在习近平文化思想引领下，增强文化自信，为新媒体建设提供强大的精神支撑。

一、理论探讨：习近平文化思想与新媒体传播的关系

1. 新媒体是信息技术发展的产物，具有传播速度快、覆盖面广、互动性强等特点。随着科技的飞速发展，新媒体在我们的生活中扮演着越来越重要的角色。新媒体作为一种新兴的传播媒介，利用数字技术为客户传递信息与加强服务，具有互动性强、覆盖面广、信息传播速度快等特点。随着长三角一体化进程的推进，新媒体在区域内的应用日益广泛，不仅促进了经济、文化、旅游等领域的融合发展，还为民众提供了更加便捷的生活服务。新媒体作为信息传播的重要渠道，在长三角一体化进程中发挥着重要的作用。首先，新媒体可以促进信息交流和资源共享，打破地域限制，推动区域间的合作与发展。其次，新媒体可以加强政府与公众之间的互动，提高政府的透明度和公信力。最后，新媒体还可以为经济发展提供新的动力，促进产业升级和转型。

当然，在长三角生态绿色一体化进程中，新媒体的建设还需要不断创新发展。要加强新媒体技术的研发和应用，推动互联网、物联网、人工智能等技术的融合发展，打造智能化、互动性的新媒体平台。需要丰富新媒体的内容和形式，既要关注时事热点，也要注重文化传承，让新媒体成为弘扬优秀传统文化、传播正能量、服务群众的重要载体。

2. 习近平文化思想指导与新媒体传播的关系。习近平文化思想指导是推动长三角生态绿色一体化发展的灵魂。习近平文化思想强调，文化建设是社会主义现代化建设的重要组成部分。在长三角一体化进程中，我们应该坚持以人民为中心的发展思想，加强文化交流，促进区域协调发展。同时，我们还要注重文化传承与创新，推动文化产业的发展，提高人民群众的文化素质和审美水平。在新媒体传播过程中，一方面，应以文化思想为指导，传播绿色、低碳、可持续发展理念，引导广大网民树立正确的价值观。另一方面，新媒体传播也为文化思想提供了广泛传播的平台，使得绿色发展的理念更加深入人心。

3. 新媒体创新发展对助力长三角一体化发展,特别是示范区建设的作用。长三角生态绿色一体化发展示范区由上海青浦、江苏吴江、浙江嘉善三地毗邻区域组成,是我国首个跨省域的国家级生态绿色发展示范区。区域内环境优美、资源丰富,一体化进程对于实现绿色发展、生态保护具有重大示范意义。生态绿色一体化发展,是指在保护生态环境的前提下,实现区域经济、社会、文化的协调发展。这意味着要充分发挥各地区优势,形成绿色发展产业链,创新绿色发展模式,实现资源共享、环境共治、利益共赢。生态绿色一体化发展对于提高长三角地区整体竞争力、实现可持续发展具有重要意义,新媒体的创新发展对传播绿色发展理念发挥着重要的推动作用。

近年来,新媒体的创新发展在我国长三角地区呈现出蓬勃发展的态势,对区域一体化发展,特别是示范区建设的各个方面都起到了积极的推动作用。新媒体的发展极大地提升了信息传播的速度和范围,加强了长三角地区各地之间的信息交流。通过新媒体平台,各地可以实时分享政策、产业、科技等方面的信息。新媒体创新发展也为长三角地区的产业链整合提供了新的契机,为长三角一体化发展注入了新动能。同时,新媒体创新发展也为长三角地区的人才培养和交流提供了便捷渠道,促进了区域文化品牌的打造。

4. 习近平总书记的讲话精神,是对长三角一体化发展与新媒体建设的思想引领。近年来,习总书记多次强调思想文化建设的重要性,强调推动长三角一体化发展的重大意义。文化建设和新媒体发展是全面建设社会主义现代化国家的重要内容。在这一思想指导下,长三角地区的新媒体建设应以传播绿色文化、倡导绿色生活为核心,从而进一步推动一体化高质量发展。必须做好文化与科技的融合发展,在发挥好科技创新在长三角一体化发展中的重要作用的前提下,充分利用新媒体平台,加强政策宣传、产业推广、文化交流等方面的工作,提升区域品牌影响力和竞争力,做好示范引领工作,让文化软实力硬起来。

5. 打造上海思想文化最佳实践地,明确对示范区建设的实践要求。加强文化自信建设,深入推进长三角生态绿色一体化进程中的新媒体创新发展具有重要的现实意义和战略价值。上海作为长三角地区的龙头城市,应充分发挥其文化底蕴和新媒体优势,传播绿色理念,推动长三角地区生态绿色一体化发展。我们需要进一步弘扬和传承优秀传统文化,增强文化自信,为新媒体建设提供强大的精神支撑。

二、现状分析:长三角地区生态绿色一体化发展初步取得积极成果

近年来,长三角地区在生态绿色一体化发展方面初步取得积极成果。示范

区各地纷纷提出绿色发展行动计划，加大了生态环保投入，积极推动创新绿色产业发展模式。区域合作机制逐步完善，环保政策、技术、人才交流日益密切，开发成效显著，总书记说示范区建设成绩斐然。

长三角生态绿色一体化是当前发展的重大国家战略，新媒体建设在这一进程中发挥着重要的作用，同时也得到了充分的发展。在国家战略的引领下，长三角地区的媒体格局发生了显著变化，区域媒体的联动越发紧密，为一体化发展营造了良好的舆论氛围。

1. 示范区建设吸引了全国、全球媒体的高度关注。随着我国长三角一体化进程的不断推进，新媒体作为信息传播的重要载体，助力示范区建设吸引了全国、全球媒体的高度关注，并呈现出如下特点。

传播力增强：新媒体平台以其独特的传播方式，让长三角一体化进程中的各类信息传播得更快、更广，提升了传播力。新媒体传播力的增强，也使得长三角一体化进程得到了全国乃至全球媒体的高度关注。

舆论引导力提升：在新媒体的作用下，长三角一体化进程的舆论引导力得到了显著提升。新媒体平台及时发布权威信息，回应社会关切，引导舆论走向，为一体化发展创造了良好的舆论环境。

国际影响力扩大：新媒体的国际传播力使得长三角一体化进程在国际上的影响力不断扩大。通过新媒体平台，长三角一体化发展的成果得以展示，吸引了国际社会的关注，为区域发展带来了更多合作机遇。

2. 加强了区域媒体的联动。

新媒体平台资源共享：在新媒体环境下，长三角地区的媒体实现了资源整合，实现了信息共享、平台共建，推动了区域媒体联动。这种联动效应使得长三角一体化进程中的信息传播更加高效，提升了整体传播效果。

跨区域合作加强：新媒体促进了长三角地区媒体间的交流合作，加强了跨区域合作。各媒体单位通过新媒体平台开展合作项目，共同推广长三角一体化发展的成果，提升了区域整体形象。

受众互动增强：新媒体的互动性强，使得长三角地区受众之间的互动得到了加强。受众在新媒体平台上可以随时随地发表自己的观点，分享区域一体化发展的成果，为一体化进程注入活力。

3. 新媒体建设的挑战与机遇。长三角地区作为我国经济、文化发展的重要引擎，在新媒体建设方面具有巨大的潜力和机遇。

挑战：如何有效整合区域内的信息资源，凸显区域特色，提高信息的传播效率？如何平衡新媒体的商业利益与社会责任？如何应对网络安全问题，保护用户隐私？等等。

机遇：新媒体在推动长三角生态绿色一体化进程中的作用越来越明显。通过新媒体的建设，可以促进区域内的信息交流，提升公众对一体化进程的认知度，增强公众参与度。同时，新媒体的发展也为区域内企业提供了新的商业机会。

总之，新媒体在长三角一体化推进中发挥了重要作用。它不仅吸引了全国、全球媒体的高度关注，也促进了区域媒体的联动。在未来，新媒体将继续为长三角一体化进程注入活力，助力区域发展。

三、策略研究：新媒体创新发展的思路

在习近平文化思想指导下，深入推进长三角生态绿色一体化进程中，新媒体创新发展的重点要体现出五个更加。

1. 成绩斐然，新媒体传播在内容建设中，要更加凸显示范性

坚持内容为王，示范区新媒体建设创新发展应浓墨重彩地彰显和弘扬"四大业绩"，特别是生态环境共保联治方面的业绩。党中央最近指出，长三角一体化发展战略提出并实施五年来，"在规划政策体系、增长极功能、现代化产业体系、区域协调发展、生态环境共保联治等方面扎实推进，彰显着中国特色社会主义制度优越性，这为构建新发展格局，推进高水平对外开放赢得战略主动"。这是长三角生态绿色一体化示范区的背景、前提和特点，长三角一体化新媒体建设，包括青吴嘉新媒体、融媒体的一切建设发展创新都应围绕这个背景、前提和特点来推展。

围绕"一体化、高质量"两个关键词，各新媒体平台积极推动内容创新，以丰富多样的形式展示长三角一体化进程的亮点。通过内容创新，吸引更多的受众关注，提升一体化进程的传播效果。长三角生态绿色一体化发展示范区执委会自成立以来，连续每年征集长三角一体化示范区建设好新闻并汇编成册，通过好新闻反映建设成果，推动示范区建设，发挥示范引领作用。特别是在加强开发理念的一体化方面，要重点加强新媒体与环保、生态等相关领域的合作，将新媒体与绿色生态、智慧城市等理念相结合，打造具有示范意义的新媒体发展生态圈。当前新媒体传播在生态绿色一体化方面的影响力仍有待提高，传播内容较为碎片化，缺乏系统性和深度，因此体现示范性的传播报道还需要进一步加强。

2. 富有特色，在文化自强自立建设中，要更加突出引领性

用好文化资源，打造思想文化最佳实践地。要明确提出示范区新媒体建设

创新发展的导向，即创建文化自信自强的示范区软实力样本，建设习近平文化思想最佳实践地先行区。2023 年 11 月，总书记在上海考察时强调，上海要贯彻新时代中国特色社会主义文化思想，深化文化体制改革，激发文化创新创造活力，大力提升文化软实力。当前，青吴嘉示范区新媒体建设的创新发展，首先要把握好新时代文化使命的科学内涵，全面把握好"四大要素"，即文化自信、文化传承、文化创新、文化繁荣之间的内在辩证统一关系，集中体现在新媒体文化软实力建设的方面。具体而言，包括新媒体建设发展在内的宣传思想文化工作领域，当务之急的重大根本任务是坚持不懈用习近平文化思想凝心铸魂，深入践行社会主义核心价值观，巩固马克思主义在意识形态领域的指导地位，在各种文化交汇融合中进一步壮大主流价值与主流文化。要通过新媒体传播深入传承青吴嘉城市文脉，弘扬红色文化、江南文化、海派文化，运用好这三个方面文化的资源，扎实推进群众性精神文明创建活动，全面提升青浦、吴江、嘉善三地市民的文明素质和城市文明程度，打造新时代城市文化软实力提升的示范区样板，提升长三角文化品牌影响力。在上海市、江苏省、浙江省、安徽省四省市文明办的共同指导下，在东方网、示范区三地融媒体中心等新闻媒体的具体组织下，长三角青少年风采展示活动已经连续举办了三届，社会影响广泛。江南文化论坛自首次举办以来同样引起各方关注，成为推动江南文化、红色文化与海派文化融合的长三角又一具有品牌影响力的活动。

长三角地区需要进一步加强区域间的合作与交流，特别是新媒体建设需要各省市之间的紧密合作与交流，共同推动区域新媒体建设的协同发展、创新发展。同时，作为示范区要率先加强新媒体的法制建设，制定相关法规，规范新媒体行为，保护用户权益，推动新媒体的健康发展；要提升新媒体的公共服务能力，利用好新媒体平台提供公共服务，如政策宣传、信息查询、在线咨询等，提高公共服务的效率和质量；要发挥新媒体的舆论引导作用，特别要加强舆论监督，及时回应社会关切，推动问题的解决，让文化软实力强起来。在建党百年之际，长三角之声打造的"智慧电台"，项目升级成为全国首个学习强国大规模线下互动应用场景——"学习强国长三角线下体验点"，打造了红色文化创新地标。

3. 整合资源，在新媒体布局建设中，要更加凸显整体性

构建基于文化思想指导下的长三角生态绿色一体化新媒体传播矩阵。以文化思想为指导，整合长三角地区新媒体发展中的优质资源，特别是在示范区通过整合三地的新媒体资源，打造一个跨区域的新媒体平台，提供新闻资讯、公共服务、交流互动等功能，提高信息传播效率。具体实施策略：一要加强顶层设计，明确新媒体传播目标、任务、路径；二要打造新媒体传播精品内容，提升传播吸引

力;三要创新传播手段,利用短视频、直播、VR等新技术,丰富传播形式,构建多元化传播渠道,拓展新媒体传播覆盖面。另外,还要建立评估与反馈机制,优化新媒体传播策略等等。

首届长三角一体化发展高层论坛召开,长三角新媒体联合体同时成立。2020年,国家广电总局批复同意开办长三角之声广播调频,将东方都市广播调整为长三角之声广播,成为全国首家地方电台主办的跨区域广播,在跨区域探索、创新破局方面迈出重要步伐,现已覆盖长三角地区一亿多用户,开播以来取得了良好的传播效果和影响力,排名位居全国新闻资讯广播TOP6。其他各类媒体也积极行动,上海广播电视台《中国长三角》栏目携手江苏、浙江、安徽三地卫视共同推出"长三角一体化"五周年融媒体特别行动;《新民晚报》等纸质媒体组建长三角工作室,全力参与示范区的宣传报道。另外,长三角移动新媒体联盟宣布成立;上海、杭州、南京、苏州最大微信号联手,长三角自媒体头部联盟成立;长三角一体化示范区百家公众号联盟开展护航进口博览会主题活动等等。特别是,示范区三地积极落实跨地区媒体融合工作联席会议制度,努力打造"长三角多层次一体化融合媒体矩阵",长三角地区正在形成广播、电视、报纸、网络等更加立体的全媒体新闻宣传格局。

4. 发挥优势,在新媒体技术研发上,要更加突出创新性

一方面,要加强新媒体基础设施建设,建设高速、安全的新媒体网络基础设施,为公众提供便捷、高效的信息服务。另外一方面,要加强新媒体技术的研发和应用。《2023长三角科技创新共同体年度发展报告》案例篇显示,长三角科技创新将集中体现在"前沿探索+成果转化"上。长三角区域优质企业集聚,特别是示范区,像华为等一大批头部企业已经落地,这些头部企业具有极强的研发基础和研发能力,新媒体创新发展必须用好这些资源优势。新时代示范区新媒体建设创新发展应加入人工智能的迭代优势,以更好服务于青浦、吴江、嘉善城市文化软实力建设,促进长三角一体化高质量发展。前一段时间,新媒体发展业已经历了"互联网+数字"转型,并借助网络社交媒体与网络平台等新传播媒介的渠道进行了资源整合,取得了积极的社会效应和效益。但是,青吴嘉三地的新媒体建设仍然存在着传播路径单一化、形式比较单调化等问题,整体传播效果尚有进一步改善的空间。当前,新技术不断涌现、层出不穷。新媒体建设发展,贵在一个"新"字。尤其要注意加入和发挥人工智能的迭代优势,以拓展示范区文化传播的表现形式和运作载体,增强新媒体的传播力、影响力和凝聚力,整合并创新应用视觉艺术、语音识别、虚拟现实技术(VR)、增强现实技术(AR)等多模态的新媒体技术,进而突破以往传播模式的瓶颈,打破传播的时空界限,实现从传

统传播模式向现代传播模式的嬗变。

要全力推动技术创新、推动商业模式创新。新媒体企业应加大技术研发投入，引进高层次人才，培育创新型企业。同时，加强与高校、科研机构的合作，推动产学研一体化发展。长三角地区高等院校举办了首届《青春来袭，玩转世界》新媒体创新大赛并取得圆满成功。在新媒体环境下，必须紧跟技术发展趋势，不断推动技术创新。新媒体在长三角一体化示范区内催生了众多创新商业模式。这些创新商业模式为一体化发展注入了新的动力，促进了区域经济的繁荣。新媒体企业应加强合作，实现产业链上下游企业的协同发展。此外，要积极拓展海外市场，引进国际先进技术和管理经验，提升新媒体产业竞争力。

5. 人杰地灵，在人才队伍建设中，要更加凸显全球性

长三角地区作为我国经济最发达的地区之一，拥有丰富的人才资源、产业基础和创新环境，尤其是人才资源丰富。长三角生态绿色一体化发展示范区执委会联手示范区三地政府，制定出台了《关于促进长三角生态绿色一体化发展人才建设工作的若干意见》，并认定了首批太浦人才。

人才是新媒体创新发展的核心驱动力。长三角地区拥有众多优秀的高校、科研机构和企业，为新媒体产业提供了丰富的人才资源。在此基础上，构建人才高地，有利于吸引更多优秀人才投身新媒体产业，推动产业创新与发展。作为示范区，必须从国家战略的高度出发，放眼全球。提升新媒体的国际传播能力建设，人才队伍的建设必须更加凸显全球性。示范区作为新媒体产业的重要发展基地，不仅要立足本地，更要放眼长三角，服务全国，乃至全球。作为示范区，我们必须从国家战略的高度出发，在专业能力培养和队伍建设上，不仅要培养具有国际视野的人才，更要加强新媒体的国际传播能力建设，提升我国在新媒体领域的国际影响力。要积极参与全球新媒体产业竞争，引进培养一批具有国际水平的新媒体人才，助力我国新媒体产业在全球市场中脱颖而出。

结　语

本文从理论探讨、现状分析、策略研究三个方面，对在习近平文化思想指导下的长三角生态绿色一体化新媒体创新发展进行较深入探索。在习近平文化思想指导下，借助新媒体传播手段，推动长三角生态绿色一体化发展，有助于实现区域经济、社会、文化的协调发展，为全国其他地区提供有益借鉴。未来，随着新媒体技术的不断创新和发展，长三角生态绿色一体化发展的新媒体传播将会取得更为丰硕的成果。

综上所述,加强文化自信,深入推进长三角生态绿色一体化进程中的新媒体建设创新发展具有重要的现实意义和战略价值。目前长三角生态绿色一体化进程只是取得初步成果,新媒体建设创新发展还有很长的路要走。在未来的工作中,我们需要继续关注新媒体的发展动态,加强与相关领域的合作和交流,探索更加有效的新媒体建设模式和方法,为长三角地区的生态绿色一体化进程贡献力量。

参考文献:
[1] 罗江:长三角一体化发展中安徽"融"机制的建构[J],安徽行政学院学报 2018.4.
[2] 苏悦:新媒体环境下人际交往危机的理论探源及对策[J],《今传媒》2017.5.5.
[3] 本报评论员:紧扣一体化和高质量这两个关键词[N],《人民日报》2023.12.2.
[4] 卜羽勤:长三角新五年:协同科技和产业创新 各地共拉长板 更高质量一体化[N],《21世纪经济报道》,2023.12.29.
[5] 本报记者:守正创新在世界舞台打响上海文化品牌[N],《解放日报》2023.12.9.
[6] 《上海市城市总体规划 2017—2035》[R],网页 2018.1.9.

作者简介:
顾舜丽,上海市青浦区融媒体中心采访部主任,主任记者。

区县融媒体网络直播的 IP 化探索

——以宝山区融媒体中心"云赏樱"系列融媒体联播为例

马斯曼

提　要： 在推进媒体融合向纵深发展中，秉承移动优先，通过传播介质打通和聚合构成传播矩阵，重塑内容传播的途径与渠道，内容呈现视频化、多样化、直播化是传统媒体转型适应新时代、新变化的重要手段。在区域性地方媒体的区县融媒体求新求变的同时，还要重视对地方特色的深度挖掘，以独特性内容，地域化视角，利用融媒体优势塑造品牌特色。上海市宝山区融媒体中心以当地的"上海樱花节"为轴，深耕地方特色融合创新元素连续四年打造"云赏樱"系列融媒体联播，借助网络直播讲好"宝山故事"，不仅在宝山、上海乃至长三角区域家喻户晓，更为转型中的区县融媒体网络直播的品牌塑造提供了可供借鉴的经验。本文借此经验，专就区县融媒体网络直播的 IP 化问题做一番探索。

关键词： 媒体融合　直播　品牌塑造　传播矩阵

引　言

"融合发展关键在融为一体、合而为一。"党的十八大以来，以习近平同志为核心的党中央高度重视传统媒体和新兴媒体的融合发展，2019 年 9 月 18 日上海市宝山区融媒体中心正式成立，带动宝山报、区广播电视台和政府门户网站的媒介资源的整合重组，转型为集"App、微信、微博、网站、报纸、电视和电台"等多个媒介平台为一体的区域新型媒体。宝山区融媒体中心在保留现有传播平台基础上，重点推广并运用宝山汇 App 平台,力求为群众提供更加丰富、更高质量新闻和信息服务,创新传播样态,让党的声音传播得更远更广,多维度多视角讲好宝山故事。

秉承这份初心与使命,宝山区融媒体中心倾情打造的"云赏樱"系列融媒体联播应运而生,以宝山顾村樱花这张名片为创作起点,深耕地方特色融合创新元素,通过网络直播的形式辅以新媒体样式表达,在平民化视角中借樱花之美传达宝山乃至上海的人文内涵与时代发展。四年的真抓实干和探索创新,宝山区融媒体中心已将"云赏樱"成功打造为媒体融合发展的创新实践优秀品牌,并受到一致好评,不仅为传统新闻报道增添了层次感,同时也成了独树一帜的融媒体品牌,更为转型中的区县融媒体网络直播的品牌塑造提供了可供借鉴的经验。

一、不褪底色 塑造 IP——弘扬主旋律 传播正能量

作为党和政府的喉舌,人民的知音,无论时代如何变换,不变的是新闻媒体人的初心与使命,弘扬主旋律,传播正能量应是创作中始终明确和坚守的。如何能让主旋律与正能量在联播中柔性呈现,小小的樱花是否能被赋予更深的价值内涵为"云赏樱"融媒联播品牌加持?宝山区融媒体中心洞察用户需求与社交媒体传播规律,精心策划与设计。由于社交媒体时代的用户更多秉持"以我为主"的思维——"不是你告诉我什么,而是我感受到了什么",因此需要创作者真正站在用户的立场上,抓住与他们有共情点的故事,生产出有速度、有态度、有温度的新闻故事。2020 年春"云赏樱"融媒体联播筹备之时,武汉疫情正处在迅速发展蔓延的阶段,上海援鄂医疗队应召出发,排除万难第一时间投入抗疫中,其中不少医疗队员来自宝山,到达湖北后他们始终在抗疫一线高强度地工作,牵挂他们的不仅有家人,还有家乡宝山的父老乡亲。直播当天正值宝山的樱花盛放之时,节目组邀请部分宝山医疗队员的家属以及市民代表走进设立在上海顾村公园的直播间,通过视频连线的方式与来自宝山的援鄂医疗队员们交流。在连线之前,记者带领队员家属们在顾村公园进行了一次特别的赏樱之旅,通过镜头记录下家乡宝山樱花绽放的盛景,更以街头采访的形式留下家属以及市民朋友对他们的关心和祝福,而后该视频在连线中向广大观众及医疗队员们同步播放,画面中质朴的话语和家乡的美景无不牵动着屏幕内外医疗队员、广大网友和观众的心,引发强烈的情感共振。

随后的连线中通过主持人的串联以及家属们的真情流露将气氛进一步烘托,在连线的最后,由宝山非遗"十字挑花"技艺传承人郑晓蓉作为市民代表送上由十几位市民共同缝制而成的"十字挑花"胸针,借此表达愿疫情早日退散、抗疫英雄们平安归来的期盼,并许下了沪鄂两地的赏樱之约,直接将直播推向高潮。

联播结束后,涵盖场外花絮、嘉宾、主持人专访以及联播精彩片段等内容的系列短视频迅速在全平台分发,同时广播电视新闻、特别节目的深度报道进一步提升传播效果,加深"云赏樱"IP 记忆点,获得超高的话题度,网友的留言从直播当天一直延续到后续报道中,"武汉加油,湖北加油""英雄们早日归来"等暖心留言不断刷屏,正能量与抗疫精神通过"云赏樱"联播跃然于屏。

2021 年"云赏樱"联播中,借助"云赏樱"融媒体联播品牌进一步拓展云赏樱视野,扩大到武汉、东京。其中,"赴约武汉"由宝山区融媒体中心记者与宝山援鄂医疗队代表前往武汉与武汉当地融媒体中心记者共同完成,在云赏宝山—武汉两地的樱花之美与风土人情的同时,也通过镜头感受武汉恢复如常生活重拾美好的不易。同时格局大、站位高远,跨越山海,将世界闻名的东京樱花绽放之美也带入直播中,借樱花展现"美美与共、天下大同"。2022 年春,"云赏樱"融媒体联播自筹备起就时时关注城市动态,提早准备,靠前谋划,提前捕捉记录宝山各处赏樱地的美景并联动长三角沪苏浙皖多家媒体,以上海最大赏樱地顾村公园为原点,拓圈至南京、无锡、南通、温州、嘉兴、合肥、黄山等名景胜地,云游长三角樱花海。屏幕中各地樱花的盛开不仅彰显长三角一体化发展下地缘相近,人文相亲,樱花更作为春天的使者怀揣长三角各地人民的祝福为上海市民注入希望与抗疫的信心。

由此可见,宝山区融媒体中心在设计打造"云赏樱"融媒体联播品牌 IP 之初就将弘扬主旋律与正能量作为精神内核,在策划和直播中以宝山为起点联通各地美景的同时,为美得如梦如幻的樱花赋予精神品格,让樱花也能"贴地飞行"。有强大的精神内核作为基石,"云赏樱"融媒联播品牌今后的发展也就有了坚实基础。

二、擦亮特色 强化 IP——深度挖掘 聚焦本土文化

(一)内容为王,拓宽内涵与外延

在网络直播日趋普遍和常规化的今天,"直播"早已不是广播电视的专属,那么如何在创作中凸显传统媒体的专业性并为直播注入创新内涵呢?内容始终是关键。"樱花"作为"云赏樱"融媒体联播的牵引点,加之顾村公园的樱花闻名遐迩,更为宝山"樱花"这张名片注入了更多人气,但是仅谈"樱花"还远远不够,还需要由表及里,寻找其背后的第二落点,博古通今,联系百姓实际生活与当地特色文化,做到节目内容贴地飞行,才能让"樱花"不仅停留在自然之美,而是富有层次和内涵。融媒体直播要学会运用独特视角寻找第二落点,挖掘探寻直播内

容之外的更多内涵和外延,延伸和打造整个传播链,帮助将观点和话题符号化,不断放大直播闪光点和价值,助推直播内容引爆。2021 年—2023 年,连续三年在"云赏樱"系列融媒体联播中,将汉服爱好者们遵循古礼赏花的"汉服游园会"融入其中并作为重要环节,从不同时代的汉服文化到赏花习俗与游戏,带领观众沉浸式体验"樱花"背后的中华优秀传统文化之美,感受古今融汇的赏花之乐。同时还将宝山非遗技艺"四喜风糕""十字挑花"与樱花元素相结合实现创新,让传统技艺焕发新的魅力得以被更多人所知。2023 年的"云赏樱"融媒体联播中更是通过镜头使观众将长三角的樱花之美、自然美景、人文景观一览无余。地域相近、人文相亲,在长三角各媒体的联动中,不同城市风情、人文风光与樱花有机串联,以"樱花"为起点多点联动,感受"美美与共"。

(二)由表及里,凸显人文关怀

除了"樱花"之美带来强烈的视觉感知,赏樱之"人"才是融媒体联播中始终关注的焦点。2020 年的"云赏樱"融媒体联播中,嘉宾李勇介绍起"樱花"来侃侃而谈,作为顾村公园里的园艺专家,园中的每一棵樱花树的引进、栽种、维护都是他最牵挂的事,工作的十余年间他亲历着顾村公园的变迁与宝山的发展,也在这里成家立业。联播中,从他个人经历的讲述与呈现中映照着城市的转型更新,也浓缩着万千新宝山人奋斗的身影,李勇也在工作中用自己的实际行动让更多人感受到生活在宝山的美好,正如观看联播的万千奋斗者一样。娓娓道来中,樱花的内涵也从粉嫩娇美拓展至人们心间的温暖。

2023 年,对"云赏樱"系列融媒体联播来说意义非凡,这是疫情后上海迎来的第一个"樱花节",也是第一个恢复如常的春天。融媒联播的话筒和镜头对准身在上海市区中、标志性建筑下来往的市民朋友,请他们谈一谈对"樱花"的印象。很多受访者都是将"顾村公园的樱花"脱口而出,他们脸上挂着笑意,语气中流露着对这个春天的期待。这当中有不同年龄、不同行业甚至是不同国籍的市民,但是对到宝山赏樱都已成了一种春日的默契,此刻,樱花不仅是宝山的名片,更是一种人与人、与四季、与城市的约定,一期一会间所见的是美好生活的获得感、幸福感,而融媒体联播也将独属于春天的温暖和"樱花"传递的希望传播得更远更广。

三、点睛亮色 提升 IP—— 借船出海 "融""汇"贯通

多年来"云赏樱"系列融媒体联播之所以成为受到广大观众和网友喜爱的网

络直播品牌,其重要原因就在"融"与"汇"上。除了内容扎实丰富,形式大胆创新,更是多渠道多平台多维度"融会贯通",从简单相加迈向有机相融,进一步形成亮点特色,提升 IP。

(一)多点联动,美美与共

对区县融媒体来说,由于自身影响力与资源、能力有限,因此除了要在立足深挖本地资源以及本土文化年轻态表达,展现"特性"上下功夫,还要善于利用资源禀赋多渠道联动,"借船出海"抓住"共性"。2021 年 3 月,宝山区融媒体中心创新性打破"时空与地域限制"举行云赏樱大型直播,联通四地六大景点:上海、无锡、武汉、东京,超七小时超长直播,在多家媒体平台同步播出,吸引超百万用户在线观看;2022 年,响应长三角一体化发展态势,3 月 24 日——4 月 5 日,宝山区融媒体中心联合沪苏浙皖多家媒体启动"探春长三角"云赏樱慢直播和长三角媒体联播,体验长三角"地域相邻、山水相依、人文相亲、经济相融",慢直播累计观看流量达 400 万,媒体联播累计观看流量近 100 万。上海、南京、无锡、南通、温州、嘉兴、合肥、黄山等各地美景名胜特色在直播中一次性领略,同时辅以文字报道、短视频、慢直播等复合型报道,联播及相关报道纷纷在各家媒体的多个平台上线,除此之外,借助"新华融媒"平台下的直播号同步上线融媒体联播,形成跨地域跨平台多方联动的媒体矩阵,多平台引流和分发,汇聚大流量。这样的紧密联动不仅是内容上的"汇"总,更是从报道方式、内容选题、播出技术等方面多维度多渠道多重方式的"融"而为一,组合"出圈"。特别是在疫情防控进入攻坚阶段的关键时刻,为市民带来了信心与希望。让"樱花"的美更具普世意义和价值,更在美的呈现中,传递着"美美与共"的大爱。

(二)伴随式直播,互动赋能传播

新媒体时代下的直播已经不再是受众被动接收的单向模式,而是带有双向实时互动的社交属性,因此对区县融媒体来说,既要保证直播的呈现效果区别于普通的网络直播同时紧跟新媒体发展趋势,又要增强直播语态的年轻化和灵活性,通过互动提升用户黏性。在这方面,宝山区融媒体中心一直在积极探索。上文提到,2021 年的"云赏樱"融媒体联播完成跨地域与时空的七小时长直播,直播时间历经早晨、午间及下午时段,直播过程中也结合不同时段进行内容安排和互动,例如在早晨,直播中侧重介绍了关于顾村公园以及宝山的樱花开放情况、入园须知、园区开放情况、公共交通等功能性信息,便于网友了解和打卡;中午时段特别是靠近午饭时间,内容上则是主要以古代花朝节的习俗、古人的特色饮食、不同的服饰文化结合现今顾村公园特色餐饮例如园区烧烤的探访等;下午时段则是包含科创元素、赴约武汉赏樱等内容,特色的内容铺陈以及长时段不间断的伴随式直播,显著提升"云赏樱"融媒体联播的"陪伴"感,塑造受众的收看习惯,同时各具特色层次丰富的内容选题进一步汇聚流量。

2023 年"云赏樱"融媒体联播则是进一步将"互动"发挥至极致。直播前,通过在上海宝山微信公众号发布直播信息、领取线上红包以及参与互动的方式等相关推文,引流至宝山汇 App 客户端,直播当天宝山汇客户端上线互动模块"汇选攻略",配合直播内容,设置宝山赏樱的推荐路线和地图,其中汇总了宝山游玩的特色景点介绍和经典游览项目等,网友收看直播的过程中在相应时段点击地图上的点位,不仅能了解到相应的宝山"特色",还可以抽取相应的免费门票、奖品和各色福利,并前往线下的相应点位进行奖品兑换。直播当天仅宝山汇客户端发放超过一千七百张免费体验券。以打通线上、线下的方式,实现平台、客户端间的引流,达到自有媒体平台的"融""汇"贯通,并通过互动形成收看方式的融合及多样化选择,进一步赋能"云赏樱"融媒体联播品牌的传播力和影响力。

结 语

网络直播已经成为新媒体时代下的常态化传播手段,网络直播以较低成本的技术支持,以平民化视角呈现出差异化和细节化的内容,与传统媒体专业化的场景呈现形成互补,使新闻直播报道更具层次感。区县融媒体在转型过程中,网络直播也是实现创新性表达的重要一环。上海市宝山区融媒体中心借助本地"上海樱花节"这一品牌,借助网络直播打造"云赏樱"系列融媒体联播 IP,深度挖掘当地资源和特色,创新性、多层次、年轻化讲述本土文化,集中资源提升平台传播力、更新互动方式和传播渠道以凸显地方特色,增强用户黏性,同时主动破"圈",从单边作战到联合多家媒体平台、多个平台,多渠道多形式联合作战,共谱交响,多维拓展"樱花"背后的内涵,找寻直播的第二落点,让樱花美得丰富和接地气。在具体实践过程中,为了进一步塑造这一 IP,宝山区融媒体中心尝试打通线上线下和媒体平台间壁垒,相互引流、汇聚流量,借"船"出海,"融""汇"贯通,加上扎实的内容基础、创新的互动形式都让"云赏樱"系列融媒体联播 IP 传播力与影响力得到显著提升,也为转型发展中的区县融媒体在网络直播 IP 塑造方面提供了可供借鉴的经验。

参考文献：

［1］习近平谈媒体融合发展：关键在融为一体、合而为一［N］，人民网-中国共产党新闻网 2018.8.22.

［2］上海市宝山区融媒体中心正式成立［N］，新华网-上海频道 2019.9.20.

［3］朱永祥、雷漾、易璨之：主流媒体短视频的故事化呈现与表达——基于近 3 年中国新闻奖获奖作品的样本分析［J］，传媒评论，2022，12：12.

［4］邱燕：省级区域性媒体融媒直播发展路径探析［J］，东南传播，2022，12：14.

［5］冯雯璐：《网络直播热潮下传统媒体转型探索》［J］，《学术交流》2018，05：38.

作者简介：

马斯曼，上海市宝山区融媒体中心播音员、主持人。

崇启海沙地文化圈的短视频宣传策略研究
——以"上海崇明"为例

陆　佺

提　要：随着移动互联网的普及、社交媒体的崛起和用户需求的变化，以内容"精炼、创新、泛娱乐化"为主要传播特点的短视频宣传，凭借着用时短、内容丰、传播广、制作简的形式，与当代网络用户群体快节奏、碎片化、娱乐化的生活方式高度契合，吸引了大量用户。作为政府公共部门的新闻从业者，本文将崇启海地区（崇明、启东、海门）主流媒体的经验做法进行总结提炼，重点研究拥有相通文化背景下的崇启海沙地文化圈的短视频传播策略，以期为相关部门和从业人员提供有价值的参考。

关键词：崇启海沙地文化　"上海崇明"短视频宣传策略

引　言

随着信息技术的高速发展，短视频成为深受众多群众喜爱的新型传播方式，短视频以其短小精炼的传播特点，迅速博得关注，关于短视频对传统文化的传播策略不仅要优化创新传播方式，更要培养传播者，培养观众喜欢和参与，才是最好的传承和保护，文化绵延传播需要主动拥抱时代，不断与新事物交融。用丰富的策略服务当下与未来，才能成为我们共有的记忆而源远流长。

本文以崇启海沙地文化圈为切入点，通过短视频宣传策略研究拥抱长三角一体化大潮。

一、崇启海地区短视频宣传策略研究现状简析

短视频宣传作为新兴的传播方式,在国内外市场上得到了迅速发展,长三角地区作为中国最为繁荣的经济地区之一,其发达的经济、优越的地理位置和先进的基础设施为短视频的蓬勃发展提供了有力支撑。许多学者、企业和机构针对短视频的宣传策略展开了研究,经过调查主要集中在以下几个方面:

一是内容创作策略。短视频内容的创作是宣传策略的核心。短视频的创作人员始终围绕如何提高短视频内容的吸引力和传播力,探讨内容创意、制作技巧、叙事方式等方面的优化策略而深度思考。

二是平台运营策略。短视频平台的运营对于宣传效果至关重要,直接关系平台的可持续发展,这也是平台之间的核心竞争,相关运行平台可通过后台大数据挖掘短视频的传播规律,从而优化宣传策略。这包括对短视频的观看时长、点击率、分享率等数据进行分析,开展策略研究制定推荐用户算法、用户画像、社交功能等,从而提高内容的曝光率、传播效果和物质转化率。

三是用户参与策略。优质平台的用户在短视频传播过程中发挥着至关重要的作用。在用户研究策略中,上海的"小红书""B站"短视频平台明显走在北京"抖音"前列,究其原因就是前两者聚焦了用户参与的策略,分别侧重于"达人分享"与"二次元动漫",进一步激发用户的参与度,如弹幕互动、评论转发、点赞收藏等,以提高短视频的传播力。

四是跨平台与跨领域整合策略。在长三角地区,短视频与其他媒体形式如电视、电影、游戏等逐渐形成整合趋势。这种跨界合作不仅能够打破传统媒体的单一形式和局限性,而且在一定程度上可以通过多元化的媒体展现,让短视频对媒体融合的影响起到积极的作用,也能够助推当地社会经济的总体发展。

五是监管与政策研究。随着短视频行业的发展,长三角地区监管研究也走在全国的前列,特别是涉及知识产权的保护。南京师范大学法学院率先成立了"知产强国"长三角地区短视频版权保护调研实践团队,通过线上线下相结合的方式,在长三角地区运用访谈、问卷等多形式调研,调研覆盖了法官、律师、版权局工作人员、短视频从业者和社会大众,既听取专业意见建议,又了解实际版权纠纷实务、权利人维权效率,向社会大众发放了调查问卷和了解普通用户对短视频版权问题的看法和认知。

总的来说,长三角地区对短视频宣传策略的研究现状涵盖了内容创作、平台运营、用户参与、数据分析、跨平台整合以及监管政策等多个方面。这些研究成

果为企业和机构提供了丰富的理论指导和实践经验,有助于优化短视频宣传策略,提高传播效果。

二、崇启海沙地文化圈短视频提升意义及现状、优势与不足

历史上,崇启海地区的居民主要以江南移民与长江北岸通州一带原住民为主,呈现出江南江北两种文化杂居的特点,也在相互的联系与融合中形成了独具特色的"崇启海文化(沙地文化)",这种文化有着一系列具有地域特色的民俗文化和丰厚的历史底蕴。特别是在长三角一体化背景下,通过对崇启海沙地文化圈的研究,挖掘地区的优势和特点,借助短视频这一新兴传播方式,推动崇启海地区的文化、旅游等产业发展,为地区经济转型升级提供了支持。

通过探讨短视频在崇启海地区的应用及其在地区一体化进程中的宣传策略,为崇启海地区的文化传播和旅游推广提供新思路。利用短视频研究策略的成果,创新传播内容与方式,助力提升崇明乃至崇启海的知名度和市场竞争力。对学术界来说,本研究将丰富长三角一体化进程中的短视频传播研究策略,为未来相关研究提供理论基础和实践案例;对该地区 300 余万广大民众来说,将有助于提高对崇启海地区之间"一衣带水"的文化共鸣,增进地区间的文化交流,促进地区一体化进程的深入推进。

截至 2023 年 5 月底,经调查统计,目前崇启海区(县)一级在腾讯微视、抖音、快手、小红书等四家主流微视频平台开设的公共部门官方账号将近 50 个,主流、活跃度较高的账号约为 12 个,主要包括"上海崇明""海门日报""爱启东""崇明旅游"等。其中,"上海崇明"视频号受众面最广、作品内容数量最多,仅短视频作品达到 4 749 个,主要包括"寻味崇明、瀛洲寻古、方言说、我的乡村我的家、我家小店、新闻精选"等 18 个合集,其中,关于崇启海地域历史、生活习俗、艺术、语言、人与自然关系以及生活习俗类别占到合集三分之一以上,且深受民众喜爱的民俗类短视频"方言说"合集播放量达到 1 617 万、"瀛洲寻古"合集超过 500 万、"寻味崇明"合集超过 200 万。

经过现状分析,我们梳理出深受民众喜爱的短视频宣传优势主要具有以下特点:

一是强调地域特色。这主要源于在"崇启海"地区有着相通的自然地理历史和人文历史,长期以来,民众有着共性特点的生活习惯和民俗风情,短视频凝聚着区域内人们的人生态度、价值追求、生活方式,地域特色文化最为突出,这也有助于民众对崇启海沙地文化的认同感和地区内的高质量发展。

二是富有故事性。短视频通过讲述生动有趣的乡土故事,展现崇启海沙地

文化的魅力。运用叙事手法把握人物、情节、背景等元素，为观众提供引人入胜的观看体验。"沙地文化"短视频通过崇明档案馆与美国哈佛大学图书馆收录的乾隆志引入崇启海与"沙"的不解之缘，"上下八沙"故弄玄虚的设计吸引着崇启海网民一探究竟，当日点赞量破千。

三是凸显方言元素。崇启海沙地文化短视频中融入了丰富的方言元素，强调地域特色，增加观众的亲切感。同时，也有助于传承和发扬当地的方言文化。以"方言说"中点赞量超过 5 000＋的为例，就是使用了古书中的"怵（qiu）、勩（yi）、笡（qie）"等生僻字，例如"怵（qiu）"就是凶、暴躁的意思，崇启海同说古吴语中的河口语，蕴含着三地独特的沙地文化，方言所体现的地方特色是普通话无法比拟的，可以更好促进崇启海民众的感情。

四是传统与现代结合。在展示崇启海沙地文化的同时，短视频作品将传统与现代元素巧妙结合，既保留了沙地文化的原貌，又赋予其新的活力。"崇明土布"短视频将传统的土布融合崇启海沙地文化元素，加入短视频的现代元素，让"老古董"瞬间变成"新时尚"，成为游客的"新宠儿"，提升崇启海沙地文化魅力，助推中国传统文化走向国际舞台。

五是创意表现。崇启海沙地文化短视频在拍摄技巧、剪辑方式、音乐选择等方面运用创意表现手法，提升观众的观看兴趣，增强短视频的传播力。例如："播音员的日常"短视频中穿墙术，秒换衣服，高中画等都是通过拍摄技巧实现的，大量使用一镜到底，一个镜头不停顿、不剪辑，每个场景中的每一个镜头不 cut，一口气演、拍下来。

六是互动性强。短视频平台具有较强的互动性，观众可以通过评论、点赞、分享等方式参与到崇启海沙地文化的传播中来，形成良好的社交氛围。例如："崇启海一家人"这条短视频标题亲切、吸引力强，充满了强大的凝聚力、向心力，视频一上线评论区俨然变成崇启海三地网友的线上"聊天室"。崇启海三地主持人用各自方言热聊的模式富有强烈的喜剧效果和观赏性，趣味性强，视频上线当天评论 1 012 条。

总之，崇启海沙地文化短视频的主要特点包括地域特色鲜明、故事性强、方言元素丰富、传统与现代结合、创意表现出彩以及互动性强等。这些特点使得短视频成为传播和推广崇启海沙地文化的有效途径。

现有的崇启海地区短视频宣传策略在传播沙地文化上有着一定优势，但也存在一些不足：

1. 主要集中在短视频创作内容质量上参差不齐。部分作品甚至无法充分展现崇启海沙地文化的魅力，甚至可能产生误导，在同平台、同主题、同受众群体的条件下，优质作品的浏览、点赞、转发量同内容较差的作品差距达到 8 倍左右。

例如：寻味崇明中"挖野菜"涉及的野菜品种引起崇启海民众共鸣点赞量将近2 000＋，明显不属于崇启海特色的"八宝饭"内容点赞量仅200＋，差距到达9倍。

2. 可持续性不足。短视频的传播特点决定了其更适合短期宣传，长期持续的宣传效果可能受到限制，例如上海崇明抖音号上的"家乡的秋天"专辑，直接将专辑名锁定在"秋天"，导致整个专辑只有5部短视频更新，且并未设置"春夏秋冬"等其他合集，如若将合集名称适度调整为"四季"那么短视频内容的局限性就会得到大幅改善，且沙地文化圈同属相同气候，更易产生共鸣。

3. 信息碎片化。该不足主要为短视频自身属性导致，可能难以传达崇启海沙地文化的全貌和深度，例如短视频赶不上《海门日报》的全面报道与深度报道。

三、优化短视频推动崇启海地区文化交流与融合的策略探析

"上海崇明"推出的具有"沙地文化圈"传统文化属性的短视频宣传取得了良好效果，不断传递和延续着地区间相通的文化血脉，凝聚起"崇德明礼 垦拓不息"的精神品格，提升了崇启海地区对沙地文化认同，助推了长三角地区的文化交流与融合。本文通过一定的数据分析、案例分析和走访调研，浅析出一些可以优化短视频宣传的策略和短视频助推长三角地区文化交流融合的一些探索，主要分为以下两个方面：

（一）短视频宣传优化策略

一是提高内容质量。注重短视频的创意、故事性和地域特色，确保内容具有较高的观赏价值和传播力，同时避免误导和不良信息，在现有的拍摄团队基础上可以组织社会面上的专业团队参与策划、拍摄和制作过程，保证短视频内容的质量。

二是拓展内容形式。丰富短视频的表现手法和形式，如采用纪录片、微电影、动画、漫画等多种形式，让观众能够从不同角度了解崇启海沙地文化，例如，在"崇明旅游"视频号中的"美食"视频，就采用了实景拍摄和动漫相结合的形式，引入"中华小当家"动漫形象，取得了很好的形式创新，该视频也成了该视频号点赞量名列前茅的作品。

三是加强传播渠道。目前长三角地区的短视频作品主要集中在抖音、微信两家平台，未来还可以利用小红书、微博、今日头条等社交媒体平台进行跨平台宣传，扩大传播覆盖面。

四是优化信息表达与增加互动环节。尽量避免信息碎片化，力求在有限的

时间内展现崇启海沙地文化的全貌和深度。可以通过专辑系列的形式，将同一主题的内容分为多个小片段，让观众逐步深入了解。并增加互动环节：鼓励观众参与互动，如发起话题讨论、征集观众故事、举办线上线下活动等，有助于提高观众的认同感和参与度。

五是注重长期规划。制定长期的短视频宣传策略，持续关注短视频市场的发展趋势和变化，以适应不断变化的传播环境。

六是加强监管与引导。政府和相关部门应加强对短视频内容的监管和引导，确保内容健康、积极、向上，确保崇启海沙地文化的传播和发展。

七是与其他媒体形式相结合。短视频宣传策略可以与传统媒体、网络媒体等其他宣传形式相结合，实现多渠道、多层次的宣传效果。

（二）短视频助推长三角地区文化交流与融合的探索

一是广泛开展跨地区合作。鼓励长三角地区内的城市间开展短视频合作，通过跨地区合作，共享资源和优势，协同推广各自的文化特色，在推广过程中，善于挖掘"一衣带水""唇齿相依"的亮点特色，引起共鸣，引爆话题。优势资源实现互补，提高效果。近年来，"上海崇明"平台的优质 IP——崇明小姐姐，多次通过"方言 PK"的形式与上海金山、江苏启东、安徽合肥等地的达人、主播进行"泛方言"化线上互动，不仅呈现了长三角各地方言的差异，也展示了各自地区文化的魅力。

二是充分发挥区位优势。长三角地区地理位置优越，经济发展水平处于全国前列。地区应该吸引更多优质短视频创作者和团队，促进短视频产业发展。

三是倡导多元化传播。注重多元化传播手段，充分转化"二次元、VR、AR、MR、XR"等数字化创新技术，赋能短视频宣传载体，为民众提供更为丰富多样的新体验、新感受，提高用户黏性。

四是加大政策扶持。政府应出台相关政策，鼓励长三角地区短视频产业的发展，为短视频创作者和团队提供支持，提高短视频宣传的质量和效果。

五是打造区域性栏目品牌。利用好现有短视频资源，优化宣传策略，协同打造一批优质短视频品牌，提高"崇启海"整体形象，吸引更多人关注和参与到长三角一体化建设中。

六是创新行业论坛交流。组织开展长三角地区短视频创作者和团队的交流活动，举办专题讲座、大师培训、论坛交流等多种形式的活动，提升从业人员的专业素质和创作水平，提供交流平台，发掘和储备人才，推动长三角一体化高质量发展进程。

上述种种探索,有的已开始做,有的还在酝酿中,还需联合各方力量一起来实现。

结　语

总之,通过对崇启海地区沙地文化短视频宣传策略的研究,我们发现短视频在传播地方文化方面具有广泛的影响力。短视频宣传策略的优化可以加速传播文化、增加文化传播的娱乐性、促进文化多样性和文化创新。随着短视频摄制及宣传推广的不断深化,相信随着时代的发展,短视频将成为未来文化传播的重要方式之一。笔者希望通过提出的一系列"策略"和"探索",可以在长三角一体化背景下,为短视频的宣传策略实践提供有价值的参考,进一步推动区域文化交流融合与合作。

参考文献:
［1］谭萍:短视频媒介融合背景下传统媒体转型的思考与实践[J],中国传媒科技,2022(03).
［2］陈鹏、周秦:主流媒体移动短视频传播策略分析——以"央视新闻"抖音号短视频传播为例[J],声屏世界,2020(22).
［3］吴骥:融媒体环境下新闻短视频的内容生产与传播策略[J],新闻文化建设,2021(20).

作者简介:
陆佺,上海市崇明区融媒体中心记者。

融媒体做实"气象＋"新闻路径探析

余 民

提　要：天气、气候事关国民经济和社会发展的方方面面，深刻影响着人民群众的生产生活。在全球气候变暖背景下，极端天气气候事件增多，对防范气象灾害重大风险的要求越来越高，气象也日益成为公众和政府最关心的问题之一。近年来，媒体融合趋势下，气象新闻由单向传播、被动接收，转变为双向互动、主动分享，气象新闻基于融媒体演化出新形态，也面临着新问题。融媒体具有一元采集、多元生成、多平台发布的优势，气象新闻从业者要更新观念、转变思维，将融媒体的优势发挥到传播过程的各个阶段，重视公众需求，加强科普解读，重视议程设置，拓宽报道视角，从而让气象新闻更好地为社会公众服务。

关键词：融媒体　气象新闻　贴近性　服务功能

引　言

　　气象新闻，包括气象预报预警、气象情况变化的报道、气象灾害及如何预防治理的报道等等，涉及国计民生、各行各业与生产生活，其意义十分重大。

　　近年来，传统媒体加速与网络媒体融合，气象新闻成为各媒体日常新闻报道中重要的选题之一，在新闻实践中，各媒体积累了一定的经验，但也存在一些不足。本文基于当前气象新闻传播现状和不足，探讨如何适应新形势，围绕公众需求做实"气象＋"服务大文章的路径，帮助融媒体及新闻从业人员进一步做好气象新闻相关报道，增强公众对于融媒体的黏性，提升舆论引导力和影响力。

气象新闻概述及特点

气象新闻是对最新发生的气象变化情况的如实报道,媒体通过不同的报道形式,向公众传递天气预报、气象预警、气候变化、灾害性天气引发的各类事件以及气象事业发展对经济社会的促进作用等信息。气象新闻既是新闻宣传工作,也是气象服务工作,与人们的生产生活密切相关,具有重要的新闻价值。

气象新闻除了为公众和相关部门提供精准的气象信息外,还要满足社会方方面面个性化的需求。例如对于海洋渔业与渔民,气象新闻不仅提供天气与气温,还要提供当地具体风向、风级、潮流、浪高等等。海上有风险,还要及时预警,及早提醒如何避险等。

气象新闻必须坚持客观真实的报道原则,坚持正确的舆论导向,坚持通俗易懂、喜闻乐见的报道准则。

一、媒体融合趋势下气象新闻的探索

(一)融媒体的概念

融媒体是充分利用媒介载体,把广播、电视、报纸、网络媒体等既有共同点,又存在互补性的不同媒体,在人力、内容、宣传等方面进行全面整合,实现"资源通融、内容兼融、宣传互融、利益共融"的新型媒体。其强调新媒体与传统媒体的融合,采用新科技、信息化的力量,结合传统媒体方式来提升宣传质效。

(二)气象新闻传播现状

1. 传播平台融合,获取资讯更便利。随着气象新闻传播渠道的多元化,融媒体时代下,要强化媒体联动,加强气象新闻宣传。近年来,气象信息的发布不再局限于报纸、电视、广播等传统媒体上,更是深度融入微信、微博、抖音、快手及众多资讯类 App,获取天气信息的渠道更多,只要有移动网络,就可以方便随时了解。现在的媒体平台在不断整合下,使得气象新闻宣传工作变得更加多元化、更加融合化了。

2. 传播方式融合,气象新闻报道更具贴近性。在报道形式上,以创新求变为基本原则,力求为市民群众提供"眼前一亮"感受。通过这样的方式,进一步提升公众点击、阅读、观看气象新闻的兴趣,增加用户黏性。例如:2023 年 12 月中下旬,寒潮天气接连影响申城,青浦区各有关部门积极采取防范应对措施,保障城市安全有序运行和人民生产生活不受影响。青浦区融媒体中心与气象部门密切联系，"绿色青浦"微信公众号根据相关气象信息，及时发布天气预报、气象预警 12 条；记者们还及时跟进天气变化和各行业动态，采写初雪、供水供电供气、民政救助、养老服务、公交保障、健康防护等新闻 56 条，新闻内容综合运用文字、图片、视频、动图等手段，视觉元素丰富，可读性强，展现了城市精细化治理构筑的温暖防线。微信用户还积极留言参与互动，表达感受和正能量。连续的宣传收获了较高的阅读量，低温预警、初雪、淀山湖冰凌美景等多条新闻阅读量上万，其中低温预警的新闻阅读量达 1.69 万。与此同时，青浦区融媒体中心所属广播、电视、报纸、微博、App 以及各短视频平台账号联动，滚动更新相关新闻，服务不同受众群体，收获了较多好评。

3. 传播技术进步和传播资源融合，气象新闻传播更加高效。数字化时代，大数据应用越来越广泛，气象新闻中，对历史气象记录的分析，对未来中长期气象趋势的研判等等，大数据发挥了积极的作用。同时，利用气象资源"中央厨房"，融媒体平台一元采集、多元生成、多渠道发布、全方位发挥作用，气象新闻形式更加新颖活泼，内容更加贴合公众需求，获取信息更加方便快捷。

（三）气象新闻传播存在的不足

1. 气象专业知识的通俗化表达有待提升。气象学是一门自然科学，集中研究大气情况和变化规律，包含了天气预报、大气物理、气候变化等各方面研究与应用。学科中的专业名词、气象规律等需要具备一定科学素养的人才了解和掌握，将气象信息转化为气象新闻时，专业的气象词汇必须通过通俗化的表达才能被更多人认知并接受，否则公众看得云里雾里，新闻的传播效果就大打折扣。例如副热带高压是什么？通常在气象科普中会这样解释："副热带高压是指位于副热带地区的暖性高压系统。在南北半球的副热带地区，由于海陆的影响，高压带常断裂成若干个高压单体，形成沿纬圈分布的不连续的高压带，统称为副热带高压。副热带高压对中、高纬度地区和低纬度地区之间的水汽、热量、能量的输送和平衡起着重要的作用。"这样的表达比较规范，但缺点是枯燥，不够形象。有气象工作者就将副热带高压比喻成盘旋在我们头顶上的高功率浴霸灯，这样就非常好理解，并且记忆深刻。气象新闻的传播，就是要用让大众一目了然的方式解释各类气象现象和规律，提高对灾害性天气的防范意识，方便日常生产生活。气象新闻报道需要坚持问题导向、需求导向，更多从公众角度出发，将气象信息"翻译"成老百姓一听就懂、可以按章操作的生活指南。缺乏专业知识和能力的记者，是难以写出被公众认可和喜爱的气象新闻的。只有平衡好专业化和通俗化的关系,将专业素养综合运用于相关气象问题的分析和报道,才能真正将具有丰富信息的专业知识通俗化地渗透到气象新闻的采写过程中,从而创作出优秀的气象新闻作品。

2. 受复杂天气情况影响,气象新闻的表述还存在语义模糊现象。天气预报本身是一种基于科学观测下的预测性科学研究报告,对大气运动规律的认知、研究是随着科学技术的发展而逐步深入的。近年来,大众对气象精准预报的呼声越来越高,而各种极端天气情况下,不确定性增强,加之预测难度本身就很大,为了表述可能出现的状况,气象部门通常会使用一些模糊化的语言。新闻媒体在做相关报道时,为规避报道不准确可能带来的风险,有时也会使用模棱两可的表述,让人不知如何是好。例如:夏季高温天气里经常出现的"局部地区有雨""晴转多云有时有小雨""局部地区有强对流天气"等表述,有雨是确定性的,但雨什么时候下、会下在哪里? 具有不确定性,因此便会有这样的模糊表述。

3. 为引人关注,存在"标题党"现象。气象新闻报道的事实必须有科学依据,符合事实的本来面目。但是在"流量为王"的互联网时代,抱有博眼球、求出位想法的人也不少,加上部分记者职业素养不够,在采写气象新闻的时候一味求新求异,遇到极端天气时,"千年极寒""史上最强""百年未遇""霸王级寒潮"等夺人眼球的用词便出现在新闻标题中,仔细查看新闻内容时,会发现事实经常是言过其实。而这样的"标题党"会一定程度上引发恐慌心理,对公众正常生产生活造成干扰。

4. 气象新闻报道缺乏长效的议程设置。在日常气象新闻报道中,缺少议程设置,就事论事,内容空泛,可看性不强。在报道极端天气事件时,一些媒体习惯做基础性的报道,除了发布预警、提醒危害性以外,再就是对整个天气事件过程追踪报道,而对这些灾害性天气背后的气候背景、社会原因缺少深度挖掘。极端天气过后,后续报道或深度剖析的报道很少,缺乏长效的议程设置,难以形成报道合力。

二、如何做实"气象＋"大文章

(一)做实"气象＋"的现实意义

首先,气象新闻是对外传播气象信息的重要渠道,能够及时、准确、全面地向社会公众提供天气预报、气象灾害预警、气候变化等方面的信息,提高公众的气象知识和防灾减灾意识,保障人民生命财产安全和社会经济发展。

其次,气象新闻具有指导和服务群众生产生活的作用,让群众日常穿衣、洗晒、锻炼、个人防护等生活有章可循,实现更美好生活。

第三,气象新闻也是宣传和显示气象部门工作成效的重要手段。

第四,气象新闻还可以充分发挥其科普功能,为公众提供可靠、易懂的气象科学知识,提高公众的科学素养和气象意识,促进气象科学的普及与应用。

(二)做实"气象＋"大文章的具体实践

1. 强调传播速度,从"及时"到"实时"报道转变。融媒体时代,气象服务部门更新气象信息的频率越来越高,也越来越及时。记者和编辑在报道气象新闻时,要充分利用好资源,做到"唯快不破",针对各种天气变化做出快速反应,通过迅速发布、及时释疑等方式,为公众提供更加准确和实用的信息,提升新闻传播力。

2. 强调科学严谨的态度,权威解读,帮助公众解疑释惑。预报能力的提升加之新媒体传播手段的增强,使百姓"即时看天"成为可能。移动媒体不受时间和空间的限制,各种信息可以通过移动媒体第一时间传播出去。记者在做气象新闻报道时,气象情况也在实时变化,记者可以根据情况,实时调整和更新报道内容,确保其发布的内容更加客观、精准,提升报道的传播质效。

3. 发挥融媒体优势,增加贴近性和互动功能,报道形式更加直观立体,通俗易懂。通过大众传媒广泛传播预报预警信息和气象科学技术知识,可以有效增强公众防灾减灾救灾以及应对气候变化的意识和能力,也可以有效引导公众建立健康的生活生产方式,更好满足人民群众对美好生活的需要。

融媒体时代信息传播方式的改变,让多元化传播气象新闻成为可能。传统模式下,信息传播方式主要是通过广播、电视、报纸三种途径实现。融媒体时代,媒体平台不断整合,以网络为载体的移动客户端可以实时获取包括图文、视频、直播在内的多种形式的内容,很多时候传播信息由传统的静态到动态,甚至是立体的、多维的、全方面的传播,使得气象新闻报道变得更加融合化了,公众可以更加便捷地与信息发布端建立交互关系,改变传统媒体时代你讲我听、你播我看的单向接收模式。在这种多元化的信息传播模式下,媒体从业者可以结合用户获取信息的取向性以及兴趣点,做出适应性的创新发展。例如,利用移动媒体和电视平台策划开展现场直播,针对台风、暴雨、自然灾害等事件第一时间跟踪报道,方便公众关注动态,及时了解第一手信息。移动媒体信息发布端还可以通过信息征集、互动跟评、投票等方式了解用户需求,优化气象新闻报道方式和内容,量身定制多类型、分众化的信息,拉近气象新闻报道与公众之间的距离,提升报道的服务实效和传播力。

融媒体时代下,公众不再单单是气象新闻的接收者,同时也是新闻的传播者,通过移动端个人社交平台,每个人都可以助推气象新闻的传播,提升大众的关注度。融媒体可以发挥平台优势，将广播、电视、报纸等传统媒体与移动媒体微信、微博、App、短视频平台等融合在一起，全方位传播各类气象新闻，让气象新闻传播更加积极有效。

4. 深耕内容，分渠道发布，满足不同受众的需求。内容是决定气象新闻价值的重要因素，简明扼要的天气预报、灾害性预警等新闻适合移动媒体平台及时发布，广播电视平台及时插播。深入翔实的新闻则可选择公众关注的重点时段在移动媒体、广播、电视、报纸等各平台刊播，方便公众重点关注。持续报道的气象新闻则可通过移动媒体平台、广播、电视平台实时直播，公众可以通过声音和视频实时关注"第一现场"，感知天气过程。

（三）做实"气象＋"大文章的努力方向

气象信息瞬息万变，深刻影响人们生产生活，对气象的预报预警是公众关注气象新闻的核心内容，在此之上的内容深耕和系统策划，可以提升公众的关注度，增加用户的黏性，扩大媒体的"粉丝群"。基于融媒体时代信息传播的新特点，气象新闻的报道要从内容选择、制作思维、报道形式等多个维度创新探索，建立气象新闻报道与公众之间的良性互动，体现服务性、贴近性和知识性。

1. 提升气象新闻精细化、多样性水平，让气象服务更实用

互联网技术飞速发展，大数据和人工智能技术应用领域越来越广泛深入，气象新闻应该充分利用大数据资源，从公众的需求出发，优化报道的形式和内容，提高报道的实效性。一方面，基于市场调研的公众需求大数据，分析大众的生活习惯、需求偏好；另一方面，强化互动，深耕气象服务细分领域，在公众反馈的基础上，以需求为驱动，挖掘更精细化、场景化的数据，提升气象信息的实用性。

融媒体时代，传播者和公众之间不再是单向灌输的关系，而是双向选择的关系。因此，在气象新闻报道中，媒体要尊重传播规律，生产多样化和差异化的气象新闻，将气象大数据细分，让内容更具针对性。在传播形式上，有的人可能喜欢短小精悍的短视频，有的人偏爱图文并茂的深度报道，也有人只想看简单的天气预报。所以，在气象新闻传播过程中，也应该基于公众的喜好进行分众传播和推广。

（1）紧跟新媒体发展趋势，融通传播渠道，提高传播效率。在融媒体时代，以网络为基础的信息传播方式不断发生改变，应运而生的信息传播载体也呈现出更加多元化的趋势。气象新闻从业者要更新观念、转变思维，将融媒体的优势发挥到传播过程的各个阶段。在气象新闻信息采集阶段，移动媒体的互动性和实时性优势使广大公众的需求得以显现，大数据和算法也明确地将需求和供给

加以链接。气象新闻从业者要运用好融媒体的优势,在新闻采集中扮演好"把关人"的角色,运用大数据与智能算法挑选公众关切的、与社会经济发展息息相关的议题进行研究与报道。就传播方式而言,要增强天气预报结果的可视性。例如:雷达回波监测到的降雨,都是动态发展的。开发动态的天气预报图,让天气以标示的分钟级或小时级滚动变化,有助于公众有效理解预报结果。这种图形还可以做成 GIF 动态图,在微信、微博等平台上传播,一目了然。

(2)坚持以人为本,重视公众需求,采取多种方式加强沟通互动。因为公众年龄、职业、身体状况、兴趣爱好、认知水平等各不相同,对于气象服务的需求也各不相同,因此,气象新闻要加强选题策划,拓展内容,以便公众可以从融媒体各平台轻松获取其所需要的气象内容。

通过移动媒体渠道,媒体与公众之间的互动性在不断增强。在气象新闻报道过程中,一定要充分结合公众的实际需求。可以通过在客户端 App 上设置气象频道或是专栏的方式,结合大数据技术,合理地向用户推送气象信息,通过这种方式,也可以更加直观地从后台获取用户对气象新闻报道的相关反馈,为后续的发展提供帮助;借助 H5 技术,开展气象知识竞猜小游戏、专家答疑等活动,与公众充分沟通;此外,还可以通过主动向目标用户发送调查问卷的方式获取用户的需求,并根据调查结果对气象新闻报道的形式内容,包括发布时间、发布频率、发布方式、发布途径等做出相应的调整。

(3)发挥媒体资源优势,加强与各相关部门联动协作。融媒体广播、电视、报纸、网络等多平台联动,与气象、应急、城市运行、农业、电力、水务、市容环卫等多部门密切协作,利用重大气象新闻事件打造全媒体气象新闻行动,形成报道系列化。

2. 拓展报道领域,推动内容跨界融合,让"气象＋"服务更立体

气象与人的生活息息相关,气象与各行各业都可能出现融合的应用场景,"气象＋农业""气象＋交通""气象＋饮食""气象＋养生"等等,气象新闻可以拓展到多种行业方向,进行融合科普,而不是局限于就天气谈天气。气象新闻应当在坚持"内容为王"的基础上,增加跨界融合的内容,将气象信息在行业服务上"落地",进一步提高科普内容的实用性和服务性,真正实现"1＋1＞2"。融媒体可以利用气象部门的大数据与城市运行、餐饮、农业生产、交通出行等行业数据进行融合分析,让气象服务针对性更强,更具指导意义和说服力。

(1)坚持需求导向,加强气象新闻议程设置,满足公众的生产生活需求和心理需求。传统媒体时代,报纸、广播、电视等媒体几乎垄断着社会信息流动,也是议程设置的绝对主体,而在新媒体赋能之下,专业媒体的壁垒被打破,媒介的概

念逐渐泛化,多元主体开始参与到议题竞争中来。与此同时,信息的时效性也在不断升级,一个信源所发布的消息往往"牵一发而动全身",媒介间的议程设置更为明显。

在气象灾害频发或季节性特色较为明显的时间节点上,融媒体应对相关气象服务报道设置议题,不同时期设置不同的议题。例如夏季台风、暴雨、高温天气,冬季寒潮、冰冻、雨雪的报道等,要提前策划,加强统筹,通过多样化、连续集中报道,将气象热点话题聚焦,从而引发公众对气象信息的关注,培养起公众的气象意识。

对于日常气象新闻报道,可以从以下多方面着手:

气象+科普。气象术语是描述天气的名词,往往有很强的专业性,有些不容易被公众了解。比如小雨、中雨、大雨、暴雨、大暴雨、特大暴雨的区别,热带低压、热带气旋、台风、超强台风的定义,还有厄尔尼诺、拉尼娜现象等等,这些都需要在日常气象新闻中加以适当解释,增加科普知识,用具体形象的语言方便公众了解。

气象+旅游。旅游业的人气跟天气情况息息相关,尤其是户外景区,市民游客出游前往往都会关注一下目的地的天气情况,如果遇到恶劣天气,不仅会影响出游心情和体验,更会担心出游的安全。因此,旅游气象服务对游客来说十分必要,针对重点景区提供精准的气象服务,为游客规划出游日程和线路提供帮助。以黄山景区为例,天气晴好有利于出游,游客们可以欣赏到日出、日落等美景;小雨天气登山的体验感会差一些,但是山上看到云海美景的概率就要大很多,这时候游客就可以选择乘索道上山,避免登山途中又湿又累。

气象+农业。春耕夏种,秋收冬藏。由于我国国土幅员辽阔,南北方、沿海和内陆、高原和平原等气候特点突出,表现在农业生产方面差异也很大,因此,加强对不同地域不同时间不同天气条件下的农业生产服务指导尤为重要。农业生产需要及时精准的农业气象服务,气象部门通过信息监测、收集、分析、评估,在寒潮、暴雨、冰雹、台风、高温等自然灾害来临之前及时发出预警,提醒农户及时采取保温、清理沟渠、加固大棚、增加灌溉设施等有效应对措施,避免自然灾害对农业生产造成太大损失,提高生产效益。

气象+健康。传统医学在"天人相应"的基础上,对于如何养生以适应四时气候之变化是很重视的。养生防病除了要顺应季节外,还应该巧妙运用天气变化来达到保健的目的。例如,天晴时,晒晒太阳补充钙质和维生素 D;雨天的时候空气清新,负氧离子高,对肺部保健有好处。此外,传统二十四节气、黄梅天、三伏天、三九天等等都可以结合天气,针对老人、儿童、上班族等不同人群,挖掘饮食、养生、运动、健康等内容,为市民生产生活提供服务和指南。

气象+城市治理。现代化城市需要精细化治理,保障供水、供电、供气、道路交通、绿化市容等各项工作有序运行。尤其是台风、暴雨、寒潮等天气很容易影响正常的生产生活，融媒体中心在加强与气象部门联动的同时，一是要提高气象预报预警响应速度，及时发布相关信息；二是积极联动各相关部门，提前做好应急保障工作；三是实时跟进气象动态，反映灾情和救援保障工作，同时对公众做相应警示，增强防范意识。

气象＋历史。通过气象记录等历史数据资料，对解读当前气象特征提供借鉴。如历史平均入春日、历史最大降雨量、历史最高气温纪录等，一方面可以增加新闻信息量，提高公众的兴趣度，另一方面，对于未来天气走势，公众也会结合天气预报有所预判。

（2）设置气象栏目，重视新闻选题，拓展报道的时间和空间维度，将"碎片化"报道"专栏化"。随着新媒体的普及，移动化和碎片化阅读逐渐取代纸质新闻时代的深度阅读，议题的某一方面属性经常被拿来放大，借以提升议题本身的显著性，也即议程设置第二层对第一层的影响，所谓的"震惊体"和"标题党"正是这种"属性议程设置"效果的体现。

媒体应该拓宽气象报道的视角，对碎片化的信息进行专栏报道，与社会各方面相结合，深入挖掘潜在信息，摆脱表层的气象报道，加深报道的层次，做好深度报道。同时，可以建立气象新闻报道数据库，从海量数据中发现有价值的信息，从而进行科学的议程设置。气象新闻报道不应局限于天气预报和自然灾害报道，而应延伸到时政、经济、文化以及人类的衣食住行等方面，找到公众的兴趣点，将碎片化的气象新闻按照时间、地区或事件等逻辑予以整合，及时发布服务类信息的同时，拓宽报道视角，加深报道层次，做好深度报道和持续报道。融媒体在重要时期可以开设相关专栏，如春运、黄金周的假日天气预报等，服务生产生活和公众的出行等。2024 年春节前，我国中东部地区出现了大范围的强降雪和冻雨天气过程，恰逢春运高峰期，人员流动多，此次天气过程波及面广，对春运和生产生活造成较大影响。各主要媒体除了提前发布天气灾害性预警之外，还连续报道了此次天气过程引发的高速道路封闭、高铁停运、除冰除雪作业、市民暖心帮助受困人员、灾害性天气形成原因、冰雪道路防范措施等新闻，连续性、多维度的报道消除了公众的信息不对称，方便了后续人员调整行程，做出相应防范，也提高了公众对气象新闻的关注度。

结　语

近年来，气象新闻打破行业新闻的局限性，逐渐向泛生活化的民生新闻转型，因其具有广泛关注度，因此各媒体高度重视，纷纷开设专栏，辟出重要版面、重要时段,投入人力和技术手段,创新报道形式和内容,为满足人民群众对美好生活的需要服务。大数据、人工智能的应用,不仅增加了气象新闻的信息量,而且提供的信息服务更具前瞻性、更贴近百姓需求。新闻用事实说话、用数据说话,在指导防灾减灾、应急处置、日常防范等方面发挥了积极作用,同时,由于这类新闻足够接地气,受到了公众普遍欢迎,对于进一步提升媒体传播力、引导力、影响力、公信力也起到了积极促进作用。

参考文献:

[1]李晨光,李旸:气象新闻故事化报道探析[J],新闻世界,2020年第3期。

[2]梁颖峰:拓展信息量做好服务性——气象新闻的写作探讨[J],阅读与写作,2011年第5期。

[3]郭静原:气象新闻科普宣传要有"新气象"[J],传媒论坛2023年第14期。

[4]沈建红:融媒体时代加强气象新闻宣传工作的思考[J],新媒体研究,2018年第19期。

[5]姜晶晶:新媒体时代如何"靠天吃饭"?——浅谈气象新闻报道的新特点[J],时代人物,2022年第20期。

[6]张慧:大数据在气象科普新闻中的创新与应用——以中国天气网为例[J],传播力研究2023年第22期。

[7]许伟:气象新闻融媒体传播的新问题研究[J],新闻研究导刊第2卷第7期2021年4月。

[8]黄丽华、赵顾:地方新媒体气象新闻报道的经验与启示[J],青年记者,2017年1月下。

作者简介:
余民,上海市青浦区融媒体中心电视部主任。

全媒体背景下网络微短剧发展的新思考

徐　行

提　要： 随着移动端的普及和网络的迅猛发展，短视频业态迅速崛起，网络微短剧应运而生。微短剧与短视频存在定义上的区别。微短剧是有明确主题、主线，完整故事情节的影视作品，并非生活片段的展示，更不是版权作品的挪用和截取，是拥有原创性和专业性的视听内容产品。近年来，国产网络微短剧整体工业水平正获得不断提升。本文在国内网络微短剧规范化的时代背景下，通过研究网络微短剧的特质与前沿技术的结合，力求探索其创作模式呈现的新趋势与新变化。

关键词： 网络微短剧　业态发展　前沿技术　国际传播

引　言

当前，国内各大网络平台上线的网络微短剧，已逐渐形成独特的产业形态和特殊的艺术审美风格。从内容生产数量上看，无论是平台自制、影视公司承制，还是个人团队制作，网络微短剧已成为现今国产影视内容生产不可忽视的一种新趋势。仅 2023 年上半年，网络微短剧的规划备案量同比上涨 10 倍以上，在可预见的将来，网络微短剧的数量必然将呈现几何级的爆炸上升趋势，这一产业的发展现状和未来走向值得重点关注。网络微短剧以快节奏、高密度、强情绪的叙事特点著称，近年以来更加注重多维度、多角度的艺术创作，从描写生活细节入手，追求与受众同频共鸣。这一行业需要系统的调查研究和深入的内容研判为其进一步健康发展提供支撑和助力。

一、新时期网络微短剧的定义及其特质

在微短剧初期发展时期,仅以单集 10 分钟以上和以下作为中剧和短剧之分。由于标准和定义尚不明确,较多研究报告将此类剧集统称为"网络剧"。随着行业不断发展,网络微短剧的生产正在逐步走向规范化、标准化、精细化。

2022 年 12 月,广电总局发布了《关于进一步加强网络微短剧管理　实施创作提升计划有关工作的通知》,提出了加强网络微短剧准入备案、规划引导、内容审核等十个方面的管理举措,推动网络微短剧向专业化、精品化方向发展。网络微短剧已全面进入规范化、标准化和专业化发展的新阶段。更重要的是,广电总局首次在官方层面上明确了微短剧的定义:即单集时长从几十秒到 15 分钟左右、有着相对明确的主题和主线、较为连续和完整故事情节的网络影视作品。

从叙事层面看,网络微短剧更偏向后现代主义叙事,传统电视剧多以现实主义题材为主,而现代主义崇尚理性和权威,但网络微短剧则与其有鲜明的区别,这类剧集力求打破和消解长期以来的权威性认识。全媒体时代下的微短剧还具备四个特征:人格化(强调个人魅力)、场景化(走出传统拍摄片场,现实与虚拟的融合)、垂直化(圈层类定位)、概念化(叙事手法力求突破传统类型)。微短剧得益于网络的互动性,其人际交往的语态模式在内容上得到了极大的体现。网络是现代社会打破边界的工具,而微短剧这一内容形式充分发挥了弹幕互动功能,形成开放共享结构。

二、打破"圈层"的网络微短剧

当前,国产网络微短剧之所以能够获得观众和市场认可,在国产网络影视作品中成为一股不容忽视的新生力量,重要原因在于这一载体的破圈与其叙事表达的新颖。"圈层"一词,原指地球内外部结构的地理学概念,被引入人文领域后特指人类社会中的分类化动态领域。在当下生活中,经常会出现对于圈层的各种后现代语境描述,如朋友圈、饭圈等。受互联网文化影响,不同圈层的兴趣爱好、涉猎领域不断交融,出现"出圈""破圈"等现象。国产微短剧叙事方式积累日趋成熟,吸引了核心圈层。网络微短剧成功"出圈""破圈",从圈层化走向大众化的原因有很多,最根本的是故事题材的新颖和类型质量的保证,同时还有网络媒介、政策制度等助力,参与现代审美建构。

目前,已有一部分优质国产网络微短剧从叙事内容方面找到了创作突破口,其共性是在小体量内,能够做到主线清晰、副线多元,叙事节奏张弛有度。更重

要的是,网络微短剧在叙事方式上的创新打破了两大圈层。首先,它打破了受众圈层,从专业影视迷到普通网民,几乎都被这种高节奏、小体量、强概念的故事类型深深吸引,跨越了年龄、职业、阶层、地域等受众的划分限制。同时,网络微短剧打破了类型圈层,出现不同类型叠加的题材,更大程度上满足了受众对于不同题材的审美需求。

当前,一部分优秀的国产网络微短剧在叙事主线上缜密且富于变化,人物形象鲜明且富于质感,故事情节曲折且富于逻辑,这便做到了"移情"的第一层指标。但在媒介融合时代,"移情"只是满足观众内心深处最基本的情感需求,随着互联网成长起来的一代受众群体,因影音资源的便捷性和文化生活的丰富性,其眼界更宽、眼光更高,同质化创作的影视作品无法获得广泛的认可。因此,在"移情"的基础上进行"互动",这是网络微短剧叙事追求的第二个层级。网络微短剧的"互动"体现在技术和艺术两个维度。技术维度是指伴随着互联网媒介所衍生出的交互行为,包括"弹幕""倍速""留言"等环节,这是网络影视发展过程中必不可缺的技术革命,将直接影响网络微短剧的叙事题材、叙事内容、叙事主题、叙事结构、叙事人物、叙事时空、叙事视点等一系列环节。这也与受众对网络影视观影、娱乐、社交、购物的综合需求密切相关。这一点,国内网络微短剧产业尚有提升空间。例如,一部精彩的网络微短剧一旦出现,瞬间产生流量爆点,积攒大量人气,但随着剧情推进,叙事出现问题,部分观众就会选择倍速观看或直接弃剧。观察国外网络剧发展,已经出现了"互动剧"的形式,例如由 Netflix 出品的《黑镜:潘达斯奈基》在叙事过程中就极大地丰富了与观众的交互行为。而艺术维度是指叙事内容需要进行"情理之中与意料之外"的互动,当下观众早已熟悉各种类型故事的叙事模式。而具有针对性的定制剧,是确保有效点击率的重要途径。所以,在网络微短剧层面也出现了各种系列剧。一方面,公式化的情节、定型化的人物、图解式的视觉影像能够为类型生产带来商业收益上的保证。但从另一方面看,如果不在制作上进行突破和创新,就容易落入同质化的创作陷阱。因此,艺术维度的互动是一场有关制作者与观众对于网络微短剧的美学博弈。

三、网络微短剧特有的美学形态分析

网络微短剧作为一类短小精悍的网络视听作品,具备了其独特的艺术审美特征,微短剧的美学形态主要包含了四个方面:情节紧凑性、语言简洁性、意境独特性以及节奏强烈性。

第一点在于情节紧凑性。这是其最鲜明的特点之一,也是它与许多传统影视内容在美学形态上的根本性区别。由于时间的限制,微短剧要求在短短的几分钟内将一个完整的故事情节展现出来。因此,剧本需要紧凑而有力地安排情节发展,通过精心设计的冲突、转折和高潮,给观众带来强烈的情感冲击。这种紧凑性使得微短剧能够在有限的时间内引起观众的共鸣,给人以深刻的印象。

第二点在于语言简洁性。由于篇幅的限制,微短剧需要用简洁明了的语言来表达剧情和角色的情感。剧本中的对白需要经过精心的打磨,去掉冗长的叙述和无关的描绘,使每一句台词都能发挥最大的作用。简洁的语言不仅能够提高观众的理解度,还能够增强戏剧的表现力,使情感更加直接、真实。

第三点在于意境独特性。通过简洁而精准的语言和情节的安排,微短剧能够在短暂的时间内创造出独特的氛围和意境。这种意境通常是通过对细节的刻画和情感的渲染来实现的,使得观众在短短几分钟内沉浸其中,感受到剧中所传达的情感和思想。

第四点在于节奏强烈性。由于剧集时长的限制,微短剧通常采用快节奏的叙述方式,通过紧凑的情节连接和跌宕起伏的剧情发展来吸引观众的注意力。这种节奏感的强烈性使得微短剧能够在短时间内给观众带来强烈的视觉和听觉冲击,使观众难以忘怀。这四个方面的美学特征使得微短剧以其独特的视听魅力吸引观众,并在有限的时间内传递出深刻的思考和情感,使这一载体具有进一步研究的价值。

四、网络微短剧与前沿技术的有机融合

国内微短剧产业的发展,随着元宇宙时代的到来而面临着进一步的升级。传统视频内容的生产方式正在悄悄变革,当下用户对交互式内容体验的兴趣越来越强,催生出互动影视、综艺、短视频等新兴互动内容形态,视频娱乐从单一的"观看"走向多维度的"参与",这也为网络微短剧的技术运用创造了更广阔的应用空间。可以看到的是,微短剧产业的发展同时具备着很强的溢出效应,它的发展和成长不仅能带动互联网市场内容需求的提升,还可以拉动产业其他层面的进步,诸如对产业体系的集成化和网络化、后期制作的流程化和标准化、产业链上下游的衍生、特效技术的发展等起到促进作用。网络微短剧的创作不仅与新媒体的前沿技术紧密相关,新技术对于加快推进微短剧产业的创新发展也是一个关键点。

从实践方面看,网络微短剧正在成为各种高新技术的应用场景,特别是近年来微短剧创作更加凸显"艺术+技术"的发展方向,积极运用 4K、AIGC、VR、AR、虚拟数字形象等新技术,呈现出多视角、互动感,虚拟性等新兴业态

特点。如 XR 虚拟影棚带来了 LED 虚拟拍摄技术，主要以数字场景为核心结合虚实拍摄制作，只需"虚拟场景制作""现场拍摄""简单调色"三步就能在一个影棚里直接完成一部微短剧的拍摄。据《长三角国际影视中心服务手册》2.0版预估，虚拟影棚在场景搭建成本方面最高可节省 95%，交通节省 75%，群演预算节省 90%，后期视效成本节省 50%，并可节约时间成本 33%～66%。若已有场景不能满足微短剧各类题材所需，还可以通过专业团队进行专属数字场景制作，且这一场景持续、灵活、长期可用，是现实采景所不具备的优势。同时，追踪系统和实时渲染技术还可以使 3D 虚拟场景随摄像机的移动而改变，即使改变拍摄视角，也可使其呈现正确的透视关系，确保场景的可信度。若要追求更高视觉效果，还可在虚拟场景的基础上做现实置景补充或 AR 虚拟前景制作。新技术的引入，为网络微短剧的创作提供了绝佳的场所和更广阔的画面想象空间。

业内运用先进技术的优秀范例也并不少见。《步天歌》作为国内首部博物馆题材虚拟短剧，以《步天歌》和北宋天文图为灵感来源，广泛应用 AIGC 软件辅助制作出各类美术造型，打造出一个宏大而细致的博物馆虚拟数字空间，构建出极具吸引力与艺术性的虚拟现实场景内容。而随着长短剧加快融合，微短剧在形态上充分吸收长视频的优势，也发挥短视频独有的长处，不断调整优化，向场景化、沉浸式和交互性转型。

此外，随着全媒体的发展与网络微短剧产业发展结合的日益紧密，新技术的应用也促使了产业的发展，降低了产业的门槛，使得一些普通用户可以自己投身于制作，向优秀微短剧作品学习和模仿，并在抖音、快手等短视频 App 上面制作微短剧上传，也打造了一些爆款，产生了巨大的市场价值，对行业发展起到了促进作用。微短剧的生产和消费不再局限于主流网络平台，也开始呈现出多元的发展形态，新媒体的终端也越来越多地出现不同的技术载体来展示作品，比如全息技术、VR、AR、虚拟数字形象的应用，ChatGPT 也在制片、编剧、剪辑等领域中带来了前沿的实践，并推动了行业的发展和变革。

五、网络微短剧带来内容生产方式的变革

网络微短剧由于小体量和平台随机性的性质，能够最大化弥补主创团队和制作能力的不足。同时，有别于大体量剧集受到较多硬性条件制约，微短剧等内容能够依托网络平台、小程序、公众号发布，因此在一定程度上，其发布和传播的自由度和难度要远远小于前者。而全媒体时代下数字媒介技术的发展使视听制作条件发生了变化，在一定程度上改变了影视剧制作的形式和消费的方式。一

方面,拍摄制作设备成本不断下降,剧集制作技术变得简易,大量非专业的制作者和工作坊能够在自媒体平台上投放海量的微短剧作品。另一方面,海量微短剧内容的产出引发了对受众注意力的激烈争夺,而受众随身携带的移动端设备又助推着人们形成随时随地利用碎片化时间进行视听消费的习惯,这些变化使得时长较短的微短剧作品具有了竞争优势。

传统的长剧、电影代表着长时间叙事。在移动端以及 5G 网络发展普及之前,少有能与电视剧、电影构成竞争关系的视听产品。从题材内容上看,这类视听产品在专业且完善的剧本基础上,于较长的制作时间和相对宽裕的显示屏幕上充分展开叙事结构和故事情节,更有利于讲大题材、长故事,展示复杂且丰富的场景,进行起伏跌宕且复杂多变的情节安排。而微短剧这一新型作品形式、消费方式的改变也对全媒体场域中内容创作提出了新的挑战,目前一些优秀的微短剧已经呈现了独有的内容特征。例如,在主题选取上,将宏大叙事转为微观叙事,以小题材、小人物、小角度和小巧的构思叙述小体量故事;在剧情结构上,不过于复杂,而以简单明快为主;在场景叙事上,多展示细节而非追求宏阔,多呈现自然镜像而非追求光炫效应;在呈现效果上,多追求人性温情,以细腻的共情取代强化列的视觉冲击。

网络微短剧,尤其是突出商业性质的微短剧,其内容创作逻辑也具有自身特点。一是每集都会设置期待情节点,此类情节点通常是人物想要达成的目标、下一步可能的行动,或者是各类悬念、危机的出现,新人物的登场等;二是剧情节奏非常快,基本没有无效信息,必要的背景交代也会尽可能缩短,以最快的速度让观众代入;三是注重情绪描述,加大情绪浓度,通过塑造极端场景、表达极端情绪以及语言的张力,引导观众情绪走向;四是围绕付费点做出精细设计,使剧情在付费点时吸引力十足,营造出高期待感,提升付费转化率。

在信息更多、更爆炸,获取信息的手段更多元、更便捷的移动互联网时代,媒介进一步形塑人们的思维方式。科技学家尼古拉斯·卡尔在《浅薄》一书中,历数人的大脑在语音时代、文字时代,以及大批量书籍报刊传播时代的差异,并引证了大量神经生理学、文化发展史的文献,得出这样一个结论:人的大脑是高度可塑的。在全媒体时代,较之历史上所有可以与之相提并论的技术,互联网给人们带来的让人分神的内容过多。互联网向观众呈上信息盛宴的同时,也把观众带回了彻头彻尾的精力分散的天然状态。不同于网络短视频之间内容呈现碎片化的特征,网络微短剧的优势是:虽然它在形式上碎片化,内容上却有前后连贯的完整性——有背景、有情节、有主题、有人物、有绵绵不断的转折和冲突,为观众提供更加"沉浸"的体验,更能抓住观众越发分散的注意力。

六、网络微短剧背后广阔的受众群体和国际传播潜能

我国是新媒体大国，更是视听消费大国，根据《2023中国网络视听发展研究报告》显示，在2023年上半年内，有一半以上的用户看过3分钟以内的微短剧内容，19岁及以下年龄用户观看比例最高。其中，仅快手单一平台的微短剧日活用户已超2.6亿人次。这些数据都意味着以微短剧产业为代表的视听消费已经成为大众数字文化消费的重要组成部分。在这样的背景下，微短剧产业的发展，不仅满足了人民群众日益增长的精神文化需求，也是向世界传播生动中国故事的重要媒介。此外，网络微短剧的用户对于内容的更新迭代速度极高，仅次于网络文学。

2023年夏季，网络自制微短剧《逃出大英博物馆》引发广泛关注和热议。虽然这是一部只有3集，总时长仅17分钟的微短剧作品，却别出心裁，暗藏一条深厚文化底蕴的主脉络，打开了千百年文化对话的"窗口"，也让文化保护传承与追索的主题呈现在观众面前；2023年7月播出的文化传承题材网络微短剧《我是名角儿》在抖音平台播出，以新颖的主题呈现和剧情设计，借国潮致敬国粹，也引发了优秀的舆论反响。由此可见，网络微短剧的生产和传播也是全媒体时代群众路线的体现，以开放平台吸引广大用户参与信息生产传播，生产群众更喜爱的内容，带动更多人参与到微短剧的制作传播中去，形成正向循环。

可以看到，国内网络微短剧行业由于市场需求改变、市场资金投入的增加以及传媒新技术的突破而实现了长足发展。该产业在高速扩张与发展的背景下，一些影视公司和个人团队也制作出品了质量优秀的短剧作品，但是相比于国际制作的专业化、精细化和工业化水平还存在差距。国内短剧产业的发展差距是由于内外因素的综合作用导致的，我们需要认真分析内部和外部的不同影响作用，了解现下的发展矛盾与问题，才能够真正地提出有效的解决策略。国内短剧产业的发展是加强文化软实力建设的重要手段，是中国文化产业发展中的重要环节。

国产网络微短剧的海外传播发展，与"讲好中国故事"这一主旨是密切相连的。如今，欧美的在线视频平台皆已经建设成熟。创建相对较早者，如YouTube、Netflix、Amazon Prime Video、HBO Max等发展势头良好。以全球现今最受欢迎的美国Netflix为例，其2022年总营收为316.16亿美元。新加入者，如Disney＋、AppleTV＋、Paramount＋等也已形成各自特色。国内短剧在海外传播力指的是"在传播主体、渠道、内容、对象等方面到达、覆盖范围和程度的能力"。这是一种通过影响海外观众并取得最佳文化传播效果的能力，通过数

据分析可以发现,国产短剧与微短剧在海外传播的前景不容忽视。如今,打开 YouTube 等国际视频平台,能看到至少 2 000 余部国产短剧的花絮或全集;而登录 TikTok(抖音海外版)、Instagram 等全球社交媒体,也会发现国产短剧的热度排名居高不下。国产网络微短剧向在线视频海外平台的发展趋势,不仅是中国文化"走出去"战略调整的必然结果,也是影视内容生产应对全球性平台挑战的必然之举,这一现象同样值得关注和探究。国内微短剧的传播价值和技术水平仍然与国际存在差距,我们需要对目前国内网络微短剧市场的发展和实际水准有着清晰的认识,分析研判、博采众长,为行业注入新的生命力。

结　语

在媒介融合发展背景下,在以互联网技术为驱动力的产业浪潮中,国内网络微短剧的叙事机制需要突破和创新。当今世界,以互联网技术为驱动力的媒介融合趋势打破了传统意义上的地理空间概念和文化壁垒,跨国性发展理念已对网络影视生产传播产生了重要影响,国产网络微短剧需要进一步提升作品的跨国视角,内容价值引导的提升也是将来国产网络微短剧行业健康有序、可持续发展的保障。除电视剧、电影、综艺以外,网络微短剧在未来必将成为价值观念、文化形态输出的新阵地,也将成为中国文化出海的重要载体。目前业内的一些微短剧已经与社会热点话题、价值引领保持了很高的同频度,这是行业国际化发展的新趋势、大趋势。网络微短剧行业的进一步发展,需要全方位、多维度的人才组织,也需要更具创新、更有互联网思维、更有用户思维的行业人才,同时还需要不断提升卓越的创新挖掘能力和对市场的敏锐洞察力。这样才能够适配微短剧行业的快速发展模式,并能够根据市场需求和受众喜好创作出具有吸引力和竞争力的网络微短剧作品,在全媒体时代成为丰富群众精神生活的重要载体。

参考文献:

[1] 国家广播电视总局网络视听节目管理司:国家广播电视总局办公厅关于进一步加强网络微短剧管理　实施创作提升计划有关工作的通知[EB],国家广播电视总局,2022 - 12 - 27.

[2] 网易网:国产悬疑网络剧与网络电影,叙事经验与模式有哪些区别[EB/OL],https://www.163.com/dy/article/IHH4M8A105565WK2.html.2023 - 10 - 20.

[3] 国家广电智库:微短剧加速进入全面提质期[EB/OL],https://baijiahao.baidu.com/s?id=1775270193362967179&wfr=spider&for=pc.2023 - 08 - 26.

[4] 白寅、贺天琪:新媒体,新语言,新策略:未来的中国视听语言如何走向世界[J],中国电视,2023(08):48.

［5］龚家琦、周逶：网络微短剧的产业生态和转型治理研究——基于"小程序"类网络微短剧的田野调查，中国电视，2023(08)：89－90.

［6］北京青年报：微短剧：可以一刷而过，切莫一笑而过［EB/OL］，https：//baijiahao.baidu.com/s? id＝1783422314025433265&wfr＝spider&for＝pc.2023－11－24.

［7］新浪网：网络视听成互联网第一大应用《中国网络视听发展研究报告 2023》发布［EB/OL］，http：//k.sina.com.cn/article_5787163139_158f11a0301901dxny.html.2023－03－29.

［8］胡智锋、杨宾：传播力：中国影视文化软实力提升的重要保障，［J］，清华大学学报(哲学社会科学版)，2018(3).

［9］尤达：中国在线视频海外平台面向东盟的周边传播研究［J］，中国电视，2023(08)：12－19.

作者简介：

徐行，SMG 尚世影业有限公司文学评估。

候鸟保护及生态治理节目的创新实践与思考

——以《四季观鸟》系列直播节目等为例

吴仲亨

提　要：本文以崇明区融媒体中心联合东滩管理中心及黄河、长江流域四家主流媒体联动开展《四季观鸟》系列直播节目及"吴大嘴"工作室产品生产的实践为例证，探讨在崇明世界级生态岛建设的背景下，如何丰富节目内涵、创新节目样式，提升主流媒体及其产品的传播力、引导力、影响力、公信力，为崇明高标准推进世界级生态岛建设、东滩推进生态治理和候鸟保护工作发挥媒体宣传报道力量。

关键词：世界级生态岛建设　东滩湿地　候鸟保护系列直播 创新实践与思考

引　言

党的二十大报告指出："中国式现代化是人与自然和谐共生的现代化。""尊重自然、顺应自然、保护自然，是全面建设社会主义现代化国家的内在要求。必须牢固树立和践行绿水青山就是金山银山的理念，站在人与自然和谐共生的高度谋划发展。"

崇明位于上海最北端，2001年，上海市委市政府立足全市大局和长远发展，明确将崇明列为21世纪上海可持续发展的重要战略空间，崇明开启了生态岛建设征程。二十多年来，崇明始终坚持"生态立岛"不动摇，走出了一条绿色可持续发展新路，展示中国式现代化"人与自然和谐共生"的建设范例。

作为崇明区融媒体中心，如何抓住优质选题报道好、生产优质产品传播好，是始终摆在面前并不断探索的一个课题。本文将结合崇明区融媒体中心推出的四季观鸟系列直播节目和"吴大嘴"工作室产品来探讨在崇明世界级生态岛背景下,如何做好生态治理和候鸟保护题材的宣传报道和产品生产,进行创新实践与思考。

一、抓好优质选题 系列化推出直播节目

东滩湿地是国际重要湿地,位于崇明岛最东端,是东亚——澳大利西亚候鸟迁徙路线上的重要驿站,每年有100万只次的候鸟来此越冬中转。崇明东滩鸟类国家级自然保护区已记录到的鸟类达到300种,其中国家一级野生保护动物19种,国家二级野生保护动物59种,东滩湿地已成为上海地区生物资源最丰富、生态环境最优良的区域。

崇明区融媒体中心在2022年下半年启动策划东滩四季观鸟系列直播节目,由融媒体中心分管副主任牵头,采编中心、广播电视部、技术部、移动传播部、通联服务部等多部门共同参与。团队多次召开策划会议确定直播内容及环节设置。同时,与崇明东滩自然保护区管理事务中心(以下简称东滩管理中心)加强沟通,确定参与直播的嘉宾人选,充分了解春夏秋冬四季东滩湿地鸟类数量、种类及活动范围,最终确定直播时间及直播内容。

(一)精选内容优化环节 差异化打造四期直播节目

四季观鸟系列直播的四期节目时间分别为:立春(2月4日)、夏至(6月21日)、秋分(9月23日)、冬至(12月22日),考虑到四期节目的侧重点各不相同,团队对直播内容进行了提前布局。

立春观鸟直播节目将东滩管理中心宣教科负责人请进直播间,通过连线保护区科研监测探头,观看实时的鸟类活动情况。直播中共观测到小天鹅、麦头凤鸡、鸬鹚、绿头鸭、针尾鸭、赤膀鸭等十多个候鸟种类。同时,节目介绍了保护区近期监测到的卷羽鹈鹕、白头鹤等明星物种,主持人、嘉宾通过诙谐的语言和形象的比喻,将鸟类的生活习性和形态特征描绘得惟妙惟肖。如卷羽鹈鹕因其嘴大,被称为"大胃王",黑脸琵鹭因其极具特色的扁嘴被称为"自带饭勺"的鸟,让人印象深刻。同时,直播节目中还演示了东滩极具特色的鸟类环志工作,嘉宾带来了东滩特有的"上黑下白"旗标和刻有编码的金属环,通过在大滨鹬鸟类模型上的定位,告诉观众旗标和金属环所戴的位置,以及野外观测效果及环志对研究候鸟迁徙路线的科研意义。据了解,崇明东滩的鸻鹬类候鸟单点环志数量常年居全球领先地位,是东滩保护区科学研究工作中极具特色的工作之一。同时,环志数据的共享,也

为全球各大自然保护区及国际组织研究候鸟迁徙等课题提供了数据支撑。

夏至观鸟直播节目是四期节目中鸟类数量最少的一期,因冬候鸟已北返,夏候鸟数量不多,因此种群稀少。即便如此,东滩并非一片沉寂,夏季是燕鸥类集中繁殖时期,在东滩湿地的一处小岛上,数千对普通燕鸥正窝在简易的鸟巢上轮流孵化下一代,它们的身下,或有两三枚未破壳的鸟蛋,或有几只毛茸茸的燕鸥幼崽探出头来,非常可爱,这样的直播场景,现场感和视觉效果极佳。演播室内,主持人和嘉宾共同解说燕鸥岛上的故事,讲述生命起始的感动瞬间。为了弥补夏至节气东滩候鸟种类的贫乏,直播节目还设置了一名场外主持人与东滩科普教育基地的讲解员搭档,探访湿地标本馆和申遗馆。标本馆内共展出 250 多种在东滩湿地记录到的鸟类标本,记者和讲解员带领观众了解了只能在芦苇荡中跳跃滑行的震旦鸦雀、被称为"丑小鸭"的小天鹅幼崽、被认为忠贞不渝实则是"渣男"的鸳鸯中的"鸳"、坚决守卫一夫一妻制的白头鹤等等。申遗馆内,展示了东滩在候鸟迁飞路线中的重要地理位置、湿地特有的地貌特征以及多年来保护区的生态治理和环境保护成果等。

秋分观鸟直播节目主持人和保护区科研人员来到湿地的核心区域,走滩涂、看捕鸟、学环志,感受独特的秋日生态之美。直播画面带领观众了解了沿途的湿地潮沟、芦苇带、镶草带、底栖蟹类等。而在滩涂的外侧,捕鸟师傅金伟国已经设置好鸟网、插好媒鸟、吹响鸟哨,吸引天空中的鸟儿降落觅食。东滩鸟哨是市级非物质文化遗产,传承人金伟国能用手工打造的竹制鸟哨模仿 60 多种候鸟叫声,惟妙惟肖。20 世纪八九十年代,鸟哨捕鸟只为捕捉贩卖,而如今,金伟国捕捉到的鸟是为科研环志,用以研究鸟类迁徙活动。节目当天,金伟国捕鸟团队共捕捉到 20 多只鸻鹬类候鸟,科研人员向观众演示了测量喙长、翅长、体重,初级飞羽的认定,旗标的佩戴等工作,主持人还亲手将环志好的鸟儿重新放飞。

冬至观鸟直播节目作为系列直播的收官之作,做了一个内容和形式的提升,以"从黄河到长江 候鸟涌浪千里行"为主题,由崇明区融媒体中心发起联动,山东东营、湖南岳阳、江西上饶、江苏盐城等多地媒体共同参与进行候鸟保护联动直播,向广大网友观众生动展示江河沿线候鸟保护、生态发展的变化与成果。五大媒体所在的保护区都处于东亚——澳大利西亚全球候鸟迁飞区内,鸟类资源各不相同,保护方式各有特色。

最北端的山东黄河三角洲国家级自然保护区已是白雪皑皑,主持人讲述了一只因掉队被救治的大天鹅"小雪"的故事,小雪因翅膀骨折被鸟类救助站悉心呵护,与工作人员建立了深厚的感情,演绎了一幕人鸟互助相依的感人故事。

位于湖南的岳阳市东古湖观鸟景区内,雁鸭类候鸟数量达到了冬季的峰值。景区为了兼顾市民游客观鸟的需求和不过多干扰鸟类生活的原则,设置了观鸟长廊,将人流集中管理,方便市民拍摄。同时,把长廊设置成迷彩保护色,将人类活动对鸟类的影响降至最低。节目中,摄影爱好者们也介绍了拍摄鸟类的技巧和注意事项,让观众学习到鸟类拍摄知识。

江西鄱阳湖地区 2023 年受到长江枯水期影响,候鸟食源明显减少,为了满足数十万只冬候鸟的越冬食物供应,当地政府通过生态补偿的方式,补贴当地农户,藕塘不挖、稻田不收,开辟出一个极具特色的"候鸟食堂",让这些远道而来的"客人"各取所需,补充能量。而节目中提到的生态补偿话题也是各保护区面临的一个共同问题。因各地保护区大多与当地农户种植区域相连,每年秋冬季候鸟抵达时,候鸟都会飞至农田觅食。为了防止即将收获的农作物受损,不少农户铺设丝网,这就让不少候鸟误撞网具受伤,甚至死亡。一面是粮食作物的被啄食带来的经济损失,一面是铺设丝网对鸟类带来的威胁,如何在两者之中寻找到平衡点,值得探究。

江苏盐城的湿地珍禽国家级自然保护区内,丹顶鹤是绝对的明星物种,记者带领观众了解了丹顶鹤的生活习性,种群构成及繁殖配对情况,介绍了人工孵化基地的科研成果等。

崇明东滩位于长江入海口,通过多年的生态治理和环境修复,东滩鸟类国家级自然保护区内形成了湖水、浅滩、岛屿、芦苇带等多种地貌特征,可满足不同鸟类的栖息环境要求。从 2016 年开始,保护区内小天鹅的数量从 60 多只增至 2 900 多只,反映了生态环境不断向好的趋势。记者和工作人员还现场探访了国家一级野生保护动物东方白鹳的聚集地,据了解,2023 年冬季,东方白鹳在保护区越冬种群数量达到了 70 多只,创下了历史纪录。

通过五大保护区的联动直播,既展现了从黄河流域到长江流域的冬季生态美景,也展示了全国各地生态保护、环境治理工作的经验成效,激发了群众爱鸟护鸟的意识,起到了科普教育的目的。

春夏秋冬四季的观鸟直播节目,因策划细致、设置合理,四期节目中基本没有重复内容的出现,不同的场景转换、不同的体验环节,让观众全方位、多角度地感受候鸟天堂的美景。

(二)团队协作 高效完成四季观鸟直播任务

在时间跨度较长的四季观鸟直播节目制作过程中,崇明区融媒体中心打造了一支人员稳定、分工明确、工作高效的直播团队。

1. 确定每一期的内容方案后,编导及时搭建主持稿的文案框架,并与东滩管理中心嘉宾密切沟通,提前了解话题谈论范围,回答时间,并提炼幽默语句,铺设特色环节。

2. 主持人和嘉宾每期节目前都进行彩排,计算直播时间,寻找可能出现的环节卡点,排除直播中可能出现的隐患。

3. 提前拍摄直播节目中需要穿插的短片,根据直播话题确定拍摄主题,尽量将直播节目中谈到的内容都用画面支撑。

4. 技术保障在本次直播中起到了至关重要的作用。2022 年,崇明区融媒体中心与东滩管理中心通过技术对接、购买设备、铺设专线,实现了与保护区科研探头信号的共享。在本次系列直播节目中,演播室主持人和嘉宾多次通过实时切换,观看保护区多处水鸟栖息地实况,增强了生动性和趣味性,为直播节目增色不少。

5. 直播团队还设置海报制作人员、先导片制作人员、微信、抖音平台产品制作人员、外联人员、抽奖环节工作人员、道具、化妆人员等。

四季观鸟系列直播节目,内容新、时间长、策划细、人员多,得到崇明相关单位及全国多家媒体单位的大力支持,人民日报、新华网、上海发布等主流媒体也对直播进行了分发推送,部分直播视频也登榜抖音同城热搜,累计斩获观看量超百万人次。同时,在直播过程中也发现了部分问题,如环节设置不够流畅、包装内容不够严谨、现场切换出现卡顿等,都值得进一步完善和探究。

二、打造富有特色的短视频产品 传播鸟类知识及崇明非遗文化

除了直播类节目,崇明区融媒体中心的短视频产品也极具特色,成为候鸟保护和生态治理类选题的优质传播产品。

"吴大嘴"工作室是崇明区融媒体中心五大工作室之一。工作室定位明晰,运用短视频讲述时下热点的新闻事件,选取的视频素材全部来源于新闻现场。"吴大嘴"系列短视频明显不同于传统新闻本身,一些产品游走于新闻的边界,把看似边角料、却闪烁着温情、有着烟火气的零碎素材,通过诙谐的语言,做成一个茶余饭后可作谈资、自带流量的融媒体产品。在"吴大嘴"工作室生产的产品中,以生态治理、候鸟保护为选题的产品占据了很重要的位置,如《东滩媒体开放日》《候鸟"两翼齐飞"》《天鹅季》《西沙牧雁记》《金师傅的土味哲理》《飞羽小课堂之"铲刀头将"》等等。

(一)方言讲述 引出新闻背后故事

"吴大嘴"系列短视频每集在 2 到 3 分钟,全部采用崇明话讲述,画面来源于新闻现场,讲述新闻事件的同时,挖掘其背后的故事。如《金师傅的土味哲理》这条视频,记者跟随捕鸟师傅金伟国下滩捕鸟,但当天滩涂泥泞,团队前行艰难,金师傅通过几十年的经验,教授如何在淤泥中前行,如何通过潮汐、风向的观察来

捕捉候鸟等知识。土味的讲述中,他金句频出,透露出生活的哲理,金师傅说:"滩涂好似人生,泥泞总是常态,如果背负太重就很难走出泥潭"。拍摄的当天,天公不作美,风向潮汐都不利于捕鸟,金师傅空手而归,金师傅又冒出一句土味哲理:"再好的技艺也要看上天的安排,万事不可强求,顺其自然"。短视频将金师傅的哲理讲述和滩涂拍摄画面巧妙融合,推出后收获了不少受众的好评,凸显了新闻故事背后的人文色彩和人生哲理。

(二)传承非遗 传播鸟类在崇明的特有文化

崇明的陈家镇地区因其靠近东滩湿地,20 世纪不少百姓都会捕鸟,在崇明方言中,也对不同的鸟类有自己的俗称。如勺嘴鹬称为"铲刀头将"、反嘴鹬称为"摇小鬼"、大滨鹬称为"翠沙"、大勺鹬称为"老丘",等等。这些民间的俗称以及不同鸟类的鸣叫声,如今已鲜有人知,更没有人探寻记录。"吴大嘴"工作室开设了飞羽小课堂,每期介绍一种鸟类,通过介绍其鸣叫声(金伟国鸟哨声)、崇明的俗称,以及目前的保护级别、全球种群数量等,生动形象地描绘出鸟类的习性特征及生存状况,让受众更直观地了解鸟类知识。

(三)密切联动 服务东滩申遗工作

"吴大嘴"工作室的产品,既保持其幽默风趣的视频风格,又通过故事的讲述服务崇明世界级生态岛建设大局及东滩申遗工作。2019 年,中国黄(渤)海候鸟栖息地(第一期)申遗成功,江苏盐城两处候鸟栖息地被列入世界自然遗产名录。包括崇明东滩在内的 11 处候鸟栖息地,作为中国黄(渤)海候鸟栖息地(第二期)联合申报世界遗产,已进入关键阶段。2024 年,世界遗产大会将审议新一批世界遗产提名地,如届时审议通过,崇明东滩将成为上海市首个世界自然遗产。为了更好展现东滩湿地的生态保护和鸟类资源,更快捷有效地传播视频产品,"吴大嘴"工作室将常规新闻改编为短视频,如《东滩媒体开放日》,就将科普教育基地的媒体日活动合理转化,展现为了配合申遗工作,科普教育基地在场馆设置、内容开发、市民服务方面所做的提升。

三、创作人员脚踩泥土 俯身学习 钻研生态治理及鸟类保护知识

不同领域的采访报道和产品生产,都需要专业知识的支撑。创作人员要做好湿地物种的采写拍摄,生态治理、环境保护、候鸟迁徙等方面的知识储备非常

重要。不同地区有不同的地貌特征、生物特性,对生态修复、外来物种的治理方式也各不相同。以东滩保护区为例,如果要采写生态修复,互花米草治理是绕不过去的环节。这就需要学习了解互花米草的来历,以及十多年来保护区在生态修复工作中所做的探索和研究。

崇明岛是长江泥沙冲积而成的岛屿,因此保护区的滩涂边缘土质松散、结构极不稳定。为了解决这一问题,相关部门在 20 世纪引入了互花米草这一外来物种,广泛种植于滩涂湿地,起到了良好的防风固沙、抵御潮水的作用。但互花米草的广泛种植也带来了现实问题,它扩张能力极强,本土的海三棱藨草的生长空间被严重挤压,而海三棱藨草的球茎是很多候鸟的食源,食源的减少带来的是候鸟种群的锐减。因此,保护区从 2010 年开始进行大规模的互花米草治理及生态修复工程。但互花米草治理是一项极其复杂的工程,保护区经历了一个漫长的探索过程,通过火烧、刈割、水淹各种方式,发现单独使用其中的某一个方式都不是很有效果,所以最后采取的是刈割加淹水的复合方式进行治理,取得了不错的效果。可见,保护区的很多工作都带有前期的科研探索和实际的效果研判,都需要记者编导了解其来龙去脉,准确把握文字撰写和画面拍摄。

同时,如要采写或制作东滩鸟类的稿件、产品,就需要记者编导以及摄像对鸟类知识有一定的储备。比如雁鸭类候鸟和鸻鹬类候鸟的区别、它们各自的迁徙路线和每年到达东滩地区的时间、东滩的明星物种如小天鹅、白头鹤、黑脸琵鹭、卷羽鹈鹕、东方白鹳目前的种群数量和生存状况等等,只有不断学习积累,多和专家、科研人员沟通交流,才能在媒体产品生产过程中不说外行话,游刃有余。相关专业知识的学习与钻研永无止境!

结　语

生态环境好不好,鸟类用翅膀来投票。崇明在高标准推进世界级生态岛建设的过程中,候鸟保护始终是一项重要的且极具特色的工作。习近平总书记在全国宣传思想文化工作会议中提出"七个着力"的要求,其中提到"要着力加强国际传播能力建设、促进文明交流互鉴"。作为国际重要候鸟迁飞路线上的崇明,要始终将这些南来北往的国际"客人"作为宣传报道重点,用更生动的题材内容、更活泼的传播方式,讲好鸟儿在东滩湿地的故事、讲好崇明生态治理和环境保护的故事。这也是国际文化传播的一个重要方面,我们将继续努力创新实践!

参考文献:

[1] 中央宣传部/生态环境部联合编写:习近平生态文明思想学习纲要[M],学习出版社、人

民出版社,2022 年 7 月联合出版.

〔2〕郭一淳:一次创意新颖的直播——2015 年央视《候鸟迁徙》直播回眸〔J〕,声屏世界,
2016(2).

〔3〕徐宏发、赵云龙:上海市崇明东滩鸟类自然保护区科学考察集〔M〕,中国林业出版
社,2005.

作者简介:
吴仲亨,上海市崇明区融媒体中心通联服务部主任。

从"双治理"成效看网络时代下的电视业务技术发展之路

吴春花

提　要: 本文就网络时代看电视难和烦的现状,对广电总局联合多部门为解决该问题开展的电视"套娃"收费和操作复杂工作的"双治理"措施及其成效做阐述,重点就有线电视、IPTV、互联网电视三大体系业务技术标准的制定原则和在业务、操作和技术上的异同点做了分析比较,并得出结论:标准的制定对提高广播电视服务质量、促进产业健康发展和满足用户需求及规范广播电视和网络视听业务行为具有深远意义。我们要以标准为准则,规范业务行为、丰富节目内容、提高技术标准,让网络时代下的电视业务技术之路有序健康发展。

关键词: "套娃"收费　复杂操作　有线电视　IPTV　互联网电视

引　言

党的广播事业始于延安,新中国成立后到现在,历经了从小到大,从无到有,从弱到强,从广播到电视再到融媒体的发展历程。自 1958 年电视开播以来,电视的传输从无线到有线再到卫星,从模拟到数字再到网络化发展,其分辨率从标清到高清再到超高清,形成了现在的星网结合、天地交融、公共与增值服务并存的立体化多层次电视传播覆盖的格局。

特别是进入 21 世纪以来,我国的电视事业发展迅猛,技术日新月异,电视的发展收看模式也从单一的只能被动接收节目内容的广播形式转变为能互动的多业务电视平台,电视机也变得越来越智能。而随着数字化和网络化发展,如今的电视机不再是拿到后通过搜索无线或卫星或有线频道后就能直接收看电视节目了，现在看电视至少要多一个机顶盒和其相对应的遥控器；看电视的方式不仅只有有线电视了，还有通过电信网络的 IPTV 和互联网电视等；同时各大运营商为了运营获利或商业博弈等，在不同的节目上增加广告或设置付费项目。诸如此类的问题使得网络时代的电视业务越来越多，看电视也越来越难，操作也越来越复杂，所涉及的技术问题也有所异同。

本文就以当下网络时代下的电视业务技术为要点，就目前看电视难和烦的现状、广电总局联合多部门整治的成效和广电总局制定有线电视、IPTV、互联网电视业务技术标准等措施，重点就"双治理"背景下制定的三项标准内容做了较为详尽的阐述，指出标准的制定给网络时代的电视业务技术发展提供了新的发展道路，对提高广播电视服务质量、促进产业健康发展和满足用户需求及规范广播电视和网络视听业务行为具有深远意义。

一、网络时代下看电视的难和烦

目前电视的收看播放途径主要有如下三种：一是通过有线电视网络传送的有线电视、二是通过电信运营商专网传送的 IPTV、三是通过互联网传送的互联网电视 OTT。多样化的电视节目和电视终端给我们的个性化需求提供了便利，直播、回看、点播等功能满足了不同人群的需求。这三大体系一方面满足了受众多元化需求，另一方面则随着业务和技术的发展，由于多种市场主体不同程度参与电视的播送和收费，电视的开机时间越来越长、开机界面越来越复杂、遥控器通常得有两个、一旦按错键或想看一些内容还会形成订购产生各种费用……电视的"套娃"收费和操作复杂被老百姓诟病，很多老年人不会开电视，不知道如何进入节目画面或回到原来的界面，也不知怎的就订购产生了高额月租费等。

电视大屏的意识形态、公共服务和技术产业这三大属性势必要多部门协调联动，共同解决"看电视难、看电视烦"的问题。这既是政治工程、民心工程也是系统工程，需要广电总局、工业和信息化部门、市场监管部门、有线网络公司运营商、电信运营商、IPTV 集成播控平台、互联网电视集成平台、电视机生产厂商、主要内容提供方等及中宣部、网信办的共同努力。为此，2023 年 8 月，国家广播电视总局联合多部门在京召开治理电视"套娃"收费和操作复杂的"双治理"工作动员部署会，统筹有线电视、IPTV 和互联网电视三大体系，把握好电视大屏的意识形态属性、公共服务属性和技术产业属性，下大气力解决"看电视难、看电视烦"的问题，切实提升人民群众看电视的满意度，推动广播电视和网络视听高质量发展。

二、电视"套娃"收费和操作复杂的"双治理"相关情况

电视"套娃"收费问题主要表现为收费包数量多、收费主体多、收费不透明;电视操作复杂则表现为看直播难,开机不能直接进直播、开机广告多、遥控器操作复杂,还有则是终端多、连线多、遥控器多。按照"系统谋划、分步实施、先易后难、试点先行"的工作思路,综合考虑近、中、远三个阶段,即:在 2023 年底逐步实现开机看直播,收费包压减 40%,提升消费透明度;在 2024 年上半年,简化减少遥控器、规范运营和收费;在 2024 年底前实现新生产的电视机顶盒一体化,并健全三大业务体系长效管理机制。截至 2023 年底,电视"套娃"收费现象得到明显改观,有线电视和 IPTV 的各类收费包大幅压减 50% 以上,其中有线电视压减 72%,IPTV 压减 79%,互联网电视压减 55%,单个终端由治理前最高的 86 个收费包压减到现在每个终端都不多于 6 个收费包。收费项目明显压缩,收费名目更加清晰,同时基本实现有线电视和 IPTV 开机即看直播电视频道。

在收费方面,不仅有压减还推出了免费。以上海为例,上海移动 IPTV 对收费页面进行优化:调整了首页首屏收费项目的数量不超过两个,为收费节目标记明显标志,增加了单片付费专区入口、免费专区入口以及频道直播回看入口。此外,有线电视、IPTV 和互联网电视都加强了优质免费内容供给,如:中国广电湖南公司上线免费内容专区助力银发族实现"看电视自由";吉林 IPTV 联通分平台同时取消单片付费产品等;电视机厂商也在开机页面醒目位置设置了"免费专区""重温经典专区"等,点击进入可以看到一批高质量、高口碑的精品节目。全国有线电视网络上线的"重温经典"免费专区在 2024 年 2 月起面向全国播出。

开机就能看直播是治理电视操作复杂的重点。看直播是广大观众看电视的第一需求,曾有人试验,有的用户开机后想进入直播频道,最多的居然需要操作 11 步!经过整治,现在开机看直播已经变成现实。在有线电视方面,如上海有线电视用户,通过机顶盒软件升级更新等方式,实现首页首屏开机即看 CCTV - 1,首页即为"看电视"页面,焦点位置播放 CCTV - 1 直播频道画面,第一时间传达党和政府的声音;有线电视用户均可通过自主设置开机选项,实现开机即能全屏播放直播频道的功能;用户开机进入菜单 20 秒内不进行操作,电视会自动跳转至全屏直播。就 IPTV 而言,上海移动 IPTV 实现落焦页设置为"看电视",调整首页首屏直播画面占比 50% 以上,直播频道页默认 CCTV - 1。开机看直播回归了广大观众"看电视"的初衷,再次强化了即使是在网络时代电视的公共服务属性的意义。

三、三大体系业务技术要求标准

国家广播电视总局联合多部门治理电视"套娃"收费和操作复杂的"双治理"工作,如果说收费是运营的因素,那么操作复杂更多的是技术因素。因为简化电视操作,关键难点在于对机顶盒进行软件升级。目前,全国共有机顶盒近两亿台,而在过去,由于全国有线电视网络采用的是分省建设运营的模式,存在机顶盒型号、版本繁多等问题,因此需要较长的研发和测试时间;还有一些机顶盒已经在网运行 10 多年,需要统筹进行整机更换。而且随着智能电视的发展,不同电视机厂商开发了各自的智能系统,这也要求电视机厂商要以充足的技术优势为设计基础,对海量的用户需求进行分析识别,支持快捷切换直播电视频道满足用户需求等。要解决诸如此类的技术问题则必须有一个统一的标准和规范。正是这样的背景下,为进一步强化电视操作复杂治理成效,规范广播电视和网络视听业务行为,更好服务人民群众视听生活,国家广播电视总局在 2023 年 11 月下旬发布了《有线电视业务技术要求》(GY/T 380 - 2023)、《IPTV 业务技术要求》(GY/T 381 - 2023)和《互联网电视业务技术要求》(GY/T 382 - 2023)等三项广播电视和网络视听行业标准。三项标准重点聚焦在三个体系面向用户提供广播电视主要业务时应达到的技术要求。

(一)制定三项标准的原则

三项标准结合有线电视、IPTV、互联网电视的业务特点及传播形态,以实现电视的快速开机、开机即看、简化操作为目标,以推进电视便捷性观看和高质量服务为原则,系统性规范有线电视、IPTV、互联网电视三大体系的业务技术要求,明确终端开机、用户界面、直播点播业务、音视频服务等内容,为电视易看、易用的全面普及和长远规范提供依据和遵循。

标准的制定须经得起考验,为此,在标准制定前,对三大体系的电视用户体验进行了多次调研。调研范围包括全国的有线电视网络公司、近百个 IPTV 平台,还有多款互联网电视 App 等,涉及标清、高清、4K 各种类型机顶盒,红外、蓝牙、手机 App 各种类型遥控方式,IPTV 终端型号,还有全国各地的调研表和用户主观评价调查等。譬如有线电视进行了两轮多次调研,包含了全国 31 个省/市和兵团、深圳天威、广州珠江数码共 34 个有线电视网络公司,调研和测试的机顶盒代表的数量有 1 亿台以上;IPTV 则穷尽各省 149 个 EPG 版本,EGP覆盖全部 IPTV 用户,IPTV 终端信号共计 1346 款,可代表 2 亿多的 IPTV 用户,占 IPTV 用户总数的 91.3％;互联网电视则选取了月活跃用户数排名在前的 12 款 App 进行调研,总活跃用户数达 5.12 亿,同时还进行多个深度用户访谈等。

调研时通过采用图像采集＋操作录像或整体测试环境录像的方式,测试开机、直播、时移、回看、点播的操作响应时间,并采样用户的体验感受。为能使三大体系的电视业务技术的标准具有可操作、可执行和规范性,通过从操作响应时长、机顶盒硬件配置、遥控器对比等方面的测试发现:响应时长各有不同;机顶盒中标称性能互联网电视略微优秀,其次是 IPTV 机顶盒,有线电视机顶盒则略差;对遥控器而言,受众年龄和节目内容因素是影响其样式的直接因素,比如孩子喜欢语音功能的遥控器,有线电视和 IPTV 含直播频道,大部分遥控器包含数字键等。

因此,三项标准的制定是结合调研测试数据,广泛征求三个体系内各方意见后完成的。同时为了更大地兼容三大体系设备,其具体的技术指标则尽可能参考现行国标、行标数据,使标准的可操作性强,尽量对现有系统和设备产生尽可能小的影响。

(二)三项标准的共同点

有线电视、IPTV、互联网电视业务技术要求这三项标准的制定过程中,牵头单位分别为中广电广播电影电视设计研究院有限公司、国家广电总局广播电视科学研究院和广播电视规划院,参与的单位包括部分省市有线网络公司、移动通信公司、互联网公司等,重点聚焦三个体系面向用户提供广播电视主要业务时应达到的技术要求。标准规定了有线电视/IPTV/互联网电视业务的技术要求,适用于有线电视/IPTV/互联网电视业务系统的规划、设计、建设、验收、运行、管理和维护。三项标准其框架结构都分为前言、范围、规范性引用文件、术语和定义、缩略语、通则和具体条文七个部分,是针对不同体系的业务各自对应的内容,强调了对现有系统进行自查,若不能满足标准要求的指标,通过整改达到要求。

三项标准在解决"看电视难"方面明确了如下规范:在开机显示呈现要求上,要做到简化用户看直播频道的操作。标准明确提出,有线电视和 IPTV 终端应提供"开机进入全屏直播"和"开机进入突出直播频道的交互主页"两种开机模式选项,默认设置为"开机进入全屏直播"。选择进入交互主页开机模式的,开机后默认焦点应停留在直播窗口,且如果用户在 20 秒内无操作,自动进入全屏直播。

在开机启动、应用启动上的要求是解决开机时间等待过长的问题。标准明确规定,有线电视和 IPTV 终端开机时间应不大于 35 秒,互联网电视应用启动时间宜小于 3 秒、应不大于 5 秒,且不能因播放开机广告等特定内容延长开机时间。

在用户页面上则要求满足个性化多元化的用户需求。标准明确提出,用户界面宜面向老年、未成年等用户群体提供特定的服务模式,并提供便捷切换入口。标准的制定紧紧围绕解决调研中存在的问题,譬如在调研中发现部分服务提供商没有免费专区,或者需要操作很多次才能看到免费专区,针对这种用户界面繁琐、难以找到免费节目内容的现象,结合"套娃"收费治理,在标准中制定了如下规定:交互主页应设置显著、便捷的免费业务专区入口,从交互主页默认焦点至免费业务专区入口的操作次数不宜超过 3 次。

针对直播点播业务,标准规定了直播、时移、回看、点播等响应时间的具体指标,从而达到提升用户体验、提高服务质量的目的。如高清直播频道切换时间应不大于 2 秒,4K 超高清直播频道切换时间应不大于 2.5 秒;用户操作遥控器切换页面至该页面完全显示,所需时间应不大于 2 秒;有线、IPTV 点播业务的响应时间均应不大于 2 秒。

为重点解决遥控器难用和操作复杂问题,在遥控器按键方面,标准要求遥控器应具备快捷看直播频道的名为"看电视"的按键,通过此按键直接进入全屏直播,同时遥控器应具备主页键,通过此按键能直接进入用户界面交互主页。

三项标准在付费提示、用户信息保护等方面也提出了相关要求,确保用户明白消费,个人信息不被泄露,切实维护用户权益。针对"套娃"收费问题,在付费提示方面,要求业务的订购或退订等相关操作,均应在用户界面上提供明确的提示说明和流程操作说明,且应提供确认付费或取消付费的明确操作步骤,不应设置"一键付费"相关操作;对于任何业务的定期或连续扣费,均应在扣费前明确、主动提示用户。在用户信息保护方面,要求明确数据收集和获取过程中个人信息和重要数据的知悉范围和安全管控措施,确保采集数据的合法性、完整性和真实性;对数据采集行为进行权限管理,采取过滤敏感个人信息、加密等技术或管理措施,确保采集过程中涉及的个人信息和重要数据不被泄露。这在保护用户隐私的同时也通过条文要求运营商合法合规使用数据。

(三)三项标准的音视频技术要求

三项标准从音视频的技术指标要求、格式要求和音频响度等三个方面,研究提出了相关要求,旨在规范和提升电视节目的音视频质量,为用户提供更清晰、更流畅的呈现效果和视听体验。在技术指标要求方面,从用户体验角度并兼顾安全播出要求出发,要求视频画面应连续无丢帧、声音应连续无中断,出现彩条、马赛克、静帧、黑屏、可察觉音视频不同步等异常现象的持续时间应小于 2 秒;在音频响度方面,明确有线电视业务、IPTV 业务应保持直播频道原有音频响度的一致性,点播、广告等内容的音频响度应与直播频道一致,三项标准具有相同的音频平均响度指标参数。在格式要求方面,规定了高清、超高清音视频的技术参数,鼓励支持高动态、三维声,具体要求如下。

对高清视音频而言:三项标准都规定其高清视频分辨率应为 1920 像素×1080 像素,宽高比应为 16:9,帧率应不低于 25fps(其中互联网电视为 24 fps);音频编码方面,对于有线数字电视和 IPTV,其高清频道视频编码参照 AVS+编码或编码效率相当的视频编码格式编码时,码率应不低于 8Mbps。三项标准的音频均要求支持立体声或 5.1 环绕声,其中有线电视和 IPTV 的立体声音频编码码率都规定了应不低于 256kbps,5.1 环绕声音频编码码率应不低于 384kbps,采样率应为 48kHz。

对 4K 超高清音视频而言:4K 超高清视频分辨率应为 3840 像素×2160 像素,宽高比应为 16:9,帧率应不低于 50fps,量化精度应为 10bit,并对色域要求和 HDR 视频显示适配提出了相关要求;参照 AVS2 或编码效率相当的视频格式编码时,有线数字电视和 IPTV 的 4K 超高清视频编码码率都应不低于 36Mbps。音频应支持立体声或 5.1 环绕声,有条件的可支持三维声。其中有线电视和 IPTV 的立体声音频编码码率应不低于 256kbps,5.1 环绕声音频编码码率应不低于 448kbps,采样率应为 48kHz,三维声解码应符合 GY/T 363-2023《三维声编解码及渲染》的规定。

如此详尽的指标要求,也是针对存在假 4K 等现象的一种整改标准,在技术上保证节目源质量。

(四)三项标准的不同点

三大体系的三大标准由于传输平台和终端不同,也有各自的不同点。研读和比较三个标准,可以看到:

《有线电视业务技术要求》其目标是通过制定有线电视业务在用户体验方面的技术指标,规范有线电视业务的服务质量,解决诸如机顶盒开机时间慢、用户操作响应迟滞等问题,是为了更好地服务大局、服务行业,促进广播电视发展;《IPTV 业务技术要求》其目标是在目前 IPTV 用户增速趋于放缓的背景下,通过对 IPTV 业务提出技术要求来推动 IPTV 进入高质量发展阶段。

对有线电视而言,信道的传输主要通过 QAM(正交幅度)调制方式和 IP(互联网协议)方式传输,这是有线网络的独特性,这跟其信道有关,其条款内容参考了《有线数字电视音视频技术质量要求和测量方法》(GY/T 375 - 2023)。网络的传输性能要求分别如下:通过 QAM 调制方式传输的,其终端信号电平值应在 50dBμV - 75dBμV 之间,信号电平超出范围的持续时间应小于 2s;调制误差率 MER 值应不低于 24dB,低于门限的持续时间应小于 2s;纠错前比特错误率 BER 值应不高于 10E - 4,纠错后 BER 值应不高于 10E - 11,超出门限的持续时间应小于 2s。通过 IP 方式传输的要求则如下:对于 MDI - DF(媒体传输质量-延迟)指标,其单节目 IP 码流 DF 值应不高于 80ms,多节目复用 IP 码流 DF 值应不高于 40ms,超出门限的持续时间应小于 2s;对于 MDI - MLR(媒体传输质量-媒体丢包率)指标:每秒丢包应不超过 1 个 IP 包或 7 个 TS(传送流)包,每15min 丢包应不超过 3 个 IP 包或 21 个 TS 包。同时规定基于 IP 方式传输的有线电视智能机顶盒的时移、回看、点播业务的服务、响应等都不大于 2 秒,其目的是考虑对现网不进行大规模改动和机顶盒更换的前提下通过小范围升级改造达到本标准的指标要求。

《IPTV 业务技术要求》的条文内容与有线电视标准高度相似,其独特性体现在呼号,它规范了 IPTV 终端开机过程中呼号不规范的问题。IPTV 终端开机过程中应显著呈现"中国 IPTV -省份"呼号,例如:上海的 IPTV,则显示"中国 IPTV -上海",并在呼号后显示集成播控分平台和传输运营机构标志图标,不应呈现其他形式的呼号。

《互联网电视业务技术要求》主要在业务启动、操作交互、广告服务、可靠性方面做了规范。由于互联网电视的网络环境会极大影响用户体验,因此在带宽不低于 100Mbps 的情况下,对操作交互要求的响应时间相对有线、IPTV 放宽了标准。同时针对互联网电视平台广告太多的问题,提出整改要求:即启动广告时间应包含在互联网电视应用启动内,交互主页不应设置弹窗广告。

结　语

综上所述,我们的电视"套娃"收费和操作复杂的"双治理"工作已有所成效,按总局工作部署,在 2024 年上半年将简化减少遥控器、规范运营和收费;在2024 年底前实现新生产的电视机顶盒一体化,并健全三大业务体系长效管理机制。而有线电视、IPTV、互联网电视业务技术要求这三项标准的制定给网络时代下的电视业务技术规范和发展提供了重要标准准则,三项标准它们共同强调提高用户体验,共同目标是提高广播电视服务质量、促进产业健康发展和满足用户需求,其共同点均强调了免费业务专区入口要求、用户模式、付费提示、用户数据采集安全要求、音视频技术等方面的要求,强调了操作便捷性、安全性,同时又有各自的特点,适合不同业务体系下的业务技术需求。

总而言之,"双治理"工作是坚持广电为民服务的生动实践,是跳出广电行业发展困境、迈向繁荣发展的正确路径。"双治理"背景下三大体系标准的制定,为有线电视、IPTV、网络电视在面向广大用户提供广播电视主要业务时提供了应达到的技术要求,是坚持科学治理,规范业务行为,顺应技术发展趋势的标准准则;同时,"双治理"工作的成效也进一步说明了网络时代下全行业、各领域、多主体协同推进,从保障人民群众切身利益出发,以人民至上的理念,在维护人民群众收视权益、强化公共服务属性、做好广电传播党的声音的使命和视听事业产业发展收益方面的大协同、大联动和共谋发展的前进之路。

"道阻且长,行则将至,行而不辍,未来可期",电视"双治理"工作还在继续推进中,它既是牵引,更是契机,因此,我们要纵深拓展行业发展,提供更高品质节目内容、进一步规范收费、简化操作、统一技术标准……做好做强主流媒体,让人民群众满意、企业有活力、宣传有保障、行业有发展,主流媒体守好主流阵地,提升其传播力、引导力、影响力和公信力,这样网络时代下的电视业务技术发展之路一定会越走越远。

参考文献:

[1] GY/T 380 - 2023:有线电视业务技术要求[S],北京:国家广播电视总局,2023.

[2] GY/T 381 - 2023:IPTV 业务技术要求[S],北京:国家广播电视总局,2023.

[3] GY/T 382 - 2023:互联网电视业务技术要求[S],北京:国家广播电视总局,2023.

作者简介:
吴春花,上海市奉贤区融媒体中心平台运维部高级工程师。

综 合 专 题 篇

广播媒体数字化营销转型路径初探

——以上海广播实践为例

邬佳力

提　要： 营销 4.0 时代，作为传统媒体的广播媒体，正在进行创意、生产、传播、营销的全过程数字化重构。广播从单一媒体业务走向媒体生态业务，从对流量广告经济的依赖走向对整个全媒体生态体系生产能力和变现能力的依赖。数字营销正在成为传统媒体业务生态的重要部分。本文以上海广播的数字化营销实践为例，探寻广播媒体立足优势推进数字化营销转型过程中可尝试的营销模式，提出四种营销的方式。本文认为品效协同，服务品牌成长的全周期，是广播在数字化营销领域获得成功的有效路径。

关键词： 广播转型　数字化营销　品效协同　营销 4.0

引　言

在当前市场环境下，数字化营销是最有效和最经济的营销方式。新传播时代，传统广播在重大影响力事件报道和优质 IP 传播中，充分发挥了数字化传播的渠道优势和创新模式，在数字化领域实现了传播升级。作为传统媒体的广播媒体，正在从创意、生产、传播、营销的全过程中进行数字化重构，节目内容已逐步实现数字化、产品化，在数字化领域积累了坚实的受众基础。

一、什么是数字化营销

"现代营销学之父"菲利普·科特勒在《营销革命 4.0》中指出，营销 1.0 就是工业化时代以产品为中心的营销,解决企业如何实现更好地"交易"的问题,功能诉求、差异化卖点成为帮助企业从产品到利润,实现马克思所言"惊险一跃"的核心。营销 2.0 是以消费者为导向的营销,产品不仅需要有功能差异,企业更需要向消费者诉求情感与形象,因此这个阶段出现了大量以品牌为核心的公司。营销 3.0 是以价值观驱动的营销,它把消费者从企业"捕捉的猎物"还原成"丰富的人",是以人为本的营销。营销 4.0 以大数据、社群、价值观营销为基础,企业将营销的中心转移到如何与消费者积极互动、尊重消费者作为"主体"的价值观,让消费者更多地参与到营销价值的创造中来。在数字化连接的时代,洞察与满足这些连接点所代表的需求,帮助客户实现自我价值,就是营销 4.0 所需要面对和解决的问题,它是以价值观、连接、大数据、社区、新一代分析技术为基础所造就的。

在营销 4.0 时代,数字化营销有什么特征? 数字化营销是一种利用数字技术和在线平台来促进产品或服务销售的策略。它包括利用各种数字渠道,如社交媒体、搜索引擎优化、内容营销和数据分析等,与目标受众建立联系并推动销售。在当今商业环境中,数字化营销扮演着至关重要的角色。随着人们日益依赖互联网和数字技术来获取信息和进行购买决策,数字化营销使企业能够更直接地与目标受众互动,精准地定位并满足客户需求,从而提高销售额并建立品牌忠诚度。此外,数字化营销还提供了丰富的数据和分析工具,使企业能够更好地了解市场趋势,实时调整策略并优化营销效果。数字化营销为企业提供了一种更加超前、科学的销售手段,成为创意与科技的完美组合。

数字化营销并非新媒体或数字媒体的专利,作为传统媒体的广播,在数字化广告营销和广告经营管理方面早已有多方面的探索和实践。在广告营销方面,广告购买、创意、播出、效果评估、与甲方营销资源的匹配,数字化营销大幅提升了广告效果和客户认可度,成为广播电视广告的新增长动力;在广告经营管理方面的数字化则从广告产品开发、广告定价、销售渠道管理、合同管理方面科学提升了营销收益,在广告内容审查和廉政管理方面有效地替代传统的制度和流程管理,提升了管理效率、降低了管理风险。

今天,无论是广告的数字化营销还是数字化经营管理在传统媒体中已经得到广泛应用,但应用的深度、稳定性、专业性却千差万别,这也直接构成了媒体营销竞争力的差别。

二、广播媒体转型数字化营销的必要性

近些年,学界、业界关于品效的讨论非常多,如品效共振、品效合一、品效协同、品效融合等等,各方都在尝试实现品牌广告和效果广告的双赢。我们常说的

效果广告以提升销售额为目标,其广告投放能够产生可以量化的效果。测量指标包括曝光率、点击率、转化率、千次展示、收入、投资回报率等。品牌广告以树立产品品牌形象,实现与消费者的情感沟通为目的,建立品牌在消费者心中的差异化地位,更具有长期性,追求品牌美誉度、忠诚度的建立。其主要评估方式为推荐指数、搜索指数、分享率、目标受众浓度等。

品效协同则以提升品牌曝光和广告目标转化为双重目的,并突出品牌内容、效果引导信息的广告效应,实现品效共振。可见,品牌广告是走心,占领用户心智,见效慢,但是影响长久。效果广告是走量,诱发用户购买行为,促进场景消费,见效快,但是影响力转瞬即逝。品效协同是营销效果和品牌传播产生的长线效应,而非一次营销活动立竿见影的影响。

传统媒体广告营销和经营管理的数字化,特别是数字化的系统化正在重振广播电视媒体广告的价值和市场竞争力。广播作为主流媒体,近年来一直着力推进媒体融合与数字化营销转型深度结合。

比如上海广播一直走在媒体转型的前列,除了 FM 端播出的广播节目,内容产品涵盖了图文、短音频、短视频、H5 等多种数字化形式,在百视 TV、阿基米德、话匣子等自有新媒体平台及微信、微博、抖音、B 站等多渠道分发。线下更是通过大到万人级的大型演出、小到十数人的座谈沙龙等不同规模的活动,将客户的品牌和产品进行全媒体、全景式的展示。

上海广播从单一媒体业务走向媒体生态业务,从对流量广告经济的依赖走向对整个全媒体生态体系生产能力和变现能力的依赖。这背后的根本逻辑,其实是作为主流媒体,打造全程媒体、全息媒体、全员媒体、全效媒体的必然结果。

在当下这个阶段,广播媒体要深化前阶段转型发展成果,不是简单地"加减"渠道业务,而广播以内容为核心的传统优势转化为对新业务的支撑赋能,以"此强助力彼强",形成"强者恒强",持续影响这座城市里有影响力的人。数字营销成为当前有效业务手段。

三、广播媒体数字化营销的实现路径

结合创新实践案例,笔者认为有以下数字化营销的"转化"做法和经验。

(一)构建以内容为核心的数字化全案营销

2022 年 3 月,上海广播话匣子 FM"深夜对话——在桥洞下打地铺的小哥们"的短视频,以敏锐的新闻视角、质朴而真实的对话,瞬间点亮了无数人在阴霾中坚守的心光。这条视频仅"话匣子"视频号上的播放量就超过1 000万。人民日报、新华社等央媒纷纷转发,全网关注量过亿。各界力量由此迅速行动,有企业腾出会议室给小哥过夜,加速"小哥驿站"建设。上海广播接连推出4条短视频构成一组完整的连续报道,助力特殊时期城市精细化管理的推进。

这就是广播核心优势——共情力,以权威性、真实性,由此产生与用户的强"情感链接"。上海广播将这一"有温度"的优势,转化为内容为核心的数字化传播能力,通过直播、短视频等数字化的形式,实现品牌与上海广播一起传递强烈社会责任感。

比如2022年复工复产第一时间,民生类王牌节目《直通990》的后台收到很多车主的求助,反映遇到电瓶亏电、轮胎没有气等问题。携手上海广播已11年的途虎养车迅速做出反应,结合广大车主实际需求,双方推出了"养车无忧"的合作。话匣子FM通过沉浸式的视频直播,由主持人实地探访途虎养车上海中心店,前端科普养车知识,后端用"看得见的广播"展现品牌方的专业性。

这一"沉浸式直播"推动了广播营销从"品牌+活动"到"品牌+活动+直播"新模式迭代,是上海广播长期以来探索媒体融合,延伸、拓展和优化整合营销策略的尝试——不仅为客户提供了强曝光、立体化、多场景的品牌宣传,还搭建了可靠的获客平台。

(二)搭建区域化特色的数字化营销平台

长三角之声是全国首个由省级电台创办的区域广播、区域内唯一服务于"长三角一体化发展"国家战略的专属媒体、全国仅有的3个区域广播之一。去年,上海广播和上海航天合作,国内首次实现"商业拼车"的长征六号运载火箭,就是用长三角之声命名并成功发射的。

利用广播核心优势——独占性的资源渠道,上海广播不断拓展这类"第一""唯一"的数字化渠道和资产,构建起强大的合作平台,将这一"广度"优势,转化为平台化区域传播能力,实现品牌与上海广播共创数字时代的无形资产。

长三角之声异地全媒体中心,开到了安徽阜阳和江苏无锡。2022年,上海广播和江苏13个城市的广电总台搭建了"长三角融媒协作组织沪苏平台",全速提升长三角联动传播力。长三角之声推出国内第一个省级广播电台的专属数字人主播——长小姣,正式发布半天内,以"绕口令挑战"获得破4 000万的全网关注。现在数字人主播活跃在各类视频节目中,商业定制开发服务也已经上线,未来将开展基于服务功能、精准理解客户需求的内容产品设计,实现区域内全门类的客户服务、链路链接、渠道协同、品牌传播。

（三）构建高价值用户体验的数字化全场景

市场规模到达边界，流量红利正在逐渐消退；获客成本日益提高，不断降本增效才能保住利润。上海交通广播敏锐地洞察到了很多客户的这一困局，2022年7月底正式上线了小程序"1057生活家"，打造一个注重用户反馈的平台，一个提供品质生活推荐的互联网私域社群。

如何把FM端转化成为私域社区存量？"1057生活家"成功在"用户体验"上做了创新。比如，在"国庆稻"产品上线时，与客户共同策划推出"国庆稻收割体验活动"。该活动在交通广播主力受众30~50岁的有车一族中得到了热烈响应。一场主持人带队的体验活动，不仅让城市中的孩子们真切体验到了书本里的"粒粒皆辛苦"，也帮助客户实现了"吃在当地，吃在当季"的品牌宣传目标。

广播的核心优势的转化——主持人参与的场景体验，挖掘高价值的用户体验，将这一"深度"优势，转化为私域意见领袖的口碑传播能力，实现品牌和上海广播共同助力人民品质生活的提升。

上海广播还用一场接一场的有策划有主题的好物推荐，帮助客户实现了看得见的转化，赢得了信任与共赢。2022年一家甘肃静宁种植苹果的客户，把当年销往上海的第一批苹果留给了"1057生活家"的听众用户，之后才在盒马等其他商超陆续上线。

2023年上海交通广播结合自身特点，围绕着这一平台打通营销逻辑，形成营收闭环，全年实现收入1 100万元。平台IP的搭建，1057惊喜旅行团打造出了广告费＋分成的产品模式，全年完成了21条线路，招募2 200多位游客，收入570万元，也成为中心旅游类营销产品的一个标杆。同时，打造电商轻骑兵，扩大供应商朋友圈。第六届进博会期间，上海交通广播运营团队与内容团队主动作为，24小时内完成了寻找展品、谈判、合同、上架、宣推的极限挑战，在进博会现场开启"进博好物速递"的现场直播，"让展品，变商品"。

除了"1057生活家"，交通广播还打造"1057移动生活馆"，成为"行走"的品牌广告位！客户的门店是主持人的站台，高黏性的听众用户将成为嘉宾与乘客，让数字化时代的广播成为移动空间的陪伴者、品质生活的推荐者、交通应急的引导者、城市街头的发现者，真正实现营销的"品效合一"。

（四）构建全周期协同的数字化服务

利用广播媒体的核心优势——垂类专业能力，在企业创新全周期提供数字化传播服务,将有"力度"的优势,转化为数字化宣传推广的公共服务供给能力,实现品牌与广播共赢创新中国形象。

比如,第一财经广播联合全国 50 家国家级和省级经济广播联合打造了"报时未来"品牌,每年由各省市经济台台长推荐各地区优秀企业,从八大维度评选出年度创新企业。两年来,"报时未来"吸引了全球上千家企业慕名参评,在上海市商务委员会、长宁区政府等的指导下每年举办峰会。

第一财经广播在《报时未来》峰会的传播策略中,注重寻求品牌与峰会契合点,借品牌企业本身的创新精神,将品牌与峰会内容有机结合,包括但不局限于主题发言、新品发布、参与圆桌论坛等,结合全程、多息的数字化传播,将"报时未来"(全球)企业创新实践的峰会,打造成全国创新企业的秀场,吸引政府部门、全球知名企业、创新企业、金融业、产业园区等各行各业的关注与支持,从内容到呈现共同出谋划策,相互借势,"共声"共赢。

结　语

二十大报告中强调,必须坚持科技是第一生产力、人才是第一资源、创新是第一动力。上海正在建设具有全球影响力科创中心,打造我国建设世界重要人才中心。各行各业开辟发展新领域新赛道,不断塑造发展新动能新优势,推动自身数字化营销转型与媒体融合紧密结合,有温度、有广度、有深度、有力度地将核心优势转化为传播能力,与用户进行全生命周期的触达,为品牌定制数字化营销全案。从品效合一到品效协同,服务品牌成长的全周期,这就是上海广播在数字化营销领域的路径。

随着数字化的终极场景——元宇宙的时代越来越近,企业能否通过数字化的广播,与消费者在数字空间建立情感联结? 能否在数字空间,借助数字化媒介,共创品牌无形资产? 媒体,如何影响消费者的线上体验? 这些都将会成为广播和客户,在数字化之路上共同思考的问题。

未来,广播媒体还将进一步深化数字化营销转型,探索数字化营销新模式、新技术、新业态,持续推进数字化营销共创计划,持续推进数字生活服务类营销业务矩阵等重点营销版块,和更多人一起转化、共声。

参考文献:
[1] 方益、秦蕾:数字营销时代,传统广电之"变"——地方台大数据应用与城市服务商角色转型初探[J],中国广播影视,2019(8):4.DOI:CNKI:SUN:GBOY.0.2019-08-030.
[2] 张磊:5G 时代广播发展前景[J],东西南北,2020,No.557(09):150-151.

［3］单立宾、张艳：广播电视网络市场营销策略研究[J]，2019.

［4］郭玮：浅谈社会化媒体时代广播广告的创新经营模式——基于品牌社群营销的角度[J]，青春岁月，2015，000(006)：170－171.DOI：10.3969/j.issn.1007－5070.2015.06.149.

［5］刘艳：市场营销的嬗变与场景营销的应用[J]，甘肃广播电视大学学报，2016，26(6)：5.DOI：10.3969/j.issn.1008－4630.2016.06.015.

作者简介：

邬佳力，东方广播中心总编室主任助理。

论当代流行音乐广播的媒体融合发展对策与实践

陈又俐

提　要：中国媒体融合开启了升级阶段，全媒体传播体系肩负的重任，具有服务国家战略的重要内涵，"看见广播"在新媒介环境下进入了深度的探索，音乐广播的下一步发展，归根结底是自身机制的变革，需要适用的思维观念给予引领和影响。

关键词：可视融合　产品思维　精准营销　合伙创新

引　言

进入 21 世纪，信息技术赋能推动了数字化、网络化和智能化的演进。在网络社会运行体系中承担具体支点的媒体系统，进阶为关键节点——无论主动还是被动都将通过融合、迭代的进化，支撑起社会传播环境的重构，有效的媒体融合成为我国的重要国家战略。

自 2007 年 Twitter 在西南偏南 SXSW 音乐交互节首发之后，2011 年"群组通信／群聊"又在 SXSW Interactive 直接应用，2015 年的 SXSW 上首次出现移动直播应用。

与之相对应的，2011 年是中国"微博元年"，2016 年又开启了"中国网络直播元年"。在整个 2000 年代和 2010 年代初期，互联网在资本和数字技术的强驱动之下，取得了压倒性的市场优势，直接把传统主流媒体逼至生死存亡的境地，受众急剧流失，几乎所有传统媒体赖以生存的"独到性"优势，都快被互联网和移动终端消化殆尽了。

2014 年 8 月，党中央提出"媒体融合"战略，2019 年党中央要求推动媒体融合向纵深发展，提出建立全媒体传播体系的发展目标，引起全球高度关注，由此开启了中国媒体融合的升级阶段。

"建立以内容建设为根本、先进技术为支撑、创新管理为保障的全媒体传播体系"，这个定义清晰地表述了全媒体传播体系必须肩负"繁荣发展文化事业和文化产业，提高国家文化软实力"的重点任务，具有服务国家战略的重要内涵，这正是实施媒体融合，并进一步上升为国家战略的实质意义。

习近平总书记指出，媒体融合发展"要把我们掌握的社会思想文化公共资源、社会治理大数据、政策制定权的制度优势转化为巩固壮大主流思想舆论的综合优势"。建设"全媒体"与构建"全媒体传播体系"，成为举国上下一个紧迫性、时代性的公共课题。

一、广播可视化与媒体融合实践

1983 年，美国学者伊契尔·索勒·普尔在《自由的技术》一书中，首次提出了媒介融合（Media Convergence）概念，即通过不同媒体形态之间融合、内容多元化平台输出，以扩大媒体传播能力和影响力，而探索"看见广播"是其中最早的实验方向。

广播，是先天具有"融合文化"基因的传统媒介，广播和广播人热爱并擅长拥抱新技术——从一百多年前电台与电唱机的结合开始，到与汽车结合形成了最早期的"移动传播"，之后在电台直播间引进电话热线、短信、网络社区等等可以实时互动的多维方式，传统广播一直在科技进步的大环境里不间断地执行"融合中的调整，调整中的融合"。

伴随着互联网的发展从"Web 1.0"、步入"Web 2.0"、迎接"Web 3.0"的各个阶段，"广播可视化"始终是极为特殊的抓手。早在 20 世纪八九十年代，不少一线城市就出现过在大型商场和人群聚集空间设置"透明直播间"，这是当代中国广播轻度可视化实践的典型样本。

2000 年以来，广播＋移动直播平台，出现在手机 App 和各类商业音视频客户端，"广播可视化"也因此跨越到新媒介环境下的媒体融合探索阶段。在新媒介环境下，通过移动互联网技术和多元的媒介融合手段，使得流行音乐广播在内容生产、传播方式、渠道扩展等方面增强了互动与多元。

总台央广（中国之声和经济之声）开发的视频直播间，配备多通路高清摄像头，提供"多条分轨视窗＋多屏自由拼选"的 5G 广播可视体验。"可视化"的实践由此在全新技术的加持下，获得了新增的要素级"动力总成"——背景墙嵌入

LED 屏用于循环呈现节目视觉海报、视频图片和主题资料,音＋图文图像复合放送;同时素材库扩容、视频手段升级、实时连线互动、平台全面贯通,实现了广播真正意义上的"全频可视化传播"。

这种具备了可视化制播功能的广播,优先连接本系统(台)的自建移动音视频平台(如上海广播与阿基米德 App 的全联全通),借助主播设计的层出不穷的话题,吸引受众留言、点赞、投票,即时互动,为"可点播""可回播"创造了条件。像"全频可视化直播"这样的实践,拓展了卖点形式多样,客户权益体现多元立体,达成线上线下互联、互通、互利。

与此同时,广东流行音乐台的探索也很出彩,实现了多渠道服务受众。其在官网和自有 App 提供实时在线听、回听、投票等多种功能,受众能在任何时间、任何地点以最便捷方式收听全台所有节目,并且重点链接 B 站、优酷等视频平台,发布音乐 MV、音乐会直播等内容,让节目可听可看。据了解,该台已将节目资源接入智能家居系统,实现广播"进万家"。

北京流行音乐广播最早提出并实施的"视听共做",就是通过网络广播、移动应用、社交媒体等多种渠道,实现了更广泛的覆盖和更高效的传播。同时,该台还较早运用大数据、人工智能等手段来分析、预测听众行为、需求,谋划更精准、个性化的服务。

二、上海流行音乐广播可视化的演进

上海广播在媒体融合新跑道的谋篇布局,始于 2014 年 10 月正式上线的阿基米德 App,这是上海广播整体转型的标志性公用基础设施,其本质上还担负了传统广播向移动互联网的转型,建立、建设并持续优化一个跨地域、跨介质、跨平台、跨业态的广播生态圈。它从上海广播起步,仅仅 20 个月,用户覆盖面就达到了 95 个国家和地区,目前已经涵盖 16 000 家各地、各类、各级广播电台,其突出音频节目、延伸服务、社交多功能。

2019 年,上海流行音乐广播建立了面向全媒体的专属基础设施——音乐云中心,一个基于融合开放概念的广播可视化、系列化、场景化、社区化的"综合空间":一楼下沉式文化广场,二楼多功能演奏厅,还有屋顶花园,为听众提供应景式的社交娱乐空间。综观音乐云中心的音乐广播新模式,技术上从荷兰引进了一套适用互联网传播的系统,保障全能推送;形式上涵盖了节目制作、播出全流程,同时增加了多样态的现场表演功能——直播室内开辟出表演区,这个新功能区首先成为经典 947 普及古典音乐的绝佳空间——主持人介绍,演奏家表演,同步视频直播,受众通过手机 App 就能随时随意转换自己作为"听众""观众"的角色,倾听介绍、欣赏表演、参与互动点评。

近年来,上海流行音乐广播还在"破圈传播"方面,踊跃尝试下沉式探索——"扩圈行动",把广播生态圈"扩"到线下、走向社会、进入生活。聚焦年轻受众的动感 101,直接开车上街,在街头巷尾或咖啡馆进行音视频直播。

坐落于黄浦江畔的闪电咖啡馆,以打造艺人宣传推广的地标景观为亮点,进而牵引更多有需求的商业机构合作,成为颇具特色的全媒体传播项目。经典947 最具影响力的"辰山草地音乐节"和最老牌的"星期广播音乐会",全部实现"视听共做、全媒传播"。

综上所述,上海流行音乐广播在"广播转型"的大科目答卷中,依托本系统在基础设施建设上的重磅投入,从适应多元化内容创新的产能布局、跨平台传播编制、智能化技术应用、线上线下贯通、人力资源培育等诸多方面着手,结构、梯次均遵循从自身最具价值、最具优势(车载—长三角、财经—全国化、音乐—全球华人圈)的传统禀赋转化为新型"垂类独到性"的发展优势,基本达到了"在线、在播、在场"的能力预期。

三、上海流行音乐广播可视化的实践案例——以 LoveRadio 为例

主打经典怀旧路线的 LoveRadio103.7,通过单点突破式的行进,探索深度可视化的可行性,撬动"全媒体"建设,主要特点体现在常态开发品牌化的主题性项目。

1. 原创性项目

2016 年 LoveRadio 全新创办"爱的时光派对",紧扣 20 世纪 80 年代"南张行北张蔷"的青春迪斯科概念,集齐既有的节目元素,实施 24 小时台网联动无死角推送。凭借一份"请回答 1980s"专刊,点燃了大 V、引爆了网红的不请自来,带热了"80 年代最时髦""80 年代我们追谁""相爱于 80 年代""80 年代已消失的职业"一系列话题,特别推出系列短视频,主持人亲身演绎 80 年代复古装扮以及重走 80 年代地标的视频。

不仅如此,在阿基米德上也开设专区,上传近百首迪斯科热门歌曲,供网络用户收听。多角度预热活动,创下当时第二个阿基米德十万人社区。这次策划点面结合,立体丰满,参与艺人又极具代表性、话题性,引致很多新媒体主动宣推,其中就包括当时很著名的二更。在活动当晚,腾讯视频、PPTV 等多平台直播,打响了 LoveRadio 转型头炮。

同年,LoveRadio 还大胆尝试成立了 24 小时网络电台《粤来粤爱》,集中挑

选 1980 年代以来的粤语老歌,在阿基米德、网易云音乐、蜻蜓、荔枝等平台同步播出。同时纵向开发粤语经典产品线——香港著名电台主持人卫茵主播的《因为卫茵》,深究黑胶碟的《粤坛风景线》《港胶会》,迅速成为吸拢谭咏麟、李克勤、黄凯芹、王馨平等老牌香港艺人来沪露面的重要新"资源"。

2. 重大主题项目

2022 年 7 月,正逢香港回归祖国 25 周年,LoveRadio 特别推出音视频同步的主题节目"东方之珠港乐传奇",深度挖掘港剧、港片和香港红磡记忆,分别有"香港电影中的花样年华""剧满香江笑看风云""我们的演唱会"等内容,当熟悉的画面和旋律再度响起,受众的共鸣被点燃,引发集体追忆,刷爆微信朋友圈。

作为配套研发的衍生产品,LoveRadio 特别为在老派港人中影响深远的上海老字号冠生园,策划了"50 年 50 碟侬最钟意"活动,系列短视频和视频直播不间断推出,经过近半年评选,年底举办了隆重的颁奖典礼。

3. 头部项目孵化

LoveRadio 在 2017 年创办了全媒体传播的《最爱金曲榜》,集中展示华语流行歌坛最黄金年代的辉煌。《最爱金曲榜》区别于其他音乐盛典的是关注流行乐坛著名的制作人、词曲作者。通过一个个采访,让受众发现歌曲创作过程中不为人知的当年事当年情,《最爱金曲榜》输出的音乐和故事,有很多出乎意料的花絮,为主创人和听众歌迷营造了深度共情的情怀。

《最爱金曲榜》通过阿基米德,精选集聚了十家全国流行音乐广播数据,形成当周阿基米德榜单。受众也可以在阿基米德《最爱金曲榜》社区候选歌曲中,按照自己的喜好形成个性化歌单,可转发各个社交软件,金曲、照片、影像都可以制作成短音频和短视频上传共享,这些内容不仅丰富了线上节目,更触发了受众不由自主的互动。

2017 年《最爱金曲榜》的微博话题阅读量为 1.1 亿,节目从周播变为日播后,在网易云音乐的自然流量半年内累计超百万。之后每年的《最爱金曲榜》音乐盛典都由全国二十家音乐广播联合播出,户外宣传包括地铁、道闸、外滩大屏、碧虎车屏、社区灯箱、东方明珠移动电视,甚至北京、杭州都有投放。

四、新格局下广播经营的思考与对策

综合业界研究,以受众影响力视角观察传统广播的尴尬:无论在 FM＋AM 端,还是手机＋车载智能网联终端,受众规模萎缩衰减了广播影响力是不争的事实。过去几年，叠加疫情因素，上海广播也面临着愈加残酷的经营压力，而流行音乐广播，究竟还是不是广大乐迷不可或缺的接收渠道？

通过简要回顾上海流行音乐广播十年转型摸索与实践，并具体结合梳理历年来 LoveRadio103.7 这一专业频率的项目开发，可以发现的一个问题是，明明都是符合传播收益的好点子、好内容，产能也并未下降，且顽强保有一定规模受众，然而"吸睛"能力在现实操作里，却并不等于"吸金"能力。

LoveRadio 事实上已经形成了将广播产品垂直化的创新、创意与生成能力，实操中也引入了依托阿基米德 App 的协作，按受众需求、占有率等维度策划编排内容，即以"内容变产品、节目变项目"的理念指导下，消解了传统广播"缺具体、乏细化"的做法，在创办《最爱金曲榜》和《粤来粤爱》过程中，迅速开发出纵向延展的产品线，各类统计指标显示都是非常叫好叫座的优质产品。

但是，《最爱金曲榜》创办七年以来，制作团队对自己真实的市场表现，仍是无法释怀：

1. 统计显示的销售递增，仍然只是基于广播频率传统广告单一贩售的递增，项目最出彩的年度音乐盛典，以及项目在阿基米德等平台的传播，都只作为广告客户的附赠回报，没有完全实现变现。

2. 年度音乐盛典一直是电视端都市频道欢迎的优质内容，2023 年凭借优异表现，进入东方卫视版面，但整个项目贩售的仍只是广播广告。

全力奔赴高质量发展的 LoveRadio，总是在不够高效经营的问题上被绊脚，症结在于，仅凭频率自身很难将已经垂直化的广播产品转为垂直化的产业。

相应最极端的案例是，叱咤华语乐坛的《东方风云榜》，上星十多年来，基本没有实质性迈出"卖电视"的步伐。

产业，是同属性经济活动的集合，频率的职能是要具备向《最爱金曲榜》《东方风云榜》这类头部项目提供资产或资源的调用、配置服务，需要资产/资源集中化，目前面临的就是典型的"广播媒体有产品无产业、有流量无变现"。

广播经营之"痛"不是互联网造成的，只是新媒介环境下的剧烈迸发。广播经营依附于广播本身所夹杂的种种主客观因素，归根结底是自身机制的变革，需要怎样的思维观念给予引领和影响，通过怎样的价值创造能力、营销系统能力、渠道打通能力，以专业、精细、差异和服务，为粉丝（公域转私域的导流能力）、社群（生态圈的运维能力）提供有价值的优质体验。

结合《最爱金曲榜》这一产品线的分析，音乐广播媒体融合的下一步实践，可以由以下几方面展开：

基于《最爱金曲榜》区别于其他音乐盛典的最大差异特征是"歌手"之外的"音"素，团队在围绕乐坛著名制作人、词曲作者研发出一系列高品质产品的基础上,可以制订一个构思完整的全要素(音视图文)产品线开发计划,内容包括但不限于:开发① 以乐手为核心的音乐欣赏主题,② 以经典歌词赏析为核心的主题,③ 以素人歌手+歌唱爱好者翻唱经典为核心的主题(是既有项目"K歌争霸赛"的加强升级版);以此类推,涌现层出不穷的垂类"下沉式"产品,同步配合本市的文化建设,嵌入全民读书、街镇社区群文等各类社会文化活动,产品线的长度、宽度融于当下社会生活,做到极致是能够达到横向到边、纵向到底的。

产品线的开发工作,首先需要开通一个共用平台、一个通用的标准化模式和可填充的业务模块,来满足不同需求——围绕场地/环境(书店、咖啡店、茶馆、露天景观)、乐器,结合培训(练琴教琴)、诵读、点评、朗诵培训、文学读物(书商)做多元的贩售,不一而足。

LoveRadio固然擅长突破单点,然而穿点成线,就无能为力了,在现有环境下,上级机构也拿不出相应资源给予支持——这是传统广播界普遍缺乏的重要组成,笔者对可能的破局做如下思考:

1. 在商言商

2013年,SMG在台(集团)层面提出"在场、在线、在播、在商"的四在愿景,LoveRadio独缺"在商"能力,"在商"本质是"广开财路",比如总台央广"全频直播间",把广播当电视卖,又比如《东方风云榜》和《最爱金曲榜》进入东方卫视版面,是广播与电视的"加",两台盛典若达到卫视制作标准后得以大卖,才是"融",这是需要建立一套可商业化的产品(项目)研发运行机制予以支撑的。

在上海音乐广播内部锻造这样一套融合机制,首先是在前端工程化环境下,完成内部上下资源供给关系的调适——一个中心就是一个商业广场,每个频率都是主题鲜明的商业单层,活跃在每层里的每一个项目(栏目)就是各个具体铺面,面向用户(听众、广告客户、合作品牌等)提供服务。

2. 学做乙方

通常,一项协作的承接方,被定义为"乙方",作为执行方,也就是服务者,这是新媒介环境下,传媒人真正进入市场竞争前必须建立的思维。

不只要学做乙方,还要学做争当一个具备竞争力的大乙方,这并不是简单比大小,而是指在不同情境下能释放引领和施加影响的能力。学做乙方的起跑线,仍然在系统内部,不同情境下,中心甘为频率乃至项目组的乙方。普遍情境下,职能单元与业务单元是互为乙方,根本目的是惠中而秀外——在与纸媒、电视、互联网平台抢饭吃的惨烈角逐中,让金主看中自己。

3. 价值萃取

音乐广播，说到底是对音乐艺术"再媒介化"的产物，频率的品牌声量、项目 IP 品牌价值，都是音乐广播经营之痛的根源。

在新媒介环境下，音乐广播之于歌者、乐手、词曲作者、广大音乐爱好者，应该是一种怎样的价值存在？

左边是音乐，右边是听众，上海音乐广播应该怎样在微笑曲线中重新定位自己的坐标？

LoveRadio 按下暂停键的这个产品线开发计划，本身可被视为音乐广播有效的"价值萃取"的解决方案，先建立"通用的共性模式"，再根据不同项目属性进行"个性化开发"，每一位歌手、每首歌的每一位主创，都是话题与故事的源头。

结　语

中国已经由网络大国向网络强国迈进，截至 2023 年 6 月，全国网民数量 10.79 亿，十年间网络普及率从 47.9％升至 76.4％、其中农村普及率达到 60.5％。拥有全球规模最大的光纤和移动宽带网络——光缆线路总长达 6 432 万公里、拥有 5G 移动用户 8.05 亿，创造了全球第二的数字经济规模。作为数字经济的极端重要组成部分，广播和音乐广播新的价值链，实践一直在路上。

参考文献：

［1］吕岩梅：《再造广电主流媒体新型运营商业模式》，《青年记者》2021.9.15.

［2］张垒、王妍：《中国式现代化视阈下的媒体融合发展：独特道路何以可能？——兼论中国新闻学自主知识体系构建着眼点》，《全球传媒学刊》2023.4.15.

［3］梁芳：《融媒体时代编辑的角色转换研究》，《新楚文化》2022.9.18.

［4］夏青：《"美而传"：接受美学视角下的新闻生产》，《新闻研究导刊》2020.5.25.

作者简介：

陈又俐，上海广播电视台东方广播中心流行音乐中心副主任。

眼力、定力与能力

——试论全媒体作业流程中新闻导播的职责与素养

王泰沣

提　要： 电视新闻导播是电视新闻生产与传播中非常关键的节点，肩负的责任极为重大。作者基于新闻导播岗位数十年的工作体会，总结新闻导播在演播室直播、外景直播、一体化制作流程、融媒体跨界直播等方面的创新实践，探讨在全媒体作业流程中新闻导播从"在现场"的眼力、"下口令"的定力，到"轻量化"的能力等方面的职责与素养。

关键词： 新闻导播　在现场　融媒联播　跨界直播

引　言

2023 年 3 月的全国两会期间，共青团中央通过其视频号发布了一则名为《揭秘！礼兵护送宪法入场画面，导播是这样"切"的》的短视频。该视频关注两会的重要瞬间，从一个新的视角讲述了两会故事，在短时间内吸引了超过 10 万的观看量。央视总台新闻团队在视频中展示了他们在重大现场直播中的严谨制播能力，对新闻现场细节的挖掘，以及对新闻画面呈现的重视。笔者同样从事新闻导播相关工作，在实践中认识到，在新传播语境下进一步探索新闻导播的职责、明确目标与使命，对做好重大新闻事件的传播具有重要意义。

一、电视新闻导播的岗位责任

导播在电视行业中是特殊而重要的岗位。与"离线"电视编导的工作不同，导播是"在线"的,同步于客观事件的发生,对其音视频呈现进行二度创作,不能打断或干涉正在进行的事件或节目,只能运用电视制作的表现手法来反映和表现,从而完成分镜、调机和切换的艺术创作。

导播与电视技术人员也有所不同,他们不仅是按技术指标或设备运维完成节目制作,还必须依赖演播技术系统,将各种多媒体元素整合成一个完整的电视传播。因此,导播是电视编导和技术员之间的桥梁,是兼具艺术和技术综合素质的佼佼者。在大型节目制播中,导播起到现场制播统帅和指挥者的作用,负责统一指挥和调动各个制播工种,根据艺术创意的分镜,用精美流畅的镜头组合来把握整体节目节奏和进行个性化处理,将电视画面的魅力和信息传递出来,提升观众获取信息和欣赏作品的兴趣和愿望。

新闻导播是导播中的一个特殊、独立的岗位分类。其新闻属性决定了它是电视新闻节目直播安全播出的关键责任人。它负责对新闻节目播出内容的政治安全、直播播出的技术安全、直播流程版面的时间安全、直播画面呈现的画面信息安全等进行判断分析和指挥执行。作为应对突发事件的总应急指挥安全责任人,必须对直播中的新闻播出保持高度的敏感性和预见性,具备在众多视频信号源中发现播出异态的瞬间反应能力,并在第一时间发布口令,统筹解决和处置突发情况,完成整档新闻播出。

其次,一般而言,新闻导播既不能前期彩排,也没有后期制作,与其他类型电视节目的导播相比,他们是真正的直播导播。他们通过解读和领会电视新闻编播的要求,快速分析、整合各种制播方式,做出合理的安排和决策,并根据不同栏目的总体设计需求,进行视觉效果的再包装,从新闻节目转场设计、调机和运镜组合,到选择合适的新闻版块音乐等艺术处理。他们主导并与制播各岗位,包括编辑、新闻主播、摄像、灯光、录音、字幕、美编、放像、技术等有效协作,确保整个直播或制播过程的顺利推进,成功完成。

近十多年来,上海广播电视台融媒体中心一直努力追求其新闻导播团队在新闻演播室"新闻+技术+艺术"的全面具备及领先。2011年6月,就在东方卫视新闻演播厅,开创了"新闻走播+新闻大屏联动+虚拟前景动画"的新闻直播播出形式,颠覆了以往新闻仅常规固定播报的方式。这使得主播不再局限于演播台后的单一空间,通过多个演播大屏,实现全景互动播报,与现场记者"面对面"连线对话,增强了新闻直播的互动性、接近性和现场感。同时,依靠新闻播出配置的高科技含量,实现了新闻播报画面的动态接替,转场交接能带出镜头成组效应,新闻版面转换也能即时在各个景区之间切换,成功打造了时政新闻和主题报道版面的仪式感,使电视新闻具备艺术性,让新闻播报动静交错有致,张弛有度,电视播报也能"亮点"频出。

2016 年 6 月，上海广播电视台融媒体中心新闻导播团队更是首次推出亚洲首套集控自动化演播播出系统，将新闻栏目直播演变成"科技赋能型新闻制播智能化生产"。新闻导播脱离了传统的播出切换操作模式，只需轻轻点击键盘空格键，通过集控软件控制，就能实现视频画面的自动切换，包装系统自动跟随替换，外来信号源自动矩阵选择，机器人摄像机自动轨迹移动，虚拟场景自动跟踪演绎，硬盘播放器自动按序播放，调音台音轨自动开启，灯光场景自动色彩变化等。这些巧妙的默契"配合"使得新闻导播在新闻制播创意上几乎无所不能，使"新闻＋技术＋艺术"真正体现在新闻演播室的创造层面，具备了全媒介，多信源，高交互的电视新闻生产与传播能力。

二、全媒体条件下新闻导播的职责与素养

随着新媒体技术的发展进步和媒介融合的不断深入，电视新闻直播版面化和播出时段固态化，固有新闻直播模式概念正逐渐被新盛行的特别报道直播、跨媒介直播、聚合直播、融媒联播等多业态新传播语境直播所冲击。全国各地纷纷以走出新闻演播室为传播突破，以真实走进新闻现场直播为愿景，利用全外景直播、外景加演播室直播、大时长直播、轻量化直播、XR 虚拟加持直播等形式，抓重点报道和新闻大事件传播效果的最大化，追求时政、人文、艺术、科技等新闻报道的创新突破和生动呈现。因此，新闻导播作为新闻直播中随时把握成片面貌的操作者和最后一道关的坚守者，面对不同的新传播语境直播，发挥新闻导播的职能作用，尽力而为，创新求变，就显得越发重要。

1. "在现场"的眼力，聚合直播气场

对新闻直播，从演播室制作跨到外场外景大直播，从固定播出模式转到全拓展融媒呈现，从日常最长 2 小时直播，拉长到 4 小时起大直播时长，直播体量、直播版面、直播跨度、直播需求等都无限量地被放大。落实到新闻导播，就不是一味地单一化执行播出，而是被要求以"构思、设计、安全、高质"为理念做好直播执行。

新闻导播面对每一次新的现场，首要做的准备工作，就是结合直播节目内容样态，用多种"在现场"的选料眼力，关联现场，设计与现场环境互动，从崭新的立意，做到总览性、全方位、情景式衬托直播版面内容主题表达。并且从其导播实战经验出发，兼顾直播制作可操控性，用心选择每个直播环节的现场地点、形式、时机，进行必要的情境设置。

2019 年 6 月 30 日，由国家广电总局具体指导、上海广播电视台融媒体中心

牵头、联合十二家省级电视台共同策划承制的 7 小时大直播——"同饮一江水，共话万里情——'长江之恋'十二省市联合大直播"，就是一次省级地方媒体联合制作的跨地域、跨媒体、跨平台的全国联合大直播，不仅挑战了全程的外景直播，还在直播呈现手法上，"水、陆、空"多维度立体地展现出一条以往未知的让人耳目一新的长江。

特别是在上海主会场直播点选择上，新闻导播出于其"新闻＋艺术"的眼力，"去粗取精"，选择了上海东方明珠电视塔脚下、"东方明珠 2 号"游轮上作为主会场直播点。与长江有关的、具有识别度的地标被"慧眼识中"成为直播中心点，从江立源，以船为景，借助船舶上的直播，把最重要、最新鲜的事实搬了出来，以江载舟，赞美长江。

而在机位设置方案上，不仅有游船上甲板面、船头位、驾驶舱、船顶层甲板等各位置的多机位及大摇臂，还在游轮码头附近东方明珠塔观光层和滨江酒店顶层，设立 90 米和 40 米高的俯视机位，在江面落实了 2 条巡游船设置机位，空中的 2 台飞行器也不间断飞行。通过总共 10 台机位的点、面、侧、透视、仰、俯、移等视角，使每台机位都有独特的现场表现感，构建同船不同景观区别，让 7 小时的联合大直播，在每一个转场版面交回主直播点的交接中，都能赋予新的视觉镜头，突出联合大直播全日呈现的同日不同景，形成"江在塔边、船在江中、人在船上"的巧妙结合，以全空域机位构成直播现场多层次立体空间外景大气场呈现。

2. "下口令"的定力，确保所有工作协同一体

融媒联播是指在新传播语境下，传统媒体依据原有的地方主流媒体之间合作供稿、约片、用片等互补优势，积极挖掘深层次融媒合作潜力，迅速反应，转换赛道，依靠跨区域的协同一体直播，做大做强地方新闻宣传的一个创新联动传播方式。2019 年的《同饮一江水，共话万里情——"长江之恋"十二省市联合大直播》、2023 年的《文物里的长江——十三省区市文明探源全媒行动》，以及 2023 年的《"先锋十年——前进中的中国自贸试验区"八省区市大型融媒直播》等，都是通过跨区域的协同一体融媒联播，突出报道具有时代代表性的新闻典型事件和活动，呈现区域改革措施和创新发展成果。

因此，推行协同一体制作播出，匹配各台直播设备不同，消除技术标准和直播操作模式存在的差异，确保统一听从一个导播口令，制定有效的大直播工作手册，确立扎实的直播技术方案、完善的直播流程和有效的直播应急方案，都是新闻导播需要具备的"新闻＋技术"素养和权威性标志，对调动融媒传播各个作业单元的协同一体、确保播出成功，起着主导作用。

新闻导播还应先行一步，敢于担当。在"下现场、找亮点、亲授课、促融入"

中,积极利用资深导播在新闻直播中的经验积累,帮助融媒联播中部分缺少大型直播历练的团队,以及可能同时多点连线但缺乏必要演练合排的团队,预先化解、补台改观及排除隐患。

如获得第三届中国广播电视节目奖电视现场直播大奖的"人民之城"融媒联播,就是由上海广播电视台融媒体中心牵头,联合全市 16 个区融媒体中心紧密合作,以市区两级融媒联动的鲜活形式,全景式展现上海人民城市建设的生动实践。因为是为党的二十大献礼,总计有 16 场融媒联播,新闻导播同主创团队跑遍 16 区深入调研,落实联播细节。尤其在同一宣传主题、多区域巡礼式共同联播中,扎实帮助各区台在统一版块基础上做个性设计,梳理各区展现重点、确定直播连线点位,用"1+16n"的制作模式,为 16 场直播定下贯穿始终的直播基调;更在每场融媒联播中,注重充分统筹,巧妙设计串联形式,采用 6 名外场记者和演播室双主播同框虚拟展示,突出视觉呈现上同受众的对话感,再由此串场到各个现场连线记者实时出镜报道,以点带面纵览新貌,全景巡览了上海 16 个区创新发展的气度,加大了"人民城市、上海样本"的宣传力度。

3. "轻量化"的能力,应对直播从量到质的全面增长

轻量化直播,以往仅是指随着电视科技装备的技术进步,电视媒体直播采用较轻型视频拍摄和网络传输设备,由单兵摄像、记者,或者由制播小团队携带便携式导播直播一体机,在直播现场就能实施多路视频源切换及包装,并同步完成直播制作,是一种多元轻量的视频制播业务方式。而数字化直播,它利用数字化技术的发展和互联网的普及,将现场直播的音视频信号通过网络传输到受众的终端设备上,实现远程观看和参与互动,在广播直播中应用较广泛。

但随着当今新传播的崛起,广播传播顺势凸起,原本广播的数字多媒体视频直播逐渐被扩容。2020 年 11 月,全国首档"广播+电视+互联网"的市区联动的融媒态日播新闻直播节目《民生一网通》在上海广播电视台开播。在原有录音棚内"螺蛳壳里做道场",实现广播、电视"双频"共振及互联网的多平台联动,通过"广播可视化+电视直播",实现了"广播+大屏+小屏"全媒体同步直播分发。

包括整个直播播出控制设备和系统的搭建,也同《民生一网通》节目开播立意一样,"高效处置","直达您身边"。全系轻量化、数字化制播设备,仅设立一个新闻导播担当制作播出责任人,全新体系、全新要求、全新定位,对新闻导播来说,都是需要在短时期内尽快胜任的。而且栏目是日播跨平台联合直播节目,主播随时接入服务电话,委派记者随时出现场直播连线,关于连线是否线路安全、是否有区台融媒支持、介入者把控直播的熟悉度,或者万一连线异态,主播能否快速接回、电台主播在镜头前的发挥,以及对节目直播时长的把控等,都要求新

闻导播在跨界直播中,要不断进行势在必行的自我革新、破圈和融合。

首先,要对播出技术系统支撑提出建议。引入电视新闻集控一体化播出流程,打造小直播室内轻量化摄制设备机位布局的全面化,不仅预留主播单人讲述,还要考虑请进现场嘉宾的单人、多人近景及反应机位设计。从全景运镜考量,创造性地配置小巧自动升降移动机位,在跨界传播的生产方式上着手,让广播直播间兼备电视新闻演播室大气之势。

其次,积极从原来的电视演播室指挥者,转移到为广播主播服务的角色中,努力地将直播中的切换镜头、编播节奏、外场连线等,同主播的口述表达去跟进、对齐,第一时间跟着主播动态去实现其想法,以眼快、心快、键快,现场助力广播节目发挥其贴近民生的特色,并通过跨界直播,"引广播的水,灌电视的渠"。

在确保播出安全的基础上,新闻导播要更多着眼于直播服务的跟进和提高。在直播互动拓展、"视频连麦""直播弹幕""在线解决急难愁"等直播形式和要求方面,立足"新闻+技术+艺术",开拓跨界传播服务,应势而动,顺势而为。

三、新传播条件下的责任、目标与使命

作为融媒体新闻直播的关键把关人,导播承担着巨大的责任,必须清楚自己的直播职责和工作程序,以专业主义精神做好每场新闻传播产品的播出。

坚守责任,把正位置。在新传播条件下,新闻导播担负着各种职责要求,其核心目标与使命无疑是"巩固壮大奋进新时代的主流思想舆论"。新闻导播的工作不仅不是无关紧要的,反而是在为国家立心,为民族立魂。面对复杂的信号源电视墙,他们必须选出正确的画面进行制播执行。导播要守土有责,守土尽责,确保在传播源头上把关定向,传播正能量,成为政治坚定的新闻工作者。

凝心聚力,坚持标准。对新闻导播来说,每一次安全播出都是一个严肃的考验。他们在直播现场是整个播出线上多个部门、多名工作人员的主心骨。每次播出都要保证至少8 000多字的解说词、500到800个镜头、近千字的字幕准确无误,并要核对同期声和背景资料的政治安全和技术品质。导播必须做到眼到手到,手到心到。此外,导播的成功不是孤立的,需要播出团队各工种协同合作,密切配合,形成高效的工作机制。他们要用专业的标准做出反应,追求新闻报道的卓越,锻造新闻影响力和核心竞争力,不断挑战边修改、边调整、边播出的"心跳过程",放大新闻传播优势,成为业务精湛的媒体工作者。

固本培元,精益求精。新闻导播是新闻制作和直播过程中的中坚力量,他们的工作贯穿整个新闻播出的始终。他们需要充分做好前期准备工作,积极投入对播出内容相关工作的策划、组织和协调。同时,他们也要尊重新闻传播规律,

不断创新方法手段,主动拥抱全媒体时代,不断学习和提高。他们要时刻关注行业发展趋势,掌握新的播出报道技巧和方法,提升新闻报道的品质和水平,包括在新闻真实性、时效性、影响力、报道角度、分析深度、画面风格、信息含量、视觉包装等方面,倾力追求,稳中求变。他们要积极结合理论和工作实践,通过不断提高自身专业素质和业务能力,深耕新闻主业,遵循新闻播出的创新机制,创制高质量新闻报道,成为引领时代的宣传工作者。

结　语

新传播的迅猛发展对新闻导播来说既是挑战也是机遇。主流媒体工作者需要主动作为,紧扣时代脉搏,围绕中心工作,突出问题导向,立破并举,激浊扬清,尽己所能去展现行业生命力、提升媒体影响力。新闻导播更要顺应时代之变,突破传统定义的自我设限,在对"新闻＋技术＋艺术"的持续追求中,把握机会,加速融合,整体提升,成为"心有党,言有物,人有格"的业务精良的新闻人。

参考文献:
[1] 王申:探索聚合直播的创新合作模式——"长江之恋"十二省市联合大直播后的思考[M],探究真谛——上海广播电视论文选·第八辑,2020(10):300.
[2] 万纪庆,张勇:"从江立源,从船破局"——挑战外景游轮电视直播画面创新和直播变阵[C],2021中国动态影像视觉艺术优秀论文集,2022.
[3] 刘杰:"头版头条"的写作艺术——一位《人民日报》记者的报告[M],安徽:安徽师范大学出版社,2023:63.
[4] 揭秘｜中国第一电视新闻栏目幕后的那些人那些事[EB/OL],中国记协网,2016.9.22.

作者简介:
王泰沣,上海广播电视台融媒体中心制作指导。

浅议如何营造电视访谈节目画面电影感

——以第一财经《2023年终讲》为例

林　云　陈劲松

提　要： 本文通过近年来在电视访谈节目拍摄制作中的探索和尝试，结合亲身制作案例，探讨如何运用拍摄设备、拍摄手段和技巧以及后期制作等营造电视访谈节目画面电影感的视觉表达，为电视访谈节目前期拍摄、后期制作的创新提供理论和实践指导，以期提升电视访谈节目画面电影感视觉效果，满足观众审美需求，提高节目影响力。

关键词： 电影感　虚化背景　色调　影调　沉浸感　后期制作

引　言

近年来，观众对画面视觉审美品位不断提升，拍摄视频设备技术也经历跨越式发展，国外的美剧、英剧已使用电影机并借鉴电影拍摄手法，画面充满电影感，电影与电视剧的画面质感界限越来越模糊。

2023年底国内播出的国产电视剧《繁花》也以其精美光影效果和电影质感画面，成为追求电影感的一部现象级电视剧作品，引起影视制作界的强烈反响并引发探讨。

电视剧、电视纪录片为迎合受众不断提升的审美需求，追求画面电影感，以满足其视听享受需求。随着融媒体时代的到来，拍摄工具和观看场景的壁垒已被打破，特别是视频拍摄设备技术快速迭代和成熟，电影机所具备性能也越来越强大，拍摄画质从4K已跨越到8K，电影机机身越来越轻量化，价格也越来越亲民,使用电影机拍摄电视节目已不是一种奢求。对电影语言的使用和对画面电影感的追求无疑是广电高质量发展的突破口。

除了电视剧和电视纪录片,电视访谈节目是否也能营造画面电影感呢?

一、什么是"电视感"与"电影感"

电视与电影两者传播侧重点不同,电视侧重于传播信息,而电影侧重于叙事和营造氛围。电视投入相对较小,制作周期短,对画面不是很"讲究"。而电影投入较大,制作周期长,有更充裕的时间追求画面质感。如果把电视比喻为"快餐",那电影就是一道精致的"正餐"。

"电影感"是个形容词,它指的是电影所具有的独特画面特质。笔者认为"电影感"是通过各种创作技法将故事性和画面光影效果完美融合所生成的视觉冲击感。"电影感"的创作精髓在于画面突出主体,景深感强,通过光影、色调等将画面塑造得更立体、更完美。

"电视感"画面质感特征是画面清晰,色彩还原真实。

二、电视访谈节目为什么要追求电影感

电视访谈节目的录制形式往往比较单一,一位主持人访谈一位或多位嘉宾,2台或3台摄像机用于拍摄,访谈节目画面单一,缺乏美感和冲击力,易产生视觉疲劳。如何使电视访谈节目画面更具观赏性,提升画面质感和视觉吸引力,也成为摆在电视媒体人面前的一个重要课题。

三、访谈节目如何营造电影感

下面笔者以《2023年终讲》为例,从电影机特点、景深处理、色调、影调、镜头调度、布光、辅助工具、电影机功能设置和后期调色等几个方面来解析如何营造电视访谈节目画面的电影感。

1. 电影机的特点

传统媒体所用的广播级专业摄像机与电影机在拍摄画面的质感上有很大区别。传统广播级专业摄像机由于感光元件一般较小,造成前、后景清晰度较接近,画面的主体与背景差不多一样清晰,无法突出主体,景深感相对较弱。

而电影机感光元件尺寸较大,能够捕捉更多细节和色彩信息,从而呈现出更

加细腻、色彩丰富的画面。电影机的宽容度要高于广播级专业摄像机，能记录更加丰富的明暗细节。

笔者在同一场景、同等光照和同样光圈数值条件下做了一个测试，分别采用传统广播级专业摄像机和电影机进行拍摄。广播级专业摄像机拍摄主体以外背景画面较清晰，主持人与背景场景清晰度较接近，虚化能力弱。而电影机所摄画面主体突出，背景虚化明显，背景中光亮点呈现出光斑效果。

图一：广播级专业摄像机拍摄画面　　　　　图二：电影机拍摄画面

从以上画面对比效果可以得出结论：要实现画面电影质感，突出主体，使用电影机拍摄是先提条件，也是不可缺少的利器。

2. 景深处理：通过长焦镜头和大光圈最大限度虚化画面背景

电影感在视觉上最大特点就是景深的表现，控制景深与镜头焦距和光圈值息息相关。

广角镜头视角广，通常用于呈现环境、氛围以及空间关系。长焦镜头具备压缩前、后景的特点，常用于捕捉近景、特写和细节。

使用长焦镜头，并设置为大光圈，可最大限度得到浅景深。用长焦镜头200mm端拍摄主持人或嘉宾近景，获得人物主体与背景的虚实对比，配合画面影调的明暗对比，制造空间感，既突出主体，又使画面富有美感，使用这种拍摄方法可突出人物。大光圈使焦点外背景画面模糊，层次感自然而然就显现出来。

3. 色调：打造契合内容氛围的画面意境

色调是实现画面"电影质感"的重要一环，是具有感染力的视觉语言之一，也是衬托内容的重要手段。借助于色调可以烘托旁白的意境，每一种色调的选用和调制，都可以看作一种情绪表达。

如香港导演王家卫执导的电视剧《繁花》已超脱了"电视剧"画面质感范畴，整部剧以橘黄色作为画面基调，每一帧画面都充满电影感，暖色调弥漫着创业热情和怀旧气息。

东方卫视携手第一财经倾力打造的年度财经人文新知秀访谈类电视专题片《2023 年终讲》中，有段旁白描述嘉宾遭遇车祸后，其孤立无助的心境，摄制团队就将电影机设置为灰色调，低饱和度，拍摄她孤身走在马路上的空镜头，旁白与画面色调相互映衬和烘托，强化了导演的创作意境。

风格化的色调可以通过设置电影机上的色温和色彩偏移等功能获得。电影机生产厂商如索尼等品牌都有自己的色彩空间技术体系，为省去繁复的后期调色工作流程，索尼电影机已具备支持 S - Cinetone 色彩直出功能，轻松就能获得极具电影感的色调画面，无需后期调色。

4. 明暗：制造影调丰富画面层次

不同亮暗的画面影调可以传达不同的情感和氛围，黑暗创造深度，也直接影响着主题表现和视觉效果。运用影调通常有以明衬暗、以暗衬明或明暗互衬这三种处理手法。

电视访谈节目比较适合采用以暗衬明的手法，主持人和嘉宾被光照亮，其余部分都处在黑暗和弱光中。通过明暗对比，突出主体，特别是暗部到亮部渐变过渡，能产生很好的层次感，丰富的层次可以使画面展现出纵深感。

在整体环境光照度低的情况下，笔者选用具备双原生功能的电影机进行拍摄，索尼 FX 系列电影机的双原生 ISO 最高可达到 12800，高感能力确保在低光照条件下也能轻松捕捉到清晰影像，且画面纯净。

《2023 年终讲》中拍摄访谈嘉宾姚洋的地点选在北京大学国家发展研究院阶梯教室，教室里椅背和环境都是统一灰色调，色调冷冽而单一。用现场光拍摄，不管是全景还是近景看上去都毫无层次可言。拍摄团队关闭阶梯教室环境照明光源，"制造"黑暗场景，采用 S - log3 格式拍摄，ISO 调至 12800。嘉宾面光照度大于教室环境和椅背的亮度，在椅子上错落有致布置 20 多根橘色灯管，根据每个机位取景范围，调整这些灯管摆放位置，每个机位所摄到画面场景有亮有暗，暗部区域没有噪点。橘色灯管映射在椅背上所呈现暖色，契合节目调性。不同机位取景画面中，椅背亮度深浅不一，使画面影调富有层次感和纵深感。

5. 镜头调度：移动运镜和拍摄视角提升画面的动感和沉浸感

拍摄电视访谈节目通常都使用固定机位拍摄，画面比较单一，几乎没有动感。如采用移动运镜拍摄，可获得较强的动感和沉浸感。

《2023 年终讲》剧照

随着导轨和手持云台稳定器的出现,移动运镜和鸟瞰角度也被更多运用到电视访谈节目中。如《2023 年终讲》之《围炉夜话》录制环节,一位主持人和六位嘉宾在野外露营地围坐交谈,除了拍摄主持人和嘉宾正面机位外,摄制团队还在场景右侧增加了使用 200mm 端焦距拍摄主持人和嘉宾中景的机位,团队特意将露营灯布置在镜头前,微亮的露营灯光在画面前景营造出梦幻光晕,电影机架设在导轨上自动往复移动,嘉宾中景与光晕虚实移动交映,以增强画面动感。

《2023 年终讲》剧照

为营造沉浸感,团队在场景左侧增加了移动全景机位,将背景大屏中远处雪山画面和访谈区实景融合在一个画面里,镜头前布置了前后两个不同大小的露营灯,借助露营灯营造环境气氛,电影机在导轨上前后往复移动,穿梭在露营灯中,凸显出沉浸感。

可能就只有出门的那几分钟

《2023年终讲》剧照

6. 布光:营造电影感和现场感

光在营造画面电影感中具有举足轻重的作用,要根据场景、剧情和所要呈现气氛,综合考虑光的运用,以达到最佳电影感视觉效果。以往拍摄电视访谈节目,大都打平面光,一束光正面照在主持人或嘉宾脸上,画面大多会显得生硬刻板,人物显胖,立体感较弱。如果考究一点,顶多在主持人和嘉宾脑后打上轮廓光。

电视访谈节目中,现场过多布光会影响被访谈者状态和场景真实感。在条件允许的情况下,更多利用环境光,体现现场感和真实感。如补充人工光源,要考虑到光线照射方向的逻辑性,淡化人工补光痕迹。

如《2023年终讲》之《围炉夜话》录制环节,一位主持人和六位嘉宾傍晚在野外露营地围坐交谈,舞美设计使用背景大屏与屏前实景访谈区相结合的方式,以加强沉浸感和现场感。访谈区搭建了7米宽、6米深、2米高的帐篷,如按常规在场景外搭建灯架打光,帐篷将挡住灯光照射方向,无法照射到主持人和嘉宾。如何在帐篷内侧上方安装灯具,既要满足录制需求,又要安全,更不能"穿帮",成为技术难题。团队创新性尝试使用气垫灯,这种灯具分量轻而薄,灯具厚度只有10cm,将灯具安装在帐篷顶部内侧支架上,还在帐篷支撑杆上布满了灯泡,既满足录制需求,又解决了光源逻辑性问题。

为体现现场真实感,节目组在帐篷外表顶部打上蓝色,呈现出傍晚时分的蓝调时刻,帐篷外场景不再用舞台灯光照射,通过将天幕大屏中所呈现夜色蓝光反射到实景草皮上,在草皮上安装地坪灯,嘉宾身后就像被蓝调夜色映射,整个画面具有电影感和现场感。

7. 辅助工具:为画面增添电影感

布置《2023年终讲》之《围炉夜话》场景时,舞美团队在主持人和嘉宾背景远处布置十多盏露营灯,使用200mm焦段的镜头拍摄主持人和嘉宾,背景远处的露营灯透着微弱光亮,为画面背景制造幻美的光斑,增添画面电影感和灵动感。

8. 升格、降格、慢门拍摄:呈现不一样的意境

如今电影机的功能越来越强大,采用升格、降格拍摄或者慢门拍摄也成为一种常见的创作手段,可以创造独特的视觉效果。

如慢门拍摄可以使静态元素保持清晰,而运动物体影像产生模糊状或拉丝状。这就突出静态物体的存在,增强动和静的对比效果。

如在《2023年终讲》中为契合节目旁白的意境,团队首次将摄影手法运用到拍摄空镜,白天拍摄时,在电影机镜头前安装减光镜片,降低进光量,用慢门拍摄,快门速度控制在1/10秒,主持人固定站在街边,周围车流和人流呈现出拖影流动的视觉效果,营造出个体在时代的滚滚红尘中不断探寻的意境氛围。

9. 后期调色:提升画面的电影质感

色彩是实现"电影质感"的重要一环。随着视频后期制作软件功能的不断进化迭代,增强电影感效果越来越强。调色是一种创意工具,通过对画面色彩后期处理,可以创造出个性化的视觉风格,突出创作意境。通过调整每一帧画面颜色的对比度、饱和度、色调等参数,可以增强画面电影感,使画面更加生动、鲜艳,通过调色可以改变节目画面的整体氛围和情感表达。

摄制团队采用索尼FX系列电影机的S-log3格式拍摄《2023年终讲》,高达15+级的动态范围,为后期制作带来更高的创作自由度和空间。片中拍摄某位嘉宾空镜时恰逢阴天,画面色调阴冷,制作团队在后期调色中为画面增加了暖

《2023 年终讲》剧照

色,与另外两位嘉宾空镜画面色调保持接近,后期调色既统一了画面色调,又提升了画面质感。

结　语

营造电视访谈节目画面的电影感是一个多维度的工作。除了在画面视觉上要突破拍摄和创作的理念,在访谈架构、音乐与音效的使用等方面也能有效提升电视访谈节目的电影感。

随着观众审美需求的不断提高,笔者相信,未来将有更多的电视访谈节目讲究电影感画面,为观众带来更佳观赏体验。

参考文献:
[1] 赵嘉:微单崛起[M],北京:电子工业出版社 2016.5.
[2] 王修智、陈清:影视之光[M],山东科学技术出版社 2007.4.
[3] 孙振虎、景深:重构影像的画面表达与主题叙事[J],新闻与写作,2020.9.

作者简介:
林云,上海第一财经传媒有限公司电视制作部主任。
陈劲松,上海第一财经传媒有限公司电视制作部灯摄主管。

新时代新型主流综艺的自我迭代与创新前景探究

——以东方卫视《极限挑战宝藏行》为例

李　烨

提　要：在"推动广电媒体主力军全面挺进主战场、打造新型广电主流媒体"总任务的要求下，官方主流媒体平台发展新型主流综艺势在必行。本文论证新时代背景下发展新型主流综艺的现实必要性和理论重要性，并以东方卫视《极限挑战宝藏行》系列节目为例，通过了解代表性新型主流综艺诞生、迭代、发展的历程，进一步探索该类节目创新的空间和前景。文章从聚焦精神需求坚持概念创新、构建新型融媒体传播生态、星素共融创造沉浸式共情、拓展文旅价值实现双向赋能四个方面，论述了新型主流综艺未来的创新发展方向。

关键词：电视综艺　新型广电主流媒体　新型主流综艺《极限挑战宝藏行》融媒体传播

引　言

　　2023 年末到 2024 年伊始，在新旧更替之际，东方卫视《极限挑战宝藏行》开启了第四次寻宝之旅。节目历经三季，一路前行，从"三区三州"，到"绿水青山"，从"国家公园"，到第四季"和美乡村"。在信息化新时代浪潮中，综艺市场百舸争流瞬息万变，该节目凭借其"新型主流综艺"之特色在业内占据一席之地，它的诞生、迭代尤其是在新时间节点中被赋予的创新使命，也值得被关注和探究。

　　2023 年第 23 期《求是》杂志刊发中央宣传部副部长，国家广播电视总局党组书记、局长曹淑敏的署名文章《为建设社会主义文化强国、建设中华民族现代文明贡献广电力量》，这是继习近平文化思想提出后，广电总局负责人针对全国广电工作提出的路线图和任务书。文章明确指出要开拓创新推进媒体融合，推动广电媒体主力军全面挺进主战场，打造新型广电主流媒体。2023 年 12 月 20 日，东方卫视与百视 TV 双平台一体化战略正式发布，《极限挑战宝藏行·和美乡村季》正是该战略下新一轮融合改革中的首档大综艺节目。其首次采用了百视 TV 首播、先网后台的播出方式，并在打造新型广电主流媒体总任务的指引下，探索出了内容迭代和价值创新的解法——发展新型主流综艺。

一、新型主流综艺定义及概述

新型主流综艺，是新型广电主流媒体的内容产品，泛指由官方主流媒体平台制作的，有明确的主题宣传使命，有较强的社会性价值，能综合运用大小屏、长中短视频、网络直播等新型传播手段的综艺类节目。

（一）新型主流综艺的历史流变

主题宣传和成就报道作为有我国特色的传播形式，是进行舆论引导的主要途径，也是主流媒体围绕中心、服务大局的重要工作，这本身具有极强的政治意义和社会意义。长久以来，专题报道和纪录片是主题宣传和成就报道的主要形式，创作者也在不断努力地丰富宣传和报道的方式，但只是在大框架里的"微创新"。直到 2016 年，河南卫视推出第一季《脱贫大决战》，开创了以季播形式、大板块关注脱贫攻坚话题的大型电视综艺，跨出了主题类宣传从新闻资讯、专题新闻、纪录片等形式到体量更大的、带有一定综艺观赏性的季播综艺的重要一步，"新型主流综艺"初见雏形。近年来，广播电视主流媒体对于"新型主流综艺"的探索从未停止。在新时代海内外传媒浪潮的激荡下，多元样态的综艺形式如户外竞技类、户外体验类、户外观察类等真人秀节目呈"井喷式"发展，主流平台涌现了一批深受观众喜爱、传播效果良好的综艺节目。在满足市场需求的同时，主流平台的综艺节目也必须在"泛娱乐化"中回归理性思考，兼顾市场效益和社会效益，具有一定的价值引领和宣传导向的作用。在此背景下，主题宣传开始与成熟的真人秀模式相嫁接，湖南卫视的《让世界听见》、浙江卫视的《奔跑吧特别季》系列、东方卫视的《我们在行动》《极限挑战宝藏行》系列季播节目应运而生。从单一的普通人实境采访到"名人效应"与"综艺效果"耦合，在实践中丰富和完善了"新型主流综艺"的特色和定位。

（二）发展新型主流综艺的必要性

在信息化时代，伴随着互联网和数字技术的飞速发展，大量的信息在相对短的时间内不断涌现和传播，使人们难以有效地处理和吸收。特别是近十年来，社交媒体的诞生催化了个人的表达欲，让"自媒体"欣欣向荣，同时，短视频、即时小屏直播等新型媒体形式的出现，让信息在传播和获取过程中被分割得更碎片化。可以说，这是一个"信息爆炸"的时代，这是一个"信息碎片化"的时代，这更是一个"注意力"分散的时代。在当今这个时代，人民大众需要新型主流综艺。一方面，新型主流综艺作为官方主流平台制作的有较高品质的长视频，已完成了一定程度上对信息的筛选和甄别，能引导受众沉浸式感受和思考；另一方面，在不可预判的社会变迁中，人民大众迫切需要在分散中聚焦，在不确定性中寻找确定性，完成心灵疗愈，提振信心、坚定信仰，这正是新型主流综艺在新时代为人民凝心铸魂的价值所在。

（三）发展新型主流综艺的重要性

在《为建设社会主义文化强国、建设中华民族现代文明贡献广电力量》一文中，提到要"强化用户需求导向，服务好人民群众，为人民群众提供好的内容、好的产品、好的服务，不断增强人民群众的获得感、幸福感、安全感"。文章也同时强调要发挥广播电视和网络视听特色，推动党的创新理论通俗化、大众化传播，不断增强说服力感染力，更好地用习近平新时代中国特色社会主义思想凝心铸魂。笔者认为，综艺是一种综合了多种艺术形式的媒体表达方式，娱乐性趣味性较强，能够有效地为广电主力军助力，为主流作品找到转换的智慧。在新媒体时代，主流官方平台要既能发挥极致呈现和深度表达的优势，承担意义追随功能；又能利用好综艺节目的传播作用，兼顾"有意思"与"有意义"，让党的创新理论更鲜活地触达更广泛的受众。

二、新型主流综艺的自我迭代

东方卫视《极限挑战宝藏行》系列季播节目是传播效果出众的"新型主流综艺"代表，最新一季的《极限挑战宝藏行·和美乡村季》，还承担了新形势下东方卫视百视 TV"双平台一体化"传播的使命。关于"新时代新型主流综艺如何迭代"的命题，该节目以实际行动交出了一份有参考价值的答卷：从借力王牌"综

N代"开局,到探索出了宏观政策具象化的表达方法,并向着主题为先、综艺为体、新媒为介的方向走出一条特色道路。

(一)品牌衍生

《极限挑战宝藏行》第一季三区三州公益季于 2020 年 8 月正式登上荧屏。最初定位是以《极限挑战》原班人马或核心人物为主的更具公益属性的品牌衍生综艺。此"衍生"应该有两个方面内容,一是延续正片"国民综艺"的初心,二是延续原有综艺 IP 与人设作为叙事基本盘。作为国内户外真人秀的代表,《极限挑战》一直以"真实""真情""欢乐"和"悬念"传播出圈,而这些关键性元素在《极限挑战宝藏行·三区三州公益季》中基本实现了顺利转场。宝藏团成员之间的情谊、他们和当地人民互动的点滴,都获得了观众的共鸣和感动,而天路秘境、大漠高原等边远地区的独特风光、民族文化和民族风情又和嘉宾们碰撞出了新的火花,除了吸引正片原有粉丝的观看外,还拉动了新的关注。这一次的创作,借力于既有成熟综艺的品牌优势,以大众熟知的正片嘉宾为主,辅之以部分新人加入;另外以与当地特色相融合的游戏设计、反转剧情为基底结构,辅之以沉浸式体验和漫步式观察,因而取得良好的传播效果。

(二)特色形成

经过两年时光的淬炼,随着《极限挑战宝藏行·绿水青山公益季》和《极限挑战宝藏行·国家公园季》的相继播出,宝藏行系列的内容迭代越发成熟,逐渐形成了属于自身的节目特色。具体来看有以下几个方面:

1. 模式体裁:节目在第二季探索出了"嘉宾游记体"的片头和转场表达,这一形式在第三季仍被沿用。以嘉宾娓娓道来的方式做画外音,像朋友一样把观众引入沉浸式的"场域",扎根到青山绿水之畔,俯仰间与自然同频共振,体味到平日里不曾察觉的细节和美好。这样的观察视角更个人化呈贴近态,在网端即时直播盛行的当下,显然更符合观众的收看习惯,破除了说教的观感。此外,节目进一步找到了将宏观政策具象化的有效方法——"寻宝模式"。即围绕"宝藏"这个落点,以寻宝为大结构,在其中将"因地制宜"的游戏、体验任务与主题理念相结合,用具体的人和物去讲解抽象化的政策概念,将"宝藏"可视化生动化,从而完成一次次有趣的价值观传达。

2. 叙事节奏:适合反复观看的"中速综艺"。根据《极限挑战宝藏行·国家公园季》主创的介绍,他们在内容呈现和任务设计方面融合了慢综艺和竞赛类综艺的特点,定位为"中速综艺",在温和和视觉刺激之间找到平衡,创新了节目叙事模式,注重旅游体验和内容呈现,减轻游戏烈度和活动任务。相比于快节奏强剧情强悬念的户外竞技类综艺,"中速综艺"对于中途进入观看的观众更友好,在"拉新"的同时更能带来沉浸式体验。相对舒适的节奏,对"碎片化"的信息流有一定的对冲作用,人们既能被有趣的游戏环节吸引来观看,又能在其中产生一些深度思考,在当今高刺激化的视频市场中,具备差异化优势。

3. 视觉风格:节目较为契合近年来观众对情绪价值的高诉求,整体呈现出治愈感和松弛感。这得益于独特的观察视角、公益性的选题、纯粹的自然风光和宝藏人物们的真挚情感。不仅在画面、音乐、叙事上统一风格,节目还摸索出了一套"嘉宾组合法",有"熟人局"的默契氛围,也有"团建之旅"的轻松舒缓,既用上了有流量的青年影视艺人,也搭配了有幽默特质能输出观点的喜剧演员。快乐是人们永恒的刚需,锚定这个情绪价值,把节目轻松幽默的特质稳固并发展了下去。

(三)与时俱进

第四季《极限挑战宝藏行·和美乡村季》节目率先在百视 TV 播出、会员抢先看正片,采用了先网后台的播出方式。在百视 TV 端口,设置了"宝藏行"专题社区,通过独家花絮、"村民"图鉴(人气嘉宾短片)、内容二创等,构造了一个以用户为导向的长、中、短视频矩阵,并通过调查问卷、"极限挑战宝藏行"内容二创大赛等方式加强和观众的互动,调动大众积极性成为宝藏发掘官、极限传播员和美丽同行者。用新兴媒体的方式助力内容迭代,实现二者相融,能更好地联合更广泛的人民群众,切实地发挥新型主流媒体"定音鼓""风向标""压舱石"的作用,是新时代新型主流综艺发展的有益探索。

三、新型主流综艺的创新前景探析

(一)聚焦精神需求坚持概念创新

根据心理学家亚伯拉罕·马斯洛的"需要层次论",当人们的生理需求和安全需求获得满足后,精神需求就随之提升,人们需要不断地满足社交需求、尊重需求、期盼自我实现和自我超越。拉长时间线整体来看,随着我国经济社会的发展和物质生活水平的提高,人民群众的精神文化需求迅速增长,文化消费能力大大增强,精神文化内容产品朝着多元和更加细分的方向发展。目光聚焦于近年,在世界经济下行周期内,不确定因素增多,迫使人们重构内心秩序,精神需求更是站上风口。综观海内外,近两年来高口碑综艺作品,从韩国的《种豆得豆》到比利时的《远离朝九晚五》,从话题较多的《五十公里桃花坞》到轻松愉悦的《花儿与少年》,我们可以看出人们对于不确定性的焦虑、对于获得感的追求、对于心灵治愈感的推崇。在此背景下,如《极限挑战宝藏行》这样的新型主流综艺,其艺术风格也是与时下人们的精神需求相契合的。笔者对于未来的预测是,人们除了精神疗愈之外还需要看到希望和确定性,这正是新型主流综艺大有可为的机遇。所以,应该聚焦人民群众不断发展的精神需求,确信在综艺娱乐化的背后是可以有价值表达的,为受众提供切实稳定的正能量。同时,更要致力于采用创新概念做出形式新颖、能高频传播的主流综艺作品。

(二)构建新型融媒体传播生态

在新时代发展新型主流综艺,要构建全流程多渠道的融媒体传播生态。

1. 全流程融媒创新:媒体融合是一个长期的发展路线,现阶段要实现的融合,是传统媒体与新媒体平台从"相加"到"相融",不是双方的简单并行,而是要"合二为一"。在此战略指导下的媒体融合,必须从物理意义上的媒介之间的组合,过渡到当代媒体工作者传播意识上的融合。在具体操作阶段,湖南广播影视集团有限公司(湖南广播电视台)的实践已初有成效。2014年,芒果TV开办,2018年,芒果TV成为国有属性的上市视频网站,并实现连年盈利。根据相关报道,目前湖南广电基本实现了湖南卫视和芒果TV在创意提案、评估立项、编排宣传和制作生产上的全面打通,在此过程中创作出的优质IP"乘风破浪"系列等,也给业界打了一剂"强心针"——协同作战确实能提升品质。此外,如前文所述,东方卫视、百视TV双平台一体化进程也在加速发展中,"融合强台"的理念,已开始贯彻在《极限挑战宝藏行·和美乡村季》的策划制作中。导演组从原先单独的大屏内容策划中拓展思路,进行长中短视频矩阵的规划、预设宣传话题点、强化小屏IP建设和产业化后链路打造,逐渐形成观念意识上的全流程融媒传播。

2. 全渠道融媒创新:"造船出海"+"借船出海"。既"造船出海",做强广电新媒体自有客户端、自有平台;又"借船出海",利用互联网商业平台做强广电新媒体账号。如在《极限挑战宝藏行·和美乡村季》的策划和执行中,除了在百视TV端口进行节目的正片花絮播放、二创和互动外,还与微博合作开设了诸多话题,"超会评"版块、极限挑战宝藏行推介官打卡、宝藏团名场面二创大赛等,提升了整个节目的话题度和影响力,节目抖音账号中的网感短视频也累积了较高点击量。据悉,后续乃至下一季策划中,节目也将与小红书等平台合作宝藏地点打卡等线上线下整合营销活动。未来,新型主流综艺应该持续扩大"朋友圈",全渠道共同赋能,最大限度地拓展传播力和影响力。

(三)星素共融创造沉浸式共情

"星素互动"的概念并不新鲜,就是参与节目的明星和普通群众(素人)之间的互动。但相较于流于表面但仍然状态不对等的交流,在《极限挑战宝藏行·和美乡村季》中,一种新型的"星素共融"模式,为未来新型主流综艺的发展提供了思路。在节目中,嘉宾团形成了和当地群众亲切共融的"氛围感"。氛围感形成的条件首先是造型的朴实自然,规避了精致的妆容和华丽的服饰,同节目环境和谐融洽。其次是嘉宾人选的契合。本季嘉宾的成长背景更加多元化,能成为大多数人的"镜像",个别嘉宾还有突出的语言表达能力和切实的共情能力。在节目第三集中,徐志胜在澜沧县职业高级中学的校园开放日上,说了自己的电焊工爸爸的故事,"我的爸爸是一个电焊工,从我记事起,他就在做这个职业,直到现在。他用这个技能养活了全家养活了我,我现在看到在座的各位在学一技之长,就仿佛看到一个家庭在慢慢走向未来。"真挚的语言感动着人们,潜移默化中向当地的群众肯定了职业教育的前景。另一方面,可以观察到嘉宾的身体语言更具亲和力。同样在澜沧职业高中的这集节目中,可以看到徐志胜、苏醒、丞磊等嘉宾自然靠近,或如兄弟般搂着与他们当"同桌"的学生们,传达出关怀和分享、互助与合作的讯息。除了这些综合性的视听语言之外,还能感受到节目嘉宾们和当地群众产生了意识上的共融。嘉宾们必须将自己置身于大千世界中,定位于寻常百姓中,观众才能切实地感受到:不是他们带领我们,而是"他们"就是"我们"。百姓视角与共情呈现密不可分,引发沉浸式共情,是新型主流综艺满足观众情绪价值的重要方式。

(四)拓展文旅价值实现双向赋能

新型主流综艺从诞生之日起就自带社会性价值,通过文旅宣传为所到之处创造价值增量应该是题中之义。从 2023 年以来,随着"以文促旅、以旅彰文"重要政策的逐步推广,淄博、景德镇、哈尔滨等不少"网红城市"涌现,"地域人格化""地域 IP 化"成了文旅宣传新手段,人们往往会从综合性审美风格、市民的独特性格、城市的服务能力等用户体验的角度来判断是否去当地旅行。相较于短视频和图文作品,新型主流综艺更能运用综合性的视听手法和沉浸式的叙事手段去呈现一个地域的故事,更容易塑造地域的"人格化"特征、稳固其文旅 IP 价值。如在《极限挑战宝藏行·和美乡村季》第三期节目中,生动地展现了新型主流综艺在"文旅乡村振兴"主题上的优势。嘉宾们来到云南西盟县,游览了位于山顶的湖泊勐梭龙潭,也深入了当地的龙摩爷圣地,不仅体验了佤族的独特美食和歌舞盛情,更了解了西盟县由深度贫困村变成现代化边境幸福村的"前世今生",最终寻找到了宝藏"阿佤里"——西盟农产品区域的公共品牌吉祥物,成功地将一个地域的形象、当地人物的新风貌丰富立体地塑造了出来。从另一方面来说,通过新型主流综艺对线下场景的激活、对地方文旅产业的赋能,也能实现线下线上的循环性双向增强。大众线下的旅游打卡,也会被引流到线上,从而成为新型主流综艺的新流量,更好地提升节目的宣传效果。

结　语

新形势提出新要求,新变化催生新理念。在信息海量繁杂、传播手段飞速更新的时代,广电媒体主力军必须全面挺进主战场,以全新的概念、新颖的方式和先进的手段创作内容产品。新型主流综艺已在"万花如海"的综艺市场上形成了独有的芬芳,未来更要深度洞察人民群众的社会情绪,在共情、疗愈的基础上,用党的先进理论为人民凝心铸魂,通过见证政策受惠地区人民的幸福生活来为大众提振信心。新型主流综艺要与时俱进地融合新的传播手段,在百舸争流中奋楫笃行,最大限度地提升传播效能。

参考文献:

[1] 徐薇、李成奉:创新"主题报道"新范式 探索"成就报道"新路径:湖北电视台《新征程 新作为——行进湖北》的创新实践[J],新闻前哨,2019(08):101.

[2] 周捷:扶贫节目如何创新表达——从东方卫视《我们在行动》《极限挑战宝藏行》说开去[J],上海广播电视研究,2021(02):49-53.

[3] 张劲:论新时代主题类真人秀节目的现实关怀——以《极限挑战宝藏行》为例[J],上海广播电视研究,2023(04):99-103.

[4] 曹淑敏:为建设社会主义文化强国、建设中华民族现代文明贡献广电力量[J],中国广播电视学刊,2024(01):10-13.

作者简介:

李烨,上海东方卫视中心节目研发部研发经理(《极限挑战宝藏行·和美乡村季》项目研发经理)。

融媒体时代明星访谈节目的创新探究

——以《星聚会》为例

杨　越

提　要： 曾深受观众热捧的明星访谈节目一度在传统电视媒体遍地开花，而在融媒体时代却渐呈式微之势，面临着前所未有的挑战，亟须突破和迭代升级。本文以《星聚会》节目为例，结合融媒体时代新的传播特征，国内外明星访谈节目的创新发展现状，深入探究融媒体环境下明星访谈节目的革新与嬗变，包括内容创新、形式创新、传播创新、技术创新和商业模式创新等方面的实践，为融媒体时代下的明星访谈节目的发展提供创新路径和理念，为行业的未来走向提供参考和启示。

关键词： 融媒体时代　明星访谈节目　创新探究

引　言

近十年来，随着融媒体时代的迅速来临业已形成了一个全新的媒体传播格局，对传统电视节目产生了深远的冲击和影响。在这个时代背景下，明星访谈节目的创新发展不仅是自身转型升级的需要，也是满足观众多样化需求的必然选择。融媒体时代的观众对节目内容的趣味性、深度和丰富度、节目形式的变化更新、主持人与明星嘉宾的选择、播出方式和渠道、互动方式和体验甚至高新科技的应用等都提出了更多更高的要求和期待。如何对明星访谈节目进行新旧媒体的融合，创新突破的切入点在哪里？如何整合明星资源发挥其特殊效应等都是明星访谈节目制作团队必须认真思考并回答的问题。本文将以笔者担任编导、主持的明星访谈节目《星聚会》为例，从内容创新、形式创新、传播创新、技术创新和商业模式创新等多个维度来探究明星访谈节目发展的创新之路，为该类型节目注入新的活力和动力，以期促进其健康、多元和可持续的发展。

一、融媒体时代下明星访谈节目的困顿

明星访谈节目是广播电视重要的一种节目类型。它通过邀请演艺界明星做客节目来介绍他们的作品，分享他们在工作、生活上的心得，让受众能更立体地、更全面地了解明星的作品、情感和成长经历等。我国的明星访谈节目主要兴于2000年前后，涌现了众多颇具知名度和影响力的节目，如《艺术人生》《超级访问》《杨澜访谈录》《鲁豫有约》《可凡倾听》《非常静距离》等。然而在火爆近十年之后，不少明星访谈节目慢慢暴露出了内容同质化严重，话题陈旧重复、形式单调、因过度追求收视率导致窥探明星隐私、猎奇媚俗等问题，而大量涌现的真人秀、竞技类和脱口秀等节目类型，以新颖的互动方式和紧张刺激的节目内容，对明星访谈节目形成了强有力的竞争，明星访谈节目渐趋疲软困顿。

更为紧要的是随着融媒体时代的到来，媒体形态和传播方式发生了颠覆性的变革。信息传播呈现出多元化、跨平台、互动性、即时性、移动化、碎片化等特征。网络媒体、社交媒体、视频网站等的冲击让所有的传统媒体都感受到了危机，对日渐式微的明星访谈节目来说寒意更深。观众流失、广告客户消失、明星扎堆综艺节目、播出渠道单一、互动缺乏、收视率低迷、节目面临关停等都迫使明星访谈节目亟须创新突破，来大力提高节目的吸引力和影响力，更好地顺应融媒体时代的发展趋势。

二、融媒体时代下明星访谈节目的创新策略与实践

在滚滚而来的融媒体大潮之下，国内外明星访谈节目都纷纷寻求转型升级，诸如：明星访谈节目的综艺化、纪实化甚至是真人秀化（《非常静距离》《鲁豫有约》等）；融入喜剧、游戏、挑战、社会实践等元素（美国的《艾伦秀》《今夜秀》等）；对受众需求和互动体验的重视；新媒体矩阵的建立；等等。笔者担任编导和主持的明星访谈节目《星聚会》则从内容创新、形式创新、传播创新、技术创新以及商业模式创新等方面积极尝试来寻求创新突破的路径。

《星聚会》是一档小成本制作，面向青少年观众，以邀请当红歌手为主的轻综

艺明星访谈节目。其通过交流音乐道路上的甜酸苦辣，现场唱功考验，各类趣味游戏，星粉互动等环节来展现歌手星光背后的真实个性和情感。该节目于2016年3月在上海广播电视台的魅力音乐频道开播，共制作播出了200多期。其间适逢融媒体的发展浪潮，《星聚会》作为一个小小弄潮儿，几经变化进阶，从一定程度上来看可作为融媒体时代下明星访谈节目创新探索的例证，其间的得失亦可供参考研究。

1. 内容创新进化

内容是节目抓住观众的核心，不断创新进化节目内容是真正吸引观众的关键。《星聚会》在内容创新进化上走过了三个阶段，迭代了三次。第一个阶段是追求内容的深度和丰富度。节目针对每期不同的明星嘉宾，设计个性化话题和社会热点话题，在轻松的氛围中深入挖掘明星嘉宾不为人知的故事，将明星嘉宾的个性、兴趣爱好、价值观等逐一呈现。如：黄龄在节目中倡导刚刚推行的垃圾分类（当时的一个社会热点），并演唱其创作的"垃圾分类歌"；毛不易回忆过往当男护士的特殊经历；落寞时的薛之谦是如何开起了淘宝店和火锅店；飞儿乐团含泪笑谈主唱更换风波；女团AKB48 Team SH的刘念缘何钟情二次元；等等。第二阶段是轻综艺化。在人物故事和热点话题的基础上，设立了"极速问答"（一分钟回答十个问题，超时将受"惩罚"）、"浴室歌手"（在虚拟的特技浴室里一展歌喉）、"挑战明星"（明星嘉宾与主持人、粉丝进行演技、舞技、体力、数学题、表情包、绕口令、隐藏技能等的竞技对抗）等特色环节。于是就出现了：周深浴室新歌首唱、林宥嘉化身贴膜高手、刘雨昕无实物表演"麻辣火锅"、品冠挑战"最绕绕口令"把自己绕晕、SNH48哭戏大比拼一秒落泪、鼓鼓神还原10个网络经典表情包等令人难忘又捧腹的片段。第三阶段是观众生成内容，即观众参与节目互动从而产生内容。在保持前两阶段精华的前提下，充分利用各种手段加强与观众、明星粉丝之间的互动。如：1.节目直播预告时粉丝可留言提问，经选择在节目中采用；2.定期线上甄选幸运粉丝来到直播现场观看，可直接出镜向明星提问，与明星一起玩游戏；3.明星现场画作作为粉丝福利在节目中抽奖送出；4.手机App（应用程序）直播时粉丝可弹幕留言，明星与线上粉丝实时交流；5.制造惊喜，明星出外景送礼物到粉丝家中……三个阶段的内容迭代确实大大增加了观赏性和互动性，契合了融媒体时代受众的多元化需求。

由上可见，明星访谈节目在内容方面不仅应注重访谈的个性化和深度化，在融媒体时代的环境下，还应更加灵活应变，借鉴其他节目类型和网络综艺等，不断地拓展内容的边界，摆脱束缚，快速迭代，在多种形态的节目内容呈现中去还原更为丰富、更为原生态、更为真实的明星风采。

2. 形式创新突破

创新节目形式的目的在于增强节目吸引力,提升节目观看体验。《星聚会》在形式创新突破方面主要进行了三次尝试。其一是主持人的人设。最初的《星聚会》是一位男主持,人设是亲切稳重、熟悉音乐圈的资深音乐主持人,与一位或多位歌手对谈。经过一年多的尝试发现整体节目沉稳有余,活泼不足。两年之后,节目调整为两位主持人,男女搭档。男主持在原来人设的基础上,突出音乐圈"老司机"形象,主攻对谈环节,是节目的"定海神针"。女主持则是可甜可盐的可爱少女,时而温婉知性,时而搞怪呆萌,是节目的逗哏担当,主打互动和游戏环节。节目的氛围由此大为改观,变得更为轻松欢快,更受目标受众欢迎。其二是播出形式的改变。由传统电视频道的录制播出改为手机移动端的直播和IPTV的直播及回看,实现大小屏同步播出。《星聚会》第一年都是在魅力音乐电视频道播出,存在播出周期长、极少互动、反馈慢等传统电视的老问题。第二年《星聚会》开始跨媒体跨屏播出,与百视通网络电视技术发展有限公司合作,开始在手机端 BesTV App(百视 TV)直播,并在 IPTV 网络电视大屏端直播和回看,从而正式进入融媒体时代,不仅极大增加了受众群,方便了受众的观看,同时也顺利实现了之前无法做到的种种实时互动方式。其三是互动性。从无法互动或极少互动到实时互动和随时互动,让《星聚会》顿时进入了移动互联网时代的星粉互动。从直播前的手机端留言,直播时的实时弹幕留言和相互交流,到实时参与节目环节的投票以决定直播节目走向(如观众可实时投票决定对明星嘉宾的表演环节是否满意,满意进入下一环节或加演,不满意则进入"惩罚"环节),再到直播后回看、评论、转发、点赞。这些不只极大地满足了粉丝们的参与感和主宰感,还使节目产生了紧张感和悬念感。粉丝们满足之后还会积极主动地为节目进行二次传播。

融媒体时代下的节目形式创新突破必须在多元化、跨平台、互动性上着眼,融合多种媒体形态,采用新的技术手段,注重与受众之间的交互,才能提升观看体验和节目黏性,吸引更多的目标受众。

三、传播创新升级

融媒体时代下的传播创新是指传统媒体与新兴媒体融合创造产生新的传播方式和内容。美国的《艾伦秀》在融媒体传播创新方面采取了跨平台内容分发、社交媒体互动、移动优先、播客、数据驱动内容创作等策略,使其不仅在电视上保持着高人气,在新媒体领域也建立了强大的影响力。《鲁豫有约·大咖一日行》

则自建平台推出了节目 App,建立微信公众号并进行线上直播。

《星聚会》起步时专注制作,低头赶路,新媒体只有官方微博配合,可谓势单力薄,随着传播创新理念的洗礼,几经整合调整,逐步实现了传播渠道的突破升级:

1. 采取跨媒体整合的策略,实现多平台分发,强调移动端优先。节目不仅在传统电视频道定时播出,更是在 BesTV App(百视 TV)这一移动端应用以及 IPTV 网络电视大屏端实现同步直播和回放功能。为了进一步拓宽受众覆盖面,节目团队还将每期节目内容二度创作为数个短视频,通过微博、微信公众号、朋友圈、抖音、视频号、哔哩哔哩、腾讯视频、爱奇艺等众多社交媒体平台和网络视频网站进行全面分发。这种以移动优先为核心的理念,极大地提升了节目的曝光率,快速触及了大量年轻且活跃的互联网用户群体,从而构建起一个立体多元、覆盖广泛的新媒体传播矩阵。

2. 利用社交媒体进行碎片化传播及互动。《星聚会》打造了一系列互动性强、内容丰富的社交账号,组建起一个活跃的节目在线社区。节目团队每日更新各种精彩内容,包括节目预告、热门话题、侧拍照片、后台花絮、趣味短视频等,这些内容以碎片化的形式每日不断触达受众,让他们及时了解节目最新动态,参与话题讨论,与节目建立更为密切的情感链接。同时,通过官微、官博等社交平台也随时收集对节目的反馈意见、嘉宾人选建议等,更好地了解受众的需求,增加受众的黏性。

3. 注重跨界传播。依托音乐产业链上的丰富资源,《星聚会》与许多演唱会、音乐剧、音乐节展开合作,例如,通过与音乐老友记系列演唱会、上海春浪音乐节、张惠妹上海演唱会等演出活动的联动推广、相互引流,节目成功打破原有的受众圈层,吸引了更多的潜在观众,形成线上线下的跨界传播。

传播创新是融媒体时代的必由之路,明星访谈节目在明星特有的天然号召力的加持下更应利用社交媒体、视频网站等新平台,紧扣融媒体时代的即时性、移动化、碎片化特征,实现跨媒体、多渠道的分发和互动,使节目的传播取得更佳的效果。

四、技术创新赋能

技术创新是运用先进技术提升节目制作水平和增强观众体验的保证。节目团队紧跟科技潮流,积极尝试大数据分析、增强现实(AR)和虚拟现实(VR)等在节目中的运用。

1. 数据分析的运用。《星聚会》充分利用手机移动端和 IPTV 网络电视端的新技术优势,对每次节目直播和回看产生的真实数据,通过人工智能技术深入分析研究观众的观看行为和偏好,在手机端和网络电视端对受众进行更好的智能推荐并提供个性化服务。不仅如此,这些数据还能引导节目内容的创作,比如:哪些环节最受欢迎、哪些话题最易引发讨论、哪个时间点观看人数最多或最少等,以确保节目从内容到形式都能与观众兴趣和期待尽可能地匹配。

2. AR/VR 技术的运用。近年来 AR/VR 技术的飞速发展为观众带来了前所未有的沉浸体验。节目团队和华为公司 AR/VR 部门的研发人员进行了深入的探讨,共同探索 AR/VR 技术在节目中的应用。双方认为,明星们的演唱等表演环节可充分采用 AR/VR 技术来提升观赏性。为此,节目录制了女团 AKB48 Team SH 的 10 分钟节目测试样片。在测试过程中,观众仿佛 360°"身临其境"般置身于节目现场,与女团成员一起演唱、跳舞,这种沉浸式体验让观众兴奋不已。然而,尽管测试效果超出预期,但由于场地、设备、成本等因素的限制,这一技术最终未能在实际操作中运用。不过,《星聚会》节目团队仍然认为这是极具前瞻性的有益尝试,为未来节目的技术创新提供了方向。

五、商业模式创新

融媒体时代的商业创新是利用新技术和新的商业模式对产品进行营销,吸引用户,创造收入,保持产品生命力。对《星聚会》来说,传统的商业手段就是广告,但传统广告已日薄西山,而在融媒体时代的环境下,商业模式创新成为可能。

1. 粉丝经济的开发。《星聚会》节目团队利用节目内容整合资源,在线上构建了 2 万人规模的专属音乐粉丝会员俱乐部,通过运用"用户画像"这一精准定位的方法,锁定多个目标人群。同时,凭借节目强大的艺人资源,策划推出了一系列个性化、定制化的室内外音乐现场演出活动,实现节目流量变现转化。节目团队先后举办了"CUBE 家族上海演唱会""喜多村英梨上海演唱会""熊天平夜夜夜夜演唱会"和连续两年的"上海阳光音乐节"等 6 场演出活动,共吸引了近六万人现场观看,收入规模达到 2 000 余万元。

2. 音乐培训课程的开发。《星聚会》结合节目内容,针对青少年的音乐学习特点和兴趣点,开发了个性化系列音乐培训课程:《怎样唱好歌》《怎样弹好吉他》等,为确保教学质量还邀请了知名音乐人担任授课老师。这些课程既有线下课程,也有线上直播和录播的视频课程,再通过《星聚会》新媒体矩阵的推广引流,吸引了近千人参加培训。

这种结合节目内容开发产品,再利用社交媒体进行粉丝经济的互动营销,是一种极具潜力和前景的商业模式。它不仅能够提高节目的商业价值内涵,还能为节目制作方开辟新的收入渠道,成为节目生存发展的有力保障。

结　语

　　《星聚会》节目的一系列创新实践表明,在融媒体时代,明星访谈节目要走出困顿,实现转型升级,必须始终深刻理解融媒体时代的特征,及时灵活调整内容和形式,以满足受众的多元化需求;强化互动体验,增强观众参与感和节目的互动性;创新传播策略,实现节目内容的跨平台分发,扩大传播范围,提高传播效率;技术赋能内容,积极探索新技术在节目中的应用,提升观众的观看体验;创新商业模式,开发与节目内容相关的商业模式,创造更多的收益来源,以实现可持续发展。

　　观众需求在持续变化,科技在不断进步,明星访谈节目的创新模式还将不断完善、扩展和迭代。但至关重要的是要保持开放创新的心态,采用有效的创新策略,并且具备坚持不懈的精神,明星访谈节目才能在融媒体的激流中脱颖而出,拥有更大的竞争力和市场价值。

参考文献:

[1] 董蓓:从《朗读者》看媒介融合背景下文化访谈类节目的发展[J],中国电视,2019(11):40-42.

[2] 杨怡:融媒时代访谈类节目的创新路径——以《十三邀》为例[J],青年记者,2019(23):61-62.

[3] 陈莹红:融媒体环境下电视访谈节目创新[J],传播力研究,2018(15):56.

[4] 张芳:新时期访谈类节目的转型发展[J],视听,2019(11):37-38.

[5] 余晶:新时代电视访谈节目策划与可持续发展研究[J],卫星电视与宽带多媒体,2020(2):56-57.

作者简介:

杨越,上海文广互动电视有限公司总编室副主任。

论公益慈善类广播节目在融媒体时代的传承与创新

——以上海电台"广播·爱"公益品牌群节目为例

崔红蓉

提　要：近年来，全国各地的传统电台在融媒体转型发展中，节目样态一直在随新时代的要求而变革，其中公益类广播节目也在面临着融媒体时代的一系列新课题：如何继续发挥广播沟通便捷、互动及时、传播广泛的特点，服务百姓生活、扶危济困、排忧解难？如何充分运用新媒体技术，以"公益慈善＋志愿服务＋智慧服务"模式，让公益慈善类节目健康发展？如何汇聚更多的公益资源，如何讲好公益故事等都值得我们深入研究，本文以上海人民广播电台"广播·爱"公益品牌群的优秀公益节目为例，探讨公益慈善类广播节目的融媒体、多样态传播之路。

关键词：广播　公益　融媒体　多样态　创新

引　言

　　进入融媒体时代，传统广播吸收数字传播新科技，向融媒体方向发展。广播，继续发挥声情并茂、用户广泛、使用便捷、互动及时等优点，进一步拓展为民信息服务。本文以上海人民广播电台"广播·爱"公益品牌群的优秀公益节目为例，探讨公益慈善类广播节目的融媒体、多样态传播之路及其创新策略与方法。如何让广播公益节目融入新的传播方式，发挥更大的影响力和凝聚力，值得深入探讨和研究。

一、上海广播公益慈善类节目的发展现状

随着时代的变迁,中国广播事业经历了从最初的"听众时代",到之后"受众时代",再衍变至时下的"用户时代"的发展过程。但无论时代如何变迁,人民广播始终是弘扬真善美、传播正能量的主平台,也一直是积极走在公益慈善最前列的倡导者、践行者。广播公益节目以弘扬社会美德为目的,以扶危济困、援助、赈灾等公益慈善类活动和群众性福利事业为主要内容,在参与社会生活方面显示出独特魅力和影响力,在新媒体时代体现了人民广播良好的社会形象。

1. 上海广播公益慈善类节目的特色与格局

上海人民广播电台自上海解放诞生之日起,一贯发挥着沟通便捷、互动及时、传播广泛的特点,秉持着"开门做公益"的理念,携手社会各界力量,帮扶救困,服务社会,打造了排忧解难类、为民服务类、传承与弘扬中华优秀传统文化类等多个名牌公益性节目。近年来,上海广播旗下 12 个频率充分发挥频率特色,贴近百姓需求,打造了一个频率一个公益项目的模式。这些特色公益节目,有些是依托频率定位、内容生产精心设计而来,如已拥有 40 多年历史的《星广会》和《星戏会》;有些是充分发挥主持人的品牌影响力,与听众联手开展公益志愿行动,如主持人梦晓发起的致力于禁毒宣传的节目《禁毒先锋》,并依托该节目建立了由节目听众+心理从业者共同组成的禁毒志愿者队伍;主持人阿彦发起的《阿彦和他的朋友们》及同名志愿者队伍,致力于为老助残扶幼公益项目;有的是来自对听众的需求的真诚回应,如《情义东方》等。近年来,伴随着融媒体时代的到来,上海广播的公益类节目在传承与创新中还形成了多个广受好评的公益类节目:如《1057 大家帮》《为志愿加油》、近年来致力于非遗保护的抖音短视频节目《非遗来了》等,总体呈现出经典公益品牌节目焕发生机,新节目、新亮点也不断涌现的格局。

2. 上海广播公益品牌矩阵及特色服务体系的构建

从 2019 年起,上海广播对公益志愿工作版块进行了整合升级,将十二套广播频率的特色公益项目和节目,集结在"广播·爱"公益品牌群中,其宗旨是:"以人民广播之名,为公益之爱发声",不断提升公益志愿服务能级。"广播·爱"公益品牌群目前汇聚了 7 大类,20 多个各具特色的节目及项目,涵盖红色文化、志愿服务、教育帮扶、文化传承、特殊群体、全民健身、公益广告等多个领域,主要包括情义东方、为志愿加油、1057 大家帮、星期广播音乐会、星期戏曲广播会、非遗

在行动、东方风云榜爱心支教行、支点公益读书计划等。这些项目成了广播媒体履行社会责任、践行群众路线、提升影响力的实践载体。随着上海广播公益品牌矩阵——"广播·爱"公益品牌群及特色服务体系的建立,上海广播的公益项目从 12 套频率分头运作,进入有计划指导、有资金扶持、有制度保障、有各方助力的"集团军"作战阶段。

二、公益慈善类广播节目在新时代的创新与探索

近年来,上海广播的公益类节目在助力国家战略、关注社会需求、对接公益资源、汇聚社会力量、新媒体联动、加强与公益伙伴合作等方面做了一系列创新与探索。

1. 充分对接社会资源,精准服务百姓需求

在上海市文明办的支持指导下,上海新闻广播推出了上海首个志愿主题广播项目《直通 990·为志愿加油》。每周日下午,开设专题节目,帮助求助者快速对接公益资源、汇聚社会力量、传播感人的志愿故事,电波、网络、热线实时联动,覆盖人群以千万计。该节目打造了爱心校服漂流、"为爱捐发"等特色公益活动;《情义东方》是长三角之声和上海市慈善基金会多方位深化合作的慈善节目。近年来,节目组与长三角公益组织积极联动,赴云南、贵州、四川等乡村实地采访,积极探索"以政府为引导,公益组织为纽带",牵手民营企业或组织,关爱弱势群体;搭建广播消费帮扶平台,巩固脱贫攻坚成果,助力城乡社区的无缝对接。

2. 线上线下公益联动,不断拓展节目内涵

上海广播各频率线上公益广播节目与线下公益活动良性互动,将频率节目特色与公益活动相结合,策划开展了一系列贴近群众生活、具有实用性和服务性及助力优秀文化传播的公益活动,加强了媒体与听众之间的沟通与联系,促进了广播媒体影响力的提升。拓展出了"公益＋乡村振兴""公益＋文化传播""公益＋非遗传承"等多个广受好评的节目内容及衍生公益项目。

"东方风云榜音乐支教行"是动感 101 频率 2011 年起开展的音乐支教项目。自 2011 年起,动感 101 频率陆续邀请知名歌手及拥有音乐才艺的爱心志愿者加入"教师"的队伍,在广西、河南、安徽等地陆续组建起了《东方风云榜》爱心合唱团。为偏远山区小学带去社会关注和物资扶持,志愿者们还为孩子们定期提供远程音乐支教课程,帮助他们获得更好的音乐教育。人文工作室打造的"非遗在行动"是一个针对非物质文化遗产保护和传承,开展线上线下非遗公益课程的

系统化公益服务项目。线上线下公益服务近 3 亿人次,该项目建立了"非遗来了"抖音短视频节目公益平台,展示剪纸、皮影、面塑等数十项非遗。拥有近 150 万粉丝,在抖音综合类非遗内容中排名第一位。节目创新非遗宣传模式,呈现皮影、剪纸、舞龙等传统文化瑰宝,凸显中华文化魅力。

3.公益慈善类广播节目的传承与拓展

上海广播公益类节目在多年的发展中,形成了多个优秀的公益类节目,这些经典节目至今深受听众的欢迎,有自己黏性很强的收听人群。近年来,面对媒体环境的变化,这些节目也在积极拥抱新技术、新平台,在传承多年来积累的优良传统的同时,不断拓展新的领域。

2023 年上海戏曲广播的《星期戏曲广播会》迎来 40 周年,迄今已举办一千多期,是全国历史最悠久的戏曲公益演出品牌,几十年坚持"艺术高质量、票价低廉化"的公益性路线,实实在在地弘扬传统艺术、最大限度让惠于民。近年来,《星戏会》策划推出子品牌《小小星戏会》和《青音荟》的线下演出,得到业界和观众的肯定。《唱电台》作为上海戏曲广播公益演出品牌《星期戏曲广播会》40 周年推出的云端呈现形式,以线上"星戏会"的形式,探索更便于传统艺术传播的轻量级普及演出形式,为"星戏会"开辟"第二剧场",传播中国戏曲之美。

作为上海经典 947 频率旗下的"老字号"音乐品牌,创办于 1982 年的《星期广播音乐会》是中国历史最为悠久,传播最为广泛的普及型系列音乐会,40 多年来始终坚持"公益性、高品质"的定位。近年来,"星广会"在周日上午举办线下演出,同时通过广播及互联网视频平台向全国乃至海外进行同步直播。

长三角地区最早开启直播的公益及生活服务类品牌节目《为您服务》已陪伴听众近 40 年。该节目多次改版,通过紧贴用户需求,增设多档垂类专栏,搭建节目微信社群等方式,为中老年听众打造直接便捷的民生服务信息聚合平台,焕发出新的生机。

4. 融合发展及多样态探索

在融媒体环境下,上海广播公益项目积极探索创新与融合,全面整合广播、视频、互联网、线下活动的优势,把广播媒体的单一影响力变为多媒体、多样态传播共同的影响力。

"广播·爱"的首个重大集体项目于 2020 年 6 月启动,为助力"脱贫攻坚"国家战略,上海广播开展了《脱贫之战——走向我们的小康生活》大型全媒体新闻行动暨"广播·爱"2020 年度公益活动,多位记者走进云南、新疆上海对口帮扶的挂牌督战县,记录中国举国脱贫的历史奇迹,同步开展的 101 爱心合唱团、

"山村学校广播站""爱心校服漂流"行动等公益项目传递来自上海的温暖,探索出了广播公益活动与主题报道融合创新新路。

2023 年 2 月,上海人民广播电台集结了旗下各广播频率优质公益慈善节目,以"广播·爱"的公益品牌亮相上海一年一度的重要慈善盛会——"蓝天下的至爱"大型慈善活动。本次活动涵盖了电视大屏直播、手机端义卖直播、广播端及网上直播,是慈善公益活动的一次成功的融媒体创新尝试,实现线上线下全渠道参与,横屏竖屏,手机、电台、电视全方位参与,立体呈现上海的城市公益项目,以全媒体平台共同传递公益的力量。

三、对公益慈善类广播节目健康发展的几点思考与建议

在新的历史时期,舆论生态、媒体格局、传播方式发生深刻变化,如何在这一场前所未有的大变革中"破茧而出",是每一个传统媒体面对的重大课题。对广播公益类节目来说,近年来也遇到一些发展和转型中的瓶颈问题。

据调查,上海广播各档公益类节目都面临着一些发展中的难点亟待解决,主要包括:投入资金及人力成本的课题,即如何利用有限的资源,做好公益传播;一些有影响力的公益节目主持人因退休等原因离开栏目,对节目影响力造成一定影响及部分听众的流失;新技术人才的短缺,带来的节目传播效果受到限制等。此外,如何让公益传播更有效? 如何找准受众及用户人群,持续优化节目等都是值得深入研究的课题。对于广播慈善类节目的未来发展,笔者提出以下几点思考和建议。

1. 对标国家发展战略、服务重点民生工作

上海广播公益类节目的重要任务之一是精准服务国家战略和本市的重点工作,通过前期调研、全方位策划、融媒体传播,广播公益类节目在这一领域正发挥越来越重要的作用。以 2023 年全新打造的公益类节目《援建之声》为例,由上海市人民政府合作交流办、上海人民广播电台倾情呈现的《援建之声》节目,是首档全景式记录上海对口援建的全媒体节目,在上海新闻广播、阿基米德、话匣子 App、上海新闻广播视频号同步推出。目前,节目重点聚焦上海对口援建新疆喀什的工作成效,邀请上海援疆干部、教育和医疗专家,以及沪喀两地相关嘉宾,通过音视频等形式讲述沪疆携手前行的精彩故事。这档节目在直播后收到了良好的社会反响。2023 年,在广播频率周日收听率同时段排名第一,收听率达到 1.48%,触达人群达到 3 794.7 万,该节目次日通过在《990 早新闻》的音频和录音报道,触达人群更是达到 1.6 亿人次,节目未来还将展现上海对口援建更多地区

的故事,助力当地的文旅宣传、推动对口援建的各项工作。

2. 发挥广播连接优势,聚合各方公益合力

广播公益节目要充分发挥广播的连接优势,把单个的公益力量连接为合力,链接政府、社会团体、爱心企业、公益慈善基金、志愿者的公益资源;近年来,上海人民广播电台与上海市文明办、上海市慈善基金会、上海市残联以及各类慈善基金进行紧密合作。推出了《直通 990·为志愿加油》《情义东方》等多档公益类节目,精准定位、服务于百姓的公益需求,受到了市民听众的欢迎;同时如何使志愿者分散的力量凝聚起来,携手一起完成目标,是现今公益项目团队不可忽视的责任,有专家建议:做好公益项目的路径首先要有长期的优质内容运营,做好数据的可视化,用信息讲述精彩的故事,感染合作方、公众和活动参与者。在移动互联时代,微公益成了凝聚善与爱的重要途径,不强求少数人做很多,而是寄希望于每个人做一点点,积少成多、聚沙成塔,让看似"微不足道"的付出通过每个自发个体,渗透到公益需求的每个角落,使越来越多的公益围观者成为公益参与和受益者。上海交通广播的《1057 大家帮》节目,致力于在日常生活中发现爱、唤醒爱、传递爱,节目通过电波和新媒体的力量,帮助遭遇困境的病患募集医疗费用,使宝贵的生命得以延续;同时,为 100 多位群众找回离散、走失的亲人,借助电波及新媒体打造随手公益、助人自助的空中爱心社区。

3. 讲好公益故事,回应群众关切,凝聚向善力量

传统媒体要做好公益慈善节目,需要持续强化"内容为王",同时积极融入新的表达方式,才能真正扩大影响力,在公益慈善节目中要有新闻敏感,时刻关注公益中的"人"。从公益链条的每个环节中不同的人身上寻找新闻线索,深入了解他们参与公益的理念和故事,抽丝剥茧,精耕细作,往往能捕捉到令人惊喜的专业视角,挖掘到打动人心的公益故事。如何讲好公益故事和志愿者的故事,激发群体的善意和善为,如何切实有效地满足群众的需求,如何把握好宏大的主题与小切口的表达,是优化公益类节目需要关注的课题。

上海新闻广播《直通 990·为志愿加油》在日常的节目中关注沪上各界暖心的志愿力量及其背后的动人故事。通过"点赞"连线,书写上海"人人都是软实力"的动人篇章。一年一度举办的"为好人点赞"年度盛典浓缩呈现一年中温暖这座城市的善举与大爱,鼓励市民、网友在生活中发现美、传递爱。《1057 大家帮》节目之所以能够屡创爱的奇迹,和它背后的志愿者团队——"1057 帮帮团"的爱心帮扶密不可分。2023 年"1057 帮帮团志愿者联盟"正式启动,该联盟下沉至街道、社区,深入城市社会肌理,不断凝聚公益向善的力量。

4. 融通新技术和广播特色，搭建融媒体公益平台

党的二十大报告中提出：加强全媒体传播体系建设，塑造主流舆论新格局。上海广播在 SMG 总体发展战略、愿景和企业文化的指导引领下，以融合转型发展为牵引，以互联网思维、全媒体视角稳步推进媒体融合发展，形成了广播特色的多媒体产品矩阵，也为上海广播搭建融媒体公益平台提供了多种可能。

中心旗下新媒体平台阿基米德，充分利用互联网优势和特性，致力于搭建网上公益项目平台，创新共建共赢新模式。阿基米德团队 2015 年起至今，用专业所长，依托网络，推出了"支点公益读书计划"，联手全国多家电台主播志愿者，为孩子们普及普通话、读课本，活动持续近 8 年时间里，陆续发起为山区孩子读课本、"微笑的力量"山区孩子笑脸、声音日历等特色公益活动，探索出山区支教的网上新路。

互联网带来人人公益的时代，有专家提出"互联网＋公益"的本质，社会化媒体推动公益事业的机理，是联结、参与、改变这三个关键词。2022 年抗击新冠疫情的"大上海保卫战"期间，上海人民广播电台考虑到方舱需求，创新推出"守望相助 共战疫情""蛤蜊电台"。公益项目团队主要成员为 90 多位来自各频率的上海广播人，在抗击新冠疫情"大上海保卫战"期间，"蛤蜊电台"公益团队发挥所长，共提供 116 期特别节目定制服务，从心理、健康、音乐、文化、少儿等多元角度为方舱送去亮色、化解难题、舒缓情绪。同时还录制 130 多个"蛤蜊讲故事"上线，陪伴孩子们度过特殊时光。节目送入国展中心、世博、临港等 9 个方舱医院和隔离点，通过方舱广播、阿基米德 App 线上专辑等覆盖 600 多万受众。"蛤蜊电台"是战"疫"特殊时期的"暖心公益广播"，更是极具价值的媒体创新实践。

在总结上述成果经验的同时，上海广播还应通过多种形式，创新和拓展公益节目及线下活动的模式、载体和路径，以新媒体平台不断培育公益新动能；广播公益类节目还需立足广播媒体特色和优势，加快融媒体业态和服务方式的融合创新，着力解决困扰公益项目发展的短板和难题；要加强对受众及用户群体的调查研究，贴近百姓实际需求、引领文明风尚，加快培育群众喜闻乐见的新型节目样态；每一个公益项目在发展中要重视可持续发展问题，以主持人领衔的项目要做好人才的梯队建设和节目品牌的打造及节目社区的维护，用持续不断的学习培训及技术外包等多种形式解决专业人才短缺的问题。

结　语

持续优化新时代的广播公益慈善类节目，需要充分发挥和传承广播各频率特色，持续做好"公益＋"的创新之路。通过深入调研，认真了解群众需求，提供

暖心帮助,加强有针对性的引导;联通社会资源、打造公益服务社区、选对赛道、持续发力,为公益类节目赋能增效;适应移动化、社交化、可视化的传媒变革潮流,善于讲好公益故事,善于开展精准化传播,坚持网上和网下相融合,汇聚网络空间向上向善向美力量,最终会取得社会效应和经济效应的双丰收。

办好新时代的广播公益慈善类节目,功在党和政府,利在人民,功德无量。继续运作好"公益慈善+志愿服务+智慧服务"模式,会让公益慈善类节目进一步发挥更大的社会功效。

参考文献:

[1] 高一村:互联网时代传统媒体如何做好公益慈善报道[J],新闻研究导刊,2021年4月。

[2] 方圆:改革开放以来媒体介入中国公益慈善事业发展研究[D],湖南师范大学(学报),2018年9月。

[3] 张虹冰:慈善公益类广播节目的实践与思考.视听[J],2013年第7期。

[4] 李雯:广播公益活动的可持续发展之路,中国广播订阅2017年12期。

[5] 王瑾等著:《互联网+公益——玩转公益新媒体》[M],电子工业出版社(2016年版)。

作者简介:

崔红蓉,上海广播电视台东方广播中心宣教主管、编辑。

基于经典 IP 节目的少儿内容产品化实践探析

巫建辉　赵彦韵

提　要:《潮童天下》是东方卫视一档知名少儿访谈栏目,经过十余年的打造,已形成具有一定影响力的节目内容 IP。SMG 互联网节目中心围绕全媒体转型战略,在大屏端《潮童天下》东方卫视栏目的基础上,在百视 TV 上推出移动端《潮童来了》互动视频产品。运用产品化思维,聚焦用户痛点,进行内容优化迭代,加速破圈,打通商业链路,成为经典 IP 衍生项目的实践样本。本文通过对《潮童来了》产品的生产和运营分析,梳理经典 IP 衍生内容的互联网化转型路径和措施。

关键词: 经典 IP　少儿节目　内容产品化　整合营销

引　言

2013 年,媒体融合上升成为国家战略。而上海广播电视台在践行媒体融合的过程中,形成了以立足"广电"内容制作根基,大力拓展丰富媒体生态,实现内容、渠道、技术、运营的全面数字化发展的战略,为百视 TV 流媒体平台锻造新样态的视频产品。如何激活上海广播电视台既有品牌资源,并以互联网思维赋能节目生产,成为各业务部门思考的重点。由 SMG 互联网节目中心制作、东方卫视播出的《潮童天下》是上海广播电视台少儿节目的一块金字招牌,能够最大限度发挥这块金字招牌的影响力和辐射力,是《潮童来了》项目设计的初衷和基础。

一、解决用户痛点，创造产品价值

2021—2022 年度，在产品设计初期，通过对亲子家庭用户群体需求的调研发现，家长们对于学龄前儿童入园的焦虑，是一个普遍的社会现象，家长希望提前全方位了解幼儿在园的生活点滴，同时，幼儿在权威平台露出、才艺展示也是家长群体的共同需求，且需求量增势迅猛。针对这两个用户痛点，对目前市面上的内容产品中关于幼儿园所的内容进行梳理，发现相关内容除幼儿园所会自发进行零星拍摄宣传之外，尚无由第三方权威机构统一制作的内容。因此，项目组根据百视 TV 流媒体平台属性，结合互联网视听环境下用户热衷的短视频媒体形式，以导演思维和视角有意识地策划、创作了百所幼儿园独家宣传视频产品《潮童来了》。在项目组录制的视频之外，结合用户的需求，开辟《潮童来了》少儿才艺展示互动专区。通过引入交互元素，在百视 TV App 上开辟活动互动界面，用户可以在活动界面自行上传幼儿才艺短视频。通过观看、点赞、转发等互动行为，传播展示自家萌娃的精彩才艺片段，给用户带来较强的满足感和参与度。点赞互动的用户行为以众筹裂变的方式，将内容产品推广触达至更多新受众，大幅度地提升了拉新用户数、视频播放量和观看用户数。

通过与东方卫视《潮童天下》栏目的适时联动，将《潮童来了》互动专区中表现出色的"潮童小达人"选送至《潮童天下》节目，一方面为节目海选提供更多的小选手，另一方面为小朋友登上东方卫视的舞台提供机会，满足用户的核心诉求。这一合作形式完善了网台联动的实际成果，达到良好的传播效果，聚焦核心用户群，为百视 TV 的"潮童来了"项目进行了二次推广与传播，也同时提升了《潮童天下》栏目及《潮童来了》项目的声量和影响力。

截至 2023 年底，《潮童来了》互动专区共上线 137 所幼儿园和线下活动视频合辑。专区视频播放量超 760 万次，累计参与活动人数 112 万以上，通过此项目产生拉新用户超过 52 万。结合百视 TV 内容矩阵布局，进一步深化产品内容形式，固化用户留存，在垂直领域进行用户沉淀转化。在精准触达、增量不断的前提下，通过多业态多渠道多场景的跨界融合，带给千万亲子家庭当下最潮流的亲子生活方式，焕发出新的消费场景，为内容产业转化注入新的动能。

二、内容优化迭代，建立流量飞轮

《潮童来了》丰富了"潮童"系列产品类型，也填补了百视 TV 平台少儿类视频内容的空白，并在项目进程中不断优化迭代产品的样式。2022—2023 年度，根据百视 TV 内容布局调整,《潮童来了》互动专区升级为"潮童"兴趣频道。频道内细分了产品类型,创建了 3 个创作者账号,分别为"潮童来了""潮童探园记"和"潮童小达人"。

"潮童来了"根据"潮童"频道内容属性,对《潮童天下》节目往期精彩片段进行拆条,将短视频剪辑上线,共集合了 2015 年—2023 年已播出节目中每一位小朋友的精彩片段,共 3 890 多条短视频。每周六周日中午卫视《潮童天下》节目播出后,当天晚间,观众就可以在百视 TV 上搜索"潮童来了",点击查看并下载小朋友的精彩片段。"潮童来了"精彩片段的定期更新,不仅为百视 TV 平台提供了富有童趣的差异化内容,还通过"网台联动"的更新频次,第一时间将大屏端用户成功导流至流媒体平台,增加了百视 TV 平台的用户数和播放量。节目片段和萌娃瞬间的高频次更新,吸引了用户的持续关注,也大幅度增加了他们对"潮童"频道的回访率,和对百视 TV 平台更多内容探索的可能性。

"潮童探园记"在 50 所幼儿园的基础上,以上海为主,辐射长三角,拓展增加园所数量至 130 余所。通过接洽近 200 所幼儿园,评估筛选后,最终上线了 137 所优质幼儿园的宣传片。其中示范园 23 所,一级园 39 所。"潮童探园记"每周以园所专题页面形式在"潮童"频道内更新上线,专题页包含园所特色宣传片和园所幼儿的才艺展示互动专区。配合"潮童探园记"上线,"潮童天下"官方公众号同步发文,通过跨平台推广宣传,扩大用户触达范围。宣传推文主要介绍当期幼儿园园所风采和特色教学内容,并在推文中嵌入百视 TV 下载二维码,让用户以最快捷的方式装机到访,成功将公众号粉丝转化为平台用户,增加对"潮童"频道的关注度和订阅数。"潮童探园记"自上线以来,获得幼儿园园长和老师们的一致好评与支持,与《潮童来了》项目组建立了良好的合作关系,在幼教业界引起广泛关注和热烈反响。

"潮童小达人"构建了以线下地推活动、线上主题视频征集活动、优秀小朋友才艺集锦为主的视频合辑。项目组通过问卷调查的形式,收集了"潮童来了"私域群中 850 多位用户的反馈和调研数据。超过 77％的用户对文化类活动有兴趣,部分用户提出了明确的方向,如趣味看展、戏剧演出、户外探索等活动。项目组基于用户行为偏好的数据分析,策划并举办了 17 场线上线下活动,为用户带来了更多参与可能性和丰富多样的活动体验。活动类别涵盖:艺术、戏剧、科技和传统文化等领域,分别有:"童心向善,艺展风采"嘉善少儿才艺大赛、"潮童来了"未来已来·首届喜玛拉雅国际儿童艺术大展网上评选活动、"潮童来了"公益故事音乐会;开心麻花"潮童来了"系列活动、"潮童来了"加油脑力王系列活动、潮童新春送祝福视频征集等形式多样,综合且全面的活动样态。在私域群内分享线下活动的现场照片,让用户感受到活动的氛围,激发他们的好奇自发参与到活动中。用线下活动的吸引力和私域流量的用户黏性，吸附更多公域流量至"潮童"频道，从而形成流量飞轮效应，推动流量活性增长，沉淀固化用户流量池。

通过产品不断的创新迭代，"潮童"频道持续提供具有价值、多样性的视频及活动内容，进一步巩固频道的流量活跃度。项目组时刻关注用户的反馈和需求，不断利用数据分析对产品内容进行调整和优化，推动用户流量的持续增长，确保用户的参与度和留存率最大化。

三、加速渠道破圈，推动商业化链路

随着市场的瞬息万变和用户需求的多样化，《潮童来了》项目组多渠道链接资源，不断实现跨界破圈，逐步培养用户心智，营造频道内容生态，打造电商消费应用场景。通过跨区域、跨行业、跨领域，在"潮童"频道内进行资源整合，最大化营销效果，实现多方共赢。通过举办多场线上线下活动，渠道破圈扩大"潮童"IP价值。以全渠道媒体生态为基础，跨界合作推动商业化链路发展。

1. 渠道拓展资源破圈，扩大 IP 价值

为践行长三角一体化发展新使命，《潮童来了》项目组与共青团嘉善县委员会、嘉善县教育局共同推出的"童心向善，艺展风采"嘉善少儿才艺大赛，与嘉善少年宫达成优秀少儿人才输送战略合作。大赛分为线上和线下两个部分，线上视频征集为线下才艺大赛宣传造势。通过百视 TV 活动页面、官方公众号，快速吸引全域用户关注，进行活动信息宣传的同时扩大"潮童"IP影响力。赛前上传视频增加用户期待感，为线下大赛制造了热度。通过线下大赛两轮精彩的评比，决出 10 位优胜的潮童，最终登上卫视《潮童天下》节目的录制舞台，完成"潮童"IP 生态闭环。跨区域多维度的联动，给嘉善的广大少年儿童提供了一个更高的展示才艺、创造美丽童年的舞台。

关注孩子的自我表达与艺术成长，《潮童来了》牵手喜玛拉雅美术馆，在"潮童"频道发起未来已来·首届喜玛拉雅国际儿童艺术大展网上评选活动。通过在线评选，鼓励孩子们展示自己的艺术作品，助力少年儿童美育培养。"潮童"IP跨界美术馆，在公共艺术空间为小小艺术家们筑梦未来，作品优秀的小朋友获得"潮童之星"的荣誉称号。此次展览还邀请了部分参与"潮童探园记"的幼儿园师生前往学习观摩。通过全媒体分享和推广，展览不仅吸引了家长、艺术界人士，还有广大群众纷纷前往打卡观展，进一步提升"潮童"IP 的知名度和影响力。

加速渠道拓展和资源破圈，通过与不同区域、行业、领域的跨界合作，共同创造社会价值，扩大"潮童"IP 影响力，为推动商业化链路打下基石。

2. 跨界合作电商链路，创造产业价值

《潮童来了》项目组根据"潮童"频道用户人物画像、用户行为特征和兴趣偏好，选择优质的品牌和适合的品类进行电商链路的首次尝试和探索。分别与上海交通大学出版社、开心麻花、葫芦采摘等品牌共享资源整合营销。在活动专区页面，上架商品链接打通电商链路，以不高于同类型平台的"潮童"专属价格，将最适合的产品和服务带给广大的用户群体。

与开心麻花合作推出了"潮童来了"系列活动：探访开心麻花台前幕后、麻花剧目营体验和"麻花潮童来了"视频征集。让孩子在体验戏剧的同时，尽情释放天性绽放潜能。两大IP强强联手跨界合作，在"潮童"频道上架活动商品链接，共享各自的渠道资源，实现优势互补，吸引更多用户注意，逐步塑造平台用户心智，加深对百视TV平台商品的认可，从而促成商业转化。

与葫芦采摘合作，带孩子体验课本之外的"宝藏课堂"，在"潮童"频道上架推出"潮童来了"系列文旅产品：采摘护照、春日露营季、春"芒"插秧季和踏青赏春蘑菇季等。以自然之名，体验农耕文化，共享亲子时光。集游乐、教育、探索动手实践于一体的文旅产品，既能满足孩子们学习体验的需求，也能带给亲子家庭更多元化的沉浸式互动场景。多业态多场景的跨界融合，以亲子生活方式为切入点，开启商业化发展新赛道。

与上海交通大学出版社推出"童趣阅读，快乐成长"主题系列童书，作为爸妈都喜爱的高质量出版社，推荐的书单也是以亲子阅读为首选。结合上架书籍，整合渠道资源，从导演视角出发，策划以绘本故事为核心的直播内容。在线下举办了百视TV"潮童来了"公益故事音乐会，在平台主站和"潮童"频道同步直播。无论是从节目制作角度或是电商营销角度，重视人的视角、人的情感和人的体验，让镜头内外的人产生情感共鸣是永恒的核心。让观众在观看直播时，有代入感和场景感至关重要。所以在策划直播内容时，加入传递情感的艺术媒介，音乐与故事的结合就自然而然地产生了。以旋律优美的钢琴曲开场，主持人友好热情地向大家问好，配合着现场钢琴的伴奏声，生动有趣地讲述着绘本故事里的世界，现场的孩子们全神贯注积极参与互动问答，以最轻松愉悦的方式将书籍的内容带入线上线下观众的心里。"广电"内容制作嫁接互联网思维，用专业传递价值，带给用户差异化的直播新体验。

为增加商业化链路转化可能性，整合媒体传播矩阵资源，结合平台电商产品上线，通过"潮童天下""人气美食"和"百视TV"等官方公众号和私域群传播推广，实现精细化运营，提高产品的曝光度和用户购买的转化率。资源破圈不仅是为了推动商业化链路发展，更是为了逐步构建产业价值。以触动用户情绪为先，

提供对用户有价值的产品。持续改进和创新是关键，找到商业化与用户体验的平衡点，以蹄疾步稳的姿态走出一条"潮童"商业化道路。

结　语

《潮童天下》栏目作为少儿节目的经典 IP，通过互联网视频系列作品《潮童来了》的互联网化、产品化的实践，丰富了原有较为单一的屏上内容生态，拓展了获客的信息源渠道，结合百视 TV 平台的技术互动发展不断创新迭代。产品仍立足内容制作根本，携手多方优质合作伙伴，跨界合作整合营销；以流量为基本盘，全媒体融合联动，链入电商产品，打通拉新留存转化路径；希冀引领亲子家庭生活方式新潮流，逐步构建一个立体化、多元化的产业生态圈，从而焕新"潮童" IP 的非原有的广告赞助外的商业价值。这一案例的实践过程的启发是，经典 IP 节目的互联网化、产品化是可行的，也是必要的。通过深入挖掘 IP 的核心价值，结合互联网端的互动技术手段，我们可以将原有大屏节目中所要传导出的正向价值观以全新的方式呈现给孩子们和他们的家长们，让他们在收看转发中学习，在成长中感受技术迭代便利的快乐。

"潮童"内容产品化的一次有益的探索与尝试，也可以为许多经典电视内容 IP"焕新"提供一个试错的模板。内容产品化不仅需要与平台属性、人群做绑定，同时也要与用户收看习惯、人机交互的技术手段紧密联系，更要充分发挥内容生产者的创意领先与技术创新的能力。在生活领域的内容赛道中，如：医疗健康卫生服务、美食、宠物、潮服潮玩、体育竞技垂类中可以通过实践，打通线上与线下，联动大屏与小屏，结合既有选题内容输出，固化老观众，触达新用户，使收视率真正地成为可视化的"用户画像"，从而为用户生产出更多优质、有趣、正向的内容作品。

作者简介：
巫建辉，上海广播电视台互联网节目中心总制作人。
赵彦韵，上海广播电视台互联网节目中心导演、产品经理。

融媒体时代打造儿童 IP 的策略思考

——以上海广播电视台原创 IP《麦杰克小镇》为例

李　艳

提　要： 随着云计算、大数据和人工智能等新一代信息技术的快速发展和广泛应用以及媒体环境的深刻变革，融媒体时代如何有效打造具有影响力和持久生命力的原创 IP 成为文化传媒产业关注的焦点。本文以上海广播电视台旗下幻维数码原创 IP《麦杰克小镇》所实施的策略与运营实践为例，探讨融媒体时代背景下，如何有效打造儿童 IP。研究确定了 IP 价值链搭建的四个关键环节：内容创作、品牌塑造、市场导向和经营模式。《麦杰克小镇》案例证明，在媒体融合的大背景下，注重内容创新、细分市场策略和品牌联动是构建成功儿童 IP 的重要因素。同时，儿童 IP 运营须关注社会责任，确保内容健康且富有教育意义。本文结合社会文化需求与市场趋势，为有意进入儿童市场的内容生产者及运营方提出了一系列的策略思考和建议。

关键词： 儿童 IP　媒体融合　AIGC　内容创新　品牌塑造　市场导向

引　言

融媒体时代，信息和数字科技的迅猛发展极大地促进了文化产品多元化与个性化的趋势，传媒组织传统的 PGC（专业生产内容）和 UGC（用户生成内容）生产模式正在逐渐向着 AIGC 生产模式的方向发展。AIGC 技术掀起传媒智能化变革，IP 的价值日益凸显。尤其是在儿童文化市场领域，优秀的儿童 IP 不仅能够在短期内带来商业利益，更重要的是能够长期稳定地保持其市场价值。一旦建立起良好的品牌形象和用户基础,儿童 IP 可以通过高频内容生产、衍生品、授权产品等多种形式持续赚取收入,并且具备持久的影响力。本文通过对《麦杰克小镇》的深入剖析,探索其在当下快速变化的市场生态中需要坚守的核心内容与策略方法。

儿童 IP 的构建需贴近儿童心理发展需求,同时兼顾社会价值观和文化传承的要求。此外,IP 的可持续发展更离不开创新的内容生产、精准的市场定位以及有效的品牌管理。通过《麦杰克小镇》的案例分析,可以发现儿童 IP 需要强化教育意义和娱乐性的内容制作,其利用"儿歌"这一传播度极高的音乐载体,形成了该 IP 独树一帜的品牌形象。在不断增强用户体验和扩展品牌边界的同时,注重社会责任的承担,确保所输出内容健康向上,并在满足儿童成长需求的过程中,充分考虑到亲子关系的培育与家庭文化的建设,以及中华文化的传承,这有助于培育出具有长远发展潜力的儿童 IP。数据显示,该 IP 得到了覆盖广泛的家庭观众的高度认可,成为孩子们喜爱的文化食粮。在日趋激烈的竞争环境中,《麦杰克小镇》的市场表现和受众反馈充分显示了其在内容创新、细分市场策略和品牌联动方面的成熟经验,这些都为当下以及未来的儿童 IP 创造和运营提供了重要的参考和借鉴。

一、融媒体时代背景下的儿童 IP 发展

(一)儿童 IP 的商业价值与市场需求分析

中国儿童消费市场规模巨大,中国儿童产业研究中心调查结果显示,我国儿童消费市场的规模已经突破 4.5 万亿元。虽然近年来,人口出生率持续下降,但是我国约 80% 的家庭,儿童支出占家庭总支出的 30% 至 50%。随着家庭收入水平的提高和父母对子女教育的重视,家长们愿意为孩子购买具有教育意义和娱乐性的内容产品,从而满足孩子的成长需求。以《麦杰克小镇》为代表的儿童 IP,凭借其独特的内容创意和市场定位,实现了跨媒体、长周期、线上线下全方位传播,令其价值与特点日益凸显。首要的价值在于其构建儿童心智模型的力量。儿童 IP 之于孩子们,不仅是传递娱乐与知识,更是塑造他们认知世界和社会关系的核心媒介。《麦杰克小镇》以及旗下的《麦杰克好儿歌》《麦杰克成语故事》等系列作品,通过生动的角色塑造和情节设置,朗朗上口的音乐旋律,按照心理学家皮亚杰对儿童认知发展阶段的理论设计内容,促进儿童逻辑思维和情感认知的成长,寓教于乐的同时提升新时代儿童的审美素养和审美品位。

《麦杰克小镇》还展现了儿童 IP 所具有的跨媒介融合性。从传统图书到系列动画片,再到衍生的益智玩具和教育产品、线下活动及商场内的亲子业态,多种媒介的整合,为 IP 赋予了更强的生命力。这种跨媒介融合不但能够不断吸引新的受

众群体,也能为原有的受众提供更为丰富的消费体验。儿童 IP 的商业价值不仅体现在产品销售和授权收入上,更体现在品牌建设、市场影响力以及与消费者的情感联结上。成功的儿童 IP 不仅能够创造经济效益,还能够对社会文化产生积极影响。

从 IP 生命周期来看,截至 2021 年,全球最赚钱的前五大 IP 分别是精灵宝可梦、Hello Kitty、米老鼠和他的朋友们、维尼熊、星球大战。其中,精灵宝可梦属于较新的 IP,诞生至今也有 17 年,而迪士尼旗下的米老鼠系列 IP 诞生于1928 年,距今持续了近 100 年,其形象仍然受到小朋友们的喜欢,可见优秀的儿童 IP 不仅会让儿童从小喜爱,在这些孩子长大之后,为人父母后也会优先选择这些陪伴了整个童年的 IP 给自己的孩子。经典的儿童 IP 代际相传、拥有经久不衰的生命力,商业价值及社会价值随着时间日益凸显。

(二)融媒体环境下的传播特征

融媒体环境下,儿童内容的传播特征呈现出多渠道、跨平台、互动性强、个性化定制等特点。同时,随着短视频平台的兴起,越来越多的儿童内容以短视频形式呈现。这种短小精悍的内容更符合儿童短暂的注意力,同时也更容易在社交媒体上分享和传播。

结合大数据分析技术和人工智能算法,儿童 IP 的内容推荐、用户行为分析和市场预测等方面实现了精确化管理和个性化服务。通过数据反馈,能够及时调整策略和内容输出。新媒体的互动性、多样性,为儿童 IP 的商业化运作创造了更为丰富和灵活的盈利模式,品牌联动、知识付费、线上线下活动的多维度融合运营模式,推动了儿童 IP 的全面开发和深度运营,形成了涵盖文化传播、教育引导、娱乐消费等多方面的产业链结构。以《麦杰克小镇》为例,全方位的新媒体渠道布局,以及针对性的内容输出策略,形成了覆盖互联网、移动端、实体书籍、快消品等多元产品矩阵,有效激发了儿童与家庭用户的深度参与和情感共鸣,构筑了跨年龄段的广泛受众基础。

二、深耕细作——《麦杰克小镇》开发及运营策略分析

(一)项目开发与运营策略

《麦杰克小镇》是 SMG 上海广播电视台、上海文化广播影视集团旗下,上海幻维数码创意科技股份有限公司出品的原创儿童美育启蒙 IP,经过五年孵化,始终保持着旺盛的内容生产力及灵活多元的合作方式。《麦杰克小镇》致力于打

造创新式儿童生活陪伴场景下的美育产品,用美育启蒙提升下一代拥有幸福的能力,重视培养孩子的通识美育,弘扬中华美学精神,积极推动我国儿歌的迭代更新。《麦杰克小镇》项目的开发在全面分析儿童心理特征、成长需求的基础上,着手构建了一套综合运营策略,从内容创作、品牌塑造、市场导向和经营模式四个方面形成了一套方法论。

1. 国内首创 0～6 岁美育启蒙成长体系

在内容创作环节,《麦杰克小镇》垂直细分 0～6 岁儿童美育启蒙阶段,根据 0～6 岁幼儿视听觉发展规律及语言认知能力,基于认知神经学、儿童发展心理学、儿童运动与健康学等多元科学理论基础,邀请国内资深儿童教育心理学专家、顶级的动画及音乐制作团队联手打造,自主研发 0～6 岁美育启蒙成长体系,提升孩子审美素养和审美品位,丰富社会美育资源供给。

麦杰克美育启蒙成长体系从选题到画面乃至儿歌音乐领域,将 0～6 岁幼儿按月龄科学划分,覆盖八大领域,分阶段培养孩子的各项能力;严格遵守幼儿不同阶段敏感期,向孩子提供适合各月龄特点的旋律节奏与音域范围,随着学阶的增长,从单一曲风丰富至 36 种音乐曲风;遵循婴幼儿晶状体发育成长规律,动画视觉呈现融合蜡笔、绘本、水彩等多种艺术风格,引导孩子从小感知美、发现美、创造美。项目团队在内容生产环节也有严格的 SOP 制片管理流程,无论是原创音乐,还是动画制作,甚至线下活动,授权图库都有完整的一套指导手册。在全新体系支撑下,项目团队先后推出了《丢垃圾》《我相信》《滚蛋吧!病毒!》等一系列孩子们耳熟能详、传唱度极高的热门作品,并收获了国家动漫品牌建设和保护计划优秀动漫创意奖、AFN 金岩羊奖、亚洲第八届微电影节好作品奖、第四届中国短视频大会一等奖等专业奖项的品质认可。在这一过程中,《麦杰克小镇》成功地通过具有特色和魅力的视觉听觉元素,以及传唱度极高的儿歌作品吸引了大量儿童受众的目光,并通过动画片故事传达了积极向上的情感和价值观,获得了幼师和家长的认可,使得 IP 品牌逐渐深入人心。

2. 海量优质儿童美育启蒙内容,传承弘扬中华美学精神

在品牌塑造环节,《麦杰克小镇》在 2017 年就具有前瞻性地提出"美育启蒙"的核心品牌定位。美育启蒙又称美感教育,是指用艺术向儿童进行审美的教育,在童年时期为孩子心中种下"美"的种子,在成长之路上,激发孩子的创造力、想象力、感受力和抗挫力,而这些能力能够在孩子今后的人生中起到积极作用。2019 年 6 月《中共中央、国务院关于深化教育教学改革全面提高义务教育质量的意见》明确要求"坚持'五育'并举,全面发展素质教育"。2020 年 10 月,中共

中央、国务院印发《深化新时代教育评价改革总体方案》，这一方针被再一次强化。而《麦杰克小镇》也逐渐成为家长心中值得信赖的美育启蒙品牌。

依托幻维数码在多媒体技术以及动画制作上的领先优势，《麦杰克小镇》以原创儿歌为核心，配套卡通人偶剧、好故事动画片、有声绘本、哄睡故事音频包、国学启蒙短视频、好习惯培养产品包及原创幼儿律动舞蹈等0～6岁儿童全品类优质内容，发挥动漫与音乐的艺术特点，帮助孩子认知世界，让每个孩子从小都能切身感受中华美学。例如，麦杰克原创儿歌动画《小小追梦人》从孩子的视角出发，聚焦中国梦的时代主题，天籁童声赋予画面更多童趣，把几代人拼搏追梦的故事描绘得更加鲜明生动，培育和弘扬社会主义核心价值观，唱响爱国主义主旋律，传承和弘扬中华优秀传统文化，向儿童厚植爱党爱国爱社会主义情怀，获得全国各地幼儿园，特别是幼师群体的好评与推荐，幼师们自发让孩子们学唱麦杰克好儿歌，进一步扩大了产品知名度。

3. 灵活多元的合作模式，助力鲜明特色的美育品牌

在运营策略层面，项目团队紧跟媒体环境变化，利用多平台发布和交互式营销，实现了IP与受众之间的高效互动。利用短视频平台、社交网络等新兴媒体平台进行内容推广，辅以线上微信家长粉丝群和线下活动等多维度的受众互动，全面扩大了IP的曝光率和受众的参与度。《麦杰克小镇》以"美育启蒙"为核心，借助线上内容输出，汇聚大量粉丝，线下同步开启IP授权及衍生品开发、教育内容研发及儿童乐园、线下亲子活动和快闪店等，找到更多营销触点，带来线上线下多重转化，打通IP营销全链路。

2017年—2022年《麦杰克小镇》与中国本土第一家积木玩具上市公司广东邦宝益智持续合作，连续开发了45个品类的玩具衍生品，在玩具业内掀起新浪潮。2018年《麦杰克小镇》与放眼全球的中国童书民族品牌爱阅家教育，共同研发推出了有声读物系列"宝宝欢乐颂礼盒套装"，淘宝双十一销量破200万，广受好评！2021年占据口碑与热度两大优势的《麦杰克小镇》，与金宝贝启蒙强强联手，共同打造金宝贝麦杰克好习惯3D儿歌付费产品包。借助金宝贝启蒙全国600家线下门店与庞大的家庭用户群体，共同推广双方IP，该项目大获成功，不仅打造了爆款产品，还为中国家庭提出了科学育儿的"家庭解决方案"。

（二）受众接受性分析

在研究儿童IP的市场接受度与用户喜爱方面，对《麦杰克小镇》进行了广泛且深入的分析。《麦杰克小镇》团队深耕0～6岁学龄前儿童美育启蒙多年，专注

于优质少儿内容的制作和相关产品的研发,目前已拥有 300＋首高品质原创儿歌曲库,涉及 36 种音乐风格、22 类音乐题材,10 种儿童日常应用场景,全网播放量已破 70 亿,累计开展 300 场线下活动,授权品类超过 100＋。截至目前,已有超 5 100 家幼儿园教师正在自发地将麦杰克儿歌作品运用到日常教学课程中,深受孩子的喜爱。

依托对收视率、网络点击量和家长以及儿童受众的问卷调查等多维度数据进行的系统整合和挖掘,分析发现《麦杰克小镇》的接受度呈现出较为稳定的上升趋势。《麦杰克小镇》始终坚持公益路线,勇担社会责任,每一年项目团队制作的《麦杰克小镇》公益宣传片都会引起极大反响。例如疫情期间,《麦杰克小镇》曾联合北京天使童声合唱团共同推出 900 位孩子线上虚拟合唱《我相信》,用歌声致敬在艰难前行路上创造温暖的抗疫一线坚守者。此公益短片在央视新闻媒体发布,获得 2 亿次播放及 10 万＋转发,受到社会各界广泛关注,上海音乐出版社、上海文艺音像电子出版社等申请授权,《麦杰克小镇》也迅速给予版权授权许可,相关出版物所得收入全部用于慈善捐赠。"一首好的儿歌,是孩子童年的伙伴、是融入智慧与艺术的作品、更是时代的产物。疫情笼罩之下,众志成城的精神面貌以及具有教育宣传意义的内容,值得家长给每个孩子学一学、唱一唱。"上观新闻文章为之如此评价。

《麦杰克小镇》不断向外所传达的正面价值观与社会责任感的强化也为 IP 塑造提供了有力的支撑。研究表明《麦杰克小镇》在传递积极的社会教育意义方面取得了良好效果,受众的接受性与认同感能够达到较高水平。

三、打造儿童 IP 的关键策略分析

(一)内容原创性与特色挖掘

《麦杰克小镇》项目团队注重差异化与创新性的结合,将核心产品瞄准"儿歌童谣"这一古老题材。经过前期的市场调研,项目团队发现近几十年来,中国流行音乐领域无时无刻不发生着变化,但儿童音乐领域却依然萧条,几代人共享着一成不变的儿歌。新儿歌的缺失和真空又会让一些不健康的"网络神曲"侵占孩子们的精神世界,影响少年儿童的发展。为了填补国内市场原创美育儿歌领域的空缺,为儿童提供优质精神食粮,《麦杰克小镇》旗下的拳头产品《麦杰克好儿歌》经过三年"精心打磨、诚意制作"推出了 300 首原创儿歌曲库,首首精品,被家长们评为"宝藏儿歌"。正是源于团队成员都怀揣着一个"给孩子们写只属于他们的好儿歌"这个小目标。这是项目团队成员送给自己孩子的礼物,也是《麦杰

克小镇》想要送给每个中国孩子的成长赞歌。

（二）品牌联动与全方位营销

2022年3月中国玩具和婴童用品协会发布的《2023中国品牌授权行业发展白皮书》显示，2022年中国年度授权商品零售额为1390亿元，同比增长1.2％；2022年中国年度授权金为54.2亿元，同比增长1.9％。被授权商认为IP授权带动销售提升20％～49％的占比比上年提高7.2个百分点。放眼全球，截至2021年，全球最赚钱的前五大IP的收入依次为1090亿美元、885亿美元、829亿美元、810亿美元、694亿美元。无论从全球角度还是国内角度来看，授权行业的市场规模都是在不断扩大的。毫无疑问，优质IP能够为被授权商带来更大的经济效益。IP授权会弱化产品和服务的商业感，消除品牌和消费者之间的距离感，同时能够帮助新兴企业快速打开知名度。

儿童IP的品牌联动与全方位营销需要多渠道、多维度地进行整合与运用。以全球知名IP《小猪佩奇》为例：自2015年《小猪佩奇》由香港山成集团引入中国，并于当年登上中央电视台，在优酷和爱奇艺上线播放，占领儿童群体。随后通过短视频平台话题炒作，完成话题引爆，并迅速进行合作授权变现。2019年8月，美国著名玩具和IP公司孩之宝以33亿英镑，约286亿元收购《小猪佩奇》母公司eOne，成为轰动整个授权行业的历史性事件。由此可见，儿童IP的全方位营销至关重要，但是值得注意的是，《小猪佩奇》核心竞争力仍然是经过十五年沉淀出来的200多集质量过硬的动画片内容，不管如何炒作和营销，如果没有坚实的内核是无法实现最终爆火的。

在《麦杰克小镇》案例中，销售数据显示，相关衍生品销量强劲，线下活动反响热烈，可见通过线上线下的融合营销，有效激发了市场的活力。而在产业链构建方面，项目运营不仅涉及内容生产，而且延伸至品牌经营和市场拓展各个环节。值得注意的是，在追求经济利益的同时，儿童IP的运营还需要承担起相应的社会责任，这一点在《麦杰克小镇》的推广中得到了体现。

在媒体融合背景下，打造儿童IP的过程中，交互性的强化成为提升用户黏性和扩大品牌影响力的重要手段。《麦杰克小镇》通过线上社群运营互动和线下活动的举办，有效地加深了目标受众的参与度。线下活动不仅让《麦杰克小镇》的角色与品牌形象走入现实生活，增强了观众对IP的情感联结，也实现了品牌影响力的空间扩散和市场深度拓展。这一模式证实了充满创造性的内容表达加上科学的市场策略，是提升儿童IP价值的双重保障。通过交互性强化与品牌延伸的双轮驱动，儿童IP能够实现从视觉符号到情感联结的跨越，建立起更为宽广和牢固的粉丝基础。

（三）AIGC 将助力新一轮的 IP 孵化与商业化

AIGC 全称为 AI Generated Content，也就是利用人工智能技术来进行更有创造力和效率的内容生产。曾经流行的 PGC 和 UGC 创作模式正在被慢慢取代，如今 AIGC 无论在传播效率还是在个性化创作层面都可以将它的技术优势发挥得淋漓尽致。

对新一轮的 IP 孵化来说，AIGC 是生产力。如何利用好人工智能孵化 IP 是从业者面临的新课题。

以《麦杰克小镇》为例，项目团队探索形成了以"高品质内容体系"为基本打法，在此基础上借助"技术＋"的力量，追求形成"更大范围、更宽领域、更深层次"产品框架，进而深度嵌入家庭生活场景。但是高品质内容是一个动态概念，内涵需要不断更新。基于这样的理念，工作团队加大了艺术与技术的协同演进。2022 年，《麦杰克小镇》项目团队以"虚拟 AI 偶像陪伴＋美育启蒙"为切入口，开启以家庭为单位的亲子元宇宙领域产品；依托《麦杰克小镇》美育启蒙成长体系及庞大的版权美育内容库，将前瞻性的 AI 互动技术与沉浸式美育内容相结合，构建专属于儿童的纯净的美育精神世界。未来，麦杰克小镇也将积极开拓、利用 AIGC 赋能儿童美育内容，创新社会美育传播方式。

（四）文化自信与国际化策略的双向拓展

"出色的插画画风、原创的高品质音乐、健康有趣的歌词"，拥有这些突出传播属性的《麦杰克好儿歌》，当下受到马来西亚与文莱领先的视频平台 Dimsum 的大力推荐，在当地华裔圈掀起热潮，大家纷纷向自己孩子和身边朋友热情推介，让身在他乡的小朋友也能在优秀的中华文化熏陶下快乐长大。"宝藏儿歌""审美在线""品质精良"，无论海内外，这是来自家长们的最直观评价。在内容创作上，《麦杰克小镇》对中国的传统文化和中国元素做深入挖掘和结合，科学帮助孩子记忆与传承中华文化，让孩子在优质美育儿歌中感受国学魅力。通过对本土文化元素的巧妙融合，《麦杰克小镇》增强了国内观众特别是低年龄段受众对传统文化的理解和接纳，从而在提升文化自信与建立文化认同方面做出了积极贡献。

未来，《麦杰克小镇》将走出亚洲，走向世界，为身在他乡的异国华人小朋友们带去更多优质作品。2024 年，《麦杰克小镇》将通过中俄合作电视频道发行内容,即将登上俄罗斯白玉兰剧场,并在 Youtube 上开启麦杰克小镇 IP 官方账号,将《麦杰克小镇》情商故事、原创儿歌动画等内容翻译成多国语言,将富有思想性、艺术性的儿童美育内容带给全世界孩子。《麦杰克小镇》将不断推动着作品在全球市场的播出,以及衍生产品在全球市场的销售,达成"向全球讲好中国故事"的使命。

结　语

精准的受众分析和有效的市场定位是打造儿童 IP 的第一步,差异化内容创作能够有效吸引目标受众。灵活多元的经营模式和市场导向策略的实施,能够实现 IP 的商业最大化。一个成功的儿童 IP 应当承载起培养孩子们社会责任感的重任,确保内容的健康引导性至关重要,这是塑造品牌形象和赢得用户信任的双重保障。

总而言之,儿童 IP 的成功不仅来源于对市场趋势的敏锐洞察和对受众需求的精准把握,更在于其深厚的文化积淀和正确价值观的传播。《麦杰克小镇》作为一个典型案例,在媒体融合大潮中展现了构建和运营儿童 IP 的有效途径,为相关产业的发展贡献了宝贵的经验和参考价值。但是,未来还有很长的路要走,一个 IP 的成功离不开内容优质及不间断地曝光,更离不开长期的运营优化和时间的沉淀。不管是什么形式的 IP,最终都要实现商业变现。

参考文献:

[1] 陈逸宁:中外儿童动画 IP 的运营策略比较——以《熊出没》和《小猪佩奇》为例[J],艺术家,2022.

[2] 柔侠:IP 授权商业化[M],2023.

[3] 张雅佼:将睡前故事打造成受欢迎 IP——以"凯叔讲故事"为例分析如何打造儿童音频产品[J],当代电视,2019.

[4] 刘雅铭:新媒体时代儿童文学 IP 品牌的传播路径和发展趋势——以"皮皮鲁总动员"为例[J],2021.

作者简介:

李艳,上海幻维数码创意科技股份有限公司原创开发部总监。

浅析中国电视平台对原创动画的推动作用及存在的瓶颈因素

陈　斌

提　要：动画产业属于传统文化产业的关键分支之一，拥有十分广阔的发展前景、较大的经济价值，并且在广大青少年当中，具备十足的号召力，被视为 21 世纪知识经济领域的重要内容。互联网时代的新型平台型媒体相对传统电视平台来讲，有着高维媒体的典型特征，凸显开放性，所承载的媒介内容有着良好的适应性。相比之下，虽然中国电视平台在原创动画的发展中起到了积极的推动作用，但是仍然存在一些瓶颈因素。本文将对这些推动和瓶颈因素进行详细的论述，并针对问题提出相应的解决方案。

关键词：电视平台　原创动画　动画产业

引　言

随着社会步入信息时代，传统的电视播出平台曾经的视频传播垄断性地位已经不复存在。在当今时代背景下，电视平台和新兴媒体二者的融合已经是大势所趋，电视平台与原创动画产业的融合成为至关重要的组成部分，也属于实现电视产业理论和原创动画有机结合的核心途径，是推动社会资源不断优化整合、提高动画产业发展动力的关键性手段之一。近些年来，伴随着科技的革新和公众娱乐需求的增长，动画产业在国内的发展十分迅猛。中国作为全球范围内规模最大的电视市场，原创动画的发展也得到业内的高度关注。电视平台属于原创动画的重要传播媒介之一，其对原创动画的发展具有重要的推动作用。然而,在实际发展过程中,中国电视平台在原创动画发展上仍存在诸多瓶颈因素。因此,本文旨在深入探讨这些问题,并提出相应的解决方案。

一、中国原创动画发展历程

1926年至1957年是中国原创动画的萌芽与探索阶段。万氏兄弟作为我国动画的重要开创者,其在1926年制作完成了黑白动画《大闹画室》,由此拉开了中国原创动画发展的序幕。

到了1957年,上海美术电影制片厂成立。在随后的十年时间内,推出了大量经典的原创动画片,比如《大闹天宫》《小蝌蚪找妈妈》以及《骄傲的将军》等等,中国原创动画由此步入短暂而繁荣的发展阶段。

1967年至1976年则是发展的停滞阶段。改革开放之后,中国原创动画经历了比较短暂的复兴,涌现出类似于《哪吒闹海》《猴子捞月》等一系列经典的动画作品。在当时,中国原创动画行业的业务模式上,主要是国营企业掌握了所有权,而制作方收取相应价格酬劳这样的模式。但是因为原创动画人才数量过于匮乏,绝大多数的中国原创动画处在了粗放型的外包制作态势,该时期属于中国原创动画的粗放外包阶段。

在1990年前后,国家逐步鼓励民营企业稳步向前发展,民营企业相继加入了原创动画制作的浪潮中。在此期间,民营动画企业主要的收入渠道,就是为电视提供贴片广告,外加一些音像制品的销售等等。而在当时,《忍者神龟》《变形金刚》《灌篮高手》等众多质优价廉的外国动画对中国原创动画市场带来了极大的冲击。这一时期成立了诸多中外合资的动画公司,属于中国原创动画的代工生产阶段。

到了2000年之后,我国日益盛行动画制片人与电视平台开展通力合作的模式,双方共同制作动画节目,动画制片人向电视平台收取一定的委托制作费用。假如动画制片人对动画也有一定比例投资,则会从中获得一定的投资收益。除此之外,国家也逐步推出了有关的政策,扶持原创动画的进一步发展。一批专业的卡通卫视频道应运而生,比如湖南金鹰卡通、上海炫动卡通、北京卡酷、江苏优漫、广州嘉佳等上星卫视频道。每个频道也通过自主或合作的形式,创作生产动画片。政策上的扶持与倾斜,令原创动画片如雨后春笋般大量出现,但质量相差悬殊,其中《西游记》《哪吒》《大头儿子小头爸爸》《喜羊羊与灰太狼》《猪猪侠》《熊出没》等品质相对较高受到公众欢迎。该时期为中国原创动画的政策扶持阶段。

到了 2013 年,伴随着科学技术的进一步发展,互联网平台崛起。众多的资本巨头,比如网易、腾讯等尝试在原创动画产业上进行布局,网络番剧制作由此逐步流行在类互联网平台当中。而腾讯视频、哔哩哔哩以及优酷等平台,也踊跃抢占各类质量高且丰富的内容,对原创动画作品的采购费呈现出较大幅度增加。除此之外,移动游戏市场的井喷式发展,也令部分知名的原创动画企业和游戏公司携手努力,拓展多元化的业务。该时期为中国原创动画的快速发展阶段。

二、中国电视平台在原创动画发展中的推动作用

2000 年之后,在国家扶持原创动画创作政策的支持下,上海的几大电视平台(原上海电视台、东方电视台、上海有线电视台)与上海美术电影制片厂合作推出了《我为歌狂》《封神榜传奇》以及《大英雄狄青》等一批动画作品;同期的央视动画也成功创作出了《西游记》《哪吒》《大头儿子小头爸爸》等系列作品,成为原创动画复苏的开路先锋。

2004 年之后,伴随着湖南金鹰卡通、上海炫动卡通、北京卡酷、江苏优漫以及广州嘉佳等一批卡通卫视的陆续成立,这些专业卡通频道对原创动画内容需求极大。国家对原创动画的扶持力度也进一步加大。全国多个地区建立了动漫基地,原创动漫企业的数量也大幅增加。加上各地出台动画片的央视和省级卫视播出补贴,刺激着原创动画的爆发式增长。在 2005 年—2010 年期间,全国每年的原创动画产量均在二十万分钟以上。

当时,原创动画的营收模式主要以电视播映权销售+音像图书版权+频道播出补贴为主,比较"理想"的回收金额在 3 000 元/分钟左右,所以很多创作者就以这个金额来倒推制作成本,大量压缩剧本、前期和中期动画的资金,导致了这一阶段的部分作品存在量多质低的通病。为了打破这种恶性循环,扩大原创动画的营收领域,当时的上海文广新闻传媒集团(以下简称 SMG)率先在动画电影方向发力。2008 年夏天,SMG 推出了根据香港漫画大师马荣成的名作《风云》改编的动画电影《风云决》。在 SMG 强大的电视平台传播力宣传配合下,该电影以 3 300 万票房一举打破了国产动画电影的票房纪录,这也让业界看到了电视平台在动画电影宣发上的优势和积极作用。随后,SMG与央视少儿的广告商合作,形成了覆盖全国的电视频道宣传网,联合制作宣发了《喜羊羊与灰太狼》《麦兜》《猪猪侠》等系列大电影,从几千万到超 2 亿的票房,不断刷新当时中国原创动画电影的票房纪录,对原创动画产业的发展起到了关键作用。

三、中国电视平台在推动原创动画发展中的瓶颈问题

（一）电视动画播出平台的市场份额萎缩

2012 年前后，随着各类网络视频平台（优酷、爱奇艺、腾讯视频等）的崛起，传统电视动画播出平台受到极大冲击。相对于传统电视来讲，网络视频平台其优势在于观众可以从被动到主动、从单一到多元、从固定时间到碎片化观摩。而随着硬件和无线网络的发展，无线终端更是在中国迅速发展普及，观众可以通过 iPad 或智能手机，随时随地选择爱看的节目，传统电视动画播出平台的市场份额急剧萎缩。在传统电视动画播出平台高度依赖的广告营收角度上，广告主通常会按照动画的预期关注状况，或者是近期该时间段的收视率来决定是否在这一期间投放广告。而从网络动画播出平台来看，其内容形式种类较多，加上互动式的点播模式，广告主能够借助于大数据技术，了解动画的受众画像，选择同一类型的动画精准进行投放，让目标客户按照其兴趣，选择自己倾向的平台观看动画，在潜移默化当中顺便接收了营销。相比于传统电视动画播出平台，这种投放模式效果更好。而随着广告份额从电视平台转移到网络平台，电视平台的收入大幅下降，购买优质动画播映权的预算随之减少，导致收视下滑，市场份额进一步萎缩。

（二）电视动画播出平台的产业作用严重下滑

在当今全球范围内市场机制引导之下，动画行业已经逐步发展成为由多重分支产业相互协作的复合类型产业结构，对于不同的动画媒介来讲，其均有着独特的效能与影响，进而产生十分强大的合力。日本明治大学冰川龙介教授明确指出，日本国内的动画文化以及动画产业，均是由电视播出平台作为主流而得到的发展。日本京都精华大学教授、知名动画史学家津坚信之指出，电视播出平台属于日本动画发展历程当中不容忽视的双轴之一。由此不难发现，在处于良性发展态势的原创动画产业结构框架内，电视播出平台应处在核心位置，并且施展其不容忽视的枢纽作用。但是国产原创动画产业经过了数年的曲折发展，在计划经济时期，以《魔方大厦》《三毛流浪记》《特别车队》等作为典型代表的传统学派原创动画，其生产运作模式往往凭借的是政府拨款、国家采取定价收购的办法，开展限量生产活动，所以无法顺利形成系统化的产业模式。伴随着改革开放步伐的不断加快，在先后经历了市场经济的多次考验之后，国产原创动画的发展虽然得到了前所未有的突破，但是其依旧存在着过于依赖播映权销售、产业链过

于短小、断裂、失衡以及僵化等十分严重的问题。如果说电视播出平台曾经还可以为原创动画在成本回收和品牌宣传上起到相当积极作用的话,那么伴随着目前电视平台影响力和购买力的进一步下降,其对于原创动画的产业作用则下滑比较显著。越来越多的原创动画品牌逐渐减少乃至于放弃了传统电视播出平台在动画产业链当中的投入和预估,转而通过自媒体短视频、话题营销以及明星代言等新型方式进行推广。

(三)与影院动画缺少联动

近些年来,国产影院动画得到了迅猛发展,除了传统动画 IP《熊出没》《大头儿子小头爸爸》的影院版,类似于《大圣归来》《大鱼海棠》《哪吒之魔童降世》《长安三万里》等一批全新影院动画的横空出世,不仅较大程度激发了多轮的观看热潮、创下了百年中国原创动画史的最新票房纪录,与此同时,也显著提高了国人在原创动画方面具有的自信心。但是,这一批新型动画 IP 的运作思维过分关注于在影院市场进行单打独斗,从其他播出平台来看,特别是电视播出平台过程中,很少进行内容方面的二度开发。

而在好莱坞,一些著名的影院动画 IP,比如说《功夫熊猫》《马达加斯加》等,都借助于二次创作电视动画,扩展了知名度和产业范围。近年来,一些原创动画品牌已经建立了相对完善的跨媒介产业协作模式,比如说《喜羊羊与灰太狼》《熊出没》等,改编出了多部电影动画,在每年固定的时间上映,进而有效形成了凸显家族化特征的原创动画作品。这一类型的影院动画剧情和本体电视平台的播出的动画主线未必有着线性关联,并且在一定程度上,酌情添加侧重于成年观众的有关剧情,进而顺利达到合家欢这样的高效观影效应。从本质来看,系列影院动画属于保持和本体电视动画世界观统一化的清晰定位,被称作再次实现商业运作的重要产物,立足于电视平台原创动画宣传效能,不断提高电影动画自身具有的知名度。与此同时,影院动画也将会通过院线播放的模式,持续强化电视动画在传播过程当中的影响力,二者之间在较大程度上,产生了良性特征的关联。现阶段,我国原创电视动画和影院动画二者之间的协作程度依旧过低,并没有成功做到在剧情层面实现良好的融合,所以无法顺利做到更高层次的产业联动,便也不能顺利形成凸显影响力的原创动画作品体系。

四、中国电视平台在推动原创动画发展上的对策思考

尽管现阶段传统电视播出平台的市场份额和影响力出现了较大程度的下

滑,但是毋庸置疑,电视平台长期以来是我国最为重要权威的宣传舆论以及信息发布工具之一,也属于原创动画不可或缺的播放渠道。那么,在当今情况下,怎样才能做到让电视平台继续推动原创动画的发展呢?笔者就这一问题,开展了如下几点思考。

(一)发挥"被动收看优势",重点打造精品学龄前动画时段

在之前的分析当中已经明确提到,传统电视播出平台相比新媒体平台来讲,没有足够的主动选择性和互动性等特征。然而,这样的被动收看的"劣势"对学龄前观众来说,有可能转变成为"优势"。目前绝大多数的父母,因为考虑到学龄前儿童的视觉发育和意识内容健康等诸多问题,都会限制孩子观看视频的时间。在这一阶段,相比于随时可观看的 iPad 和手机,只能在固定时间观看固定节目的电视反而成为家长更加偏好的平台。除此之外,这种颇具仪式感的被动收看模式,也更加便于培养学龄前儿童的时间观念和契约精神。曾经的 70、80 后那一代孩子,为了观看每周固定时段播出的《米老鼠和唐老鸭》《花仙子》等经典动画,事前不知完成了多少学习任务和父母嘱托。当然,对于电视平台,形式上的需求是远远不够的,关键还是动画内容上要突出特色。几大卡通卫视频道曾经作为原创动画的主要播出平台,一度追求动画内容受众的扩大化,进而不断拓宽广告投放的产品范围,为其带来更为丰厚的收益。但是,笔者认为现在的首要目标,即牢牢把握住学龄前儿童这一尚未掌握电视遥控器的受众目标,选择或者创作更加优质的学龄前动画作品,重点打造出一些令家长们放心、孩子们看着开心的品牌动画时段。电视平台可以借助于精心化的筛选、科学性的编排、有效性的宣传以及合理性的运营等等,将这些时段的品牌力、影响力不断做大。

(二)提高电视平台动画准入门槛

在某些的原创动画创作者当中曾经有过这样一个误区,就是学龄前动画不需要太多的投入,反正这个年龄段的孩子要求相对较低,容易忽悠,画面只要能动起来就可以了,由此便严重导致了国内市场上的原创学龄前动画作品普遍在剧本、造型、色彩以及制作等方面,都不尽如人意。与之相反的是,欧美国家在学龄前儿童的动画创作上投入了比普通动画更为昂贵的成本,除了严格科学的前期流程之外,电视台非常高的准入门槛也是他们不敢疏忽大意的重要原因之一。在新媒体时代背景基础上,动画的审查机构或者是电视平台在树立正确舆论导向和抓好意识形态工作的前提下,可以从原创动画的内容标准、制作水准和目标

受众等方面进行综合考量,对作品做出权威的判断和评级,比如说,可以用ABCD等若干的级别,电视平台作为官方权威渠道,只有 A 或 B 以上级别的能够正常播出,其他的则在电视以外平台播出。这种方式一方面可以凸显电视平台作为官方主流媒体具有的权威性特征,不断提升电视平台动画作品的整体水准,形成与其他平台差异化竞争态势;另一方面,也能够真正起到优胜劣汰、改善原创动画创作水准的作用。

(三)在内容策划阶段予以介入

从内容策划来看,《喜羊羊与灰太狼》系列动画片外加其电影版在电视平台成功播出,将国产原创动画片的发行和运作机制推进到了产业链上下游诸多平台进行深度整合、衍生品前后阶段营销渠道高效集纳的新阶段,其为新时期拓宽动画片的电视平台发行渠道,给予了一个科学性、立体性的创新型发展思路。

一部原创动画作品能否成为经典作品,项目策划过程不容忽视,优秀的策划便是成功的一半。电视平台积累了大量观众的收视数据和反馈,对于儿童心理等方面也有诸多经验。我们可以参考日本动画制作委员会模式,电视平台作为成员之一发挥其长处,在原创动画内容策划阶段安排专业人员加入其中,并在之后的播出阶段提供最优宣传和排播方案,使电视平台作为投资方能够从中受益。电视平台的早期介入,可以确保动画内容导向的正确性和制作等级的较高质量,从而提升动画作品的整体水准。

结　语

在当今的媒体融合环境下,电视平台要摒弃把自己只作为一个垄断性电视播出窗口的"老思路",把自己融入动画产业链中,成为具备差异化竞争优势、无法被替代的一环。我们可以通过分析目前国内几大少儿卫视频道来了解电视播出平台在动画产业上的探索。作为全国老牌的动画专业频道之一,央视少儿频道紧扣优质学龄前动画这一抓手,成为最具影响力的动画播出平台;上海哈哈炫动卡通卫视通过频道与沪上老牌少儿艺术培训机构"小荧星"的资源融合,在美育培训产业化发展方面走在全国前列;湖南金鹰卡通获得了湖南卫视充足的资金及人才支持,其较强的综艺娱乐属性在年轻一代当中有着较大影响力;广东嘉佳卡通重点是以玩具上市企业奥飞为基础的产业动画整合营销为发展方向。所以说,当前的动画电视平台,已经不再是当年群雄逐鹿的时代,而更偏向于类型化、特色型。各个电视平台需要结合各自特色和优势,在某一类原创动画上集合优质资源精耕细作,才能在动画产业中有一席之地。国产原创动画品牌从策划到成功并不具有完全可以照搬的模式,如能将战略、商业模式以及品牌推广这三个重要支撑原点与电视播出平台紧密结合,共同发展,也未尝不是当前国产原创动画产业发展的一种思路。

参考文献:

[1] 王艳:艺术与市场的渐融——新世纪以来纵观内地动画电影发展[J],当代动画,2018(1):6.

[2] 黄苏瑾:中国动画剧作民族化研究[D],南京:南京师范大学,2007.

[3] 欧阳云玲:中国电影产业制度变迁研究[M],北京:科学出版社,2018.

[4] 陈思和、王德威:文学[M],上海:复旦大学出版社,2020.

[5] 陈赞、尹江南:中国动画电影的国际化探索——基于《许愿神龙》与《雪人奇缘》的考察[J],长江文艺评论,2022(2):24-26.

[6] 张苗、孙海鹏、王鲁等:影视工业与动画创作实验精神结合的先锋——《雄狮少年》创作团队访谈[J],当代动画,2022(2):43-44.

[7] 王睿:新媒体、动画与科普教育融合发展的意义与实践研究[J],四川戏剧,2017(3):79-81.

[8] 郭佳源:中美对比下的中国动漫产业政策研究[J],经贸实践,2018(05):9-12.

作者简介:
陈斌,SMG 上海小荧星集团有限公司党政办党建主管。

浅析体育电视栏目在五星体育产业化转型中的发展探索

——以《弈棋耍大牌》为例

陈　磊

提　要： 近几年，新媒体平台异军突起并强势进入体育传媒领域，传统体育电视的发展遭受了前所未有的冲击。在整个传统媒体求生存、谋发展、大转型的背景下，五星体育也积极应对，在风险中探索机遇，并布局向全产业化转型战略。本文以其王牌栏目《弈棋耍大牌》为例，分析传统体育电视栏目在五星体育产业化转型中的发展探索，总结栏目在发展中遇到的诸多难点与痛点，针对性地提出若干对策：进一步加强"IP＋×××""IP＋互联网"的模式融合；加强"IP＋创新""IP＋奖励"以及加强"IP＋生产关系"人员工作积极性探索，以期对《弈棋耍大牌》等其他传统体育电视栏目在五星体育产业化转型中提供发展思路。

关键词： 传统体育电视栏目　五星体育　产业化　《弈棋耍大牌》

引　言

传统体育电视栏目相对新媒体体育栏目来说，普遍面临着传播方式老套单一、传播时间固定、互动性差、开拓空间有限等问题，阻碍了传统体育电视栏目的发展。作为多年来一直深耕在五星体育电视栏目的媒体人，如何让传统体育电视栏目在当前五星体育产业化转型的发展战略下，提升产业化发展步伐、主动结合新媒体，增添年轻、创新新生文化元素，增强栏目吸引力是我们一直不断追求突破的方向。本文将以《弈棋耍大牌》栏目为例，总结发展中的难点与痛点，探索其在五星体育产业化转型中的发展对策。

一、我国传统体育电视栏目发展概况

自 1995 年中央体育电视台体育频道开播以来,我国体育电视媒体发展迅猛,央视体育和地方体育电视台体育栏目各具特色,形成了良好的互补发展格局。特别在 2008 年北京举办奥运会之后,体育电视媒体迎来了最好的发展,营收更是处于电视媒体行业顶尖水平。

2014 年,《国务院关于加快发展体育产业促进体育消费的若干意见》的出台为体育产业的发展奠定了政策基础,指明了发展方向。此后,乐视、腾讯、阿里、PPTV 等企业强势进军体育传媒领域;咪咕视频、优酷等网络移动端新媒体平台与央视达成合作,也先后投入体育传媒的战略布局中,给地方体育频道栏目带来了巨大的冲击;一批新兴媒体播放平台火热出圈,比如抖音、微视频、哔哩哔哩等。

而随着智能手机、iPad、电脑等的普及,人们观看体育栏目的方式从单一的电视屏幕逐渐转变。有研究数据显示,从 2010 年起,人均收看电视的时长逐年下降。调查显示,受个人电脑、平板电脑、智能手机的冲击,北京地区电视机开机率从 3 年前的 70% 下降至 30%,传统广播电视收听收视群体正在向老年人集中,40 岁以上的消费者成为收看电视的主流人群,电视观看人群的年龄结构呈现"老龄化"趋势。2022 年,我国传统广播电视广告收入下降,新媒体广告收入持续增长。广播广告收入 73.72 亿元,同比下降 28.09%;电视广告收入 553.23 亿元,同比下降 19.11%。

在此大环境背景下,传统体育电视平台的发展受到了较大冲击和影响,各体育电视栏目收视率以及广告收入出现断崖式下降,其生存与发展受到了严重挑战。

二、五星体育及《弈棋耍大牌》栏目发展概况

1. 五星体育发展概况

五星体育是上海首家专业体育传媒公司,拥有一支近百人的专业媒体从业团队。是获得国际奥委会资格认定的体育赛事电视公用信号制作机构之一,曾圆满完成北京奥运会、残奥会、奥运火炬传递等重大赛事活动宣传报道工作。先后获得党中央、国务院、上海市授予的多项荣誉称号,得到国际奥委会的高度评

价,节目制作能力属于行业顶尖水平。

但是五星体育作为传统体育电视平台,近几年也难逃市场大环境改变带来的巨大挑战,同样面临着优秀赛事版权费飙升、整体收益下降、优秀人才流失、节目吸引力下降等普遍问题。面对日益严峻的大势,五星体育主动求变,积极面对现实,凭借着电视台自身资源、知名度、人才等特有优势,不断努力探索高质量、可持续发展路径,把精力聚焦在改革与创新中。在近几年已经开始尝试探索体育培训、体育赛事组织、体育经纪等相关体育产业方向,并从 2023 年起,正式启动向体育全产业化转型战略。欲将五星体育打造成为除了做体育节目、体育内容的提供商外,还布局以体育传媒内容生产、广告经营、自创赛事资源运作、体育文旅以及品牌授权(联名)经营等为完整产业链的跨媒体、跨地域经营的著名中国体育产业公司。

随着五星体育向体育产业化战略转型,其传统的体育电视栏目也随着产业化转型战略而尝试进行创新升级。

2.《弈棋耍大牌》栏目发展概况

(1)《弈棋耍大牌》栏目概述

《弈棋耍大牌》是五星体育一档传统的优秀电视栏目,也是一个比较有特色的自主 IP 项目。栏目以体育类棋牌弈技为基础,综合了直播、博彩、选秀等多种类型电视节目特点。通过举办多地线下居民棋牌赛事进行海选,最后决赛选手可至电视台演播室进行赛事录制。栏目于 2011 年 3 月开办,项目从一开始的象棋、军旗逐渐转换至观众喜闻乐见的"斗地主"。栏目的收视率也一路高歌猛进、节节攀升,甚至成为一档现象级节目。影响力也迅速拓展出来,形成了线上线下的互动。线下的"街道赛""周周赛""年终总决赛"也应运而生。2017 年—2018年,栏目中加入了微信点赞和打赏的互动版块,这在全国棋牌类电视栏目中属于首创,微信公众号新增关注人数也节节攀升。这些互动环节的推出,给栏目注入了新的生命力。赛事设有现金奖额,年终总决赛总奖金达 10 万元。因其接地气、贴近百姓生活、发展于草根等特点,栏目吸引了一大批棋牌爱好者观众。发展至今,《弈棋耍大牌》游戏平台注册用户已经超 1 200 万,累计约有两万名选手参与电视的直录播节目,这些相对固定的收视群体和参与群体,让《弈棋耍大牌》栏目自开播以来就常年保持五星体育自办栏目的收视率和收益第一,在整个SMG 集团同时段收视率也稳居前三。

(2)《弈棋耍大牌》发展难点和痛点

《弈棋耍大牌》栏目虽然能常年保持相对较好的收视和收益成绩,但是近几年也难逃传统电视传媒市场大环境带来的冲击,栏目发展遇到了较大的难点和痛点:

首先,《弈棋耍大牌》栏目开播至今,其参赛形式、比赛赛制、赛程安排、电视画面呈现方式等方面因受到举办棋牌类赛事惯有思维和栏目录制传统思路的局限,以及作为王牌收视栏目,不敢轻易改革等因素,栏目各方面发展变化较少,创新力度略显不足;其次,《弈棋耍大牌》栏目主要传播途径为传统的电视平台进行直录播播出,由于受到播出时段和观看媒介等传统电视平台普遍存在的局限性,使得受众群体观看本栏目的时间和地点硬性要求较高,未能给其更多的收视人群带来便捷性。另因新媒体体育平台栏目的超强竞争力也分流掉部分收视率,导致《弈棋耍大牌》栏目的收视率瓶颈一直较难有大的突破。

再次,受众人群固化、老年化,难以吸引年轻、新生代人群。由于益智类游戏的边界限制了栏目拓展思路,较多时下比较流行的项目未能及时启动,没有紧跟潮流热点;栏目宣传传播途径、方式相对单一;广告收益受新媒体冲击影响日渐下降,导致栏目奖金逐渐减少,吸引力减弱。以上因素导致不能较好地吸引新生人群和年轻群体参与、观看,栏目的生命力和生存空间受到了严重的制约。

最后,也是比较重要的是因电视台体制的限制以及人员结构的限制,电视台工作人员的个人发展和收入情况与体制外其他新媒体企业差距较大,无法吸引和留住优秀人才,人员流失严重;产业化转型带来的工作内容性质变化和工作压力增大也影响着栏目组人员的工作积极性,生产关系严重滞后。

三、《弈棋耍大牌》发展对策探索

针对上述《弈棋耍大牌》栏目在近几年发展中遇到的难点和痛点,笔者围绕五星体育产业转型发展战略,提出以下对策,希望能继续做强《弈棋耍大牌》IP,给《弈棋耍大牌》以及其他传统体育电视栏目提供一些发展思路与借鉴。

1. 进一步加强"IP＋×××"模式融合探索

针对栏目变化少、创新不足的问题,栏目组集思广益、突破固有传统思维,围绕体育产业化转型的战略,尝试采用"IP＋"的模式融合来进行《弈棋耍大牌》栏目的创新探索。

《弈棋耍大牌》是五星体育的优质IP,跳出电视栏目外,IP＋有着无限的拓展空间。2023年10月推出了《弈棋耍大牌》的文旅项目——《弈棋去旅游》,将海选赛场尝试移至了上海周边城市旅游风景地附近,开创了棋牌赛事与旅行休闲相结合的"二合一"体育文旅创新模式。活动地点方面,可以至上海本地及周边的知名或新晋网红打卡点、文旅景点乃至游轮等现场来组织赛事并录制转播。赛制方面,可以不局限于海选赛,可以将决赛或总决赛移至演播室外,利用移动式设备,通过"多画面、多场景"结合"多平台、多渠道"进行直播互动与短视频联动推送。给予每位参赛者一定的转播画面,提高参赛者参与度和黏合度的同时,也提升了观众新鲜感。2024 年 1 月栏目组将春节特别节目《弈棋耍大牌》——"银河王中王争霸赛"搬到了澳门举办,反响热烈。

除了 IP＋文旅外,IP＋衍生品(网上＋实体店)、IP＋高峰论坛、IP＋场馆、IP＋培训⋯⋯拓展空间无限,发展也是无限的,IP 的产业也在无限延伸,IP 的价值更是在不断提升。通过以上围绕体育产业化转型战略的改革与探索,力争将《弈棋耍大牌》栏目打造成为独具五星体育特色的精品,使五星体育的产业化转型再上一个新的台阶。

2. 进一步加强"IP＋互联网"模式融合探索

传播形式是直接能够影响栏目收视率和关注度的重要因素,新媒体平台的兴起给传统电视传媒的生存发展带来了巨大的冲击,我们必须清醒地认识到,目前互联网已经发展成主流媒体,尤其是在年轻群体上,互联网"快速＋移动＋个性化"的特点比传统媒体具有更大的影响力和优势。充满挑战的同时,也带来了新的机遇。在此大环境下,《弈棋耍大牌》栏目组只有转变思路,主动拥抱互联网、深度融合互联网。互联网的精准推算、大数据算法、AI 人工智能、IP＋互联网⋯⋯才能不被时代淘汰、才有无限的生命力。

目前《弈棋耍大牌》虽然已是五星体育唯一一档有自己赛事网站、微信公众号平台和线下赛事互为联动的栏目,但还是跟不上信息爆炸性、收视跳跃性、内容定制性的时代步伐,改革力度和效果还未能达到预期。2023 年下半年,栏目组开通了网络直播平台,尝试"栏目＋互联网"模式融合的深度融合传播形式,打破原有栏目在电视平台播出上的时间和空间局限,全方位拓展传播渠道,通过原有传播渠道和互联网资源的整合,打破各平台壁垒。除此之外,还将通过目前用户流量较高的抖音、视频号、微博、B 站、快手、央视频、头条等多渠道、多平台设立《弈棋耍大牌》官方账号或栏目品牌账号进行融合,实现全媒体栏目赛事传播,形成最大化的融合矩阵。

另外,栏目组也根据互联网的传播特点,有效整合各媒体资源进行统一策划、录制、报道。并将电视端节目内容延伸至各新媒体平台互联网移动端,使用户可以随时随地在电视机外通过手机、iPad 等智能屏观看《弈棋耍大牌》以及《弈棋＋》栏目的直播或录播。电视栏目要取得跨越式发展,必须借助各种交互手段,可以加入更多话题实时进行互动交流,给目标人群直接参与获得更好的参与感和体验感。互联网带来的不仅是广泛的收视传播,而且还会通过后续的"话题性"效应,引发更加具有影响力的传播。通过以上"栏目＋互联网"全方位传播形式的改革探索,并经各平台大数据分析,能够精准地将栏目推送给喜欢此栏目的人员群体,大幅提升栏目粉丝数与关注度,实现传播效能的最大化,相信会对传播率的提升起到一定作用。

3. 进一步加强"IP＋创新"的探索

针对栏目目前参赛者与收视群体主要以中老年为主的局面,除了上述阐述的通过互联网平台吸引年轻群体的关注外,还可以尝试通过以下方式:

首先,需要栏目采取进一步融入年轻文化元素,加强吸引年轻群体的措施。可以尝试邀请年轻的年度冠军、年轻网红、明星等作为解说嘉宾参与节目,他们年轻、思路敏捷、适应能力较强。也可以相对自由、放松的风格,结合年轻人的语境习惯,融入时髦、流行元素进行解说,相信能够给人以耳目一新的感觉。即使解说的专业度不高,也可能会一定程度上提升年轻群体和新生人群的关注度。

其次,可以特邀上海本地人群喜欢的当红娱乐或体育明星、名人、特定人群组团来参与此项赛事,或者也可打造特定人群专场,提升观众新鲜感和关注度。相信通过以上人员的明星光环和群体关注度,能够进一步助推栏目的传播率。

最后,在栏目的内容上创新、紧跟热点潮流。突破原有的"上海三打一"内容,尝试增添目前风靡全国的掼蛋以及全国人民都喜爱的国粹游戏——麻将等内容。目前《弈棋＋掼蛋》赛事和节目已经开展了线下和节目录制,同样观众反响热烈,接下来将尝试五星平台＋互联网的同步直播,形成《弈棋＋》的新内容和增涨吸粉点。

4. 进一步提升"IP＋奖励"的探索

高额的奖金或者有一定价值的奖品,对于参与者和观众都会产生极大的刺激感。为了快速增强栏目的关注度,可以进一步提升奖金、奖品的吸引力。

首先对于所有参赛者可以颁发"五星体育"或"弈棋耍大牌"标志的文创特色纪念品作为参与纪念奖。对于观众们也可以通过实时互动随机抽奖领取或答题通关方式限额领取。

其次,对于获得阶段冠军和年度总冠军的参赛者,尤其是年度总冠军可以设置高昂的、具有"轰动"效应的现金奖以及高价值的五星体育联名商品作为奖励,最大限度扩大栏目的热度和话题性,以此来进一步带动观众的关注度、收视率和参与感。

5. 进一步加强"IP＋生产关系"人员工作积极性探索

在快速发展的时代背景下,新的生产力催生了新的生产关系。随着五星体育整体向体育产业转型，我们必须认识到，当今体育媒体的员工已经从单纯的信息传递者转变为信息的全链条参与者，包括生产、整合、传递和应用。他们不仅需要掌握传统的新闻业务知识和技能，还需要具备跨领域的综合素养，以适应新的媒体生态。不再局限于采访、编辑、播出和导演等单一技能，而是需要具备市场洞察力、了解观众需求以及运营 IP 等综合能力的复合型人才。

首先，引入适合公司产业化转型战略发展的激励机制至关重要。可借鉴互联网和新媒体企业的薪酬体系设计，包括底薪、收视率、创新度、栏目效益以及创收奖励等。通过积极鼓励编导个人和栏目组团队不断创新栏目、创造价值，并将其与个人收入、奖金、职务晋升和 KPI 考核评优挂钩，进一步提升员工薪酬福利水平。这样做有助于最大限度地激发员工的参与热情，使其个人发展与公司在体育产业转型中的命运形成紧密联系，共同提升和发展。

其次，公司需为员工提供良好的体育产业转型培训学习环境和机会。可以对标借鉴国内外优秀体育产业公司的经营案例，并邀请优秀的培训讲师进行培训。这样做有助于扩展员工的视野和能力，使其成为具备强大综合能力的体育产业专业人才，从而提升员工的工作自信和积极性。

最后，五星体育可以进一步加强与其他体育产业企业的深度合作，达成战略合作协议。这种强强联合将进一步扩大五星体育的体育人才储备库，从而提升其产业化潜力。

结　语

综上所述，面对当前传统体育电视栏目的发展充满挑战的环境，五星体育王牌栏目《弈棋耍大牌》需要积极进行改革转型与探索。先破后立、稳中求新、唯有卓越方得未来。虽然转型发展不会一蹴而就，是一个漫长和复杂的过程，且发展探索中也一定会遇到重重困难，但是只要五星体育等传统电视媒体人开拓思路、积极应对挑战，传统体育电视栏目一定能够与新媒体强强联合，顺应时代潮流，获得新的机遇与发展，再创新的辉煌。

参考文献：

［1］常莹：电视节目引入网络直播的互动效果研究——以《弈棋耍大牌》节目为例［J］，探究真谛：上海广播电视论文选，第八辑。

［2］李淑美：五星体育《弈棋耍大牌》在融合转型中的异军突起［J］，《视听解读》2017(01).

［3］周祎明：地方体育频道的困境与出路——以上海"五星体育"为例［J］，《新闻研究导刊》2018(12).

［4］张隽茂：媒体融合背景下体育电视的发展动因及策略研究——以对上海 SMG 集团的调研为例［D］,上海体育学院,2021.

［5］闫甸红：如何突破体育电视传媒发展瓶颈［J］,北方论坛,2016(02).

［6］娄艳：国内体育媒体媒介融合研究［D］,上海体育学院,2013.

［7］崔东：五星体育打造自主 IP 的实践研究［M］,探究真谛：上海广播电视论文选,第八辑。

作者简介：

陈磊 ,SMG 五星体育《弈棋耍大牌》责任编辑、高级资深编辑。

优秀文学作品 IP 的跨媒介叙事、延展与开发的思考

薄　古

提　要： 伴随媒体平台的多元发展，优秀的文学作品作为 IP 的跨媒介叙事、延展与开发已成为一个热门话题。尤其是在传统赛道与新媒体赛道相融相承的当下，文学作品以 IP 的形式，通过融入电视剧、电影、戏曲、戏剧、网剧、游戏、音乐的方式再度广受追捧。如 2023 年末，改编自作家金宇澄的同名小说、茅盾文学奖作品的电视剧《繁花》在众多热门电视剧中脱颖而出。电视剧开播后网络数据狂揽多项第一，单集平均播放量近 2 亿，被 88 万人打出 8.5 的高分，遥遥领先。央八刚刚开播，收视率的峰值就突破了 2.6，创下年度新高。

　　本论文旨在探讨优秀文学作品 IP 在不同媒体平台上的叙事方式，以及如何通过跨媒介拓展与开发，实现作品的更广泛传播和商业价值的最大化。通过对相关案例的研究和分析，本文将提出一些有效的策略和建议，以促进文学作品 IP 的跨媒介叙事和开发。

关键词： 文学作品 IP　跨媒介叙事　跨媒介延展　跨媒介开发

引　言

　　跨媒介叙事（Transmedia Storytelling）是由麻省理工学院教授亨利·詹金斯首次提出。指的是"故事从一种媒介向另一种媒介，从一种文本向另一种文本的转化过程"。其中包括跨媒介改编与叙事两种模式。

　　而起源于法律概念知识产权（Intellectual Property）的 IP，在文化的衍生中，

提取了其"智力资产"的属性,专定义一种可跨媒介商业化开发的内容成果。我们所熟悉的 IP 的载体范围包括文学、电影、电视剧、游戏等等。往往获得较高关注的 IP,最终将会具备跨媒介开发的潜力,叠加时代、情感、互动等属性后成为文化内容产业中极具价值的潜力股。

结合两者,如今越来越多的文学 IP 体现出适应新媒体时代的观众需求的新的叙事策略,并在多媒介形态下延伸出更多文本协同创作、多媒介互补叙事以此打造出更多、更大、更多元的叙事世界,以及开发出更多的情感共鸣和社会价值。

本文就将探讨文学作品 IP 跨媒介叙事的特点与亮点,以及如何通过跨媒介拓展与开发,实现作品的更广泛传播和商业价值的最大化。

一、文学 IP 的跨媒介叙事的特点与亮点分析

文学作品的 IP 跨媒介叙事是指将原本以书籍形式存在的文学作品,通过其他媒介如电影、电视剧、游戏等进行再创作和呈现。这种跨媒介叙事具有以下几个特点:

1. 故事元素的转化和改编:跨媒介叙事需要将原著作品中的故事元素进行转化和改编,以适应不同媒介的表现方式和受众需求。这可能涉及角色设定的改变、情节的调整等,以使故事更好地适应新的媒介形式。比如,前不久热播的国产电视剧新标杆《繁花》,它改编自金宇澄获茅盾文学奖同名小说。原著是以贴近上海市民日常生活的沪语写作,呈现了 20 世纪 60 年代、90 年代的上海城市风貌。而当文学作品《繁花》成为影视作品《繁花》之后,导演们在整个故事元素上开始进行了二次创作与改编。比如,原著没有商战情节,在电视剧中阿宝变成了炒股起家;电视剧《繁花》的原著中有三条故事线,三个男主角阿宝、沪生和小毛,在电视剧中却删减了两条;原著中的时间线为 60 年代、90 年代两支,剧中只剩 90 年代一条。这些改变都是在深度剖析原著后,抓住了其中观众能够从视觉中产生的共鸣点和情感点进行深耕与描摹,最终让观众在观看过程中,将文字转化为视觉感官,穿越时空,回到充满活力与机遇的魔都之中。

2. 拓展故事世界:近年来,随着美国商业大片不断刷新中国电影的票房纪录以及系列续集电影持续不断地收获一大批忠实的影迷,电影所描述的故事内容逐渐成为一个 IP。最明显的例子就是《哈利·波特》系列电影、《复仇者联盟》系列电影。《哈利·波特》电影 IP 有小说、漫画,而《复仇者联盟》所代表的超级英雄 IP 不仅有漫画、更有网剧、游戏等等,这些商业电影的成功与跨媒介叙事策

略有着密不可分的联系。跨媒介叙事可以通过其他媒介的表现手法,进一步拓展原著作品中的故事世界。通过游戏、动画等媒介,观众可以深入故事中,与角色互动,探索更多的细节和背景故事。J.K.罗琳的《哈利·波特》系列小说在世界范围内取得了巨大成功。除了七本原著小说外,还有衍生作品如《神奇动物在哪里》电影系列和《哈利·波特与被诅咒的孩子》舞台剧。这些作品通过拓展原著故事世界,向读者和观众展示了更多魔法世界的奇幻冒险。这些案例表明,通过拓展故事世界,将文学作品 IP 转化为电影、电视剧或其他形式的媒体作品,通过二度创作、多重艺术手法展现作品的精髓,可以吸引更多的观众,同时也为原著故事带来了新的生命和影响力。

3. 多元化的呈现方式:跨媒介叙事使得原本只存在于文字中的故事得以用更多元的方式呈现。通过电影、电视剧等视听媒介,观众可以通过视觉和听觉的感受,更加直观地感受到故事的情节和氛围。比如乔治·R·R·马丁的小说系列《冰与火之歌》被改编为电视剧《权力的游戏》,通过演员的表演和视觉效果来展现原著中复杂的政治斗争和人物关系。这种跨媒介的呈现方式使得观众可以更直观地感受到原著中的复杂情节和人物发展,又比如漫威漫画作品中的超级英雄故事被改编为一系列电影,通过特效和动作场景来展现原著中的英雄形象和故事情节。这种跨媒介的呈现方式使得观众可以更直观地感受到原著中的动作场景和人物关系。这些例子表明,跨媒介叙事可以通过不同的艺术形式和媒介来呈现原著中的故事,丰富了观众的体验,并使得原本只存在于文字中的故事以更多元的方式展现。

4. 观众参与度提高:跨媒介叙事往往会引起观众的参与和互动。观众可以通过游戏、社交媒体等平台,与其他观众交流讨论,分享自己的观点和体验,从而增加观众的参与度和沉浸感。其中,包括通过不同媒介平台的互动性质,如游戏中的选择、小说中的角色思考等,与故事发展产生互动,增加了观众的参与感。另外,不同媒介平台呈现的叙事内容可能会强调不同的细节和视角,从而让观众可以从多个角度理解故事。观众可以通过不同媒介平台之间的互补性,获得更全面的故事信息,丰富了对故事的理解和解读。还有,跨媒介叙事可以扩展故事的世界观。观众可以通过不同媒介平台呈现的内容,了解更多关于故事世界的细节、历史、背景等,从而更加全面地认识故事的背景和设定。除此之外,跨媒介叙事可以通过不同媒介平台的表现形式,如音乐、图像、声音等,来传递情感。观众可以通过多种感官的刺激,更加深刻地感受到故事中的情感,增强了情感共鸣。总的来说,跨媒介叙事可以提供更加丰富、参与性强的观众体验。观众可以通过不同媒介平台之间的互动和互补,更加深入地理解故事,与故事产生更强的情感共鸣,并且拓展自己的世界观。

总之,跨媒介叙事为文学作品带来了更多的表现形式和观众参与度,同时也为原著作品的品牌价值提供了新的发展机遇。

二、文学作品 IP 跨媒介平台的拓展与开发

笔者认为,通过将文学作品 IP 拓展为衍生产品,可以进一步扩大作品的影响力和商业价值。衍生产品的开发需要与相关产业合作,充分发挥各个媒体平台的优势,实现跨媒介的整合和互动,比如:

1. 电影与电视剧:将文学作品改编成电影或电视剧是最常见的跨媒介拓展方式。2015 年,在电视剧、电影领域涌现出一大批网络文学 IP 改编来的作品。如《琅琊榜》和《花千骨》,这两部作品的蓝本都是来自文学网站的热门小说,未播先火,上映后获得了数以亿计的点击量,几十亿的话题阅读量,成为当年的现象级作品。通过将故事搬上大银幕或小屏幕,可以通过视觉和听觉的表现手法,更加生动地呈现故事情节和角色形象。同时,电影和电视剧的广泛传播渠道也能够吸引更多观众,将提升原作作品的知名度和影响力。

2. 游戏与动漫:将文学作品改编成游戏或动漫也是一种常见的跨媒介拓展方式。其中最具代表性的便是《斗罗大陆》系列作品,2008 年 12 月,《斗罗大陆》开始在起点中文网连载,这是故事最初的缘起。唐家三少从 2008 年一直写到 2022 年才把第五部写完。他的笔耕不辍让故事不断延展、扩容,同时也不断积累粉丝和人气。《斗罗大陆》从 2017 年 4 月 1 日决定动画化,到 2018 年 1 月 20 日开播,再到完结共历时 2 229 天,《斗罗大陆》不仅开创了第一个国漫年番的概念,更由此开创了多个第一。无论是带动腾讯视频的会员付费,还是 IP 热度、讨论度、粉丝黏性,抑或相关影视、游戏、音乐、短视频、Cosplay 的内容衍生,无数成绩佐证了《斗罗大陆》无愧为网络动画时代“第一国漫年番”的称号。一部作品、IP 同时“改造”成小说、动画、游戏等多种形式进行宣传,往往效果会比较好,因为不同媒体的用户群是不一样的。通过游戏的互动性和动漫的视觉表现,观众可以更深入地体验故事世界,与角色互动,探索更多的细节和背景故事。同时,游戏和动漫也可以吸引到不同的受众群体,扩大作品的影响范围。

3. 网络文学与漫画:将文学作品改编成网络文学或漫画也是一种常见的跨媒介拓展方式。通过网络文学平台或漫画平台的传播,可以吸引到更多的读者和观众,扩大作品的受众群体。经过这两年的发展,国内网络小说改编漫画已经司空见惯,但最早出现此类漫画的时间其实可以追溯到纸媒时代——曾经的超级热门网文 IP“斗罗大陆”和“斗破苍穹”都有在杂志上进行全彩漫画连载的经

历,并且陆续出过单行本。在 ACGN 文化发达的日本,漫画市场远大于轻小说市场,因为图片给人的视觉感受强于文字,在阅读上也更加轻松,漫画化也因此成为许多人气轻小说开展系列企划的重要一环。小说改编漫画仍然是一种扩大读者圈层、实现 IP 增值再创造的有效方式。同时,网络文学和漫画也可以通过图文结合的方式,更加生动地呈现故事情节和角色形象。

4. 衍生产品与周边商品:文学作品的周边主要是指以文学作品 IP 为载体,对其周边的潜在资源进行挖掘而发行的产品服务等。文学作品周边的发展能够让更多读者加强阅读的代入感和体验感,同时周边产品的开发也能为作者作品带来更多的价值,给作品 IP 开发带来更多可能性。跨媒介拓展还可以通过推出衍生产品和周边商品来进一步开发文学作品 IP。文学作品的周边有非常多的产品形式,如冰箱贴、抱枕、水杯等生活用品,笔记本、书签等文具用品,玩偶、摆件等娱乐用品……丰富多样的周边形式会给文学作品增添很多趣味性。文学作品的价值有着无限的开发可能,我们可以基于作品内容,针对主题进行周边开发,为作品定制打造衍生品。可以满足观众和读者的收藏欲望,同时也为作品带来更多的商业价值,上面所述的这些 IP 周边商业开发,在欧美的影视、体育产业中已经有了很成熟的产业链和良性循环的商业氛围,近年来我国的文创产业也在探索中取得了长足的进步,但成熟市场的培养还需进一步借鉴各方经验不断努力。

5. 社交媒体与线下活动:通过社交媒体平台和线下活动,可以进一步扩大文学作品 IP 的影响力和知名度。例如在社交媒体上开设官方账号,与读者和观众进行互动交流,将本次签售形成的物料和内容,在媒体网站内、作者自媒体、书店平台、站外媒体方尽可能多地传播。最后,力求通过签售的宣发,促使整个影响力飞轮高速运转起来,新书在整个市场上推广开来。举办线下签售会、演唱会等活动,与粉丝面对面交流。这些活动可以增强读者和观众的参与感,提升作品的社交影响力。

总之,通过跨媒介拓展与开发,文学作品 IP 可以实现多样化的呈现方式,吸引更多的观众和读者,提升作品的知名度和影响力,同时也为作品带来更多的商业价值。

三、提升文学作品 IP 跨媒介市场价值的思考

伴随媒体平台的多元发展,笔者认为优秀的文学作品 IP 可以通过以下几种方式,在跨媒体的赛道中实现市场价值的最大化。

1. 多媒体适配:将文学作品适配成电影、电视剧、动画、游戏、漫画等多种媒

体形式,以满足不同受众的需求和喜好。通过不同媒体的呈现,可以吸引更广泛的观众群体,扩大市场影响力。

2. 故事世界扩展:通过跨媒体呈现,可以进一步扩展原著故事的世界观、人物设定和背景故事。这样可以为读者或观众提供更多深入的了解和体验,增加他们对故事世界的投入感和兴趣。

3. 跨平台推广:利用不同媒体平台的优势进行跨平台推广,例如在社交媒体上进行宣传、推广和互动,通过电视、电影等大众媒体进行广告宣传,以及在游戏平台上推出相关游戏等。这样可以扩大作品的知名度和曝光度,吸引更多观众和读者。

4. 合作与授权:与其他相关产业进行合作,例如与电影制片公司、游戏开发商、动画制作公司等合作,进行 IP 授权和联合推广。通过跨界合作,可以将文学作品 IP 推向更广阔的市场,实现更大的商业价值。

5. 粉丝互动:通过建立粉丝社区、举办活动、开展线上线下互动等方式,与粉丝进行互动和沟通。这样可以增强粉丝对作品的忠诚度和参与度,形成良好的口碑和品牌效应。

综上所述,通过跨媒体呈现,文学作品 IP 可以最大化地实现市场价值,吸引更多观众和读者,扩大影响力,并在不同媒体平台上进行推广和合作,从而实现商业成功。

结　语

有学者曾说过:"故事世界统领一切。"在新媒介融合发展背景下,文学作品的跨媒介创作与生产是大势所趋,但同时也对当下文化工业的实践者和创作者的视野与能力提出了更高要求:如何始终可以秉持跨媒介意识,又该如何把握宏观的优势,利用好现有的内容,以此促进跨媒介叙事实践的进一步成熟,如何保证优质文学 IP 的生命力,可持续地创造商业价值。从深层次角度来看,优秀文学作品 IP 的跨媒介衍生是建立在媒介、产业和文化融合趋势下的,唯有对这种模式更新、发展、拓宽,才可以建立起一个多媒介的故事世界,而这个多媒介的故事世界的建立,也必将推动传媒、产业和文化的整合。

参考文献:

[1][美]亨利·詹金著,郑熙青译:《文本盗猎者:电视粉丝与参与式文化》[M],北京大学出版社 2016 年版。

［2］［美］亨利·詹金斯著，赵斌、马璐瑶译《跨媒体，到底是跨什么?》[J]，《北京电影学院学报》2017 年第 5 期。

作者简介：

薄古，曾任 SMG 大型活动部办公室主任兼制作部主任，SMG 影视剧中心行政总监，现为上海广播电视台影视联席会议工作办公室运营主管。

开放与多元：试论海派电视舞美的传承和发展

倪军

提　要：2024 年是上海广电影视制作有限公司（简称"广电制作"）成立 25 周年。作为上海广播电视台下属的专业舞美公司，也是海派电视舞美的开创和领军企业，广电制作在传承百年海派舞美的优秀传统基础上，在近四分之一世纪里实践创新，不断丰富海派文化、海派舞美的内涵和外延，为未来人工智能时代的文化大发展积累宝贵的经验，留下历史的痕迹。本文简要上溯百年，追述海派电视舞美的源头，试图提炼海派舞美的本质，供学术界和产业界共同研究讨论，以期丰富理论和实践智慧。海派舞台美术是伴随着 20 世纪初上海城市文化的崛起而形成的一种独特的舞台美术风格，其形成是由上海城市文化与文化产业的发展而导致的。上海作为中国最先开放的城市之一，也是中国最早出现的商业城市之一，见证了中国近代跌宕起伏的历史过程。上海独特的地理位置和历史背景，使它在近代中国舞台艺术发展史上具有极其重要的地位。海派舞台美术是在中国现代话剧、戏曲、电影等艺术形式兴起后，以上海为中心产生并发展起来的舞台美术风格。而这种艺术在电视中的呈现，使得海派舞台美术呈现出独特的风采，给观众带来极大的审美享受。

关键词：海派舞台美术　传统开放多元　电视舞美

引　言

海派电视舞台美术设计是中国电视舞台美术设计的重要组成部分，它以海派文化为底蕴，吸收了西方舞台美术设计的精华，并在此基础上不断创新，形成了独具海派特色的电视舞台美术设计风格。海派电视舞美设计不仅具有浓郁的上海地域特色和人文气息，而且具有鲜明的时代特征，"海纳百川、追求卓越、开明睿智、大气谦和"就是对海派文化最好的诠释。本文在梳理海派电视舞美发展历程和基本特征的基础上，重点分析了笔者所在公司成立25年来所承担的海派电视舞美设计作品，这些作品既有继承传统文化基础上的多元发展，又有在借鉴外来文化基础上的创新突破。

从石库门到外滩万国建筑，上海百年间遵循着一种奇妙的秩序，以最美妙及和谐的姿态上演了中西文化的完美交融。"海派"两字最早出现在唐代的《书断·能品》，近代这一称谓则源自"海上画派"。鸦片战争国门初开后，在外国资本主义渗透以及太平天国运动的相互作用下，深受战乱之苦的大批江、浙、皖画家汇聚于上海，逐渐形成了超越地方画派意义上的一个特殊艺术流派。海派文化是在中国江南传统文化（吴越文化）的基础上，融合开埠后传入的欧美近现代工业文明而逐步形成的上海特有文化现象，海派文化既有江南文化的古典与雅致，又有国际大都市的现代与时尚，使其区别于其他文化具有开放而又自成一体的独特风格。它是有着较鲜明的开放性、兼容性、多元性、变异性、时尚性与创新性的区域文化形式，较为典型地反映上海这一独特的工商业大都市在文化风格上的特点与个性。

舞台美术本身是一个综合艺术学科，是一个多层次涉及多种艺术专业的综合美术设计艺术，比如建筑，室内设计，视觉平面，以及基本的艺术史论，还有对于文学艺术的深入了解。

海派舞台美术的发展历程是一个融合了传统与现代、东方与西方的过程。如果说京派体现中国传统文化的宗正，海派则是对传统文化的标新，是中西文化结合的产物。

一、开埠和起源：海派舞台美术的形成

上海作为中国最先开放的城市之一，是中国最早出现的现代商业城市之一，它见证了中国近代跌宕起伏的历史过程。上海独特的地理位置和历史背景，使它在近代中国舞台艺术发展史上具有极其重要的地位。海派舞台美术是伴随着20世纪初上海城市文化的崛起而形成的一种独特的舞台美术风格，其形成是由上海城市文化与文化产业的发展而推动的。海派舞台美术是在中国现代话剧、戏曲、电影等艺术形式兴起后，以上海为中心产生并发展起来的舞台美术风格。海派舞台美术起始阶段受到中国传统戏曲舞台美术的影响，后来西方的戏剧与

舞台美术形式逐渐传入，对海派舞美产生了深远的影响。在这个过程中，以张聿光为代表的一些具有创新精神的艺术家和设计师开始尝试将西方的舞台美术元素融入中国的传统戏曲中。他们学习西方的剧场建造技术，包括绘画布景和机关布景等，同时结合中国的传统艺术元素，形成了独特的海派舞台美术风格。

20世纪初，上海的戏剧文化正处于从传统向现代转型的关键时期，戏剧场所从剧场逐渐转向剧场以外的活动场所，这为舞台美术提供了发展的契机。此时，许多国外剧场的舞台美术设计及施工技术开始进入上海。当时上海按照西方的镜框式舞台开始兴造新式的剧场"新舞台"，率先演出的就是海派京剧，第一位登场的就是京剧名家潘月樵，紧接着是夏氏三兄弟，后来周信芳、梅兰芳都登上了这个舞台演出。以前都是在戏园子里唱戏、在厅堂上唱戏、在广场上唱戏，但进入这样一个密闭的空间，就营造出一种生活的幻觉，仿佛我们透过一个窗口窥破了生活中发生的事情，话剧称之为"第四堵墙"。从唱戏时代进入演戏时代，这样的演出方式，要获得商业的成功，就需要开始讲究剧情，讲究和社会的共鸣呼应，也开始讲究一出戏的长度，配置了乐队，有了布景，有了灯光。由于中国传统戏曲艺术形式与西方戏剧表演艺术形式存在着较大差异，西方戏剧艺术思想对中国传统戏曲艺术产生了深刻影响，因此这一时期上海出现了许多中西合璧的舞台设计。在这些舞台设计中，海派风格与西方建筑艺术相融合，形成了独特的舞台美术风格，对当时中国戏曲表演起到了一定的改良作用。早期海派舞台美术革新代表人张聿光虽然借鉴西方话剧的舞台布景，根据剧情制作写实布景，但是为了符合中国人的审美习惯，他在布景画的内容与画种上均做了较大的改变。关于绘制后的布景，张聿光也经验丰富。因为他经常去兰心戏院观看西方话剧，注意学习西方话剧的舞台布景方法。加之日本游学和绘制照相背景和布置橱窗等经历，使得他不仅擅长"绘景"而且也很胜任"布景"的工作。张聿光把原来传统戏曲中悬挂幕帐的地方替换成用亚麻布或者白布制成的软片，并在这些软片上绘制各种生动逼真的水彩景物，每场布景根据剧情的变化而改变。根据海上漱石生在《上海戏园变迁志》中记载："（笔者按：新舞台布景）有软片硬片附片之分，软片即挂片，正如对景挂画，演何戏应悬何片，殿阁楼台，山林薮泽，园囿地塘，书轩绣阁，无一不备。硬片镶以木框，临时设置，附片乃附于左右两旁，以障蔽后台者。"这些布景画大多形制宏大，按照透视原理在舞台上制造出层次感，加之实体的道具等，使得舞台布景内容丰富，大大增加了戏剧的舞台表现力。写实布景的盛行同时带动了机关布景的发展，写实布景为机关布景做了铺垫，而机关布景则把写实布景发展到了极致。机关布景的主要特征是快速更换场景，运用灯彩、魔术等多种表现手段制造离奇的舞台效果。

20世纪20年代机关布景盛行一时，以致当时一出戏的舞美设计的重要性几乎与演员的表演旗鼓相当。1936 年，卓别林到访上海，受邀观看了共舞台版《火烧红莲寺》，根据当时的相关报道可知，他对共舞台有机关布景参与的舞台表演高度评价，表示西方也只有在演出莎士比亚戏剧时才能看到如此数量的布景变化。《申报》中记载，卓别林说："Dark Change 欧美舞台虽极盛行，但从未有如是变幻之多。"由此可见，当时海派戏剧的机关布景已处于国际领先水平。

舞台布景是西风东渐的产物，标志着中国戏曲舞台由传统向近现代的转变。张聿光、关慧农、熊松泉等作为海派舞台美术的先驱，恰逢其时地推动了这一划时代的转型。海派戏剧舞台写实布景和机关布景的出现，使传统的"听戏"变成海派的"看戏"，丰富了传统的戏曲舞台表演，也满足了上海观众雅俗共赏的审美趣味，同时，对中国舞台美术发展也产生了深远的影响。

二、继承和改良：海派舞台美术的发展

中华人民共和国成立初期，上海戏剧学院、上海电影制片厂、上海美术电影制片厂等艺术机构相继建立，他们成为新中国现代舞台美术的中坚力量。与此同时，以戏剧舞台为中心的美术设计，也在全国各地展开。这些艺术机构在全国范围内进行了大量的演出和展览活动，为全国各地的话剧、歌舞剧、电影、戏曲等艺术演出提供了优秀的舞台美术设计。

这一时期的海派舞台美术创作主要是继承传统，并结合当时的时代背景进行改良。受我国传统戏曲艺术的影响，舞台布景设计上也将"戏台"作为舞台背景。如《雷雨》，就是一座用布景、纱幕、帷幕、吊挂和舞台灯光等手段构成的戏台。这种布景布置方式也是中国戏曲艺术中特有的，既可以表现不同环境和人物，又可以起到突出剧情和刻画人物的作用。但是由于当时"戏台"演出已经比较普遍，所以布景设计也逐渐被现代戏剧所取代。

20 世纪 80 年代，随着改革开放的深入，中国经济和文化得到迅速发展。电视也逐步走入大众生活，人们的思想观念也发生了巨大的变化，在这个时期的舞台美术中，不仅吸收了西方文化中的有益部分，还借鉴了中国传统文化中的精华部分，经过历史长河的沉淀，海派舞台美术最终形成了具有时代特色和民族风格的全新的海派舞台美术。当时，中国舞美行业已经形成规模，并且在继承传统舞台美术优秀成果的基础上不断创新，呈现出海派舞台美术独有的艺术特色，专门针对电视媒体的舞台美术设计也应运而生。在这个阶段，海派舞台美术更注重"创新"二字。舞台道具、灯光、服装造型等方面都进行了大胆创新，借鉴国外优秀电视节目的舞美设计，并结合中国传统文化元素进行创作。

三、传统和现代：海派舞台美术的创新实践

进入 21 世纪后，上海这座城市仍然很好地保持了"海派"特点。海派舞台美术的发展也呈现出新的特征，第一，优雅精巧。海派舞台美术设计在构思、色彩搭配、材料选择、工艺制作等方面，希望做到细致入微，耐人寻味，这是其最大的一个特征。比如色彩上往往回避大红大绿、大紫大黄的搭配，图案上精巧细腻，材料上质地上乘，工艺上不厌其烦、尽善尽美。第二，崇尚时尚。海派舞台美术设计风格比较时尚，跟国际最新流行时尚接轨，紧跟国际风潮。第三，多元包容。海派舞台美术设计具有较强包容性，在设计呈现上兼容东西方文化，除了吸收江南本土东西以外，还积极吸纳西方先进文化。第四，勇于创新。海派舞台美术设计敢于创新。海派文化在语言上有个显著的特色叫"洋泾浜"，就是把国外的东西引进来后，创造成本土语言文化。海派舞台美术设计是一种具有独特东方韵味的视觉艺术形式，舞台美术设计师从中华优秀传统文化中寻找源头活水，在现代科技的加持下中华优秀传统文化的生机与活力被充分激发出来，在新的时代条件下绽放出新的时代光彩。

1. 传统海派元素的创新应用

现代海派舞台美术设计大师丁力平虽然自幼生长在上海这样一座国际化程度颇高的现代大都市里，却是一位对中国传统文化符号怀有强烈兴趣的设计师、艺术家，他的很多设计作品也都与中华文化密切相关。传统海派元素固然有强大的生命力以及民族文化心理上的深厚积淀，但是亦不可否认，这些在历史中形成的审美元素有相当一部分在现代生活中已显得过于繁杂，有的还留有比较明显的农业文明气息。因此，对于中国传统文化符号的运用，丁力平往往不是直接地照搬照拿照用，它们既是他的灵感源泉，又是他的"改造"对象。也就是说，丁力平在娴熟地运用中国传统文化符号的时候，同样对它们在线条、质感、细节等方面进行了精心设计，让传统符号在保留其文化内涵的前提下，更具现代灵气，使其适应现代人的审美需求，融入现代都市生活。

1999 年广电制作公司成立初期，我国国内开播最早的戏曲综艺栏目《大舞台》，在上海电视台 8 频道播出，由上海电视台文艺部戏剧科制作，该栏目集娱乐性、知识性、欣赏性为一体。丁力平将传统的折扇、江南窗棂、屋檐、凭栏等传统元素加以简化提炼，打破了传统戏曲节目对称的舞台结构，以非对称的舞台形式呈现传统戏曲，整体视觉上又贯穿着巧妙的"平衡"，对中华传统戏曲文化的年轻化、通俗化做出了有益的探索和实践。受到观众一致称赞的《2014 年上海新春

京剧晚会》，他将中国古建筑结构之精粹梁架构架结合在整个舞台的设计中，对称的红色方形梁架结构既契合京剧晚会的调性，又具有现代简约之美。丁力平从第一届就开始负责上海国际电影节和电视节（"两节"）项目，最早是以喷绘作为视觉主体，后面随着 LED 大屏的兴起，开始用立柱和大屏来作为主舞台的经典造型。遵循"守正不守旧，尊古不复古"的原则，他不断在经典造型上寻求突破口和创新点。有一年在上海国际电影节的开幕式上，开幕式的舞台上一共出现了 7 块大屏，要分别投出 7 位评委的影像，他把 7 块屏幕用有机玻璃包围起来，结合了罗马柱造型，现场呈现出 7 根透明罗马柱造型，产生折光的效应，7 位评委的形象在有机玻璃的折射中若隐若现，将光影世界的神秘和变幻加倍地呈现出来。在丁力平的设计中有的虽然不直接以传统元素为主题，但在由中国主办、面向世界的各类大型活动中，也时常需要鲜明地体现出中华文化的元素符号，如：2010 年上海世博会开幕式、闭幕式。海派舞美设计之"雅"，亦体现在设计的舞台通常具有平衡、对称、规整之感，从而营造出视觉上的和谐庄重之美。当然，这也为电视镜头的切换创造了一定程度上的便利，使舞美在镜头切换的过程中不至于因失去整体感而显得支离破碎。

近年来海派电视舞美一直在探索创新的道路上不断前行。我们也看到了新技术在舞台上融合应用。第 28 届上海电视节"白玉兰绽放"颁奖典礼上，新生代舞美设计师突破传统镜框式舞台的设计桎梏，以巨大的"白玉兰"造型元素覆盖"白玉兰绽放"颁奖典礼舞台全场，打造一个全方位沉浸式的演艺空间。主舞台以超大屏及两侧副屏的不断延伸作为视觉主体，两侧"巨型"玉兰花根茎处被绽放中的白玉兰紧紧包围，凸显盛典主题。每朵白玉兰的花瓣、萼片乃至茎和叶子的细节都设计得栩栩如生，灯光由内而外地照耀，结合全场灯光设备的加持，尽显白玉兰的优雅、高贵和美丽。"白玉兰绽放"颁奖典礼舞台上，两侧一朵朵"白玉兰"华丽绽放，与获奖的艺术家及作品交相辉映、十分壮观。设计师将整个视觉呈现效果进行统筹，作品做了大量的细节化处理。除主舞台之外，嘉宾桌上的台灯、地面上的造型，都将"白玉兰"造型融入设计之中。舞台以蓝绿色的整体背景叠加反差色——金色的花朵，来增加整座舞台的氛围感，彰显活动主题的同时实现绝佳的视觉呈现。最终呈现效果满台生辉，朝气蓬勃，让电视机前的观众们也能感受到海派舞台美术的精致与典雅。

《春满东方 龙耀追光·2024 东方卫视春节联欢晚会》在舞美设计上，更注重艺术效果，舞台布景与灯光设计相融合。晚会聚焦"追光"主题，呈现韵味独特的新时代海派文化，书写与时俱进的时代情结，再现包罗万象的社会生活，彰显恢宏广博的大国风范。晚会以耀眼的"中国红"为主色调，传递欢乐、喜庆、祥和的新春氛围。在保持舞台简洁大气的同时，巧思满满地冠以"龙腾四海"视觉概念，彰显甲辰龙年主题。多维创新和鲜明色系,相互衔接、相互配合、相互补充,丰富舞台的层次感和氛围感。实景化舞美呈现上,设计师围绕"飞跃的巨龙"概念展开,激昂奋进、气势磅礴。主视觉以"龙鳞片"为核心主打元素,360度舞台的突破设计,三面台的立体特性,勾勒出"巨龙飞跃"的轮廓感和立体感,形成"繁花锦簇"的视觉奇观。一瞬间还仿如中国国粹的"京剧头饰",将传统与流行相结合,凸显春节文化与国家、社会、城市之间的深层连接,以全方位的视听享受和多角度的舞台表达,打造具有"东方年味"的海派春晚。主舞台的祥云云海与龙鳞的构造,寓意上海这座历史悠久的东方之都,汇聚四海之气韵,尽显开放包容,与之对应的副舞台则取龙珠之形,展示海派文明荟萃的绚丽图景。"黄浦江"形态的栈桥对主副舞台予以链接,这条母亲河历经岁月洗礼,放射着夺目的时代光芒,不仅滋养一代又一代人,也让东方文化从古至今源远流长。设计师匠心巧思赋能舞台"新生命",呈现了崭新的舞美设计时代。传统文化元素由娴熟的舞美技术呈现,描绘华夏文明荟萃的绚丽图景,实景化的舞台设计与围绕观众席的舞台设计,让观众身临其境地感受现场氛围,台上台下都满溢春节联欢的热闹氛围。在传统文化与现代科技巧妙地融合中,上海的舞台美术工作者们一次又一次献上精美之作,带大家重温海派舞美从未断流的文化传承与审美认同。

2. 传统演艺空间的创新拓展

在舞美空间选择上,现代海派舞美设计更为开放和多元化。这些都充分展现了海派舞台美术在继承中创新、在创新中发展。近年来,舞美应用空间和服务范围愈加广泛,并积极地向文化产业中不同的领域跨界融合发展。例如,娱乐性的"秀";文体活动、节日庆典、综合晚会、旅游演出、媒体艺术节等公共文化演出;沉浸式体验的密室等日常娱乐;城市网红空间、特色文化街区、文化创意产业等特色建筑项目。同时,舞美设计也不断探索,延伸跨界业务领域,越来越多地参与创作甚至是主导创作。近几年来,文化和旅游进一步融合发展,旅游演艺作品层出不穷。文旅演艺市场和行业内不断涌现出由舞美设计师向导演跨界整体设计的独立作品,无论在艺术创作高度上还是在市场消费反响中都取得了不凡的成绩,得到了观众的一致好评,显示出文化创意上得天独厚的资源优势,愈加受到文旅界、舞台美术界的重视。

中华人民共和国成立70周年群众游行活动的"奋进上海"地方彩车设计制作工作将海派舞台美术推向全国观众面前,也是传统舞台之外以车为载体的海派舞美设计实践。彩车总体采用了浅金色,凸显海派设计的典雅。此次彩车更加突出了上海作为金融中心的定位。在船尾处,用"一根飘带"串联起世博中国馆、上海光源和国展中心(四叶草),用中华文明传统元素,让呈现的效果更为灵动，3 个场馆展示了上海"以开放促合作、以创新求发展"的城市建设理念，凝练表达了"从世博会到进博会"的 10 年间城市发展的巨大成就。普通彩车上的装置，一般都是手工制作模型，而这辆彩车上的这些上海标志性地标建筑模型，都是采用 3D 打印技术制作的。这也是少有的大体量的 3D 打印，需要分片打印出来后再组合起来。考虑到光照可能会让模型变形，还加入了很多铝合金构架来防止变形。"奋进上海"彩车以独特的海派舞美设计风格，精湛的制作工艺完美呈现上海城市精神与文化内涵，曾获中央领导高度评价，并荣获国家颁发的地方彩车"华美奖"。

"第 34 届上海旅游节"开幕式活动，以上海最具代表性的浦江两岸为实景，在黄浦江上搭建水上舞台，舞台的主体是一艘停在江面上的 92 米长驳船。在此基础上，再加入发电机、灯光舞美、大屏幕、洗手间等设施，令整艘驳船变成一个功能齐全的大舞台。舞台整体采用体块盒子作为最大的"视觉语言"进行表述，大体块塑造纵深空间的同时，强调"掀起城市涟漪"的视觉感，极简的体块和线条通过组合构建舞台多变的形式，以此呼应晚会的各个环节，创造浓郁的神秘感和强烈的仪式感。突出灯光设计内核的基础上，运用多样性的设计手法力求突破传统镜框式舞台的设计模式。此次晚会的灯光设计师，用灯光渲染与衍生舞台维度，使其更为饱满和立体。为凸显主舞台与浦江夜景交相辉映的效果，选用多种不同的灯光"语汇"，勾勒舞台的造型、提升视觉饱满度、增强空间塑造感。通过控制灯光的颜色、亮度和闪烁频率，营造出流动的水滴和波光粼粼的舞台效果，使观众仿佛置身于浦江之畔，感受到舞台与光的完美融合，呈现出梦幻、神秘和浪漫的感觉，打造不一样的海派舞台。一名现场观众感叹："这是上海最好的舞台，值得做一场'印象魔都'主题的沉浸式演出！"

笔者公司所承担的 Billboard Live House 上海空间的整体设计与品牌名称的理念一样，呈现出"Billboard"的视觉符号，同时将其所代表的潮流文化元素结合传统海派石库门元素融入空间设计之中。设计团队在追求空间设计艺术性表达的同时，更注重"Billboard"文化内涵的表达，突出空间的音乐和艺术属性，通过构建时尚的潮流演艺空间、高音质的音乐器材和音响设备，融合炫彩夺目的灯光设计，打造出完美的视觉和听觉的双重体系。建筑外部结合经典的石库门建筑群，融合赛博元素，呈现给世人别具一格的现代海派风情，打造南外滩时尚新锐之地。主舞台采用结构舞台与固定舞台相结合，满足传统 Live House 舞台的同时为整体空间布局留出更多的可能性。舞台采用结构搭台，方便拆卸，灵活布局。使舞台空间不局限于单面舞台，适用于 Live、DJ Show、发布会、展览等多种活动需要。该项目依托上海的地理和文化优势，融合海派文化和现代创意的艺术风格，根据目前演出空间的发展趋势，海派舞美策划设计工作者们精心打造了一场从策划到概念设计的演艺空间标杆性项目。从舞美的创意设计,到舞台布景,到灯光音响设计,再到舞台机械的设计安装调试,他们将海派文化和现代创意的艺术风格相融合,打造出一个极具感染力和文化气息的现代时尚海派演出空间。

四、数字和智能:海派舞美的跨界与未来

海派电视舞美集现代科技、艺术创新为一体,是海派文化与时尚元素相结合的产物。当下,数字化作为新质生产力变革因素,带来的是海派电视舞美设计效率的全面提升,内容创作的全新重构。越来越多的 VR、AR 技术被应用于媒体融合节目中,为传统的电视舞台添加了一抹新色彩。除此之外,AIGC 凭借广泛的训练模型和大量数据的学习,在设计领域的广泛应用为舞美设计工作者们带来了更丰富的创作灵感,更高效的工作方式,同时也对从业者提出了更高的要求。系统的艺术理论学习和审美情趣培养变得更为重要。由于舞台美术设计方案需要落地可行性,针对舞台美术行业的 AIGC 大模型尚待技术开发。总之,未来的电视舞美势必往融合舞美、跨界舞美方向发展,电视舞美也将完成它在历史长河中的阶段性使命,但是海派文化和海派舞美必会插上技术和艺术创新的翅膀,继续在时代审美中翱翔。

结　语

从 20 世纪初至今,纵观海派舞台美术的发展历程,无论是早期的改良和创新,还是新时期的探索和突破,都是在对传统文化的继承与发展中完成。无论是何种艺术流派,都是在继承与创新中不断发展与完善。海派舞台美术从"改良"到"创新",无论是在技术、理念还是内容上都有了较大提升。如今,随着现代化和信息化时代的到来,数字技术、人工智能等现代科技手段已经深入艺术创作中。面对新的时代发展环境,海派舞台美术也应该与时俱进,不断创新和发展。从新时代观众的需求出发,以艺术为中心,以创作为核心,以人才为基础,加强创新意识和创新能力的培养。同时要积极借鉴国外先进理念和技术手段,不断提高自身实力和影响力。只有这样,才能在新时代背景下创造出更加优秀、更加符合观众审美需求的舞台视觉作品,成为一个有影响力、有活力的舞台美术流派。

参考文献:

[1] 蒋英、徐晓芳:其命惟新:张聿光与早期海派舞台美术革新研究[J],南京艺术学院学报(美术与设计),2018,No.176(02):112 - 115.

［2］李奎升：舞台美术和现代化场景［J］，科教文汇，2022，No.556（04）：126－128.DOI：10.16871/j.cnki.kjwhb.2022.02.034.

［3］关彤彤：舞台美术的演出功能研究［D］，沈阳师范大学，2022.DOI：10.27328/d.cnki.gshsc.2022.000656.

［4］潘健华、潘天：慎思"后戏剧"膜拜下的舞台美术革新——兼评2019布拉格国际舞美展［J］，戏剧（中央戏剧学院学报），2019，No.188（06）：46－53.DOI：10.13917/j.cnki.drama.2019.06.003.

［5］孙兆伟：浅析我国当代戏剧舞台美术发展的外部影响因素［J］，艺术教育，2022，No.380（04）：106－109.

［6］冯德健：舞台美术设计过程中舞台灯光的附加价值［J］，影视制作，2021，27（06）：93－97.

［7］刘杏林：舞台美术新思维三题［J］，戏剧艺术，2015，No.184（03）：4－12＋49－51.DOI：10.13737/j.cnki.ta.2015.03.002.

［8］吴阿昵：浅析舞台美术设计的构成要素与发展态势［J］，大众文艺，2020，No.489（15）：143－144.

［9］Zhang，Beiyu："Chinese Theatre Troupes in Southeast Asia."（2021）.

［10］Suzuki，Eka："The Past and Future of Taiwanese Art：A Look Back over the Past 100 Years." Border Crossings：The Journal of Japanese‐Language Literature Studies（2022）.

作者简介：

倪军，上海广电影视制作有限公司总经理。

图书在版编目(CIP)数据

探究真谛：上海广播电视论文选. 第十二辑 / 上海市广播电视协会编. -- 上海 ：文汇出版社，2024.8.

ISBN 978 - 7 - 5496 - 4312 - 7

Ⅰ. G229. 2 - 53

中国国家版本馆 CIP 数据核字第 2024JF3296 号

探究真谛

——上海广播电视论文选 · 第十二辑

上海市广播电视协会 编

责任编辑 / 熊　勇

封面装帧 / 张　晋

出版发行 /   文匯出版社

　　　　　上海市威海路 755 号

　　　　　(邮政编码 200041)

经　　销 / 全国新华书店

排　　版 / 南京展望文化发展有限公司

印刷装订 / 上海颛辉印刷厂有限公司

版　　次 / 2024 年 8 月第 1 版

印　　次 / 2024 年 8 月第 1 次印刷

开　　本 / 720×1000　1/16

字　　数 / 530 千字

印　　张 / 29.25

ISBN 978 - 7 - 5496 - 4312 - 7

定　　价 / 98.00 元